Horst W. Opaschowski

Besser leben, schöner wohnen?

Horst W. Opaschowski

Besser leben, schöner wohnen?

Leben in der Stadt der Zukunft

PRIMUS
VERLAG

Umschlaggestaltung: Jutta Schneider, Frankfurt a. M.

Umschlagabbildung: Modell der zukünftigen Hafencity Hamburg
Foto: Andreas Schiebel / dieKLEINERT

Die Deutsche Bibliothek verzeichnet diese Publikation
in der Deutschen Nationalbibliografie;
detaillierte bibliografische Daten sind im Internet über
http://dnb.ddb.de abrufbar.

© 2005 by Wissenschaftliche Buchgesellschaft, Darmstadt
Die Herausgabe des Werkes wurde durch
die Vereinsmitglieder der WBG ermöglicht.
Redaktion: Katharina Gerwens
Satz: Setzerei Gutowski, Weiterstadt
Gedruckt auf säurefreiem und alterungsbeständigem Papier
Printed in Germany

www.primusverlag.de

ISBN 3-89678-544-3

Für Alexander und Irina

„Suchet der Stadt Bestes,
denn wenn's ihr wohlgeht,
so geht's auch euch wohl."
Jeremias
Bibl. Prophet, geb. ca. 650 v. Chr.

„Ohne Städte ist kein Staat zu machen."
Stephan Articus
Deutscher Städtetag (2005)

Inhalt

Inhalt IX

Vorwort

In seinen Dialogen „Kritias" und „Timaios" berichtet Platon von Atlantis, einem idealen Inselstaat: mächtig, wohlhabend und gerecht. Atlantis soll 9000 Jahre vor Solon nach einem Erdbeben versunken sein. Es ist nicht wichtig, ob es Atlantis wirklich gab. Wahrscheinlich handelte es sich mehr um ein erfundenes Gleichnis, das die Phantasie der Menschen beflügeln sollte. Atlantis erzeugt bis heute Bilder von Wünschenswertem, ist bedeutungsvoll und vieldeutig. Der englische Philosoph Francis Bacon hat im 17. Jahrhundert in seinem utopischen Roman „Neu-Atlantis" diesen Traum einer „schön gebauten Stadt" wiederaufleben lassen, die Vision einer Stadtgesellschaft zwischen Wohlstand und Wohlbefinden.

Die vorliegende Studie macht sich erneut Gedanken um das Stadtleben der Zukunft und kann doch die Vergangenheit nicht verleugnen. Auch hinter noch so futuristischen Leitbildern verbirgt sich nur die ewige Suche nach der idealen, der lebenswerten Stadt. Durchaus real und vital und keineswegs virtuell. Der Titel „Besser leben, schöner wohnen? Leben in der Stadt der Zukunft" bringt diesen Spannungsbogen von Altem und Neuem zum Ausdruck. Zukunft ist Herkunft. Das Buch informiert aus der Gegenwart für die Zukunft mit Empirie und Phantasie. Nicht spekulativ, sondern lebensnah. Basierend auf aktuellen repräsentativen Erhebungen, in denen sich gleichermaßen Ängste und Hoffnungen der Bevölkerung widerspiegeln.

Die Menschen träumen vom guten schönen Leben in der Stadt – irgendwo. Vage umschrieben mit dem Wort: Urbanität. Die moderne Stadtforschung hat dieses Zauberwort in den letzten Jahren zunehmend in die Nähe von „Sehnsucht" (Kegler 1998), „Utopie" (Siebel 1999) oder „Mythos" (Wüst 2004) gerückt. Urbanität ist zum Zeitlos-Thema geworden und gerade darum so faszinierend. Stadtleben muss immer wieder neu entdeckt und belebt werden. Die bereits vor über dreißig Jahren vom Deutschen Städtetag empfohlenen „Wege zur menschlichen Stadt" müssen auch im 21. Jahrhundert unbeirrt weitergegangen werden. Denn ökonomische, ökologische und soziale Probleme gefährden die Lebensqualität unserer Städte. Es ist schon bezeichnend, dass der erste Armuts- und Reichtumsbericht der Bundesregierung als ein politisches Leitziel der Zukunft formuliert: *Den Menschen ein Zuhause geben.*

Ohne ausreichenden, bezahlbaren und lebenswerten Wohnraum kann es kein Zuhause für Menschen geben. Das Wunschbild „Besser leben, schöner wohnen" erfüllt sich schließlich nicht von selbst. Wer besser leben will, muss mithelfen, eine bessere Gesellschaft zu schaffen. Die moderne Stadtforschung muss jedoch selbstkritisch eingestehen: „Das Wissen um die Bedürfnisse der Stadtbewohner ist dürftig" (Alisch 2004, S. 72). Oft unbrauchbare Datenfriedhöfe täuschen darüber hinweg, dass es an aufbereiteten Informationen über spezifische Bedürfnislagen (z. B. Wohnwünsche, Hilfsbereitschaften, Netzwerkpotentiale) mangelt. Das Leitbild einer urbanen Zukunft mit menschlichem Maß muss keine Utopie sein, wenn die Städter wieder fündig werden können bei ihrer Suche nach Lebensqualität und ihrem Wunsch: *So wollen wir wohnen!*

Die Stadt der Zukunft muss also nicht neu erfunden werden. Es genügt, Arbeiten, Wohnen, Verkehr, Freizeit, Kultur und Kommunikation so zu mischen, dass wieder eine lebendige Melange entsteht – aus Parks und Passagen, Kinos und Cafés, Kunstgalerien und Kindertagesstätten. Nur dann gilt: *Zukunft findet Stadt.* Stadtleben heißt wieder Stadt erleben! Und alle Bürgermeister und Bürgerinitiativen sollten die Empfehlung von William Rawley, dem Herausgeber von Francis Bacons „Neu-Atlantis", aus dem Jahre 1627 ernst nehmen: „Lest jetzt dies Buch und lebt wohl!"

Horst W. Opaschowski

I. Zukunftsaussichten.
Zwischen Verstädterung und Verarmung

1. Die globale Verstädterung

Weltweit zieht es immer mehr Menschen in die Stadt. Zum ersten Mal in der Geschichte der Menschheit lebt mehr als die Hälfte der Bevölkerung in Städten. 2030 werden wir eine urbane Weltbevölkerung von etwa sechzig Prozent haben, was einer Verdoppelung seit den fünfziger Jahren entspricht. Fast zwei Drittel *der Weltbevölkerung werden in dreißig Jahren Städter* sein. Wie viele Menschen können die Städte dann noch (er-)tragen, ohne dass es zu massiven Problemen kommt – von der Luftverschmutzung bis zur Wohnungsnot?

Das 20. Jahrhundert galt in der Geschichte der Stadtforschung als *Jahrhundert der Metropolen*. Die eigentliche Bevölkerungsexplosion fand in den Großstädten statt. Von 1900 bis 2000 vervierfachte sich die Erdbevölkerung (von 1,6 Mrd. auf 6,1 Mrd. Menschen). Dabei ist die in den Metropolen bzw. Millionenstädten lebende Bevölkerung fast dreimal so rasch angewachsen wie die Bevölkerung außerhalb der Großstädte. Im Jahr 1900 lebte gerade einmal jeder Vierzigste in einer Millionenstadt; derzeit ist es etwa jeder Sechste. Dieser *Metropolisierungsprozess* erfasst Tokio und New York, London und Paris genauso wie Berlin oder Wien. Und ein Ende dieser Entwicklung ist noch nicht absehbar: Wird das 21. Jahrhundert ein *Jahrhundert der Megastädte* (vgl. Bronger 2004, S. 20) sein?

Vor einem halben Jahrhundert entwickelte der brasilianische Präsident Juscelino Kubitschek die Utopie einer idealen Stadt: Mitten im Nichts und 1000 Kilometer von der Küste entfernt wurde „Brasilia" geboren. Eine neue Hauptstadt, funktional, autofreundlich und fast ohne Fußgänger, Schulen und Läden. Das neue Stadtkonzept sollte die Bevölkerung aus der kolonialen Vergangenheit „direkt in die technologisierte Zukunft" (Nink 2005, S. 60) führen. *Technologiegläubigkeit wurde mit Zukunftsfähigkeit verwechselt.* Bei der Planung der futuristischen Bauten hat man die Menschen vergessen. Inzwischen weist Brasilia die höchste Scheidungsrate des Landes auf.

Zu Beginn des 21. Jahrhunderts werden wieder neue Megacitys gebaut:

- Malaysia plant bis 2010 in der Nähe von Kuala Lumpur die neue Hauptstadt „Putrajaya" („jaya" = Erfolg) mit 300 000 Einwohnern. Eine Fantasiestadt, die total digital vernetzt sein soll. Der Autowahn soll hier durch Cybermanie ersetzt werden.
- China plant die Millionenstadt „Synia", lässt dafür einen heiligen Berg abtragen und an anderer Stelle als Damm am Meer wieder aufschütten.

■ Südkorea baut mit Hilfe von US-Investoren die 500000-Einwohner-Stadt „New Songdo City" – in einer Mischung aus Venedig, Paris und Chicago. So wird Lebensqualität in der Stadt der Zukunft ständig neu definiert.

Von der autogerechten Stadt der letzten fünfzig Jahre zur lebenswerten Stadt der nächsten fünfzig Jahre ist es noch ein weiter Weg.

Aus den Metropolen werden in Zukunft Megastädte, so genannte Stadtagglomerationen mit über 5 Mio. Einwohnern. Weltweit gibt es mittlerweile 45 Megastädte in 28 Ländern – von Jakarta bis Calcutta, Delhi, Kairo und Shanghai. Zur Globalisierung der Wirtschaft gesellen sich die Global Citys. Die größte Anzahl dieser Global Citys weisen China, Indien und die USA auf. *In diesen Ballungszentren konzentrieren sich Armut und Arbeitslosigkeit, Klassen- und Rassenkonflikte.* Nirgendwo polarisieren sich Arm und Reich mehr als hier. Wachsende Stadtbevölkerung und wachsende soziale Ungleichheit in den Städten bedingen sich. Soziale Konflikte und Probleme in den Ballungszentren werden zu einer zentralen „zukünftigen Forschungsaufgabe" (Bronger 2004, S.136) für die Stadtforschung.

Die immer stärkere Konzentration der Bevölkerung in Megacitys macht die Ballungszentren zu Risikozonen. Megacitys leisten sich die teuersten und am besten funktionierenden Infrastrukturen – und trotzdem werden sie immer verwundbarer bei Naturkatastrophen oder terroristischen Anschlägen.

Ein Erdbeben in Köln, Istanbul oder San Francisco kann Millionen Menschen das Leben kosten und/oder zu Milliardenschäden führen. Die nachweisbare Klimaveränderung erhöht die Wahrscheinlichkeit extremer Wetterereignisse (Hitze-, Kältewellen, Stürme, Überschwemmungen u.a.). Versicherungsgesellschaften rechnen daher realistisch mit der Zunahme solcher Katastrophen: So soll z.B. das nächste große Erdbeben „unmittelbar vor Istanbul" (Berz 2005, S.26) stattfinden, weil die Erdbebenherde in Kleinasien immer weiter nach Westen wandern.

Noch schneller als die Bevölkerungszahl nimmt in den Ländern der Dritten Welt die Verstädterung zu – mit allen Folgen, die das für das soziale Zusammenleben, für die Gesundheit und die Umwelt hat (vgl. Barth/Eckerle 2000, S.23). Kairo und Sao Paulo, Bombay und Delhi, Peking und Shanghai werden solche Megacitys sein.

Anders sieht es in Westeuropa aus: Trotz Zuwanderung wird die Einwohnerzahl hier in den nächsten zwanzig Jahren *schrumpfen*. Gleiches gilt für Japan. Im Weltmaßstab gesehen werden Westeuropa und Japan zunehmend in die Minderheit geraten und an Macht und Einfluss verlieren. Alle Industrieländer zusammengenommen (einschließlich USA) werden im Jahr 2020

Globale Verstädterung
Anteil der Stadtbevölkerung an der Einwohnerzahl

	1997	2020
Lateinamerika	65	69
Industrieländer	67	74
Afrika	72	78
Reformländer	74	80
China	74	80
Asien (ohne China, Indien)	76	82
Indien	79	85

Basis: Zusammenstellung und Schätzung nach Daten von Prognos (Barth/Eckerle 2000, S. 23)

nur mehr knapp 12 Prozent der Weltbevölkerung ausmachen. Die Entwicklungsländer werden es dann auf einen Anteil von über 80 Prozent bringen.

2. Die einsame Masse

Es scheint ein Paradox unserer Zeit zu sein: Der Mensch droht in der Masse zu vereinsamen. Und die Geschichte des neuzeitlichen Menschen entwickelt sich zu einer Geschichte wachsender Einsamkeit. Von Rousseaus Träumereien eines „promeneur solitaire" über Achim von Arnims „Trösteinsamkeit", Nietzsches „Sonnenvereinsamung" bis hin zu Erich Fromms „Sinneinsamkeit", Gerhard Zwerenz' „vereinsamter City" und Alexander Mitscherlichs „Eremitenklima" durchzieht das Motiv der Vereinsamung und Alleingelassenheit die Literaturdarstellungen als Spiegelbilder zeitgenössischen Lebensgefühls. Auf Albert Camus geht schließlich das Wortspiel „*solitaire*" (einsam) und „*solidaire*" (gemeinsam) zurück, das ein spannungsreiches Verhältnis zum Ausdruck bringt.

Stadteinsamkeit als Stadtrobinsonade: Das in Großstädten vorherrschende Zusammenleben vieler Menschen auf engstem Raum hat mehr räumliche Zusammenballung als menschliche Nähe bewirkt. Kommunikationsdichte und

Kontaktlosigkeit sind keine Gegensätze mehr. Eine neue Einsamkeit wächst heran – trotz Telefon und Telekommunikation.

Bereits in den fünfziger Jahren wurde die Studie „Die einsame Masse" des Amerikaners David Riesman mit 1,4 Millionen verkauften Exemplaren allein in den USA zum Weltbestseller der soziologischen Fachliteratur. Wie in einem Spiegel erkannten die Leser in den Riesman'schen Analysen „ihren" Charakter wieder und identifizierten sich auch damit – die *Schattenseiten der urbanen Lebensart* eingeschlossen: Angeprangert wurde vor allem der Materialismus des Lebensgenusses, die Gleichgültigkeit der Menschen sowie die passive Haltung zum politischen Geschehen in Verbindung mit einem Rückzug ins Private.

„Die einsame Masse" war für Riesman damals weitgehend ein Synonym für die Befindlichkeit des modernen Menschen überhaupt, der sich immer mehr zu einem außen-geleiteten Bürger entwickelt, bei dem das Konsumverhalten prägend für die gesamte Lebensweise wird: *Selbst gegenüber der Politik setzt sich eine Verbraucherhaltung durch.* Dieser Wandel ist vor allem in Großstädten und Ballungszentren zu beobachten. Mit den lebensnotwendigen Gütern weitgehend versorgt, wendet sich der neue Verhaltenstyp in erhöhtem Maße den angenehmen Seiten des Lebens zu und wird dabei sehr stark von außen gesteuert, gelenkt und geleitet – von der peer-group, der Clique und dem Freundeskreis, den Medien und der Werbung. Die Signale für das eigene Verhalten kommen weitgehend von außen.

Groß ist das *Bedürfnis nach Anerkennung durch andere.* Der außengeleitete Mensch will gerne überall und nirgends zu Hause sein und ist an schnellen, auch oberflächlichen Kontakten interessiert. Hierbei kommt es weniger darauf an, was man ist oder was man tut, sondern darauf, was die anderen von einem denken. Sein Hauptaugenmerk richtet der außengeleitete Verhaltenstyp auf das *Leben nach der Arbeit:* Medien, Werbung und Warenhauskataloge bringen die entsprechenden Vorbilder ins Haus und der „gelernte Verbraucher" wird beinahe zu einem wichtigen zukünftigen Beruf.

Die moderne Stadtsoziologie hat uns in den letzten Jahren eine Vielzahl von Erkenntnissen und Bekenntnissen, Problemanalysen und urbanen Utopien beschert. Metropolis, Technopolis, Profitopolis. Wohndichte, Bevölkerungsdichte, Motorisierungsdichte. Urbanität, Mobilität, Anonymität: Der *Moloch Stadt* scheint alles zu schlucken.

Der französische Schriftsteller Antoine de Saint-Exupéry verglich einmal das Stadtleben mit dem Bild einer vertrockneten, von ihren Wurzeln abgeschnittenen Pflanze: „Da war kein lebendiges Wesen mehr, bei dem jeder Teil mit dem anderen zusammenklang; da war kein Herz mehr, das das Blut sammelte, um es in den ganzen Körper zu pumpen; es gab nicht mehr einen einzigen Leib, der an den Festtagen zu gemeinsamer Freude fähig war." Nach diesem Stadtbild gleicht der gewachsene Organismus der Gemeinsamkeit mehr einem künstlichen Mechanismus von Einzelteilen.

Fast drei Viertel der Bevölkerung in den Industrieländern leben heute in der Stadt. Jahrhundertelang war das Stadtleben gekennzeichnet durch die Spannung von Markt und Macht, Öffentlichkeit und Individualität, Schutz und Bindung, Wohnen und Kommunikation – von der griechischen Polis bis zur neuzeitlichen *„europäischen Stadt"* (Böhme 2002). Künstler, Philosophen und Städtebauer machen sich seit jeher Gedanken um den Organismus und die Identität einer Stadt, die trotz rapiden Wachstums ihr menschliches Maß nicht verlieren darf.

Die in den dreißiger Jahren von dem Architekten Le Corbusier initiierte Charta von Athen sorgte für eine folgenschwere historische Zäsur: Das *Leitbild einer funktionellen Stadt,* nach der die Funktionen Arbeiten, Wohnen, Freizeit und Verkehr strikt getrennt werden sollten, wurde geboren. Die Vorstellung vom organischen Stadtbau wurde aufgegeben zugunsten von Trabanten-, Satelliten- und Gartenstädten: *Draußen vor der Stadt.* Zurück blieben allenfalls „global citys" wie New York, London und Tokio, die zu Macht- und Kommunikationszentralen wurden.

Solche Entwicklungen können auf Dauer nicht konfliktfrei verlaufen (vgl. Böhme 2002, S. 97 f.):

■ Steht die Stadt der Zukunft vor der Zerreißprobe zwischen Armut und Arbeitslosigkeit, Migration und Vereinzelung?

■ Mutieren die Stadtbewohner der Zukunft zu hastenden und elektronisch vernetzten Konsumenten oder zu bloßen Sozialhilfeempfängern?

In solchen (Horror-)Visionen droht die Stadt zum Monstrum zu werden.

Verdrängt die technische Funktionalität immer mehr die menschliche Lebendigkeit? Fremde Welten rücken mit Hilfe von Massenmedien und modernen Kommunikationsmitteln ganz nah, während gleichzeitig der Nachbar wie der Bewohner einer fremden Welt immer ferner rückt.

Bekommt das Stadtwohnen bald Inselcharakter? Wird seine Lebensqualität daran gemessen, ob es Sicherheit (vor Eindringlingen), Schutz (vor Nachbarblicken) und Ruhe (vor Kindern in der Nähe) gewährt und garantiert? Regiert dann als Ersatz für die Abriegelung nach außen der kleinfamiliäre Privatismus?

Das Misstrauen und die Vorurteile über das Stadtleben sind seit jeher groß: Die Anonymität, die fehlende soziale Kontrolle, die raschen Veränderungen des Wertbewusstseins und das unruhige Leben in der Stadt galten bisher als Merkmale eines urbanen Lebensstils. In Zukunft wird vieles anders sein: Das Leben auf dem Lande wird dem Stadtleben immer ähnlicher.

Beides ist in Zukunft möglich: Die Verstädterung der Dörfer und die Verdörferung der Städte oder, in der Sprache der Planer: Die Verdichtung und die Entdichtung. Motorisierung und Mobilität lassen zudem die Grenzen zwischen Stadt und Land immer fließender werden.

Der „Stadt"-Begriff ist ohnehin kaum abgrenzbar. Im internationalen Maßstab schwanken die Mindesteinwohnerzahlen einer Stadt zwischen 200 Einwohnern in Dänemark, 10 000 Einwohnern in der Schweiz, 20 000 Einwohnern in Nigeria und 30 000 Einwohnern in Japan. In der folgenden Studie wird zwischen Land (unter 5000 Einwohner), Kleinstadt (5000 bis 19 999), Mittelstadt (20 000 bis 99 999) und Großstadt (über 100 000 Einwohner) unterschieden. In Deutschland leben mittlerweile über achtzig Prozent der Bevölkerung in Städten.

3. Die urbane Polarisierung

Viele Bürger haben in den letzten Jahren ihre Stadt verlassen – und kehrten als Pendler zurück. Gleichzeitig wurde die Stadt mit „Spangen", „Tangenten" und „Ausfallstraßen" umzingelt, an deren Peripherie sich dann das Eigenheim am Stadtrand zum Symbol und Leitbild des guten Lebens entwickelte. Mit der Trennung von Arbeiten, Konsumieren, Wohnen und Erholen ging eine Verinselung der Lebensräume einher. Auf der Strecke blieb die urbane Atmosphäre. Wer also innerstädtisches Wohnen wiederbeleben und fördern will, müsste konsequenterweise steuerliche Vergünstigungen von der Eigenheimzulage bis zur Entfernungspauschale (Hassenpflug 2002, S. 44 f.) für immer streichen. Nur so kann der Erlebnisraum Stadt in Zukunft wieder Wirklichkeit werden.

Leben in der Stadt der Zukunft: Die vorliegende Studie setzt Prioritäten. Es geht um städtische Atmosphäre und bewegtes Leben inmitten von Plätzen, Räumen und Flächen, bei denen selbst Straßen als Lebensadern empfunden werden – zwischen Wohnen und Flanieren, Kommunizieren und Verweilen. Der Philosoph Peter Sloterdijk hat einmal von der „Kunst des Zusammengehörens" (Sloterdijk 1993, S. 22) gesprochen und meinte ein Gefühl, als ob man im selben Boot sitzt. Eine Mischung aus der Einsicht in das Aufeinander-Angewiesen-Sein und zugleich der Bereitschaft zur Gemeinsamkeit. Daraus erwächst Zusammengehörigkeit. Idealtypisch ist eine Stadt nichts anderes als eine „gebaute Form" (Leipprand 2000, S. 96) von Zusammengehörigkeit, eine Übereinstimmung von Raum und Mensch.

Wohnen und Wohnquartier können nicht länger zur Privatsache erklärt werden, weil sie scheinbar nur die private Seite des Stadtlebens widerspiegeln. Doch Wohnen ist auch Urbanität – also öffentliches Leben in der Stadt.

Der Anteil der Haushalte mit eigener Wohnung oder eigenem Haus liegt in Deutschland bei 43 Prozent – und damit deutlich unter dem EU-Durchschnitt von 63 Prozent. Von den Haushalten leben

- 29 Prozent in einem Einfamilienhaus,
- 18 Prozent in einem Zweifamilienhaus und
- 53 Prozent in einem Haus mit drei und mehr Wohnungen.

Die Bundesregierung gibt in ihrem Bericht über *Lebenslagen in Deutschland* (BR 2005, S. 159 ff.) eine aktuelle Übersicht zum Wohnungsbestand und zur Wohnungsversorgung, die sich wie folgt zusammenfassen lässt:

- In Deutschland gibt es *36,6 Millionen Wohnungen* (im Westen: 29,3 Mio. – im Osten: 7,3 Mio.). Über die Hälfte dieser Wohnungen befindet sich in Mehrfamilienhäusern (= in Gebäuden mit drei und mehr Wohnungseinheiten).
- Die durchschnittliche Größe einer Wohnung beträgt 86,9 qm (*Mietwohnungen: 68,9 qm – Eigentumswohnungen: 113 qm*). Jeder Bundesbürger verfügt im Durchschnitt über 39,3 qm Wohnfläche (Mieter: 34,7 qm – Eigentümer: 49,9 qm). Im Hinblick auf die Wohnungsgröße verfügen die alleinstehenden Mieter über mehr als doppelt so viel Wohnfläche (57,2 qm) wie ein 4-Personen-Haushalt (22,1 qm). Bei 1,8 Prozent der Wohnungen in Deutschland (im Westen: 0,5% – im Osten: 7,4%) fehlen Bad/Dusche oder WC.

Auf der Strecke drohen vor allem in den Großstädten Wohnungslose zu bleiben. Schätzungen der Bundesarbeitsgemeinschaft Wohnungslosenhilfe e.V. gehen von etwa *0,68 Millionen Wohnungslosen in Deutschland* aus, die aufgrund von Arbeitslosigkeit, Überschuldung, mangelhafter beruflicher Qualifikation, Trennung und Scheidung, Krankheit und Suchtproblemen sowie schwerer persönlicher und familiärer Konfliktsituationen in unzumutbaren Wohnverhältnissen und mit hohen gesundheitlichen Belastungen leben müssen.

Zukunft der Stadt heißt auch: Migrantenviertel und ethnische Quartiere, hohe Arbeitslosigkeit und wachsende soziale Konflikte. Trotz relativ guter Wohnraumversorgung nimmt die soziale Polarisierung in den Städten zu.

Weil Investitionen in die bauliche Substanz in den letzten Jahren deutlich reduziert und Grünflächen und Erholungsmöglichkeiten, Spiel- und Sportplätze in ihrer Erhaltung vernachlässigt wurden, ziehen immer mehr Besser-

Leitbild „Soziale Stadt"
Ein Bund-Länder-Programm mit Synergieeffekten
durch unterschiedliche Politikbereiche

verdienende und andere sozial stabile Gruppen mit sicherem Einkommen weg. Zurück bleiben jene, die sich den Umzug aus finanziellen Gründen oder aus Altersgründen nicht leisten können. *Die soziale Mischung im Quartier geht verloren.* Daraus entwickeln sich soziale Problemlagen und entstehen soziale Brennpunkte, d. h. „Aggression, Gewalttätigkeit und Vandalismus" (BR 2005, S. 170) nehmen in den benachteiligten Stadtquartieren zu. Es kommt zu wachsender Bevölkerungswanderung mit der Folge von *Wohnungsleerstand.* Um in Deutschland soziale Auseinandersetzungen – wie in den USA, Frankreich und England – zu verhindern, muss eine integrativ wirkende Stadtentwicklungspolitik aktiv werden, um das Leitbild „Soziale Stadt" zu retten.

Das Leitbild kann nur verwirklicht werden, wenn neben der Verbesserung von Wohnungsbau und Verkehr gleichermaßen die Umwelt- und Sicherheitsprobleme gelöst und die Lebensqualität der Städte in den Bereichen von Arbeit, Bildung, Kultur und Freizeit gesichert wird. Die Bund-Länder-Gemeinschaftsinitiative *„Soziale Stadt"* versteht sich als nationales Aktionsprogramm, das eine nachhaltige Entwicklung in Stadtteilen mit besonderen sozialen, wirtschaftlichen und städtebaulichen Problemen sicherstellen soll – von der *Hilfe zur Selbsthilfe* bis zur *Schaffung stabiler nachbarschaftlicher sozialer Netze.* Die Gemeinschaftsinitiative soll zur Lösung sozialer Probleme in den Städten beitragen. Man erhofft sich Synergieeffekte durch unterschiedliche Politikbereiche, um problematische städtische Rahmenbedingungen (z. B. hohe Arbeitslosigkeit, Zunahme einkommensschwacher Haushalte, zunehmende Perspektivlosigkeit unter Jugendlichen) nachhaltig zu verbessern.

4. Die unregierbare Stadt

New York galt jahrzehntelang als eine Art „Ungovernable City": *Einfach unregierbar.* Anfang der neunziger Jahre übernahm der ehemalige Generalstaatsanwalt des Staates New York Rudolph Giulani das Amt des New Yorker Bürgermeisters und erklärte der Kriminalität, dem Drogenhandel und dem Missbrauch von Sozialleistungen den Krieg. Mit großem Erfolg: Die Wirtschaft wuchs, die Arbeitslosigkeit ging zurück, die Kriminalität sank und Bettler und Obdachlose beherrschten nicht mehr das Stadtbild. Aus einer unregierbaren wurde eine lebenswerte Stadt (vgl. Nissen 2002, S. 14), auch objektiv nachweisbar durch den sinkenden *crime index.*

Erfolgreich wurde in New York das *Broken-Windows-Prinzip* angewandt. Selbst bei kleineren Straftaten und Ordnungswidrigkeiten griff die Polizei sofort ein und erhöhte damit das Sicherheitsempfinden der Bevölkerung. Auch geringe Störungen der öffentlichen Ordnung (z. B. illegaler Straßenhandel, rücksichtsloses Radfahren, Parken in zweiter Reihe) wurden geahndet. Giulani wandte eine Art *Null-Toleranz-Strategie* an.

Auch Deutschland sieht sich mit ähnlichen Entwicklungen konfrontiert. Neben den ungelösten ökonomischen Problemen wie Massenarbeitslosigkeit und Unsicherheit der Renten bereiten den Bundesbürgern soziale Probleme große Sorgen, vor allem das Anwachsen der Kriminalität. Die Kriminalitätsentwicklung in Deutschland macht diese Sorgen verständlich. Besonders hoch ist derzeit der Anstieg der Gewaltkriminalität, insbesondere von Raub und räuberischer Erpressung. Ebenso nimmt der Vandalismus in Schulen, öffentlichen Verkehrsmitteln und Gebäuden zu. Vor allem in Großstädten und Ballungszentren steigt die Jugendkriminalität überproportional an.

- Besteht in Zukunft die Gefahr, „*Crime Zones*" wie in den USA abstecken zu müssen, wo Kriminelle – weitgehend unbehelligt von der Polizei – sich selbst überlassen bleiben?
- Wächst die Zahl der wohlhabenden Bürger, die sich aus Angst vor Kriminalität, insbesondere Einbruch, Diebstahl und Überfall, hinter Mauern und Wächtern („Privatpolizei"/„Security Service") verschanzen?
- Zieht sich in Zukunft die Zwei-Klassen-Gesellschaft in ihre Festungen zurück?

Das subjektive Empfinden von mangelnder Sicherheit im eigenen Land kann ein großes Zukunftsproblem werden. Die Angst vor (latein-)amerikanischen Verhältnissen (USA, Mexiko, Kolumbien u. a.) mit wachsender Kriminalität und *boomenden privaten Wachdiensten*, in denen sich ganze Straßenzüge und Wohnviertel zusammenschließen, ist groß. Werden hochwertige Immobilien in Zukunft nur noch in Verbindung mit *Sicherheitspaketen* zu verkaufen und zu erwerben sein?

Seit den sechziger Jahren breitet sich in Deutschland ein urbaner Zukunftspessimismus aus. Die Klagen über den Verfall unserer Städte sind wesentlich eine Folge der Nach-68er-Zeit, in der selbst der Deutsche Städtetag 1971 seine Hauptversammlung unter das Motto stellte: „Rettet unsere Städte jetzt!"

Kronzeuge hierfür war der amerikanische Soziologe John Kenneth Galbraith, der damals den Niedergang der Stadt von der „Metropolis" über die „Profitopolis" bis zur „Nekropolis" (Galbraith 1971, S. 13) prognostizierte. Die deutsche Version lieferte wenig später Alexander Mitscherlich, indem er die „geplanten Slums" und die „Unwirtlichkeit unserer Städte" als Anstiftung zum Unfrieden anprangerte (Mitscherlich 1976). Bis heute hält die Stadtforschung an diesem Untergangsszenario weitgehend fest. *Statt Unwirtlichkeit heißt es heute: „Unwohlstand"* (vgl. Leipprand 2000) wegen fehlender urbaner Qualität.

Mitscherlichs Ideal einer lebenswerten Stadt- und Wohnkultur lässt sich in einem Satz zusammenfassen: *Die Kunst, zu Hause zu sein.* Eine solche Kunst kann nur gelebt werden, wenn Städte und Wohnungen nicht so verbaut sind, dass sie negativ wie Prägestöcke wirken, denen sich die Menschen nur widerwillig anpassen können. Eine lebenswerte Stadt muss ein Ort der Sicherheit und Geborgenheit sein, eine Art Psychotop, in dem sich die Menschen wohl fühlen und die Stadt als *Heimat mit Herz* erleben können.

Mitscherlich klagt die Herzlosigkeit des modernen Städtebaus an und nennt dies Unwirtlichkeit, die zur Verarmung an dauerhaften Beziehungen führt, was mit einem Verlust an Fähigkeiten zur Anteilnahme einhergeht. Mitscherlich leistet sich den Traum einer *Utopie besserer Städte*, eine Vorwegnahme des Künftigen, um zu verhindern, dass die Städte bloß zu Massenarbeits-, Massenvergnügungs- und Massenschlafplätzen werden. Eine Stadt, die ihren Kindern keine weitläufigen Spielplätze und ihren Jugendlichen keine leicht erreichbaren Sportplätze, keine Bäder und Jugendzentren in der Nachbarschaft zur Verfügung stellt, darf sich nicht wundern, „wenn ihre erwachsenen Bewohner dann später nicht am politischen Leben der Gemeinde Anteil nehmen" (Mitscherlich 1976, S. 93). Genau das macht doch die Qualität von Stadtleben aus: *community spirit.* Stadtgeist. Kommunale Öffentlichkeit.

5. Der soziale Wandel

Nachdem König Heinrich IV. im Jahre 1589 Frankreich endlich den Frieden gebracht hatte, widmete er sich mit großem Erfolg dem Wiederaufbau des Landes. „Ich möchte es dahin bringen", so versprach er allen Bürgern, „dass kein Bauer in meinem Reich ist, der nicht ein Huhn in seinem Topf hat." Zeitreise – vierhundert Jahre später: Ende des Kalten Krieges. Perestroika. Wende. Deutsche Vereinigung. Die Hoffnungen sind groß, Deutschland werde bald zu einem Wohlfahrtsland gedeihen und spätestens in zehn Jahren in großem Wohlstand leben.

Diese Zukunftserwartungen haben sich offensichtlich nicht erfüllt: Viele Bundesbürger haben zu Beginn des 21. Jahrhunderts nicht das Huhn im Topf, sondern Armut, Arbeitslosigkeit und soziale Ausgrenzung vor der Tür. Die demografischen und ökonomischen Rahmenbedingungen in Deutschland haben sich grundlegend verändert. Die folgenden thesenartigen Ausführungen werfen ihre langen Schatten auf das Stadtleben der Zukunft.

Wir leben immer länger

Die Lebenserwartung der Deutschen nimmt jedes Jahr um etwa 3,5 Monate zu. Ein neugeborener Junge hat derzeit eine Lebenserwartung von 74,4 Jahren, ein neugeborenes Mädchen von 81,2 Jahren. Auch für die Älteren steigt die Lebenserwartung an: 60-Jährige haben noch zwei Lebensjahrzehnte vor sich (m: 19,7 Jahre – w: 23,8 Jahre). *Die Alterspyramide steht auf dem Kopf.* Immer weniger Jüngeren stehen immer mehr Ältere gegenüber.

Es verstärkt sich der Trend zur Alterung der Gesellschaft, d. h. die Zahl der über 80-Jährigen wächst von derzeit drei auf fünf Millionen im Jahr 2020, von denen die Hälfte pflegebedürftig sein und ein Drittel an Demenz erkranken wird.

Die EU weist nach: *Die Baby-Boomer-Generation wird alt.* Zwischen 2010 und 2020 werden die Baby-Boomer in den meisten EU-Ländern zur Altersgruppe der 55- bis 65-Jährigen gehören und *2030 älter als 65 Jahre sein.* Diese Generation war über viele Jahre hinweg ein wichtiger Motor des Wirtschaftswachstums. Ihrer hohen Lebenserwartung stehen nun niedrige Geburtenraten der nachfolgenden Generation gegenüber (EU 2004, S. 14). Eine solche Alterung der Bevölkerung wird zur größten Herausforderung für die europäischen Gesundheitssysteme. Bis 2050 soll der Anteil der über 65-jährigen Bevölkerung in Europa um zwei Drittel zunehmen. Gleichzeitig wird sich die Zahl der über 80-Jährigen mehr als verdoppeln (von 14,8 auf 37,9 Mio.). Wer kommt dann für die *Gesundheitsversorgung und Pflege* der Menschen in dieser Altersgruppe auf?

Die Jugend wird zur Minderheit

Bis zum Jahr 2020 wird sich die Zahl der jungen Menschen unter 18 Jahren um zwei Millionen verringern (2004: 15 Mio. – 2020: 13 Mio.). Vor allem die Altersgruppe der 15- bis 17-Jährigen wird um ein Fünftel abnehmen. Die Beziehungen zwischen Jung und Alt werden auf eine harte Probe gestellt, können aber auch eine große Zukunftschance sein. Wegen der geringen Geburtenquote gehen den Kindern und Jugendlichen die Gleichaltrigen verloren. Die Sozialisation in der peer group verliert im gleichen Maße an Bedeutung, wie die Kontaktsuche der Jüngeren zu Älteren zunimmt.

Noch nie in der Geschichte der Menschheit hatte die Jugend die Chance, so viele Ältere kennen zu lernen, sich mit ihnen anzufreunden, von ihnen zu lernen und gemeinsame Interessen zu teilen. Die *Erwachsenenkultur* (und immer weniger die eigene Jugendkultur) wird zum *Leitbild für die jüngere Generation,* so dass auch der Vorbildcharakter der Erwachsenen wieder ein stärkeres Gewicht bekommt. Wie nie zuvor können Jugendliche dann im Berufs- und Privatleben zwischen verschiedenen Partnern oder Paten aus der Erwachsenenwelt wählen. Andererseits:

Wenn Deutschland langsam seine Jugend verliert, gehen dann nicht auch Neugier, Innovation, Spontaneität und Flexibilität verloren – die besonderen Kompetenzen und Stärken der jüngeren Generation?

Jüngere können doch – unbelastet durch Erfahrungen – kreativ an die Lösung alltäglicher Probleme herangehen und brauchen von schematischem Vorgehen wenig zu halten. Sie gehen oft eigene und neue Wege, verlassen eingefahrene Gleise und haben *Mut zu neuen Sichtweisen über alte Dinge.* Sie träumen von einer besseren Welt und wollen noch vieles im Leben verändern. Das alles würde Deutschland verloren gehen, wenn die Jugend zur Minderheit wird.

Die Wirtschaft verliert ihr Langzeitgedächtnis

Im internationalen Vergleich weist Deutschland vor allem Defizite bei der Beschäftigung von Älteren auf, was sich negativ auf den Wirtschaftsstandort Deutschland auswirkt. Führungskompetenz und Fachwissen, Stressresistenz und Sozialkompetenz, Weitblick und Verantwortungsbewusstsein drohen in den Unternehmen auf der Strecke zu bleiben. Fast zwei Drittel aller Unternehmen in Deutschland beschäftigen nur Junge, d. h. in etwa 60 Prozent aller Betriebe arbeiten keine Mitarbeiter, die älter als 50 Jahre sind. Die Deutsche Bank beispielsweise hat weltweit Zehntausende von Beschäftigten, von denen keine 200 über 60 Jahre alt sein sollen. Nicht nur Großunternehmen, auch Klein- und Mittelbetriebe beschäftigen lieber Jüngere.

Ist die Wirtschaft dabei, ihr gesammeltes Wissen zu verschleudern? Ist Know-how nichts mehr wert? Und wird die 50plus-Generation vorzeitig in den Ruhestand „befördert" – mit der Folge, dass das Langzeitgedächtnis eines Unternehmens verloren geht?

Natürlich weiß heute jeder Unternehmer: Qualitative Sprünge der Technikentwicklung werden von der jüngeren Generation schneller aufgegriffen. Aber: Die ältere Generation verfügt über mehr Hintergrundwissen, mit dem sie jeden technischen Fortschritt wahrnimmt und kritisch beurteilt.

Die Unternehmen können es sich in Zukunft nicht mehr leisten, massenhaft ältere Mitarbeiterpersönlichkeiten mit Ich-Stärke und Sozial-Kompetenz zu verlieren. Weil Produkte immer austauschbarer werden, Persönlichkeiten aber nicht einfach zu ersetzen sind, kommt es wieder mehr auf die Entwicklung individueller Eigenschaften, also auf den Menschen an. Das persönliche Profil macht die Persönlichkeit und damit auch den Unterschied aus. Mit dem Persönlichkeitswert der Mitarbeiter lässt sich der Unternehmenswert steigern. Das heißt aber auch: Die Persönlichkeiten der Mitarbeiter lassen in Zukunft Rückschlüsse auf die Lebenserwartung eines Unternehmens zu.

Die Zahl der Menschen im Erwerbsalter sinkt

In den letzten dreißig Jahren hat die ansässige deutsche Bevölkerung rund fünf Millionen Menschen verloren. Bei der dramatischen Zunahme der Lebenserwartung fiel jedoch dieser Geburtenrückgang gar nicht weiter auf. Heute ist jede Kindergeneration zahlenmäßig um ein Drittel kleiner als die Elterngeneration: Ein Ende dieser Entwicklung ist nicht absehbar und wird folgenreich für den Arbeitsmarkt und den Sozialstaat sein.

Es gibt immer weniger Menschen im Erwerbsalter, während gleichzeitig die Zahl der Deutschen im Rentenalter steigt. Die Zahl der verfügbaren Arbeitskräfte, das so genannte *Erwerbspersonen-Potential*, sinkt von 41,9 Mio. (2000) auf 39,5 Mio. (2020). Ein *Fachkräftemangel* in naher Zukunft kann die Folge sein, wenn es nicht gelingt, insbesondere die Erwerbsbeteiligung

von Frauen und Zuwanderern deutlich zu erhöhen. Die Wirtschafts- und
Wohlstandsentwicklung Deutschlands hängt wesentlich von der gelungenen
Anwerbung qualifizierter Arbeitskräfte aus dem Ausland ab. So genannte
Einfacharbeitsplätze werden immer mehr entbehrlich, während andererseits
Fachkräftestellen immer schwerer zu besetzen sind. Die schrumpfende Be-
völkerung wird sich auf die Wirtschaftsentwicklung auswirken: Das Verhal-
ten von produzierender zu konsumierender Bevölkerung ändert sich. Inves-
titions- und Konsumeinschränkungen drohen.

Wenige Beitragszahler finanzieren viele Rentner

Derzeit versorgen zwei Junge einen alten Menschen etwa siebzehn Jahre
lang. Im Jahr 2020 wird ein Junger einen Alten *fast zwanzig Jahre lang finanzieren müssen*. Noch 1960 betrug die durchschnittliche Rentenbezugsdauer
zehn Jahre, jetzt sind es bereits siebzehn Jahre. Die Renten müssen also für
einen immer längeren Zeitraum gezahlt werden, obwohl gleichzeitig die
Zahl der Beitragszahler, die für einen Rentner aufkommen müssen, rapide
sinkt (2000: 4,13–2020: 2,87). Je weniger Beschäftigte in die Rentenversicherung einzahlen, desto unsicherer und unzuverlässiger ist die Rente bzw.
Rentenhöhe. Es ist absehbar: Das durchschnittliche *Rentenniveau wird von
53 Prozent (2005) auf 46 Prozent (2020) sinken.*

Der Ruhestand ist eine Erfindung der Neuzeit. Früher arbeiteten die
meisten Menschen ganz selbstverständlich bis ans Ende ihres Lebens. Lebenszeit und Arbeitszeit gehörten unmittelbar zusammen. Die so genannte
Altersgrenze war eine Alters-Versicherungs-Grenze. Sie lag 1889 bei 70 Jahren und wurde 1916 auf das 65. Lebensjahr herabgesetzt. Die Grenze zum
Alter bedeutete dabei in der Regel Invalidität und/oder Berufsunfähigkeit.

Wer heute und in Zukunft – freiwillig oder zwangsweise – aus dem Berufsleben ausscheidet, muss weder invalid noch berufsunfähig oder alt sein. Selbst
aus der Sicht der Alternsforschung gilt die derzeitige Pensionierungsgrenze als
willkürlich festgesetzt. Ihre allgemeine Gültigkeit wurde nie nachgewiesen.

Nicht eine vom Arbeit- oder Gesetzgeber verordnete Zwangspensionie-
rung wäre das Gebot der Stunde, sondern eine verstärkte Individualisierung
der Arbeitszeit in den letzten zehn Jahren des Berufslebens, wozu auch eine
Flexibilisierung der Altersgrenze nach unten (z. B. 63 Jahre) *und nach oben*
(z. B. 67 Jahre) gehört.

Höher Gebildete bleiben öfter kinderlos

Noch nie hat es eine Generation so gut ausgebildeter und hoch qualifizierter Frauen gegeben, die so wenig Kinder bekommen haben. Bei Akademikerfrauen gibt es zwar auch Geburten, aber diese erfolgen immer später – und immer seltener. Der Anteil Kinderloser in den gut ausgebildeten Mittelschichten und Akademikerhaushalten wird immer größer, weil hier die Vereinbarkeit von Familie und Beruf bzw. Karriere am schwierigsten ist. Frauen mit akademischem Abschluss bleiben zu mehr als vierzig Prozent kinderlos. Immer mehr hoch qualifizierte Frauen verzichten auf Kinder:

Eine intellektuelle Auszehrung droht, wenn das Bildungsbürgertum weiterhin in seinen beruflichen Karrierechancen durch Babypause bzw. Familienphase benachteiligt wird und deshalb auf Nachwuchs verzichtet.

Die Bevölkerung wandert in wohlhabende Regionen ab

Bevölkerungswanderungen großen Ausmaßes stehen bevor: Die Ökonomie bestimmt zunehmend die Demografie der nächsten Jahre. Die deutsche Bevölkerung wandert in Gebiete mit niedriger Arbeitslosigkeit und hoher Kaufkraft – vor allem in das Umland von München bis Stuttgart.

Zu den Abwanderungs- bzw. Abstiegsregionen zählen hingegen Saarland und Ruhrgebiet, Thüringen und Sachsen-Anhalt sowie viele Gebiete entlang der ehemaligen deutsch-deutschen Grenze. Und fast alle Großstädte müssen mit Bevölkerungsverlusten rechnen. Lediglich Hamburg will dem Jahrhundert-Trend trotzen und hat die „wachsende Stadt" zum Leitbild der Zukunft erklärt.

Die Euro-Islamisierung breitet sich aus

Die Zahl der Erwerbstätigen in der EU wird zwischen 2010 und 2030 um zwanzig Millionen sinken. Nach Einschätzung der EU-Kommission sind die Prognosen für das Wirtschaftswachstum (= das kombinierte Ergebnis von Beschäftigung und Produktivitätswachstum) besorgniserregend. Daher wird schon bald die *wirtschaftliche Migration als Ausgleich für die alternde und schrumpfende Bevölkerung* die politische Diskussion in Europa bestimmen. Und die Integrationsprobleme werden zunehmen, vor allem bei Zuwanderern aus Nicht-EU-Ländern sowie Ländern anderer Kulturen und Religionen.

In Hamburg leben heute bald so viele Muslime (130000) wie Katholiken (170000) – in Berlin sogar noch mehr. Und von den Protestanten lassen sich keine drei Prozent sonntags in der Kirche blicken. Hier bewahrheitet sich beinahe eine frühe Befürchtung des französischen Generals de Gaulle. Er wollte seinerzeit verhindern, dass „Colombey les deux Eglises" eines Tages „Colombey der zwei Moscheen" heißt. Ganz anders ist es gekommen. Auch in Deutschland wächst bis zum Jahr 2020 die Zahl der Zuwanderer um über drei Millionen, was einer jährlichen Nettozuwanderung von mindestens 200000 entspricht. Andere Kulturen und Religionen halten Einzug in das Land.

In Zukunft kommt es zu gravierenden Bevölkerungsverschiebungen und *Veränderungen in der Alltagskultur* der Menschen. Der sich in Deutschland und ganz Europa ausbreitende Islam wird allerdings ein anderer sein als etwa der im Iran oder in Saudi-Arabien. Es entsteht eine neue Art von Euro-Islam, der den Koran anders und vor allem freier interpretiert: Vom selbstverständlichen Recht jeder Muslima auf Autofahren bis zu neuen Formen islamischer Demokratie.

Europa wird islamischer werden. Die starke Immigration (z. B. Deutsche türkischer Abstammung heiraten früh und haben viele Kinder) wird in Teilgebieten Deutschlands und Europas muslimische Mehrheiten schaffen.

Europa kann bis Ende des Jahrhunderts ein Teil des islamischen Westens werden. Miteinander. Nebeneinander. Gegeneinander: Alle Formen sozialen und kulturellen Zusammenlebens werden in Zukunft möglich sein.

Das Defizit in der Pflegeversicherung wächst

Die Zahl der pflegebedürftigen alten Menschen steigt enorm (2000: 1,9 Mio. – 2010: 2,1 Mio. – 2020: 2,6 Mio. – 2030: 3,1 Mio.). Nur ein Drittel kann und wird in Heimen leben. Die übrigen zwei Drittel müssen von Familienangehörigen oder von ambulanten Pflegediensten zu Hause betreut werden. Die Rücklagen der gesetzlichen Pflegeversicherung sind aufgebraucht (1995: +3,44 Mrd. Euro/2000: −0,03 Mrd. Euro/2005: Schätzung ca. −0,8 Mrd. Euro). Eine umfassende Reform ist daher unerlässlich. Das Gesamtdefizit der gesetzlichen Pflegeversicherung kann langfristig nur durch *private Rücklagen* ausgeglichen werden. Die vor zehn Jahren im Umlageverfahren beschlossene Pflegeversicherung wird durch den Abschluss privater Pflegeversicherungen Zug um Zug ersetzt werden müssen.

Natürlich beabsichtigt die Politik, die *seit 1999 defizitäre Pflegeversiche-*

rung grundlegend zu reformieren. Nur: Das Wann und Wie bleibt weiter offen. Die notwendige Reform ist allenfalls in Stufen umsetzbar, wie das Bundesgesundheitsministeriums verlauten lässt. Die Finanzierung der rund 650 000 Heimbewohner und der 1,4 Millionen Menschen, die zu Hause betreut werden, bleibt weiter ungeklärt – ganz zu schweigen von der politischen Absicht, Demenzkranke in Zukunft besser zu pflegen und die häusliche Pflege auszubauen.

Die Schere zwischen Arm und Reich öffnet sich weiter

Das Wirtschaftswunder der fünfziger Jahre – eine Folge von Nachkriegszeit und Wiederaufbauphase – wird sich nicht wiederholen. Das reale Bruttoinlandsprodukt in Deutschland ist seither stetig gesunken. Die *Sorge um ein Nullwachstum* zu Beginn des 21. Jahrhunderts ist nicht von der Hand zu weisen, wenn man das jährliche Wirtschaftswachstum der letzten fünf Jahrzehnte miteinander vergleicht. Was kommt wirtschaftlich auf uns zu?

Der von der Bundesregierung vorgelegte Armuts- und Reichtumsbericht (BR 2005) weist nach: Die Schere zwischen Arm und Reich in Deutschland öffnet sich weiter. Das Armutsrisiko stieg von 12,1 Prozent (1998) auf 13,5 Prozent (2003) in der Gesamtbevölkerung und bei Kindern unter 16 Jahren gar von 13,8 Prozent (1998) auf 15 Prozent (2003). Als arm gelten alle Personen, die mit weniger als 60 Prozent des Durchschnittsnettoeinkommens auskommen müssen. Die wachsende soziale Ungleichheit kann zu einer *Zerreißprobe für die Gesellschaft der Zukunft* werden.

Die materielle Unterversorgung zieht zwangsläufig eine *sozial-kulturelle Ausgrenzung* nach sich. Wer heute zu den Geringverdienern zählt und mit weniger als 1250 Euro pro Person im Monat auskommen muss, ist *in der gesamten Lebensweise* im Vergleich zu den übrigen Bevölkerungsgruppen *benachteiligt und beeinträchtigt*. Ob Bildung, Kultur, Freizeit, Medien, Sport oder Unterhaltung – in beinahe allen Bereichen leben Geringverdiener fast „am Leben vorbei". Bei einem Vergleich der 60 wichtigsten Lebensgewohnheiten im Alltag – vom Fernsehen über das Sporttreiben bis hin zum Kinobesuch oder der ehrenamtlichen Tätigkeit – gibt es nur zwei Aktivitäten, bei denen die Geringverdiener dominieren. Und diese Aktivitäten heißen: *Handarbeiten*, also Stricken, Nähen und selber Schneidern – und *Kirchenbesuch*. Ansonsten

- surfen drei Viertel der Geringverdiener nie im Internet,
- gehen die meisten nie ins Kino, Theater, in die Oper oder ins Konzert und
- besuchen auch keine Sportveranstaltungen.

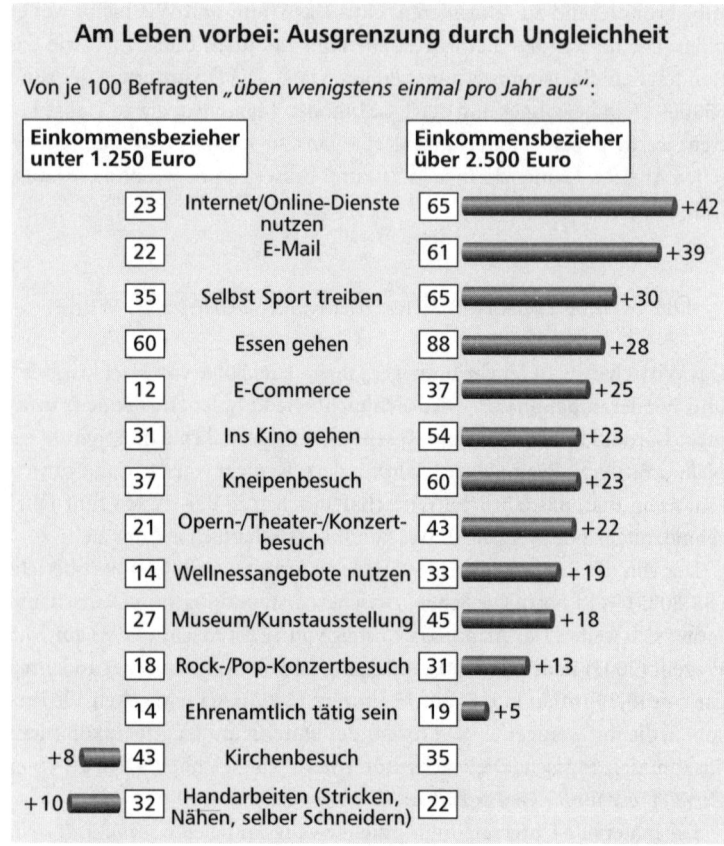

Am Leben vorbei: Ausgrenzung durch Ungleichheit

Von je 100 Befragten *„üben wenigstens einmal pro Jahr aus"*:

Einkommensbezieher unter 1.250 Euro		Einkommensbezieher über 2.500 Euro	
23	Internet/Online-Dienste nutzen	65	+42
22	E-Mail	61	+39
35	Selbst Sport treiben	65	+30
60	Essen gehen	88	+28
12	E-Commerce	37	+25
31	Ins Kino gehen	54	+23
37	Kneipenbesuch	60	+23
21	Opern-/Theater-/Konzertbesuch	43	+22
14	Wellnessangebote nutzen	33	+19
27	Museum/Kunstausstellung	45	+18
18	Rock-/Pop-Konzertbesuch	31	+13
14	Ehrenamtlich tätig sein	19	+5
+8 43	Kirchenbesuch	35	
+10 32	Handarbeiten (Stricken, Nähen, selber Schneidern)	22	

Im Armuts- und Reichtumsbericht der Bundesregierung wird zudem nachgewiesen, dass sich die *Ungleichheit der Einkommen* in den letzten Jahren sogar *noch verstärkt* hat (BR 2005, S. XVIII). Die Hauptursachen hierfür liegen in der Erwerbssituation, aber auch im Bildungsstatus. Und dort, wo sich *geringes Einkommen und geringe Bildung als Problem kumulieren* (z. B. bei Geringqualifizierten, Arbeitslosen, Zuwanderern einschließlich Spätaussiedlern) droht die soziale Ausgrenzung, d. h. davon Betroffene werden von der Lebensweise der übrigen Bevölkerung weitgehend ausgeschlossen. Dabei geht es weniger um existentielle Notlagen im Sinne von materieller Armut und physischem Existenzminimum, sondern um soziale und kulturelle Unterversorgungen, die sie *am Rande der Gesellschaft stehen und leben* lassen. In dieser mehrdimensionalen Lebenslagen-Perspektive wird erkennbar, dass gravierende Einkommens- und Bildungsdefizite den gleichberechtigten

Zugang zu fast allen Lebens- und Erlebnismöglichkeiten des Alltags unmöglich machen.

Die wachsenden sozialen Ungleichheiten werden in Zukunft die Kluft zwischen Arm und Reich, aber auch im wörtlichen Sinn zwischen „Oben" und „Unten" verschärfen. Der Sozialhistoriker Paul Nolte lässt deshalb zu Beginn des 21. Jahrhunderts die *Theorie einer Klassengesellschaft* wiederaufleben mit der provozierenden These: „Es gibt doch noch eine Unterschicht in Deutschland – auch wenn dieses Wort im politischen Diskurs der Bundesrepublik fast obszön geworden ist" (Nolte 2004, S. 37). Nolte glaubt, dass das ständige Gerede von der Zivilgesellschaft häufig nur die sozialen Unterschiede verdecken soll. In Wirklichkeit *komme die Zweidrittelgesellschaft wieder* und soziale Ungleichheit werde das große Thema unserer Zeit. Der Aufspaltung des Marktes in „Premium"- und „Discount"-Produkte entspreche die Polarisierung der Gesellschaft in Oben und Unten. Angesichts dieser Diagnose ist auch Klassenbewusstsein kein historisches Relikt mehr.

Die Argumente liegen auf der Hand: Der Aufstieg der ehemaligen Unterschicht in die bürgerliche Mittelklasse hat nicht wie erhofft stattgefunden und auch die Armut wurde nicht abgeschafft. Die große Vision des Soziologen Helmut Schelsky aus den fünfziger Jahren, wonach wir uns zu einer „nivellierten Mittelstandsgesellschaft" entwickelten (Schelsky 1953), ist so nicht Wirklichkeit geworden. Die Wohlstandsentwicklung der letzten Jahrzehnte hat die *soziale Kluft in der Bevölkerung eher noch verschärft.*

Es ist mittlerweile klar: Mehr Geld und mehr Wohlstand führen nicht automatisch zu mehr Bildung und Kultur. Problematischer als der Mangel an Geldressourcen erscheint der Mangel an Bildungsressourcen. *Mit Geldzahlungen kann sich die Gesellschaft nicht von Bildungsdefiziten freikaufen.* Frühzeitige Bildungsförderungen machen spätere soziale Interventionen weitgehend entbehrlich. Eltern, Lehrer und Schüler müssen also mehr gefordert und gefördert werden.

Bildungsdefizite sind folgenschwer: Je niedriger der Bildungsabschluss, desto höher das Risiko der Arbeitslosigkeit und der Armut. Die Forderung nach lebenslangem Lernen lässt sich also auch ökonomisch begründen, weil sie präventiv wirkt und die Gesellschaft vor sozialen Folgekosten schützt. Die Verteilung von Lebens- und Beschäftigungsmöglichkeiten erfolgt im Wesentlichen durch das Nadelöhr der Bildung. Hier finden die biografieprägenden Weichenstellungen für das Leben statt.

Bildung kann in Zukunft keine Frage von entbehrlichem Luxus mehr sein. Ganz im Gegenteil: *Bildung wird zum Wirtschaftsfaktor* und hilft, Armut und instabiles Leben zu verhindern. Bildung ist Zukunftsvorsorge, weil das Risiko des Arbeitsplatzverlustes an den Bildungsabschluss gekoppelt ist.

Nach dem allgemeinen EU-Verständnis gelten diejenigen als arm, die
über so geringe (materielle, kulturelle und soziale) Mittel verfügen, dass sie
von der Lebensweise ausgeschlossen sind, die in dem Land, in dem sie leben,
als Minimum annehmbar sind. Armut ist also relativ und immer dann gegeben, wenn Ausgrenzung (Exklusion) von einem gesellschaftlich akzeptierten
Lebensstandard bzw. Unterversorgung droht.

Frühe Warnung
Die Kluft zwischen Arm und Reich kann explosiv werden
„Ein kleiner Funke genügt, ein Flächenfeuer zu entfachen. Wenn die sozialen
Ungleichheiten zu groß werden, kann es schnell zu einem Aufstand der
Armen, der Benachteiligten und Enttäuschten kommen."
Quelle: H. W. Opaschowski 1995, S. 278

Sozialhilfe muss Selbsthilfe sein und als letztes Auffangnetz das sozio-kul-
turelle Existenzminimum sichern und vor Armut und sozialer Ausgrenzung
schützen helfen. Unter den Sozialhilfeempfängern stellen die Kinder mit
einer Anzahl von über einer Million die größte Gruppe dar. Die Aktivierung
der Selbsthilfekräfte ist bei dieser Gruppe nur bedingt möglich. Schließlich
ist ihre Situation eine Folge geminderter Erwerbs- und Einkommenschan-
cen ihrer Eltern. Die Folgen aber müssen die *Kinder* tragen: *eingeschränkte
Erfahrungs-, Entwicklungs- und Lernmöglichkeiten.* Sie müssen einen großen
Teil ihres Lebens auf der Straße verbringen: Straßenkarrieren im Problem-
umfeld von Armut und Obdachlosigkeit, Diebstahl und Drogenhandel drohen, wenn die Bildungsförderung nicht gelingt und die soziale Kluft sich
weiter verschärft.

II. Leben im Nebeneinander?
Stadtgesellschaft als Parallelgesellschaft

Weniger. Älter. Bunter. So sieht das Leben in der Stadt der Zukunft aus. Das Stadtbild wird geprägt durch weniger Kinder und Jugendliche, mehr ältere Grauköpfe und ein buntes Gemisch aus Einheimischen und Zuwanderen aus fremden Kulturen.

1. Schrumpfung. Kinder als Minderheit

Schrumpfende Bevölkerung

Die Welt polarisiert sich immer mehr in eine kleine Gruppe wohlhabender Länder mit demografischer Schrumpfung und in eine große Gruppe ärmerer und armer Länder mit Bevölkerungswachstum. Nach Ansicht von Experten sollen die Horrorvorstellungen über die Folgen einer Klimaänderung harmlos sein im Vergleich zu den „drohenden kulturellen und sozialen Verwüstungen unserer Gesellschaft" (Birg 2001, S. 12) durch die demografische Entwicklung. Der *demografische Niedergang Deutschlands und Europas* gefährdet ihre Wachstumsaussichten und ihre weltpolitische Bedeutung. So werden die so genannten G7-Länder, die derzeit einen Anteil von rund vierzig Prozent am Sozialprodukt der Welt haben, an ökonomischem und politischem Gewicht, Einfluss und Profil verlieren. Eine erste „Global Aging Initiative", die sich mit den sozialen Folgen einer solchen Entwicklung auseinander setzt, wurde bereits 2001 ins Leben gerufen (Konferenzen in Zürich und Tokio).

„Im Vergleich zur demografischen Katastrophe ist der Zusammenbruch des Kommunismus unwichtig" meint auch der Ethnologe Claude Lévi-Strauss (Lévi-Strauss 1992, S. 55). Bemerkenswerterweise scheren die USA aus dem westlichen (= westeuropäischen) Trend des Bevölkerungsrückgangs aus. Wie in Europa steigt die Lebenserwartung in den USA. Während aber in Europa die Geburtenzahl pro Frau mittlerweile nur mehr bei 1,41 liegt (also ein Drittel unter dem Niveau, das für die langfristige Bestandserhaltung der Bevölkerung erforderlich wäre), bleibt die Kinderzahl in den USA seit den siebziger Jahren nahezu konstant bei 1,8 bis 2,0.

In Deutschland gibt es pro Jahr etwa 100 000 mehr Sterbefälle als Geburten. Gäbe es keine Zuwanderer, läge das durchschnittliche *Geburtendefizit* bei etwa 800 000 im Jahr, d.h. ohne Zuwanderung hätte Deutschland am

Schrumpfende Bevölkerung
Demografische Szenarien bei unterschiedlichen Zuwanderungszahlen

Prognose Jahr	(Netto-)Zuwanderung pro Jahr	Bevölkerung in Mio.
2005		82,5
2050	300 000	80,0
2050	200 000	75,1
2050	100 000	68,5
2050	–	53,7

Zusammenstellung nach Daten des Statistischen Bundesamtes 2005

Ende dieses Jahrhunderts statt 82 Millionen Einwohner nur noch 25 bis 30 Millionen. Die Deutschen werden sicher nicht aussterben, aber der *Bevölkerungsrückgang ist unaufhaltsam.* Die Schrumpfung ist unvermeidlich und nicht mehr revidierbar: „Durch den Geburtenrückgang seit den 70er Jahren ist die heutige Elternzahl so stark geschrumpft, dass jetzt mehr als drei Kinder pro Frau nötig wären, um das zu kompensieren" (Birg 2000, S. 44). Die Realität sieht ganz anders aus. Bei den Deutschen liegt die Kinderzahl pro Frau lediglich bei 1,3. Selbst die Zugewanderten kommen nur auf eine Kinderzahl von 1,9.

Die Geburtenzahlen in Deutschland haben sich in den letzten Jahrzehnten dramatisch verändert. Noch bis in die sechziger Jahre hinein wurden etwa 90 Prozent der Kinder geboren, die zur Erhaltung des Bevölkerungsbestandes erforderlich waren. Seither ist dieser Anteil auf 65 Prozent gesunken, d.h. 100 Angehörige der Elterngeneration haben nur noch 65 Kinder. So weist der vom Bundesfamilienministerium herausgegebene Datenreport „Die Familie im Spiegel der amtlichen Statistik" nach: Über ein Viertel der Frauen in Ostdeutschland und fast ein Drittel in Westdeutschland bleiben kinderlos.

In den meisten deutschen Haushalten leben heute keine Kinder mehr. Dieser Entwicklung in der Bundesrepublik stehen andererseits die geradezu *explodierenden Geburtenraten im Süden der Erdkugel* gegenüber: Die Bevölkerung in der Dritten Welt, also in den ärmsten Ländern, verdreifacht sich bis Mitte des Jahrhunderts auf rund 1,8 Milliarden. Derzeit leben weltweit 6,2 Milliarden Menschen; Mitte des Jahrhunderts wird die Weltbevölkerung nach UN-Schätzung auf 9,3 Milliarden angewachsen sein. Die Menschen in den Armutsregionen werden einen immer härteren Kampf um die zuneh-

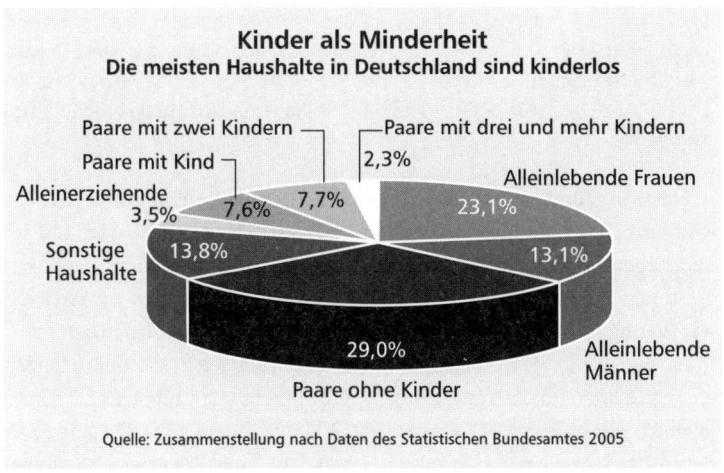

Kinder als Minderheit
Die meisten Haushalte in Deutschland sind kinderlos

Paare mit zwei Kindern — ┌— Paare mit drei und mehr Kindern
Paare mit Kind ┐   │ 2,3%
Alleinerziehende   Alleinlebende Frauen
3,5%   7,6%   7,7%   23,1%
Sonstige   13,8%   13,1%
Haushalte
                29,0%   Alleinlebende
            Paare ohne Kinder   Männer

Quelle: Zusammenstellung nach Daten des Statistischen Bundesamtes 2005

mend knapper werdenden Ressourcen (Land, Wasser, Holz, Bodenschätze) führen. *Elend, Kriminalität und Bürgerkriege* können sich ausbreiten.

Hatte vielleicht Oswald Spengler in den zwanziger Jahren in seinem Buch „Untergang des Abendlandes" (1923/2003) eine apokalyptische Vorahnung, als er sich über „Die Unfruchtbarkeit des zivilisierten Menschen" Gedanken machte: „Die große Wendung tritt ein, sobald es im alltäglichen Denken einer hochkultivierten Bevölkerung für das Vorhandensein von Kindern ‚Gründe' gibt. Die Natur kennt keine Gründe" (Spengler 2003, S. 680). Sollte der Kulturpessimist und Autor von Untergangsszenarien doch teilweise Recht behalten, als er prognostizierte: „Statt der Kinder haben sie seelische Konflikte, die Ehe ist eine kunstgewerbliche Aufgabe, und es kommt darauf an, ‚sich gegenseitig zu verstehen'. Es ist ganz gleichgültig, ob eine amerikanische Dame für ihre Kinder keinen zureichenden Grund findet, weil sie keine Season versäumen will, eine Pariserin, weil sie fürchtet, dass ihr der Liebhaber davongeht, oder eine Ibsenheldin, weil sie sich selbst gehört. *Sie gehören alle sich selbst und sind alle unfruchtbar"* (Spengler 2003, S. 681). Spenglers Thesen sind nicht immer wörtlich zu nehmen. Dennoch gilt Theodor W. Adornos bange Frage „Wird Spengler Recht behalten?" auch und gerade im 21. Jahrhundert als *Alarmsignal.*

Rom war seinerzeit reich, hoch gebildet und gut organisiert. Und trotz der verzweifelten Ehe- und Kindergesetzgebung des Augustus („De maritandis ordinibus"), trotz massenhafter Adoptionen und permanenter Ansiedlung ausländischer Soldaten *nahm die Bevölkerung ab* – erst in der Weltstadt Rom, dann in den Provinzstädten und schließlich auf dem Land.

Im 5. Jahrhundert n. Chr. weideten auf dem Forum Romanum Viehherden und im Amphitheater wurde Getreide angebaut. Zurück blieben verödete Provinzen und leer stehende Städte. Rom hatte nur noch die Einwohnerzahl eines Dorfes. Aus der zeitweilig aufgeschobenen war eine lebenslange Kinderlosigkeit geworden.

Noch vor rund fünfzig Jahren stand Deutschland mit 68 Millionen Einwohnern an siebter Stelle der Weltbevölkerung – weit vor Brasilien mit seinerzeit gerade einmal 53 Millionen Menschen. Ein Jahrhundert später wird es im Jahr 2050 etwa 250 Millionen Brasilianer geben, denen – je nach Zuwanderung – allenfalls 60 bis 70 Millionen Deutsche gegenüberstehen.

Nur noch in drei westeuropäischen Ländern erreicht die Geburtenzahl ein zum Generationenersatz ausreichendes Niveau (= mindestens 2,1 Kinder je Frau): Schweden (2,04), Frankreich (2,1) und Irland (2,4). Die hohe Kinderzahl in Schweden und Frankreich zeigt, dass hohe Frauenerwerbsquoten auch mit einer hohen Kinderzahl einhergehen können, wenn sich Familien- und Erwerbstätigkeit miteinander verbinden lassen. „Dauerhafte Kinderlosigkeit" (Engstler/Menning 2003. S. 89) lässt sich nur durch einen grundlegenden Einstellungswandel der Bevölkerung in Verbindung mit gleichzeitigen infrastrukturellen Änderungen, d. h. einen hohen Versorgungsgrad mit außerhäuslicher Kinderbetreuung, erreichen. Dies trifft insbesondere für die Betreuung drei- bis fünfjähriger Kinder zu, was die derzeitige geringe Erwerbsbeteiligung der Frauen in dieser Familienphase erklärt (Ostdeutsche: 36% – Westdeutsche: 11%).

Noch haben Kinder ab dem vollendeten dritten Lebensjahr keinen allgemeinen Anspruch auf Ganztagsbetreuung – ganz zu schweigen vom geringen Versorgungsgrad mit Krippenplätzen für die ein- bis dreijährigen Kinder: 10,4 Prozent im Bundesdurchschnitt. Die erheblichen Kapazitätslücken müssen also erst noch geschlossen werden. Dies gilt in gleicher Weise für Kinder im Hortalter von sechs bis unter zehn Jahren (Ostdeutsche: 19% – Westdeutsche: 30%).

Frühe Warnung aus den achtziger Jahren
Die Gefahr einer kinderlosen Gesellschaft …
„… besteht bei anhaltender Kinderlosigkeit in allen westlichen Industrieländern. Den größten Geburtenrückgang verzeichnet die Bundesrepublik Deutschland. Für jeden zweiten Mann unter 30 sind mittlerweile Freunde, Hobbys und Urlaubsreisen wichtiger als Ehe, Kinder und Familiengründung."
H. W. Opaschowski: Zukunftsfaktor Freizeit.
Dokumentation des B·A·T Freizeit-Forschungsinstituts, Hamburg 1986, S. 3

In den Großstädten Deutschlands bekommen die Kinder in Zukunft *Minderheiten-Status*. So leben beispielsweise schon heute in mehr als achtzig Prozent der Hamburger Haushalte keine Kinder mehr. Seit 1900 hat sich der Anteil der Ein- und Zwei-Personen-Haushalte in Deutschland von 22 Prozent (1900) auf 70 Prozent (2005) mehr als verdreifacht. Und seit Mitte der sechziger Jahre halbierte sich die Zahl der Geburten von 1,4 Millionen (1964) auf 0,7 Millionen (2005). Innerhalb der Europäischen Union hat Deutschland die niedrigste Geburtenrate und weist *weltweit die höchste Kinderlosigkeit* auf. Jede dritte Frau bleibt dauerhaft kinderlos.

„Kinderlosigkeit" ist fast zu einem gesellschaftspolitischen Reizwort geworden, seitdem Hans-Werner Sinn, der Leiter des Münchner ifo Instituts für Wirtschaftsforschung, die Forderung erhob, die *Rente für Kinderlose zu halbieren*. Nur durch eine solche Maßnahme könne die Überalterung der deutschen Gesellschaft gestoppt und das Rentensystem sinnvoll reformiert werden. Die Begründung dafür lautete: Wer keine Kinder hat, kann sparen, weil er keine Ausgaben für die Kindererziehung leisten muss. Nach Meinung Sinns bietet das derzeitige Rentensystem viel zu große Anreize, kinderlos zu bleiben, da die Versorgung im Alter auch ohne Kinder staatlicherseits gewährleistet wird. So entsteht aus der Kinderlosigkeit ein *massiver materieller Vorteil*, den immer mehr Menschen für sich reklamieren. Die Folge kann ein Kollaps des Systems der Umlagerente sein (H.W. Sinn im dpa-Gespräch vom 19. März 2003).

Neue Lebensformen

Familienforschung und Familienpolitik verstehen heute unter „Familie" das Zusammenleben und/oder das getrennte Leben von Eltern mit kleinen, heranwachsenden und erwachsenen Kindern *und* von Erwachsenen mit ihren älteren und hochbetagten Eltern bzw. Enkelkindern mit ihren Großeltern. Hierbei handelt es sich um ein *weitgefasstes Familienverständnis*, bei dem die Familie *über Kindheit und Jugend hinaus* als soziale Gemeinschaft gilt. Denn zum ersten Mal in der Geschichte der Menschheit haben heute vier, fünf oder gar sechs Generationen die Möglichkeit, am Leben der jeweils anderen teilzunehmen.

Die aktuelle gesellschaftliche und politische Diskussion bewegt sich derzeit zwischen „Funktionsverlust", „Niedergang" und „Verfall" der Familie. Andererseits sprechen die Zahlen im Spiegel der amtlichen Statistik (vgl. BMFSFJ 2005) eine ganz andere Sprache: Rund 58 Prozent aller Einwohner bilden Eltern-Kind-Gemeinschaften mit gemeinsamer Haushaltsführung. Fast immer handelt es sich dabei um Zwei-Generationen-Haushalte. Nur zwei Prozent der Bevölkerung leben in Haushalten mit drei und mehr Generationen.

Die Familie war in allen Gesellschaften eine Gruppe eigener Art – miteinander verbunden durch Intimität, Kooperation und gegenseitige Hilfe. Und: „Im übrigen reproduziert sich diese Gruppe selber" (König 1960). Doch Letzteres versteht sich heute nicht mehr von selbst. Die Reproduktion von Nachkommen ist infrage gestellt. Die Familiensoziologie muss umdenken. Es bilden sich verschiedene Familienformen heraus (z. B. Kleinfamilie, Kernfamilie, Nuklearfamilie), deren soziologische Bewertung zwischen „Funktionswandel" und „Funktionsverlust", „Desintegration" und „Desorganisation" schwankt, weil sie wesentliche Aufgaben an öffentliche Institutionen abgeben (Kindertagesstätten, -gärten, Schulen, Freizeitstätten, Unterhaltungsmedien u. a.).

> Die mehrere Generationen übergreifende Großfamilie, die bei der Kindererziehung hilft, existiert heute nur noch in etwa 2,5 Prozent aller Haushalte.

Auch und gerade die *Familie als Eltern-Kind-Beziehung* verliert an Bedeutung: Die Zahl der Geburten ging in den letzten Jahren permanent zurück. In Deutschland sterben mehr Menschen als Kinder geboren werden. In allen westlichen Industrieländern zeigen sich die gleichen Trends: Eine Zunahme von Singles und kinderlosen Paaren. In Deutschland gibt es mittlerweile mehr Einpersonenhaushalte als so genannte „kernfamiliale Haushalte" (Peuckert 1991, S. 199), in denen Ehepaare mit Kindern leben. Feinsinnige Umschreibungen wie z. B. „Bedeutungswandel" (Nave-Herz 1998) der Familie werden dieser Entwicklung kaum mehr gerecht. Denn hier wandelt sich nicht die Familie, sondern: *Andere Lebensformen entwickeln sich auf Kosten der Familie.*

Die Auffassung „Ein Leben ohne Kinder ist leichter und fordert keinen Konsumverzicht" findet noch immer viele Anhänger. Schließlich ist die junge Generation zwischen 20 und 35 Jahren unter Wohlstandsbedingungen aufgewachsen. Wer daher heute eine Familie gründen will, muss zur Einschränkung des eigenen Lebensstandards bereit sein. Familienfördernde Maßnahmen des Staates wie Kinder- und Erziehungsgeld, die Anerkennung von Erziehungszeiten sowie Steuererleichterungen für Familien decken nur einen Bruchteil der tatsächlichen Kosten für die Kindererziehung.

> Materiell gesehen wird die Familiengründung regelrecht bestraft. So kann es nicht überraschen, dass bisher Freizeit und Konsum als „die" zentralen Werte für das generative Verhalten der jungen Generation gelten – einer Generation, die viel vom Leben haben will.

Wie das Allensbacher Institut für Demoskopie schon in den neunziger Jahren nachgewiesen hat (Allensbach Dezember 1993), ist die Mehrheit der Bevölkerung der Auffassung, dass Familien, die „in unserer Gesellschaft Kinder haben, *benachteiligt* sind" und dass „vor allem *die Mütter bestraft*" werden (West: 55%/Ost: 69%) – angefangen von der fehlenden finanziellen Unterstützung bis zur Schwierigkeit, eine ausreichend große Wohnung zu finden. Über drei Viertel der Bevölkerung (West: 78%/Ost: 81%) sprechen sich daher dafür aus, dass „Hausfrauen und Mütter später auch eine *entsprechende Rente* bekommen". Und fast die Hälfte der Bevölkerung (43% – West: 40%/Ost: 53%) würde den Vorschlag unterstützen, wenn Hausfrauen und Mütter schon heute ein *festes Gehalt* bekämen.

Nicht die Verwirklichung der Gleichberechtigung in der Familie (2%), nicht eine größere allgemeine Anerkennung der Mutterrolle in der Gesellschaft (6%) und auch nicht eine bessere Vereinbarkeit von Familie und Beruf (17%) werden als wirksamste Maßnahmen zur Attraktivierung der Familie angesehen, sondern vor allem und in erster Linie *mehr finanzielle Unterstützung und Absicherung* (West: 37%/Ost: 43%). Offensichtlich ist der Verzicht auf eine Familiengründung für viele junge Leute keine Entscheidung „gegen" Kinder, sondern ein Votum „für" die eigene materielle Absicherung.

Mit zunehmender Kinderlosigkeit verschärft sich die so genannte Transferausbeutung der Familie bzw. die „inverse Solidarität": Die finanziell schwächere Familie muss die finanziell Stärkeren tragen. Immer mehr fließt bei der Alterssicherung von Mehrkinderfamilien zu kinderlosen und kinderarmen Rentnern.

Mit der Einführung der Pflegeversicherung hat sich die Mehrfachbelastung der Familien noch verschärft. Sie werden gleich dreifach zur Kasse gebeten (vgl. Borchert 1993):

- Familien erbringen erstens durch ihre Kinder die einzige Vorleistung für die zukünftige Pflege aller (auch der Kinderlosen).
- Familien pflegen zweitens viel öfter als Kinderlose ihre eigenen Eltern, weil sie wegen der eigenen Kinder viel öfter bzw. zumindest teilweise auf Erwerbsarbeit verzichten.
- Familien stellen drittens wegen ihrer Kinder ein weitaus geringeres Risiko für die öffentlichen Pflegekassen dar.

Ein *Abbau der Benachteiligung von Familien oder Privilegien der Kinderlosen* wäre daher die wirksamste sozialpolitische Maßnahme für die Zukunft. Singles und Kinderlose sind hinsichtlich ihres Pro-Kopf-Einkommens gegenüber Familien deutlich privilegiert. So verfügen Familien mit einem Kind lediglich über zwei Drittel, Familien mit zwei Kindern nur noch über die *Hälfte des Pro-Kopf-Einkommens eines kinderlosen Paares* gleichen Alters. Die meisten kinderlosen Ehen setzen sich aus Doppelverdienern zusammen, während in den Familien die Frau bei der Geburt eines Kindes als zweiter Einkommensbezieher ausfällt. So können die Kinderlosen deutlich mehr Geld für den Erlebniskonsum von Urlaub, Freizeit, Hobby und Sport ausgeben. Sie leisten sich einen konsumfreudigeren und mobileren Lebensstil.

Die Zunahme und Verbreitung von Singles und Kinderlosen ist die Folge eines gesellschaftlichen Doppel-Effekts, den die amerikanische Sozialforschung schon frühzeitig (vgl. Bugari/Dupuis 1989) *Pull-Effekt* („Anziehung") bzw. *Push-Effekt* („Abstoßung") genannt hat:

- Das Leben von Singles und Kinderlosen wird finanziell erleichtert und sozial und prestigemäßig aufgewertet und attraktiver dargestellt, als es wirklich ist (*Pull-Effekt*).
- Das Leben in Ehe und Familie wird finanziell erschwert und gesellschaftlich als spießig, altmodisch oder überholt abgewertet (*Push-Effekt*).

So werden junge Leute fast in das Alleinleben bzw. Leben zu zweit „gedrängt", weil es *Prestigegewinn* verspricht. Die Familie droht zum „Auslaufmodell" zu werden. Erstmals in der Geschichte der Menschheit scheint ein Leben jenseits der Familie problemlos möglich zu sein.

Konsum oder Kind?

Im Hinblick auf die demografische Entwicklung der Zukunft ist es von besonderem bevölkerungspolitischen Interesse, wie die jüngere Generation zu Familiengründung und Kinderwunsch eingestellt ist. Vor allem die Einstellung der jüngeren Frauen zwischen 18 und 29 Jahren hat hierbei ein besonderes Gewicht.

Für jeden zweiten Mann und jede dritte Frau unter dreißig Jahren sind Freunde, Hobbys und Urlaubsreisen noch immer wichtiger als Ehe, Kinder und Familiengründung. In den Vorstellungen vieler junger Leute scheinen sich Kinderwunsch und konsumorientierter Lebensstil auszuschließen. Befürchtet werden deutliche Einschränkungen der persönlichen Interessen und damit Einbußen an Lebensgenuss. Auf das freie Leben möchten viele so schnell nicht verzichten. Sie pflegen daher eine ganz moderne Paarbeziehung und machen von ihrem Zeugungsverweigerungsrecht Gebrauch …

Noch niemals in der Geschichte der Menschheit währten Ehen so lange wie heute – und wurden gleichzeitig so viele Ehen geschieden. Die höhere Lebenserwartung lässt Mann und Frau nicht mehr nur zwanzig bis fünfundzwanzig

Jahre zusammenleben (bis dass der Tod sie scheidet), sondern dreißig, vierzig oder mehr Jahre. Das Eheleben wird auf eine immer härtere Probe gestellt.

Es ist daher kein Zufall, dass die Zahl der scheiternden Ehen im Alter um 50 am größten ist, wenn die Kinder das Haus verlassen, der Mann in der Regel dem Höhepunkt seiner Berufskarriere entgegenstrebt, die Frau aber vor dem „leeren Nest" steht und noch rund dreißig Jahre vor sich hat. Die meisten Scheidungen gehen dann von den Frauen aus. Sie sind auf der Suche nach einer neuen Identität oder zumindest nach einem neuen Anfang. Immer mehr Frauen steigen aus Ehe und Familie aus und gehen nichteheliche Lebensgemeinschaften ein. *Der Trauschein wird als Zwangsjacke empfunden.* Und: Die Trennung ist einfacher.

Der wachsende *Wunsch nach Freiheit und Lebensgenuss* ist hauptsächlich dafür verantwortlich zu machen, dass Menschen heute nicht mehr heiraten und eine Familie gründen wollen. 60 Prozent der Frauen (Männer: 59%) sind der Ansicht, dass „bei einer Ehe ohne Trauschein die Trennung einfacher ist". Sie vermuten, dass dies ein Hauptgrund für das Nicht-mehr-heiraten-Wollen ist. Weitere 44 Prozent (Männer: 41%) meinen, dass die meisten Ehemüden heute „frei und unabhängig bleiben" wollen und nicht daran glauben, dass es „ewige Treue" gibt. 39 Prozent der befragten Frauen (Männer: 37%) nehmen an, dass viele *Angst vor einer Einschränkung der persönlichen Freizeitgestaltung* haben und deshalb keine Kinder wollen. Sie denken nur an ihren Lebensgenuss: „Sie wollen ihre Freizeit genießen und auf nichts verzichten" (Frauen: 38%; Männer: 44%).

Die Befragungsergebnisse lassen keine grundlegenden Auffassungsunterschiede zwischen Männern und Frauen erkennen. Die beiden Geschlechter sind sich in ihrer Einstellung zu Ehe, Kindern und Familie weitgehend einig: Wer heute auf Kinder und Familie verzichtet, will sich alle Optionen offen halten, die eigene Freiheit nicht einschränken und den persönlichen Lebensgenuss nicht beeinträchtigen lassen. Merkmale hierfür sind:

- *Beliebigkeit:* Sich jederzeit binden und wieder trennen können.
- *Unabhängigkeit:* Unter allen Umständen frei und unabhängig bleiben wollen.
- *Egoismus:* Nicht bereit sein, sich in der persönlichen Lebensgestaltung durch Kinder einschränken zu lassen.
- *Hedonismus:* Das Leben genießen und auf nichts verzichten.

Hinter dieser Lebenseinstellung verbergen sich unausgesprochen tiefer gehende Probleme. *Bindungsängste deuten sich an:* Wer der Bindung aus dem Wege geht, zeigt ein geringes Vertrauen in sich und andere. Die Entscheidung, eine feste Partnerschaftsbeziehung einzugehen, aber gleichzeitig nicht an ewige Treue zu glauben, erscheint halbherzig und risikoscheu. Sie zeugt von gering entwickeltem Verantwortungsbewusstsein. Ist es fair und sozial, einen gemeinsamen Weg gehen zu wollen, sich persönlich aber alle Fluchttüren offen zu halten? Dieser Wandel im sozialen Zusammenleben der Menschen hat Folgen:

Alleinleben und Partnerschaften ohne Brief und Siegel werden attraktiver, die Trennungen einfacher, die Scheidungsraten steigen und die Zahl der Geburten sinkt.

Kinderlose Doppelverdiener

In der Soziologie werden für den *Monopolverlust der Familie* nicht nur die Singles, sondern auch die Paarbeziehungen ohne Kinder verantwortlich gemacht. Familiensoziologie und Scheidungsforschung weisen dabei nach:

- Die meisten nichtehelichen Paarbeziehungen sind *kinderlos*. Und in beinahe der Hälfte aller nichtehelichen Gemeinschaften *mit Kindern* wird dieser Umstand *als belastend* für die Beziehung empfunden. Die Elternschaft kollidiert mit dem auf sich selbst bezogenen, insbesondere berufsorientierten Lebensstil. Beide Partner konzentrieren sich auf ihre eigene berufliche Karriere, die für sie einen höheren Stellenwert als die Familie hat.
- Im Zentrum nichtehelicher Paarbeziehungen steht das Paar (und nicht das Kind oder die Familie). Die Paarbeziehung ist *wesentlich auf Erotik und Sexualität* aufgebaut. Entspricht der Anspruch auf sexuelle Erfüllung nicht mehr den eigenen Erwartungen, wird auch die Beziehung schnell beendet.
- Nichteheliche Paarbeziehungen müssen sich sozusagen „ihr Ja-Wort täglich neu geben" (Leitner 1980, S. 101). So wird der Bestand der Beziehungen fast zu einem ständigen Thema und das Paar steht unter dem permanenten Leistungsdruck, die Stabilität der Beziehung unter Beweis zu stellen. Aus einer Krise in der Beziehung wird schnell auch eine Krise der Beziehung.
- Nichtehelichen Paarbeziehungen mangelt es weniger an Ernsthaftigkeit als vielmehr an Dauerhaftigkeit. Für etwa zwei Drittel der nichtehelichen Lebensgemeinschaften stellt das Zusammenleben nur einen Übergang dar – mit der latenten Möglichkeit bzw. dem prinzipiellen *Vorbehalt jederzeitiger Kündbarkeit*. Eine Aufweichung der Erwartung sexueller Treue (Peuckert 1991, S. 202) ist feststellbar. In deutlichem Unterschied zu Ehepaaren trägt sich fast jeder zweite Partner einer nichtehelichen Beziehung

mit *Trennungsgedanken* (Vaskovics u.a. 1991, S. 38). Dies hat zur Folge, dass bei diesen Beziehungen im Unterschied zu Ehepaaren mit Kindern oft schon geringfügige Konflikte wie z.B. Langeweile oder Alltagsroutine zu relativ raschen *Nichtigkeitsscheidungen* (Schneider 1991, S. 21 f.) führen.

■ Die Wahrscheinlichkeit einer Trennung ist bei nichtehelichen Beziehungen etwa achtmal höher als bei verheirateten Paaren. Konkret: 700 Trennungen (pro 10 000 Paare im Jahr) stehen lediglich 87 Scheidungen gegenüber (Vaskovics u.a. 1991). *Sie gleichen eher einem Durchgangsstadium als einer Lebensgemeinschaft.* Sie enden häufiger mit der Auflösung des Verhältnisses als im Stadium der Ehe. Nichteheliche Paarbeziehungen stellen eher eine *Lebensphasen-Beziehung* (vgl. „Lebensabschnittspartner") dar.

■ Nichteheliche Beziehungen ähneln mehr einer *sequentiellen Monogamie* als einer Lebensgemeinschaft, weil das Treueprinzip temporär befristet ist. Die Folge ist eine höhere *Partnerfluktuation* (Meyer 1993, S. 31). Viele haben bereits mehrere Partnerschaften hinter sich.

Das vorherrschende Prinzip der Flexibilität im privaten und beruflichen Bereich hat Auswirkungen auf die Stabilität der zwischenmenschlichen Beziehungen. Soziologisch gesehen leben die Menschen zunehmend in einer *gesellschaftlich unverpflichteten Privatheit.* Flexible und beliebig erscheinende Beziehungsformen lassen eine soziale Toleranz entstehen, „die fast alles, was denkbar ist, auch möglich sein lässt", so dass das für eine stabile Zweierbeziehung wünschenswerte Zusammentreffen identischer Optionen fast wie ein „glücklicher Zufall" erscheinen muss (Klages 2002, S. 11 ff.). In einer Lebenswelt der Multioptionen wird es immer schwieriger, das Gemeinsame einer Zweierbeziehung zu finden. Dem dann erforderlich werdenden Verhandlungs- und Einigungszwang sind viele nicht gewachsen. Sie steigen einfach aus der verpflichtenden Beziehung aus.

Der *Trend zur Entfamiliarisierung* ist ganz im Sinne der wirtschaftlichen Marktlogik, die eine familien- und kinderlose Gesellschaft unterstellt. Nach Ulrich Beck ist das Single-Dasein gar das „Urbild der durchgesetzten Arbeitsmarktgesellschaft", die dann auch entsprechend eine kinderlose Gesellschaft ist. Das Marktsubjekt ist in letzter Konsequenz der ehe- und familien„behinderte" Single (Beck 1986, S. 191) – *arbeits- und konsumfreudig, aber kinderlos.*

Demografische Spaltung

Droht die demografische Spaltung der Gesellschaft, weil ein Teil der Bevölkerung aus dem Generationenvertrag aussteigt und so das soziale Sicherungssystem ins Wanken bringt – provokativ zugespitzt in der Formel „Von Kindern profitiert, wer keine hat!" (Forum Familie 1996/1998)? Was also passiert, wenn nichts passiert?

> Der typische Deutsche wird in Zukunft kinderlos und wenig weitblickend sein. Schon heute bleibt ein Drittel der Frauen und Männer zeitlebens kinderlos.

Mit jedem Kind, auf das ein Bundesbürger verzichtet, kann er an Erziehungs- und Ausbildungskosten bis zum 18. Lebensjahr etwa 200 000 bis 300 000 Euro sparen (vgl. Moths 2002).

Früher war Kinderlosigkeit gleichbedeutend mit einer materiellen Bedrohung für das eigene Leben. Heute ist Kinderlosigkeit eher zu einem Wohlstandsfaktor geworden. Negativ gesehen erinnert die Forderung nach einer Halbierung der Rente mehr an eine Strafsteuer für Kinderlose. Positiv gesehen geht es eigentlich nur darum, Familien zu entlasten, weil sie nicht nur mit Geld Rentenbeiträge zahlen, sondern vor allem mit *Zeit* (durch Fürsorge, Betreuung und Pflege) *in den Erhalt des Generationenvertrages investieren.* Kinderlose müssen sozusagen doppelt zahlen – für die Eltern *und* für die Kinder.

Der letzte Jahrgang, der sich in Deutschland in der Zahl seiner Kinder ersetzte, soll der Jahrgang 1892 gewesen sein (vgl. Miegel 2002). Die demografische Zeitenwende hat also sehr früh begonnen, nahm allerdings seit Ende der sechziger Jahre des vergangenen Jahrhunderts immer bedrohlichere Ausmaße an. Bis dahin wurden noch etwa neunzig Prozent der Kinder geboren, die für den Bevölkerungsbestand in Deutschland erforderlich waren. Nach 1970 sank dieser Anteil auf 65 Prozent.

Nachweislich konkurriert die familiäre Entscheidung für Kinder mit anderen Optionen der Lebensgestaltung wie z. B. hohem Lebensstandard oder beruflicher Karriere. Beim *individuellen Abwägungsprozess*, also der *Kosten-Nutzen-Kalkulation* fällt die Entscheidung immer öfter „gegen" Kinder aus. Das Pro-Kopf-Einkommen bei einer Familie mit zwei Kindern sinkt etwa auf die Hälfte eines vergleichbaren Ehepaares. Jedes Mitglied einer vierköpfigen Familie hat monatlich etwa 358 Euro weniger zur Verfügung als ein Alleinstehender.

Im Allgemeinen kostet ein Kind durchschnittlich 500 Euro im Monat, 6000 Euro im Jahr – und bis zum Ende der Ausbildung rund eine Viertel Million Euro. Damit sind die tatsächlichen Kosten, die ein Kind verursacht, noch nicht annähernd gedeckt. Denn der größte Kostenblock umfasst „die so genannten Opportunitätskosten, also die *Einkommensverluste, die durch die Nichterwerbstätigkeit* (in der Regel) der Mütter entstehen" (Tichy 2001, S. 249). In westlichen Wohlstandsgesellschaften bedeutet dies konkret:

> Wer sich für Kinder entscheidet, entscheidet sich für Konsumverzicht und vielfach auch für Karriereverzicht. Deshalb ist Kinderlosigkeit besonders häufig bei hoch qualifizierten Frauen anzutreffen – die sich eigentlich Kinder „leisten" könnten.

Karrierefrauen bleiben nachweislich zu 41 Prozent kinderlos. Noch gleicht die propagierte Beruf-Familien-Balance mehr einem Teufelskreis (vgl. Schmidt 2002, S. 100f.):

- Einerseits wächst die am besten ausgebildete Frauengeneration, die es jemals gab, heran: 55 Prozent der Abiturienten und 52 Prozent der Studienanfänger an den Hochschulen sind weiblich.
- Andererseits sinken in Deutschland mit der höheren Berufsqualifizierung und Erwerbstätigkeit der Frauen die Geburtenraten.

Von den Frauen des Jahrgangs 1935 waren zehn Prozent kinderlos, beim Jahrgang 1955 waren es zwanzig Prozent und beim Jahrgang 1965 bereits über dreißig Prozent. Eine *Verdreifachung des Anteils kinderloser Frauen in dreißig Jahren.*

Aus der Sicht der Familienpolitik ist der Geburtenrückgang aber auch und gerade eine Folge der im Durchschnitt niedrigeren Anzahl der von einer Frau geborenen Kinder. Statt „keine Kinder" heißt es immer öfter *weniger Kinder: Familien werden tendenziell immer später gegründet.* Die Anzahl der dann geborenen Kinder führt zwar zu kleineren Familien. Die Beziehung der Eltern zu den Kindern ist dadurch – so kann vermutet werden – eher „gefühlsintensiv, ja beinahe gefühlsbeladen, und die Eltern sorgen sich mehr um ihre wenigen Kinder, als dies in früheren Zeiten der Fall war" (Schmidt 2002, S. 60).

> Nicht nur der Zusammenhalt der Familie ist größer, auch das Zusammenleben ist länger und dauerhafter geworden: Tendenziell gibt es bald mehr Nesthocker als Nestflüchter. Die Familie ist also kein Auslaufmodell, bekommt eher eine neue soziale Qualität.

Weniger Kinder kann auch heißen: größere Bedeutung von Kindern. Mit Kindern verbinden sich nachweislich neue positiv besetzte Werte: „Ein unkündbares Füreinanderdasein, höchstmögliche emotionale Nähe, ursprüngliche und konkrete Freude" (Berghaus o.J., S. 45). Der *kindorientierte Lebenssinn* lebt weiter und intensiver als je zuvor, weil er nicht selten das Ergebnis einer langen Überlegung ist.

Insbesondere der deutsche Lebensbaum, die Altersschichtung der Bevölkerung in Deutschland, ist krank: Die Jungfichte vor hundert Jahren gleicht
mehr einem Pilz oder einer sturmzerzausten Bergkiefer. Seit rund 150 Jahren deutet sich diese demografische Revolution an. *Die Geburtenrate nimmt
ständig ab.* Zur Bestandserhaltung müsste jede Frau durchschnittlich 2,1
Kinder bekommen. Deutschland wird derzeit nur noch von Italien (1,2),
Spanien (1,2) und Griechenland (1,0) unterboten. Nach Angaben des Statistischen Bundesamts hat die Geburtenrate in Deutschland einen neuen Tief-
stand erreicht. Trotz steigender Bevölkerung infolge Zuwanderung hat die
Nachwuchs-Quote mit 9,3 Babys je 1000 Einwohner (im Vergleich 1960:
17,3) den niedrigsten Wert überhaupt erreicht.

Entsprechend gegenläufig sieht das Bild der *zeitlebens kinderlosen Frauen*
aus:

- 1940 Geborene: 10,6%
- 1950 Geborene: 15,8%
- 1955 Geborene: 21,9%
- 1960 Geborene: 26,0%
- 1965 Geborene: 32,1%
- 2005 Geborene: 34% (Schätzung).

In Deutschland leben derzeit 13,5 Millionen Singles (7,8 Mio. Frauen und
5,7 Mio. Männer). Das ist ein Sechstel der Bevölkerung. Der Trend zur Kinderlosigkeit und zum Single-Dasein ist ungebrochen. Nur noch 18,9 Millionen Bundesbürger leben als Paare zusammen, wozu auch die 3,5 Millionen
Bürger gehören, die in nichtehelichen oder gleichgeschlechtlichen Partnerschaften leben. *Die Mehrheit der Paare (11,2 Mio.) ist kinderlos.*

In einer Bundestagsdebatte Anfang der achtziger Jahre wurden „ernste
Sorgen über die Familie" zum Ausdruck gebracht: Ihr Stellenwert in unserer
Gesellschaft sei gering und ideologisch werde sie abgewertet. Mehrere Spre-
cher im Bundestag wiesen auf den Anstieg der *Scheidungsraten, auf Geburtenrückgang, Verhaltensstörungen von Schulkindern sowie Jugendkriminalität*
hin (vgl. Pross 1981, S. 7). Wird es auch in Zukunft noch diese Bedenken-
träger geben und wird Deutschland das Schlusslicht Europas in der Kinder-
betreuungsversorgung bleiben? Die Realisierung der Vereinbarkeit von Beruf
und Familie steht in Deutschland jedenfalls noch aus.

Seit über hundert Jahren ist jede Kindergeneration in Deutschland zahlenmäßig um ein Drittel kleiner als ihre Elterngeneration. 1892 war der letzte
Jahrgang, der sich in der Zahl seiner Kinder ersetzte. Allein in den letzten dreißig Jahren hat die ansässige deutsche Bevölkerung rund fünf Millionen Menschen verloren.

Die moderne Trendforschung erteilt diesem Lebenskonzept auch noch den Segen der Modernität, indem sie die neue soziale Mobilität – *Wahlverwandtschaften statt Verwandtschaften, Beziehungsbiografien statt Eheschicksale* – als „Future Living" bzw. Lebensstil mit Zukunft preist. Die neue Vielfalt der Lebensstile sei doch erfreulich – von den „Und-das-ist-gut-so"-Schwulen bis zu den „multioptional vernetzten" Singles, die Familie durch Freundschaft ersetzen: „Denn in Freundschaftsnetzen lässt sich Unabhängigkeit und Bindung betonen" (Horx 2002, S. 9). Von der Freundschaftskultur (= Freunde als Familienersatz) bis zur Entkinderung der Gesellschaft ist es dann vielleicht nur noch ein Schritt.

Das bloße Plädoyer für noch mehr Wahlmöglichkeiten und -freiheiten im Leben, die von der Politik geschaffen und garantiert werden, wird kaum einem möglichen Gegentrend Re-Familiarisierung zum Durchbruch verhelfen. Auch der Übergang von der Single- zur Dinki-Phase („double incomes – no kids") bis hin zu *nomadischen Haushalten* (Paare mit zwei Wohnsitzen) zielt nicht gerade auf einen Lebensmittelpunkt „Familie mit Kindern".

Die Erwerbstätigenquote der Mütter mit Kindern unter 18 Jahren steigt ständig an. 1950 war jede vierte Mutter erwerbstätig (24,3%), 1961 jede dritte (35,7%), 1990 jede zweite (50,0) und im Jahr 2000 waren es fast zwei Drittel (63,3%). Im Jahr 2010 werden wohl drei Viertel aller Mütter erwerbstätig sein. Die *Doppelorientierung Kind + Karriere* gilt in der Familienforschung heute als „integrativer Bestandteil des Lebensentwurfs von Frauen" (vgl. Nave-Herz 2002, S. 43). Die Frage ist nur, ob sich gleichzeitig auch die strukturellen und sozialen Bedingungen in Deutschland hinreichend verändern oder ob die Frauen weiterhin mit dem *Vorwurf des Egoismus* gegenüber den Kindern leben müssen.

Kinderkriegen war bisher Privatsache (Adenauer: „Kinder kriegen die Leute sowieso"). Nur das Altwerden wurde staatlich abgesichert. Kehrt sich das Verhältnis in Zukunft um? Wird Kinderbetreuung staatlich gefördert und finanziert, während Altwerden der Eigenverantwortung überlassen bleibt?

Die Frage, warum die Deutschen immer weniger Kinder bekommen, ist auf den ersten Blick nach Erhebungen von Forsa und dem Institut für Demoskopie Allensbach (2005) schnell beantwortet: Nicht die fehlende Kinderbetreuung oder die Angst vor Doppelbelastung erklären hauptsächlich die Kinderlosigkeit. Vielmehr geben 44 Prozent der befragten Kinderlosen an, auf Nachwuchs zu verzichten, weil die *geeigneten Partner fehlten* oder vielleicht auch, weil sich die Partner der gemeinsamen Familienverantwortung und aufwendigen Familienarbeit entziehen wollen.

Kinderunfreundliche Städte

Es mangelt bisher an praktikablen *Work-Life-Balance-Konzepten mit kinder-
und familienfreundlichen Dienstleistungsangeboten*. Insbesondere Unternehmen sind aufgefordert, sich an der Finanzierung von öffentlichen und privaten Kindertagesstätten oder Familienservice-Einrichtungen stärker zu beteiligen. Unternehmen können ihren Mitarbeitern die Entscheidung für Familie und Kinder auf zweierlei Weise (vgl. BM/BS 2005) erleichtern – und zwar
durch:

1. *Steuerfreie Zuschüsse* eines Arbeitgebers zur Betreuung nicht schulpflichti-
   ger Kinder gem. § 3 Nr. 33 Einkommensteuergesetz/EStG z.B. für *flexible
   Kinderbetreuung* und die *Notfallbetreuung kranker Kinder*.
2. *Steuerfreie Sachbezüge*, die der Arbeitgeber den Mitarbeitern mit Kindern
   kostenlos überlässt, wobei bis 44 Euro/Monat steuerfrei bleiben gem. § 8
   Abs. 2 Satz 9/EStG.

Kinder- und Familienfreundlichkeit können zum Markenzeichen von Unternehmen werden. Auch in der Kosten-Nutzen-Relation übersteigt der betriebswirtschaftliche Nutzen die Investitionen, weil nachweislich teure Überbrückungs-,
Fluktuations- und Wiedereingliederungskosten eingespart werden.

Die Erwerbsbeteiligung der 25- bis 54-jährigen Frauen in Deutschland
bleibt nachweislich weit hinter skandinavischen und angelsächsischen Ver-
gleichswerten zurück, weshalb dem Arbeitsmarkt auch hoch qualifizierte
Frauen verloren gehen. Eines ist klar: Kinder- und Familienfreundlichkeit
setzen eine *positive Grundstimmung* im Land voraus. Die Ausgestaltung der
Elternzeit, eine verlässliche Kinderbetreuungsstruktur, eine gerechte Be-
steuerung und das in der Gesellschaft vorherrschende Familienbild (vgl.
BM/BDI 2004) sorgen für ein entsprechendes Umfeld. Andererseits:

Kinder dürfen nicht länger nur als Kostenfaktor zwischen Armutsrisiko und
Karrierekiller gesehen werden. Finanzielle Fördermaßnahmen können die Motivation junger Paare und ihren Mut zu Kindern nicht einfach ersetzen. Dafür
spricht auch: Die Kinderlosigkeit in Deutschland ist dort am höchsten, wo die
Kinderbetreuung am besten ist – im Osten des Landes. Zum Kinderkriegen
brauchen Eltern auch eine verlässliche Zukunftsperspektive und Zukunfts-
sicherheit.

Die westfälische Gemeinde Laer mit 6700 Einwohnern gehört in Deutschland zu den geburtenstärksten Regionen mit 13,5 Neugeborenen je 100 Einwohner (Bundesdurchschnitt: 8,7) im Jahr. Der Baby-Boom soll hier so
hoch sein, weil angeblich um 22 Uhr die Straßenbeleuchtung auf Spar-

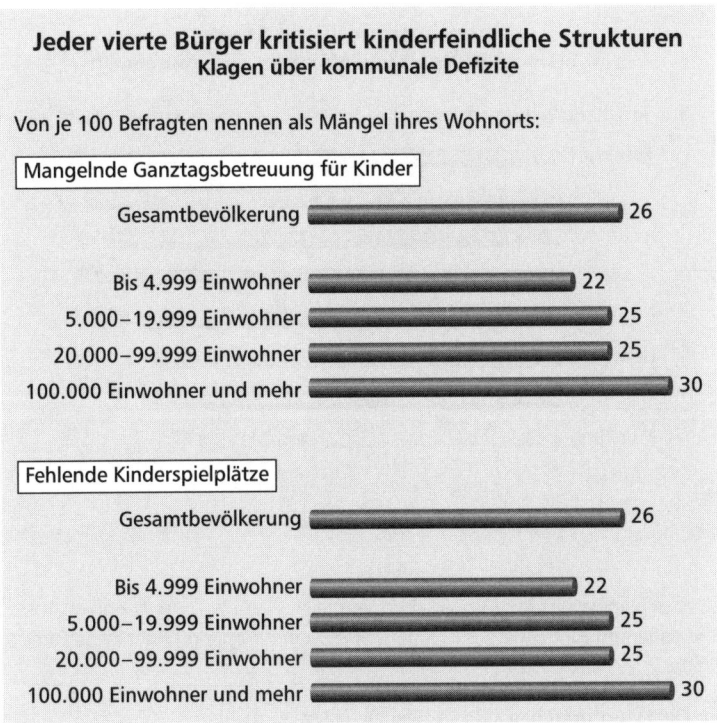

Jeder vierte Bürger kritisiert kinderfeindliche Strukturen
Klagen über kommunale Defizite

Von je 100 Befragten nennen als Mängel ihres Wohnorts:

Mangelnde Ganztagsbetreuung für Kinder

Gesamtbevölkerung	26
Bis 4.999 Einwohner	22
5.000–19.999 Einwohner	25
20.000–99.999 Einwohner	25
100.000 Einwohner und mehr	30

Fehlende Kinderspielplätze

Gesamtbevölkerung	26
Bis 4.999 Einwohner	22
5.000–19.999 Einwohner	25
20.000–99.999 Einwohner	25
100.000 Einwohner und mehr	30

betrieb geschaltet wird. In Wirklichkeit gibt es hier ein vielfältiges *Angebot an flexiblen Betreuungszeiten* in Krippen und Kindergärten – *ohne Wartelisten.* Und auch die Grundschule bietet Ganztagsbetreuung an.

Deutschland ist eine *„Republik des Kindermangels"* (Gerhard Schröder April 2005) geworden. Seit den sechziger Jahren hat sich die Zahl der Neugeborenen halbiert. 40 Jahre lang haben Gesellschaft und Familienpolitik die Entscheidung für Kinder als *reine Privatangelegenheit* betrachtet. Das ist im Kern auch weiter richtig. Die sozialen Folgen für die Zukunft sind allerdings fatal, wenn in Deutschland weiterhin ein *kinderunfreundliches Klima* herrscht. Jeder vierte Bundesbürger (26%) kritisiert mittlerweile kinderfeindliche Strukturen in Deutschland.

Vor allem Großstädter bemängeln *fehlende Kinderspielplätze* (30%) und *zu wenig Ganztagsbetreuungen für Kinder* (30%). Dies ist nicht nur eine Wohlstandsfrage. Denn viele Eltern in den urbanen Ballungszentren haben aufgrund ihrer Wohn- und Berufssituation ohne die Hilfe des Staates bzw. der Kommunalpolitik kaum eine Chance, die Kinder in ihrer sozialen Entwicklung angemessen zu fördern.

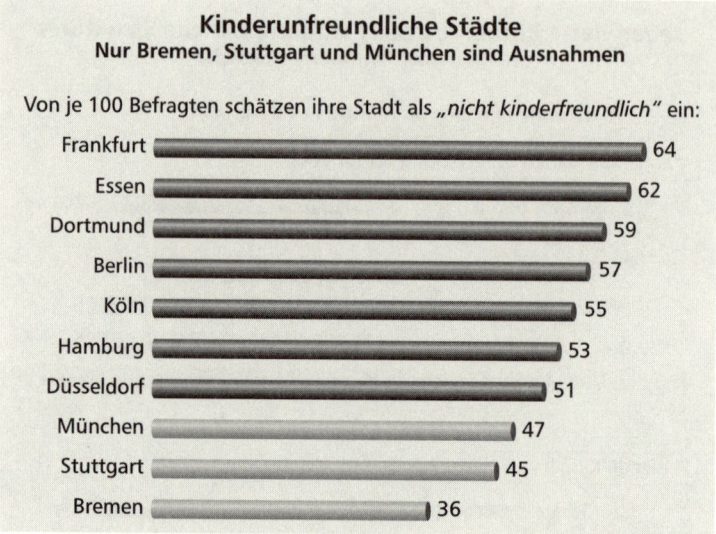

Kinderunfreundliche Städte
Nur Bremen, Stuttgart und München sind Ausnahmen

Von je 100 Befragten schätzen ihre Stadt als *„nicht kinderfreundlich"* ein:

Frankfurt	64
Essen	62
Dortmund	59
Berlin	57
Köln	55
Hamburg	53
Düsseldorf	51
München	47
Stuttgart	45
Bremen	36

Deutschland weist im europäischen Vergleich einen besonders hohen Anteil an dauerhaft Kinderlosen auf. Jeder vierte Bundesbürger gründet keine Familie mehr.

Die Hauptursachen sind in zwei Defiziten zu suchen:
1. Es mangelt bisher an positiv motivierenden Leitbildern und Wertvorstellungen in der Gesellschaft, um Kinder zu bekommen.
2. Es fehlen familienunterstützende Dienstleistungen im Hinblick auf Wohnungsbau, Verkehrsplanung und Freizeitangebote.

Ein Grund, warum die meisten Großstädte in Deutschland von den Bewohnern als „nicht kinderfreundlich" bewertet werden.

Die gesellschaftlichen *Folgen der Kinderlosigkeit* bleiben nicht aus:
■ Kleinere Familiennetze
■ Weniger Lebensqualität
■ Problematische Rentenfinanzierung
■ Weniger Konsum
■ Weniger Wohlstand
■ Weniger Wirtschaftswachstum.

Am Ende einer solchen Entwicklung gibt es nur einen Wachstumsfaktor – und der heißt: *Staatsverschuldung*. Im Interesse der nachkommenden Generationen muss also schnell und wirksam gehandelt werden.

Deutschland muss aufgrund seiner Schlusslichtposition im Hinblick auf die geringe Geburtenquote einen *radikalen Paradigmenwechsel in der Fami-*

lienpolitik einleiten. Die Politik muss die Unterstützung von Kirchen, Gewerkschaften, Arbeitgebern und Familienverbänden sichern, um eine Art „Allianz für die Familie" aufzubauen. Das anspruchsvolle Ziel der Politik lautet daher: „Deutschland soll das familienfreundlichste Land Europas werden" (BMFSFJ 2005, S. 2). Dies kann nur durch einen wirksamen *Politikmix aus Infrastruktur, Zeit und Geld* erreicht werden. Nur so können Lebensqualität und soziale Sicherheit in Deutschland erhalten bleiben.

Das Bundesfamilienministerium ruft daher zur Gründung „Lokaler Bündnisse für Familien" (BMFSFJ 2005, S. 8) auf. Daraus folgt:

> Familienfreundliche Infrastruktur beginnt dort, wo Familien leben: Beim Spielplatz vor der Haustür, bei hilfsbereiten Nachbarn, bezahlbaren Wohnungen, bedarfsgerechten Dienstleistungen, beim Einzelhandel um die Ecke, bei sicheren Verkehrswegen, guten Busverbindungen sowie öffentlichen und privaten Einrichtungen, in denen Kinder willkommen sind. Dazu gehört auch der Ausbau der Tagesbetreuung für die unter Dreijährigen.

Solche Investitionen in Kinder und Familien sind Investitionen in die Zukunft nachkommender Generationen.

Deutschland zählt international zu dem Land mit der höchsten Kinderlosenrate. Renate Köcher vom IfD Allensbach führt dies vor allem auf das hierzulande vorherrschende *Leitbild eines Drei-Phasen-Modells* zurück. Dieses starre Modell sieht einen strikten Zeitablauf vor: Erst qualifizierte Berufsausbildung, danach erfolgreicher Berufseinstieg und erst dann – wenn noch Zeit bleibt – erfolgt die Familiengründung. Bis dahin fühlt sich jedes zweite junge Paar einfach „zu jung" dafür. Sind die Paare aber erst einmal Mitte 30 – „nimmt der Kinderwunsch stark ab" (Köcher 2004, S. 3). Das starre Drei-Phasen-Modell müsste also aufgebrochen werden, so dass Familiengründung auch während der Ausbildung oder während des Berufseinstiegs wieder möglich und erstrebenswert ist. Dies aber setzt ein Umdenken in der Gesellschaft voraus, damit in der Bevölkerung wieder die Meinung vorherrscht, Deutschland ist ein familienfreundliches Land.

> Erforderlich sind in Zukunft lebensphasenspezifische bzw. generationenspezifische Work-Life-Balance-Konzepte, um Burn-out-Syndrome am Arbeitsplatz und Konflikte in der Familie zu verhindern.

Das traditionelle Karrieremuster, wonach es einen männlichen Hauptverdiener mit einer Partnerin gibt, die ihm den Rücken freihält, wird in Zukunft nicht mehr Leitbild sein können. Und auch die Vereinbarkeit von Beruf und Familie kann kein bloßes „Frauenthema" mehr sein. Ein *Kulturwandel in Wirtschaft und Gesellschaft* ist erforderlich (vgl. BMF 2004, S. 14 f.):

Für die Zukunft muss gelten: *Geteilte Führung ist machbar!* Auch in Führungspositionen müssen sich Teilzeit und Jobsharing praktizieren lassen. Bisher bleiben etwa 40 Prozent der Akademikergeneration ohne Nachwuchs. Vielen jungen Führungskräften wäre schon geholfen, wenn sie so genannte *vollzeitnahe Teilzeitmodelle* verwirklichen könnten. Schon ein regelmäßig freier Nachmittag, der jede Woche einen Kindernachmittag ermöglicht, käme dem Familienleben zugute – von anderen Varianten wie z.B. Jobsharing oder Sabbatical einmal ganz abgesehen.

Wir brauchen einen grundlegenden Bewusstseinswandel in der Gesellschaft. Andernfalls wird in Zukunft Wirklichkeit, womit Charlotte Möhn, die Präsidentin der Deutschen Gesellschaft für Demografie (DGD), zum Auftakt der DGD-Jahrestagung 2005 in Potsdam die Teilnehmer schockierte: *„Wir haben uns das Kinderhaben abgewöhnt.“*

2. Vereinzelung. Singles im Trend

Jeder zweite Single lebt in der Stadt

Keiner lebt für sich allein – auch der Alleinlebende nicht. Er braucht den anderen. Vor über 700 Jahren scheiterte das Experiment Friedrichs II. von Hohenstaufen. Er wollte herausfinden, in welcher Sprache Kinder zu reden anfangen, mit denen vorher niemand sprach. Eindrücklich berichtet die Chronik des Salimbene de Adam aus Parma über den gescheiterten Versuch: „Aber er mühte sich vergebens, weil die Knaben und die anderen Kinder alle starben. Denn sie vermochten nicht zu leben, ohne das Händepatschen und das fröhliche Gesichterschneiden und die Koseworte ihrer Ammen ...“

Der Mensch ist ein soziales Wesen. Die meiste Zeit seines Lebens verbringt er in Gesellschaft anderer Menschen – im Kreis der Familie, des Partners, der Eltern oder Geschwister, im Freundes- oder Bekanntenkreis, im Kreis der Verwandtschaft, Nachbarschaft oder Arbeitskollegen. Zu den unumgänglichen sozialen Beziehungen im Alltagsleben gesellen sich freiwillig gewählte Kontakte. Dahinter verbirgt sich das grundlegende *Bedürfnis nach Kontakt und Geselligkeit*, das in allen menschlichen Kulturen anzutreffen ist. Damit verbunden ist auch der Wunsch nach sozialer Anerkennung und einem anerkannten Status in der Gruppe, das Verlangen nach Gemeinschaft und Geborgenheit ebenso wie nach Geltung und Sozialprestige.

Bestimmte Entwicklungsmerkmale moderner Gesellschaften wie z.B. Trennung von Wohn- und Arbeitsstätte, Trennung der Generationen, Entstehung der Kleinfamilie, Kommunikationsarmut am Arbeitsplatz, anonymitätsfördernde Strukturen im Wohnungs- und Städtebau sowie hohe Mobilität fördern Vereinzelung und soziale Ausgliederung. Dazu gehört auch das ausgeprägte Leistungsstreben, das Erfolglosigkeit schnell als eine Form moderner sozialer Isolierung oder gar Einsamkeit brandmarkt.

Single-Haushalte breiten sich in den Städten aus. Und auch an den Stadträndern werden Einfamilienhäuser zu Einpersonenhäusern. In Deutschland leben mehr als elf Millionen Menschen ohne Partner. In den Großstädten ist jeder Dritte allein.

„Anonyme Großstädte, lange Arbeitszeiten und unverbindliche Lebensverhältnisse" (Dengel 2005) verändern das soziale Klima in Deutschland. Städte- und Wohnungsbau reagieren darauf teilweise zynisch: Der Designer Luigi Colani entwarf ein „zukunftsweisendes" (= Platz sparendes) Rotorhaus für Singles. *Wie Waben eines Bienenstocks* sehen die „Einstiege" in die Miniküche, die Schlafkoje und das Bad in der 36 Quadratmeter großen Single-Behausung eines Fertigbauunternehmens (Hanse Haus) aus. Ein Knopfdruck genügt und schon kommen Badezimmer, Bett und Küche angefahren. Wie auf einer Drehbühne des Lebens kreisen die drei Nischen um das Wohnzimmer.

Das Geschäft mit den Singles boomt. Die Singles stellen neben der 50plus-Generation die attraktivste und lukrativste Zielgruppe im neuen Dienstleistungsmarkt „Social Services" dar.

Da gibt es mittlerweile in den Großstädten *Single-Kino-Nächte* inklusive Begrüßungsgetränk, Fingerfood und anregenden Gesprächen in der Lounge. Und zu den angebotenen *Single-Reisen* gesellen sich *Flirt-Foren* und *Dating-Cafés* auf der Internet-Plattform. Supermärkte wie Wal Mart veranstalten freitags von 18 bis 20 Uhr *Single-Shopping*. Und Tageszeitungen bringen regelmäßig *Single-Beilagen* heraus. Die Single-Szene hat Methode und Erfolg, weil sie steigende Umsätze aufweist. Der Markt der Möglichkeiten ist noch längst nicht ausgeschöpft. Die Vermarktung menschlicher Kontaktbedürfnisse lebt von der wachsenden Gruppe der *Immer-, Noch-, Schon-Wieder- oder Aus-Überzeugung-Singles*, die den langen Atem für geduldige Kontaktsuche verloren haben und sich von Speed-Datings und Sofort-Kontakten Problemlösungen erhoffen.

Für den stabilen Trend zur Versingelung der Gesellschaft wird vor allem das Scheitern des Modells „Zweisamkeit bis ans Lebensende" verantwortlich gemacht. Dieses Modell hat sich als Realität (nicht als Wunschbild) überlebt, weil ungelernte (statt gelernte) Paare eine *Bindung auf eine immer längere Lebenszeit* eingehen. Doch diese lebenslange Gemeinsamkeit müsste eigentlich erst trainiert und eingeübt werden, sonst droht die Beziehungslosigkeit in der Beziehung.

Nach dem Zweiten Weltkrieg begann ein geradezu dramatischer Anstieg von Alleinlebenden und Alleinwohnenden. Was sich bis dahin eher fast schicksalhaft aus Zwangssituationen entwickelte, wurde jetzt das *Ergebnis einer bewussten, freien Entscheidung.* Und während früher Alleinwohnende benachteiligt waren, galten sie nun plötzlich als privilegiert. Wachsender Wohlstand, mehr Wohnraum, die Bildungsexpansion sowie ein zunehmend emanzipiertes Verhalten machten aus Alleinlebenden moderne Singles – ein geradezu neues historisches Phänomen (Bachmann 1992, S. 51). Das *Zeitalter der Individualisierung* hatte begonnen, das die Autonomie des Individuums ermöglichte, aber auch seine *Versingelung* förderte – vor allem bei der Kerngruppe der 25- bis 49-Jährigen.

Singles in Deutschland
Für sich allein wohnende und wirtschaftende Personen

Altersgruppe	in Mio.	in %
Insgesamt	13,9	20,0
unter 30 Jahre	2,2	5,6
30 bis 64 Jahre	6,5	6,7
65 Jahre und mehr	5,2	7,7

Quelle: Statistisches Bundesamt 2005

Die Sozialforschung (vgl. Hradil 1995, S. 22 ff.) beschreibt die gesellschaftliche Veränderung so:

- Mehr als die Hälfte der Singles lebt in *Städten von mehr als 100 000 Einwohnern.* Hier finden die Singles ideale Lebensbedingungen vor: Kurze Wege zu Freunden und Bekannten sowie eine Vielzahl von Kultur- und Unterhaltungseinrichtungen.

- Das Alleinleben entwickelt sich immer mehr zu einer *eigenständigen* und nicht selten auch dauerhaften *Lebensform.* Nur etwa ein Drittel der Singles lebt ein bis drei Jahre allein, jeder Zweite dagegen mindestens sechs Jahre lang.

- Singles verfügen über die höchsten persönlichen Nettoeinkommen.

- Singles führen kein Eremitendasein, bewegen sich vielmehr in relativ großen Kontakt-, Beziehungs- und Netzwerken. Der Personenkreis, zu dem enge gefühlsmäßige Bindungen bestehen, woher vielleicht Hilfeleistungen zu erwarten sind, ist bei Singles etwa zwei- bis dreimal so groß wie bei Personen, die in Mehrpersonenhaushalten leben (vgl. Schneider 1994, S. 119).

Hradil (1995) spricht bei Singles von einer gewissen Zweckhaftigkeit bzw. *Instrumentalisierung der Mitmenschen*. Dies hat zur Folge: In Ernst- oder Notfällen des Lebens können diese Kontaktnetze Familien und Verwandte nur bedingt ersetzen, weil es meistens an Emotionalisierung mangelt.

Die Forschung weist nach, dass die jüngeren Singles eine regelrechte Bekannt-schaftskultur aufbauen, ja Bekanntschaftsstrategien entwickeln, um nicht al-lein zu sein. Mit zunehmendem Alter ist jedoch ein Abbröckeln des Netzwer-kes feststellbar. Der Alterseffekt bewirkt, dass Singles im Alter soziale Isolation droht.

Bei der Frage nach den *Motiven des Alleinlebens* wird in der wissenschaft-lichen und publizistischen Diskussion eine Vielfalt, ja fast Inflation von Mo-tivationstypologien angeboten:

- So soll es die „Egoistischen Singles", „Defensiven Singles", „Distanzierten Singles" und „Offensiven Singles" geben (Sybille Weber/Claus Gaede-mann 1980).
- Andererseits werden „Die Vorsichtigen", „Die Hoffenden" und „Die Zufriedenen" (Eva Jaeggi 1992) unterschieden.
- Ronald Bachmann (1992) verweist auf „Lonely Singles", „Creative Singles" und „Ambivalent Singles".
- Eine weitere Typologie spricht von „Experimentierfreudigen", „Autono-misten", „Aussteigern", „Unzufriedenen", „Suchenden" und „Abgeklärten" (Heide Soltau 1993).

Auf der Basis von Erfahrungswerten und aus der speziellen Sicht der psychologischen Praxis lassen sich folgende Single-Formen (vgl. Scheidt/Zenhäusern 1990, S. 20 f.) unterscheiden:

1. Der Prä-Single

Er stellt die Urform allen späteren Alleinseins dar. Der Prä-Single fällt für mehr oder minder lange Zeiträume aus der intensiven Beziehung zu einem Menschen heraus.

2. Der Krypto-Single

Lebt in einer Familie, ist aber im Grunde seines Herzens (auch in seinen Verhaltensweisen) ein „verborgener" Single.

3. Der transitorische Single

Das Alleinleben wird nur als „vorübergehender" (eher unangenehmer) Zustand erlebt.

4. Der echte Single

Lebt bewusst allein im eigenen Haushalt.

5. Der Eremit

Er/sie hat es längst aufgegeben, noch einen Partner zu finden und sich mit seinem/ihrem (traurigen) Schicksal abgefunden.

Freiwillige und unfreiwillige Singles

Die Vielzahl der Single-Typologien lässt sich auf zwei Grundformen reduzieren: Singles auf Zeit und Langzeit-Singles. Der größte Teil der Singles begreift das Alleinleben als Übergangsstadium auf dem Weg zu einer neuen Partnerschaft. Diese *Singles auf Zeit* zählen zu den transitorischen Singles, die also zeitweilig allein in den eigenen vier Wänden leben, dies aber nur als vorübergehenden Zustand erleben. Sie verstehen sich als *unfreiwillige Singles*, die sich beruflich außerordentlich engagieren, aber mit der persönlichen Lebenssituation nicht immer zufrieden sind. Die Singles auf Zeit möchten gerne eine(n) Partner(in) haben, sehen derzeit aber kaum Möglichkeiten, diesen Wunsch zu realisieren. So kann es zu Gefühlen der Enttäuschung und Vereinsamung kommen.

Die unfreiwilligen Singles, die eigentlich die Mehrheit der Alleinlebenden darstellen, passen nicht in das öffentliche Single-Klischee und werden infolgedessen in den meisten Mediendarstellungen weitgehend ‚ausgeblendet'. Auch in wissenschaftlichen Untersuchungen gelten sie als „weniger wichtig" (Meyer/Schulze 1989, S. 78).

Das größte öffentliche Interesse gilt hingegen den *Langzeit-Singles* bzw. *freiwilligen Singles*, weil sie eine eigenständige, vielleicht auch neue Lebensform zu repräsentieren scheinen. Die freiwilligen Singles sind *überzeugte Singles*, also echte Singles, weil sie ganz bewusst allein im eigenen Haushalt leben und mit ihrer jetzigen Lebenssituation durchaus zufrieden sind. Sie können sich kaum vorstellen, diese freie und unabhängige Lebensform wieder aufzugeben. Einer Partnerschaftsbindung gehen sie bewusst aus dem Wege, weil sie sich eingeengt fühlen oder gar Platzangst bekommen. Und weil sie sehr wohl wissen, dass sie dann viele lieb gewordene Verhaltensweisen aufgeben müssen oder befürchten, einen Teil ihrer Persönlichkeit zu opfern. Dazu aber sind sie nicht bereit. Mit anderen Worten: Überzeugte Singles können oder wollen sich Partnerschaft, Kinder und Familie nicht leisten, weil sie sich dann in ihrem Leben einschränken müssten.

In der öffentlichen Diskussion werden Begriffe wie Singles, Ein-Personen-Haushalte, Alleinstehende und Alleinlebende nicht immer klar voneinander unterschieden. Mehr als ein Drittel aller Haushalte in Deutschland sind Ein-Personen-Haushalte. Dabei reicht die Spanne des prozentualen Anteils der *Ein-Personen-Haushalte* an den Gesamthaushalten (1991: 34% – 2005: 38%) von

- 16 Prozent im bayerischen Eichstätt bis
- 55 Prozent im niedersächsischen Wilhelmshaven.

Aber nicht jeder, der allein lebt, ist ein Single.

Zum präzisen Singlebegriff gehören mindestens zwei Merkmale: *Ein-Personen-Haushalt und Alter.* Wer als 17- oder 20-Jähriger aus dem elterlichen Haushalt auszieht, ist noch lange kein Single. Auch die 70-jährige Witwe zählt nicht dazu. Und die rund 3,1 Millionen Alleinerziehenden, die mit 4,4 Millionen Kindern zusammenleben, zählen auch nicht zur Kerngruppe.

Der/die typische Single ist in der Regel zwischen 25 bis 45 Jahre alt und lebt allein in einem eigenen Haushalt – auch unabhängig davon, ob er/sie zurzeit eine feste Partnerschaft hat oder haben will. Dazu gehören etwa zehn Prozent der westdeutschen und acht Prozent der ostdeutschen Bevölkerung.

Auf der Basis von Daten des amtlichen Mikrozensus ist feststellbar, dass sich vor allem der *Anteil der 25- bis 45-jährigen Singles in den letzten zwanzig Jahren mehr als verdoppelt hat.* Diese Entwicklung wird sich noch verstärken:
- Der Single-Anteil der 25- bis 35-Jährigen erhöht sich von 24 Prozent (2000) auf 30 Prozent (2010) und
- der 35- bis 45-Jährigen von 19 Prozent (2000) auf 24 Prozent (2010).

Trotz dieses stabilen Trends kann solange nicht von einer Single-Gesellschaft gesprochen werden, wie nicht die Mehrheit der Bevölkerung aus Singles besteht. Andererseits gibt schon die wachsende Zahl von Singles Anlass zu Zukunftssorgen (vgl. Hradil 1995, S. 152 f.):

Singles gefährden tendenziell den Generationenvertrag. Denn sie hinterlassen keine Kinder, die später einmal ihre soziale Sicherung und die ihrer Altersgenossen finanzieren können. Und so untergraben sie die Subsidiarität des Sicherungssystems vor allem im Bereich ihrer eigenen Pflege. Bekannte und Freunde leisten nur selten längerfristige Hilfe und Pflege für ältere Menschen. Und Familienangehörige stehen kaum zur Verfügung, die die alt gewordenen Singles pflegen können.

Viele Singles verdrängen dieses Problem, indem sie auf mögliche *Wohngemeinschaften im Alter* verweisen, was im Einzelfall zutreffen mag, aber als *generelle Lösung utopisch* ist. Zusätzliche Pflegeheime für Singles sind nicht aus der Pflegeversicherung finanzierbar. Es kann daher vermutet werden, dass kinderlosen Singles in Zukunft entweder deutlich höhere Beiträge zur Pflegeversicherung oder *höhere Eigenvorsorgeleistungen* abverlangt werden. Denn wer sich ein Leben lang wie ein Lebensunternehmer verhält und für sich selbst verantwortlich sein will, muss seine Altersvorsorge auch wie ein selbständiges Unternehmen betreiben.

Die Singlegesellschaft im statistischen Sinne wird es sicher auch in den nächsten dreißig Jahren nicht geben. Wohl aber kann sich der *Trend zur Vereinzelung* verstärken. Nur wenn es gelingt, die *Idee einer Wir- oder Selbsthilfegesellschaft* in konkretes Handeln der Bevölkerung umzusetzen, wird dieser

Trend zur Vereinzelung problemlos sein. Wenn sich aber kein sozial integrierender Wertekonsens entwickelt, der auch die Verpflichtung für andere enthält, dann kann die Gesellschaft „in Eigennutz, Isolation, Einsamkeit und Egozentrik zerfallen" (Hradil 1995, S. 169).

Als *Hauptursachen für den Anstieg Alleinlebender* gelten:

- Soziale Aufwertung des Alleinlebens (vor allem bei Jüngeren)
- Aufschub der Familiengründung
- Veränderungen in der Paarbildung
- Gestiegene Mobilitätsanforderungen
- Verlängerte Ausbildungszeiten
- Höhere Studierquoten

Auffallend ist die Zunahme alleinlebender Männer, die nie heiraten und auch in keiner nichtehelichen Haushaltsgemeinschaft leben.

In der Regel spielt sich das Single-Dasein zwischen vorehelicher Warteschleife und nachehelicher Neuorientierung ab. Es ist davon auszugehen, dass die meisten Singles gar keine Singles bleiben wollen: Sie haben nur noch nicht den passenden Partner gefunden.

Bleiben Singles zu lange allein (durchschnittlich lebt jeder zweite Single länger als sechs Jahre allein), leidet ihre Beziehungsfähigkeit, weil es ihnen mit dem Eingehen auf eine „feste" Beziehung zunehmend schwerer fällt, ihre gewohnten Freiheiten aufzugeben, an die sie sich doch so lange gewöhnt haben.

Nur jeder siebte Single (15%) lehnt eine Partnerbeziehung definitiv ab. Gut ein Viertel (28%) von ihnen steht einer festen Partnerschaft zwar offen, aber mit Vorbehalten gegenüber. Die Mehrheit der Singles (57%) hingegen betrachtet ihr Alleinleben mehr als *vorübergehende unfreiwillige Partnerlosigkeit* (vgl. Bachmann 1992). Die Singularisierung als Lebensstil und bewusst gewählte Lebensform wird mehr von jüngeren Singles bevorzugt, so dass für die Zukunft mit einer weiteren Zunahme dieser Lebensform zu rechnen ist.

Diese freiwilligen Singles teilen sich wiederum in zwei verschiedene Gruppen auf:

1. Die Berufsorientierten. Im Mittelpunkt ihrer Lebensinteressen steht der Beruf, dem das Privatleben untergeordnet wird. Zeit für außerberufliche Aktivitäten bleibt allenfalls am Wochenende.

2. Die Freizeitorientierten. Sie sind während der Woche fast jeden Abend unterwegs: Im Fitness-Studio oder Tennis-Club, im Schwimmbad oder in der Sauna, im Kino oder in der Kneipe. Zwischendurch werden so genannte „Hängertage" eingelegt, wo sie in den eigenen vier Wänden relaxen, trödeln oder telefonieren. Das Wochenende gehört dann dem Aus- und Essengehen.

Die *Sehnsucht nach emotionaler Wärme und sexueller Nähe* befriedigen freiwillige Singles nicht selten durch Geliebte auf Zeit.

Viele freiwillige Singles haben Angst vor zu viel Nähe. Nähe können sie nur mit räumlicher und zeitlicher Entfernung aushalten. Für die notwendige menschliche Wärme müssen dann Freundeskreis und Clique sorgen.

„Für Alleinstehende sind Freunde fast so etwas wie eine Überlebensgarantie" (Meyer/Schulze 1989, S. 99). Sie sorgen für psychosoziale Stabilität und überstehen oft wechselhafte Liebesgeschichten, Glücks- und Trauerzeiten, Berufswechsel und Umzüge. Manchen Singles jagt der Gedanke, verheiratet zu sein, geradezu Angst ein. Zugleich aber hoffen sie darauf, vielleicht doch noch einmal dem „richtigen" Partner zu begegnen, um nicht „für immer" allein bleiben zu müssen. So sind sie hin- und hergerissen – zwischen Freiheitsstreben und Bindungsangst, zwischen der Sehnsucht nach Geborgenheit und der Angst vor einer festen Bindung. Die Erfahrung lehrt jedoch, dass Singles, die eine Bindung lange hinauszögern, sich am Ende auch nicht mehr dazu entschließen können.

Eine wesentliche Erklärung, warum Singles einen so hohen Aufmerksamkeitswert in der Öffentlichkeit genießen, liegt nahe: Sie gelten als die *Hätschelkinder der Konsumgesellschaft, weil sie den Konsum anheizen* (vgl. Pilgrim 1991): Ein Paar braucht alles nur einmal, zwei räumlich getrennte Singles aber brauchen zwei Wohnungen, zwei Fernsehgeräte, zwei Videos, zwei Stereoanlagen und zwei Telefonanschlüsse …

Der Soziologe Stefan Hradil kommt in seinem Gutachten im Auftrag des Bundeskanzleramtes zu dem Ergebnis, dass in unserer Gesellschaft das Denken und Handeln der Menschen immer weniger von Erwerbsarbeit, beruflicher Höhe und Entlohnungshöhe bestimmt werde: Es ist unter anderem der Wohlstand, „der für eine *wachsende Freiheit der Lebensgestaltung* sorgt. Viele Singles leben unter anderem deswegen als Singles, um diese *Freiheit auszukosten*" (Hradil 1995, S. 130). Singles streben deutlich seltener nach Ordnung und Pflichterfüllung: Da sie geradezu als „Speerspitze des Wertewandels" (Hradil 1995, S. 53) gelten und gleichzeitig Einkommen und Besitz als selbstverständlich voraussetzen, kann – wenn sich der Trend zum Alleinleben verstärkt – auch der *Materialismus als Lebenshaltung* wieder an Bedeutung gewinnen.

Die Vereinzelung und ihre sozialen Folgen

Die Daten des Statistischen Bundesamtes sprechen im „Datenreport 2004"
eine deutliche Sprache:

> Voraussetzung für persönliches Glück, so gibt die Mehrheit der Deutschen in
> Ost und West an, ist die Familie. Paare mit Kindern sind am glücklichsten mit
> ihrem Leben. Lediglich bei den unter Dreißigjährigen glauben rund 20 Prozent
> daran, allein genauso glücklich oder glücklicher leben zu können (Statistisches
> Bundesamt 2004).

Die Jüngeren haben das Leben noch vor sich. Was sie noch nicht wissen
und erfahren haben können: Der lebenslustige und konsumfreudige Single
kann mitunter eine gewaltige Maske sein. Das Verlangen nach mehr Freiheit
und Lebensgenuss hat auch seine Schattenseiten. Der Single-Traum kann
zum Alptraum werden, wenn sich das Single-Leben „nicht so locker mana-
gen lässt" (Copray 1991, S. 13), wie dies mitunter Medienberichte vortäu-
schen. Die Ergebnisse der Sozialforschung sprechen eine andere Sprache:

■ *Singles werden öfter krank*

Dauerhafte Beziehungen stellen die wichtigste Determinante des subjektiven Wohlbefindens dar (Stroebe & Stroebe 1991). Hingegen haben Nicht-
Verheiratete wie Singles, Geschiedene und Verwitwete deutlich größere Ge-
sundheitsprobleme, sind öfter krank und weisen deutlich höhere Krank-
heitsraten auf (Stroebe & Stroebe 1987).

■ *Singles neigen mehr zu Einsamkeit*

Singles, insbesondere Nicht-Verheiratete ohne enge Partnerschaftsbezie-
hungen, sind stärker als andere Bevölkerungsgruppen mit dem Gefühl der
Einsamkeit konfrontiert. Auffallend ist auch, dass insbesondere alleinstehende ältere Männer massiv über Einsamkeitsprobleme klagen (Copray 1991).

■ *Singles müssen sich ihre Kontakte manchmal erkaufen*

Nach Feierabend scheint die Welt manchmal aus lauter Paaren zu bestehen: An Wochenenden und im Urlaub wimmelt es nur so „von mehr oder
weniger harmonischer Zweisamkeit" (Borowski 1991, S. 26). Ob in Kneipe,
Disco oder Fitnessclub: An solchen Orten werden unterschwellig Kontakte,
Cliquen und Partnerschaften mitverkauft. Die Konsumwelt übt eine Sog-
wirkung auf die zwischenmenschlichen Beziehungen aus. Kontakte werden
mitunter zur käuflichen Ware. Infolgedessen ist das Konsumdenken bei den
Singles (neben den Jugendlichen) am stärksten ausgeprägt: Sie haben nicht
nur viele Konsumwünsche – sie erfüllen sie sich auch. Deshalb haben sie
öfter das Gefühl, dass sie „zu viel Geld ausgeben". Und fast jeder vierte Single
gibt mittlerweile offen zu: *„Manchmal kaufe ich nur aus Frust oder einem in-*

neren Zwang heraus irgendetwas – unabhängig davon, ob ich es wirklich brauche".

■ *Für Singles hat der Sonntag eine geringere Lebensqualität*

Für jeden vierten Single ist der Sonntag ein „Tag wie jeder andere." Deutlich mehr als bei Verheirateten und Familien hat der Sonntag für Singles zwei Gesichter: Zum ruhigsten Tag der Woche gehören auch Langeweile und leere Stunden. Die Ruhe hinter den Fenstern und Fassaden kann trügerisch sein. Jeder siebte Single gibt offen zu: Sonntag ist der langweiligste Tag der Woche. Und: Sonntags kommt die Einsamkeit. Allein unter lauter Familien zu sein oder an geschlossenen Läden vorbeizuspazieren, kann deprimierend sein. Jeder zwanzigste Single gesteht: Sonntag ist der grausamste Tag der Woche; ein trauriger, fast depressiver Tag. Sonntags allein in der Wohnung: „Die Uhren ticken dann so laut."

■ *Singles sterben früher*

In allen westlichen Industrieländern ist die Zahl der Todesfälle unter Singles in verschiedenen Altersgruppen deutlich höher als bei Verheirateten – bei ledigen Männern etwa doppelt so hoch, bei unverheirateten Frauen etwa anderthalbmal so hoch. Dies ergab bereits 1990 eine Großstudie der amerikanischen Princeton University, in der über einen Zeitraum von fünfzig Jahren die demografischen Daten von sechzehn Industrieländern ausgewertet wurden. In allen Ländern war die Zahl der Todesfälle unter männlichen Singles in verschiedenen Altersgruppen durchschnittlich doppelt so hoch wie bei verheirateten Männern, bei weiblichen Singles anderthalbmal so hoch wie bei verheirateten Frauen.

Offensichtlich sind Menschen mit einem Partner an ihrer Seite besser in der Lage, mit den Belastungen des Lebens fertig zu werden. Vor allem ältere Männer haben Schwierigkeiten, das Alleinsein zu bewältigen.

So steigt beispielsweise die *Selbsttötungsrate* bei 70- bis 80-jährigen Männern gegenüber der durchschnittlichen Rate in der Bevölkerung auf das Drei- bis Fünffache (Copray 1991, S. 12), weil sie mehr unter Einsamkeit leiden. Die deutlich *höhere Sterblichkeit der männlichen Singles* ist auch dadurch erklärbar, dass sie sich nachlässiger ernähren, mehr Alkohol trinken und sich weniger bewegen.

Psychologisch gesehen stellen Alleinlebende eine äußerst vielfältige Gruppe dar. Dazu zählen Ledige, Geschiedene und Getrenntlebende, seit kurzer oder langer Zeit Verwitwete sehr verschiedenen Alters, mit oder ohne Kinder, mit oder ohne Beruf und so weiter. Ihr Anteil ist in Großstädten und Ballungsgebieten doppelt so hoch wie auf dem Lande.

Erst im sozialen Kontakt mit anderen Menschen leben daher die meisten Alleinlebenden auf. So besteht z. B. für die unfreiwilligen Aussteiger aus der Zweisamkeit der eigentliche Gewinn

- nicht in der Unabhängigkeit und *Freiheit von* einer Bindung oder Partnerschaft, sondern
- in der *Freiheit für* die eigene Kontaktwahl, für einen selbstgewählten Freundes- und Bekanntenkreis.

> Die persönliche Selbstverwirklichung im sozialen Bezug, im vertrauten Freundes- und Bekanntenkreis stellt für viele den herausragenden positiven Aspekt des Alleinlebens dar. Erlebnispsychologisch gesehen ist die Bezeichnung „allein"-lebend unzutreffend, da der Alleinlebende gar nicht allein sein will und kann. Er braucht (noch stärker als in Partnerschaft und Familie) den sozialen Kontakt zu anderen.

Er trägt für sich allein Verantwortung. Die gewonnene Freiheit ist nicht ein Freisein von anderen, sondern mehr eine Offenheit und Aufgeschlossenheit für andere.

Die Einsamkeit in der Vielsamkeit

Alleinleben kann auch Einsamkeit zur Folge haben. Nachweislich ist z. B. der Anteil der 30- bis 60-jährigen Alleinlebenden, die sich einsam fühlen, fast viermal so hoch (40%) wie bei den in Ehe und Familie lebenden Personen (11%) – insbesondere an Wochenenden (Hradil 1995, S. 33).

Vereinzelung und Vereinsamung sind ein *gesamtgesellschaftliches Phänomen*, insbesondere eine Folge des gesellschaftlichen Strukturwandels. Die Mehrheit der Bundesbürger lebt heute in einer reizüberfluteten städtischen Umwelt inmitten von Menschenmengen und einem aggressiven Lebenstempo in einer Mischung aus Stress und Hektik. Diese Atmosphäre wird als ein System von Aufforderung und ständiger Anforderung erlebt, dem man sich nur durch *territoriale Abgrenzungsversuche* – wenigstens zeitweise – entziehen kann. Die Überfüllung von Räumen führt zu territorialem Verhalten. Territoriale Bereiche werden geschaffen, behauptet und gegen das Eindringen anderer verteidigt. In einem beengten sozialen Umfeld wird der erkämpfte *Rückzug in die Privatsphäre* zu einer Frage der Macht und der Stärke. Die Stärksten reservieren naturgemäß die größten Bereiche für sich. Befinden sie sich zudem noch in einer relativ großen Machtposition, so können sie ihre Macht dadurch ausdrücken und verstärken, indem sie darauf bestehen, dass Menschen ihnen auf ihrem eigenen Territorium entgegenkommen – und nicht umgekehrt (vgl. Mehrabian 1978). Wer sich ständig seine Kontaktpartner in die eigene Wohnung holt, immer nur Gastgeber (und selten Gast) ist, demonstriert seine Machtposition.

Einsamkeit gilt in der Psychologie als die stumme Schwester der Depression: Nicht jeder Einsame ist depressiv, aber jeder Depressive ist auch einsam. Vereinsamung wirkt auf viele Menschen wie eine Art soziale Unterernährung, der es an echten Begegnungssituationen mangelt – vom Aufeinanderzugehen bis zum Zuhören.

Bis heute gehören Einsamkeit und Vereinsamung zu den großen Tabus westlicher Gesellschaften, in der Kontakt- und Lebensfreude demonstrativ zur Schau gestellt, über Einsamkeitsgefühle aber meist geschwiegen wird. Je größer der Freundeskreis ist, desto eher kann angenommen werden, dass das *Alleinsein durch geselliges Zusammensein verdrängt* werden soll. Die Freundes-Clique jedenfalls stellt nur selten einen Problemlöser für das stumme Leiden der Vereinsamung dar. Die Clique merkt meist gar nicht, wie es um einen seelisch steht. Und als Solidargemeinschaft in seelischer Not ist sie kaum geeignet. Am Ende steht ein Gewöhnungsprozess: Wer eine Clique hat, braucht niemals allein zu „sein" und kann sich doch zusammen einsam „fühlen." Die Menschen waren noch nie so gesellig wie heute – und doch wächst der Anteil der Menschen, die über innere Vereinsamung klagen.

An Gelegenheiten für Besuche, Einladungen und Empfänge mangelt es nicht, wohl aber an tiefer gehenden Beziehungen, die über oberflächliche Kontakte hinausgehen. Die Kälte im Umgang miteinander bekommen die Alleinstehenden am meisten zu spüren. Sie leiden unter dem Mangel an echten Gesprächspartnern.

Die oft zur Schau gestellte Fröhlichkeit und Offenheit bei geselligen Anlässen erweist sich in Wirklichkeit als Ritual, bei dem Lebenslust demonstriert werden „muss". Anders als die Alleinstehenden erleben die Verheirateten die gleichen Situationen weniger problematisch. Nur Wenige kennen das Gefühl von *Einsamkeit in der Vielsamkeit*. Der beste Gesprächspartner ist immer noch der eigene Partner. Man kann als Paar in langweiliger Gesellschaft sein und sich doch nicht verlassen fühlen. Für Alleinstehende aber wird in solchen Situationen der Mangel an eigener Geborgenheit doppelt spürbar.

Am Anfang war das Wort – und nicht der Small Talk. Bei Events und geselligen Anlässen scheint manchmal alles anders zu sein. Es wird mitunter mehr konsumiert als diskutiert, mehr untereinander als miteinander geredet. Als moderner Typ hat man einfach unterhaltsam zu sein. Wer das Stichwort verpasst, wird schnell geschnitten. Manche sind geradezu Meister im Lauern auf das Stichwort.

Anders als zu Zeiten Theodor Fontanes oder Thomas Manns lässt sich in der modernen Literatur herauslesen, wie die Gesprächskultur im Argen liegt: Von Uwe Johnson über Peter Handke bis Thomas Bernhard. In ihren Büchern unterhalten sich die Akteure fast durchweg *kurzatmig und sprunghaft* „in Wortschablonen, die Gedankenabläufe geschehen nicht im freien Austausch des Gesprächs, sondern in introvertierter Monologform" (Schwedler 1984, S. 79). *Zu Kurzkontakten gehören Kurzgefühle.* Auf der Strecke bleibt die Sehnsucht nach einem Leben, in dem man wieder ernsthaft miteinander reden und echte Gefühle zeigen kann.

Vielleicht wird jetzt auch verständlich, warum gerade junge Leute zu Einsamkeitsgefühlen und Depressionen neigen. Die Amerikaner Rubinstein, Shaver und Peplau fanden heraus, dass die Einsamkeitsgefühle von jungen Leuten nicht davon abhängig sind, ob sie allein sind oder allein leben. Junge Leute sind einfach unzufriedener mit ihren sozialen Beziehungen und Bindungen, mit der Anzahl ihrer Freunde, vor allem mit der „Qualität dieser Freundschaften" und „mit ihren Liebesbeziehungen" (Rubinstein u. a. 1980, S. 28).

Immer mehr Menschen leben allein, aber immer weniger Menschen können allein leben. Für sie bleibt als Ausweg nur die Kontaktaufnahme aus zweiter Hand über Handy, Fernseher und PC oder die Fluchtbewegung nach draußen durch Sport oder Aus- und Essengehen und manchmal auch Alkohol („Trink deinen Whiskey und hör auf, dich zu bemitleiden"). Zerstreuung, Unterhaltung und organisiertes Vergnügen sollen oft nur von eigenen Unzulänglichkeiten ablenken. Das wachsende Unterhaltungsbedürfnis ist weniger ein Ausdruck des Wunsches nach Amüsement als vielmehr der Enttäuschung über das Fehlen menschlicher Kontakte.

> Mitmenschlicher Kontakt wird in Zukunft immer mehr gesucht, aber immer weniger gefunden. Weil das Ego stärker wird, kann sich der sozialfähige Mitmensch kaum behaupten. Der Freundeskreis wird zur „zweiten Familie". Im städtischen Leben regiert die Vielzahl informeller, d. h. oberflächlicher Kontakte – an der Theke oder bei der Fete.

Das Telefon, die neue Nabelschnur zur Clique, erhält in Zukunft eine wichtige Rolle bei der Suche nach unverbindlichen Kontakten: Wer sich einsam fühlt, ruft „einfach mal an" …

Wege aus der Vereinzelung

Welche Wege aus der Vereinzelung des modernen Lebens bieten sich an?

1. Am Anfang sollte die selbstkritische Erforschung, das Nachdenken über die ganz persönlichen Ursachen des Sich-einsam-Fühlens stehen. Diese *Selbstbesinnung* kann einem niemand abnehmen, sie ist unverzichtbare Eigenleistung für die weitere Lebensplanung. In den Prozess der Selbsterforschung kann man – zur Selbstkorrektur oder Bestätigung – einen Menschen, dem man vertraut, mit einbeziehen, um auch *aus der Sicht des anderen* sich selbst besser kennen zu lernen.

2. Der Vereinsamung kann man nicht davonlaufen. Wer den Stress nach der Arbeit fluchtartig verlässt und sich auf den Betrieb nach Feierabend einlässt, ist selbst inmitten hektischer Betriebsamkeit verlassen. Immer in Bewegung und aktiv zu sein, kann Einsamkeitsgefühle verdrängen, nicht aber überwinden helfen. So gesehen können bewusstes Nichtstun und das persönliche Eingeständnis darunter zu leiden, erkenntnis- und hilfreicher sein als Aktivismus und pausenloses Beschäftigtsein um jeden Preis. Man muss auch *Freundschaft mit sich selber schließen* können und darf sich nicht immer nur selber Leid tun.

3. Zum Nachdenken über sich selbst gehört die Frage, was man wirklich erleben und an Kontakten erfahren will. Kontakte kommen nicht von selbst. Wer neue Menschen kennen lernen will, muss auch *unter Leute gehen*. Er muss zwischen „allein leben" und „einsam sein" unterscheiden lernen und die eigene Lebenssituation als Chance für neue und vielfältige Kontaktmöglichkeiten begreifen.

4. Wer Gesprächspartner sucht, muss sich darin üben, entgegenkommend zu sein und darf nicht darauf warten, dass immer andere den ersten Schritt machen. Dazu gehören die Bereitschaft und der persönliche Mut, *Menschen anzusprechen* oder selbst ein Gespräch zu beginnen.

5. Persönlich wichtige *Kontakte müssen ernsthaft gepflegt werden*. Auch ungeplante spontane Kontakte, aktuelle Anlässe und Begegnungen sollen als Gelegenheit wahrgenommen, sozusagen „beim Schopfe gepackt" werden. Das heißt aber auch, dass man bereit sein muss, Gefühle und Sympathien zu zeigen und anderen mitzuteilen.

6. Große Bedeutung kommt der Erhaltung und *Weiterentwicklung eigener Interessen* und der Aufgeschlossenheit für neue Interessengebiete zu. Aus der Altersforschung ist bekannt, dass Menschen, die in ihrem Leben viele Interessen haben und entwickeln, sich im Alter seltener einsam fühlen.

7. Kommunikationsfördernde Aktivitäten, mitmenschliche und nachbarschaftliche Hilfsangebote sowie sozial engagierte Hilfeleistungen eröffnen

gemeinschaftsbildende Erlebnisfelder. Eine Vielzahl und Vielfalt von freiwilligen Engagements im Kontaktbereich von Wohnung und Wohnumfeld bieten sich an.

8. Wer tiefer gehende Kontaktbeziehungen wünscht, muss auf aktive und vorurteilslose Kontaktsuche gehen und sich gleichzeitig darüber klar werden, mit wem und mit welcher persönlichen Konsequenz intensivere Kontakte aufgenommen und gepflegt werden sollen. Die Lebenserfahrung lehrt: Wer nicht allein und einsam bleiben will, „muss das Schneckenhaus verlassen" (Scheidt/Zenhäusern 1990, S. 156), also selbst Menschen ansprechen und längerfristig einen eigenen *Freundes- und Bekanntenkreis aufbauen.*

Andererseits gibt es auch eine fast gegenläufige Erfahrung: Nicht selten beginnt die Verhinderung von Einsamkeit schon damit, dass man sich erst einmal selbst akzeptiert, wie man ist und systematisch mehr Selbstachtung aufbaut, so dass man nicht ständig auf die „krampfhafte Suche" nach Anschluss oder einen festen Partner gehen muss.

> Die praktische Empfehlung kann nur lauten: Gestalten Sie als Alleinlebende(r) Ihr Leben genauso, also ob Sie schon einen Partner hätten! Wer die Beziehung zu anderen verbessern will, muss erst einmal die Beziehung zu sich selbst verändern.

3. Alterung. Senioren prägen das Stadtbild

Unterwegs zur Gesellschaft des langen Lebens

Seit 1855 hat sich die *Lebenserwartung* der Deutschen von 37 Jahren auf über 77 Jahre mehr als *verdoppelt*. Und eine immer längere Lebenszeit steht uns bevor (2020: rund 82 Jahre – 2030: etwa 84 Jahre). Das Durchschnittsalter der Bevölkerung hat sich seit 1950 von 35 auf 40 Jahre, also um fünf Jahre erhöht. Dieses als *Gesellschaft des langen Lebens* bezeichnete Phänomen wird zur großen Herausforderung für jeden Einzelnen, aber auch für Politik und Wirtschaft.

Die Verdoppelung der Lebenserwartung von 37 Jahren (1871) auf über 80 Jahre (2010) muss als großer sozialer Fortschritt gewertet werden. Und ein Ende dieser demografischen Revolution ist noch nicht absehbar. Nach den vorliegenden Erfahrungswerten *nimmt die Lebenserwartung in Deutschland jedes Jahr um etwa drei Monate zu* – in zehn Jahren um etwa 30 Monate und in fünfzig Jahren um etwa 150 Monate, was dann einer zusätzlichen Lebenserwartung von über zwölf Jahren entspricht.

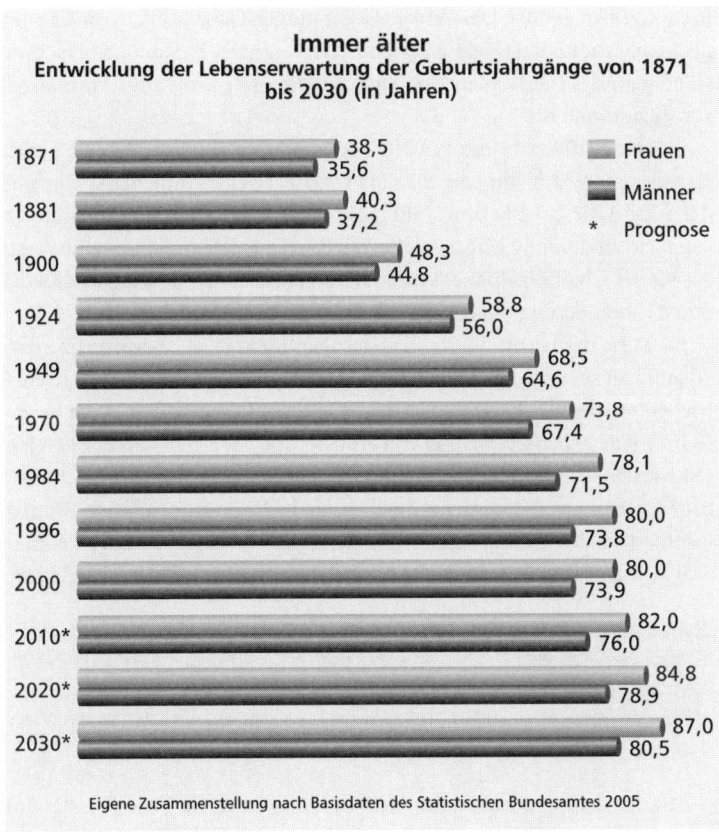

Immer älter
Entwicklung der Lebenserwartung der Geburtsjahrgänge von 1871 bis 2030 (in Jahren)

Eigene Zusammenstellung nach Basisdaten des Statistischen Bundesamtes 2005

Vor allem die Gruppe der Hochaltrigen wird in den nächsten Jahrzehnten dramatisch zunehmen. Die Zahl der über 80-Jährigen wächst von 2,9 Millionen (2002) über 5,1 Millionen (2022) auf etwa 8,0 Millionen (2050). Das bedeutet:

- Drei Viertel der Hochaltrigen werden Frauen sein.
- Die Hälfte wird pflegebedürftig sein.
- Ein Drittel wird an Demenz erkranken.

Das Zusammenwirken von Bildung, Einkommen, Ernährung, Hygiene, Gesundheitsverhalten und Lebensweise sowie medizinischer Versorgung treibt die Lebenserwartung weiter in die Höhe.

Die bisherigen Budget-Planungen der Gesundheits- und Rentenpolitik müssen neu berechnet werden. Die gesetzliche Rentenversicherung steckt in einer tiefen Krise. Die Balance zwischen Beiträgen und den zu erwartenden

Leistungen ist gestört. Das Vertrauen der jungen Generation in die Fairness des Generationenvertrages ist erschüttert, was nach Meinung des Sachverständigenrates (Gutachten 1999) auf „gravierende Konstruktionsmängel" zurückzuführen ist.

Im Jahr 2010 werden über 300 000 Personen in Deutschland mehr sterben als geboren werden (im Jahr 2030 über 500 000). Und Mitte dieses Jahrhunderts kann die Bevölkerungszahl nicht mehr wie bisher bei 82 Millionen, sondern bei unter 60 Millionen liegen, d. h. Deutschland könnte bis dahin ein Viertel seiner Einwohner verlieren – wenn nicht das Bevölkerungsdefizit durch Zuwanderung wenigstens teilweise wieder ausgeglichen wird.

Bis Mitte des Jahrhunderts wird der Durchschnitt der Bevölkerung über 50 Jahre alt sein. In den Altersjahrgängen ab etwa 60 wird es einen dramatischen Anstieg des Frauenüberschusses geben. Jungen haben dann bei der Geburt eine Lebenserwartung von etwa 80 und Mädchen von über 86 Jahren vor sich. Unter Berücksichtigung von Zuwanderung – und je nach Institutsschätzung (z. B. Deutsches Institut für Wirtschaftsforschung; Bundesministerium des Innern; Statistisches Bundesamt) – sinkt die Bevölkerungszahl bis zum Jahr 2050 von heute 82 realistisch auf etwa 65 bis 73 Millionen.

Deutschland auf dem Weg zur Altenrepublik? Wird im Jahr 2020 jeder dritte Einwohner älter als 60 Jahre alt sein? Bauen Kommunen dann verstärkt Jugendzentren ab und mehr altersgerechte Wohnungen für Senioren auf? (Bürgermeister einer Gemeinde: „Aus Kindergärten machen wir Altentagesstätten. Spielzeug ist ohnehin da …").

Mit der demografischen Entwicklung muss auch ein neues Verständnis von Alter verbunden sein. Die älter werdende Gesellschaft muss auf die Tagesordnung der Politik (als Daseinsvorsorge) und der Sozialforschung (als Zukunftsforschung) gesetzt werden. Eine neue „Politik der Lebensalter" (Kohli 1992, S. 254) wird erforderlich, die sich *über neue Altersgrenzen Gedanken machen* muss. Sonst kann es passieren, dass wir in der zweiten Hälfte des 21. Jahrhunderts den Punkt erreichen, wo Menschen im Alter von 38 Jahren „von der Universität direkt in den Ruhestand gehen" (Kohli 1988, S. 15) – nahtlos vom Bafög in die Rente.

44 v. Chr. schrieb Cicero seine Gedanken über das Alter nieder („De Senectute"). Fast zweitausend Jahre mussten vergehen, ehe eine eigene „Zeitschrift für Altersforschung" (1938) bzw. „Zeitschrift für Gerontologie" (1968) erschien. Die Gerontologische Forschung wird sich in Zukunft immer mehr zu einer *Generationenforschung* entwickeln. Dass mehr als die Hälfte aller Menschen in hoch entwickelten Gesellschaften älter als siebzig Jahre werden, galt bisher als Errungenschaft des 20. Jahrhunderts (vgl. Baltes

& Baltes 1992, S. 2). Im nächsten Jahrhundert werden die meisten Menschen über achtzig Jahre alt werden. Gleichsetzungen wie Erwerbsunfähigkeit = Ruhestand = Alter sind dann überholt.

Die älter werdende Gesellschaft als Herausforderung an Politik und Wirtschaft bleibt nicht allein auf die Situation in Deutschland beschränkt. Vorliegende demografische Berechnungen lassen einen Anstieg der über 65-jährigen Bevölkerung in Europa von 13,7 Prozent (1982) auf etwa 19 Prozent (2020) erwarten. Dies bedeutet: Die Sozialausgaben für die älteren Generationen werden in Zukunft einen immer größer werdenden Teil des Bruttoinlandprodukts „verschlingen", so dass man in der Tat von einem „Ergrauen der europäischen Sozialetats" (Guillemard 1992, S. 615) sprechen kann. *Der Posten „Alter" wird zur wichtigsten Komponente der Sozialausgaben in Europa.*

Stadtteile werden grau
Hohe und niedrige Anteile über 65-Jähriger am Beispiel Hamburgs

Hohe Altenanteile	*Niedrige Altenanteile*
Poppenbüttel 25,7%	Altona-Nord 9,9%
Marmstorf 25,6%	St. Pauli 8,2%
Rissen 24,6%	Veddel 7,3%
Iserbrook 24,1%	Billbrook 5,7%
Wellingsbüttel 23,2%	Allermöhe 5,1%

Quelle: Statistisches Landesamt Hamburg 2005

Die Erfahrung zeigt: *Stadtteile mit hohen Altenanteilen weisen geringe Ausländeranteile auf.* Umgekehrt gilt: In Wohnquartieren mit hohen Geburtenquoten ist auch der Anteil der Zuwanderer hoch. Ein Grund, warum die EU „mit gezielter Zuwanderung" zur „Förderung der Familien" beitragen, die Überalterung der Gesellschaft bremsen und bis zum Jahr 2030 etwa *20 Millionen zusätzliche Arbeitnehmer nach Europa* einwandern lassen will.

Der Anteil der Rentnerhaushalte, die im Alter nicht allein auf Renten der Gesetzlichen Rentenversicherung (GRV) angewiesen sind, wird in Zukunft weiter zunehmen. Für eine immer größere Gruppe älterer Menschen bzw. für die so genannte Erbengeneration der Zukunft werden *mietfreies Wohnen im eigenen Haus oder in der Eigentumswohnung*, Vermögenseinkommen und Betriebsrenten die GRV-Renten zunehmend ergänzen (vgl. Hauser / Wagner 1992, S. 598). *Armutsgefährdet sind die Älteren*, die ausschließlich ihre Alterssicherung von der Zeit ihrer Erwerbstätigkeit, also ihrer Beteiligung am Arbeitsmarkt abhängig machen. Dies trifft in besonderem Maße für die wachsende Zahl der Lebensgemeinschaften ohne Trauschein bei einer Trennung

in späteren Jahren zu, wenn z. B. ein Partner nicht gearbeitet und keine
Altersversorgung aufgebaut hat.

Der *Spätlebemensch der Zukunft* stirbt nicht so schnell und der hochbe-
tagte langlebige Mensch ist bald keine Fiktion mehr. Jungsein und Altsein
werden neu definiert. Wird es im Deutschland 2050 heißen: „Hinterm Fried-
hof leben zwei junge Familien. Na ja, 50 sind die auch schon …"? In drei
Jahrzehnten ist jeder dritte Bundesbürger über sechzig Jahre alt. Wer dann
dieses Alter erreicht, wird – relativ gesehen – genauso alt wie ein Zwanzig-
jähriger vor zweihundert Jahren sein: Beide haben eine Lebenserwartung
von etwa zwanzig Jahren vor sich. Die Übergänge und Grenzen zwischen
den einzelnen Lebensphasen werden fließender, weniger starr. Und aus dem
dritten Lebensalter entwickeln sich drei ältere Generationen:

■ Jungsenioren (50 plus),
■ Senioren (65 plus) und
■ Hochaltrige (80 plus),

die in ihren Lebensstilen und Lebenszielen kaum miteinander vergleichbar
sind – so wie 14- und 44-Jährige auch nicht. Wäre es anders, würden 44-Jäh-
rige in die Disco gehen, während derweil die 14-Jährigen die Haus- und
Gartenarbeiten erledigen.

Altersrezession als Herausforderung der Wirtschaft

Mit der Überalterung, d. h. der überproportionalen Zunahme alter Menschen, kann das wirtschaftliche Leben an Dynamik verlieren. Die Zuwanderungskommission des Deutschen Bundestages stellt dazu lakonisch fest: „Die
Fähigkeit des Menschen, sich neues Wissen anzueignen, nimmt mit zunehmendem Alter ab" (UK 2001, S. 33). Mit anderen Worten: Angesichts der
schnellen Zunahme und Erneuerung des Wissens insbesondere in den
wachstumsrelevanten Schlüsseltechnologien müssen die Unternehmen mit
einem *Verlust an Innovationsfähigkeit und Wettbewerbskraft* rechnen: Gleichzeitig sinkt die Anpassungsfähigkeit an neue technologisch-wirtschaftliche
Erfordernisse und die unternehmerische Risikobereitschaft geht zurück.

Dies lässt sich sehr gut am Beispiel der Technikinnovationen bzw.
-kompetenzen veranschaulichen: Sobald eine technische Innovation auf den
Markt kommt – erwirbt die jüngere Generation „als erste die nötige Kompetenz" (Weymann 2000, S. 51). Qualitative Sprünge der Technikentwicklung
werden von ihr problemlos aufgegriffen, während die ältere Generation
mehr über technisches Hintergrundwissen verfügt, von dem aus sie jeden
technischen Fortschritt wahrnimmt und kritisch beurteilt. Erst mit der allge-

meinen Verbreitung einer Technik im Alltag (z. B. Videorecorder, Computer, Handy) folgt die Bedienungskompetenz der Älteren langsam nach.

Wie wird sich die schrumpfende und alternde Bevölkerung auf die weitere Wirtschaftsentwicklung auswirken? Weil der Anteil der Erwerbsbevölkerung abnimmt, verändert sich das Verhältnis von produzierender zu konsumierender Bevölkerung. Es kommt infolgedessen zu Investitionseinschränkungen. Auch eine langfristige Abnahme des Konsums zeichnet sich ab, weil die finanzielle Belastung der arbeitenden Bevölkerung immer größer wird.

Die demografische Alterung lässt *ökonomische Negativeffekte* erwarten: ein historisch neues Phänomen, was es in der Geschichte der Zivilisation noch nicht gegeben hat. Wir können „nicht auf historische Erfahrungswerte zurückgreifen, sondern betreten politisches und gesellschaftliches Neuland" (Stiller 2000, S. 227).

Droht eine *strukturelle Altersrezession* – nicht nur in Deutschland? Weltweit rechnen die Vereinten Nationen – so die UN-Konferenz 2002 zur Alterung der Weltbevölkerung – damit, dass sich bis Mitte des Jahrhunderts die Zahl der über 60-jährigen Menschen mehr als verdreifacht – von jetzt 600 Millionen auf dann zwei Milliarden. Zu diesem Zeitpunkt wird es erstmals mehr Menschen über 60 Jahre als Kinder unter 14 Jahre geben. Löst dann die Altersrezession eine *Weltwirtschaftskrise* aus – mit tief greifenden Veränderungen beim Sparen und Konsumieren, auf dem Arbeits- und dem Wohnungsmarkt?

Noch hält sich die Angst der Bevölkerung vor einer solchen strukturellen Veränderung der Gesellschaft in Grenzen. Nur etwa jeder achte Bundesbürger (12%) befürchtet für die Zukunft: „Unsere älter werdende Gesellschaft verliert an Dynamik, Innovation und Wettbewerbskraft." Kritischer eingestellt sind Führungskräfte wie Leitende Angestellte und Höhere Beamte (17%). Die meisten Bedenken (20%) in dieser Hinsicht melden die jungen Leute im Alter von 18 bis 24 Jahren an, die noch am Anfang ihrer Berufslaufbahn stehen und befürchten, in ihrer Innovationsfreude durch die Älteren eingeengt zu werden.

In der Wirtschaft wird mittlerweile offen über den so genannten *Alterslast-Verwundbarkeits-Index* diskutiert, über einen vom Washingtoner Center for Strategic and International Studies (CSIS) geprägten Begriff: *Aging Vulnerability Index.* Mit diesem Messinstrument wird ermittelt, wie weit einzelne Länder auf die Alterung der Gesellschaft vorbereitet sind oder (auf den Punkt gebracht), wie sehr die Altersproblematik die Volkswirtschaft belastet. Gemessen werden (vgl. DGFP 2003, S. 14) Indikatoren wie z. B.

■ die Wohlstandsposition der Senioren bzw. die Einkommensverteilung zwischen Älteren und Jüngeren,

■ die Abhängigkeit der älteren Bevölkerung von staatlichen Leistungen sowie

■ das öffentliche Ausgabenwachstum aufgrund der Alterung der Gesellschaft.

Länder mit günstiger Altersstruktur (wie z. B. Australien, Großbritannien und die USA) zeigen infolgedessen auch die geringste „Verwundbarkeit" gegenüber der Altersproblematik. Deutschland gehört hingegen zu den Ländern, die über ein auf Dauer nicht tragfähiges Rentensystem verfügen. Als Hauptmanko gilt die *niedrige Erwerbsbeteiligung älterer Arbeitnehmer über 60 Jahre*. Wäre ihre Erwerbsquote so hoch wie in Großbritannien (D: 20,8% – GB: 37,8%), dann würden noch 1,4 Millionen Ältere mehr beschäftigt sein und das Sozialsystem entsprechend entlasten.

Die demografischen Veränderungen müssen in Zukunft nicht zwangsläufig höhere Rentenbeitragssätze zur Folge haben, wenn es gelingt, mehr ältere Beschäftigte im Erwerbssystem zu halten. Eigentlich müssten die Arbeitnehmer ihr Rentenniveau selbst bestimmen können und durch längere Lebensarbeitszeit Zuschläge bekommen oder bei früherem Eintritt in den Ruhestand Abschläge in Kauf nehmen.

Zusätzlich drücken *Pensionslasten* zunehmend die Unternehmen und beeinträchtigen ihre Bilanzen. Viele Konzerne sind mit überdurchschnittlichen Pensionsverpflichtungen gegenüber ihren Mitarbeitern belastet. Denn einer wachsenden Zahl von Betriebsrentnern stehen immer weniger Mitarbeiter gegenüber. Und ähnlich wie in der gesetzlichen Rentenversicherung muss die arbeitende Belegschaft die Renten der Ruheständler finanzieren. So stehen beispielsweise bei Thyssen Krupp rund 190 000 Mitarbeitern fast ebenso viele Pensionäre gegenüber (vgl. Hesse 2003, S. 24). Infolgedessen gehen Unternehmen dazu über, keine von vornherein festgelegten Betriebsrenten zuzusagen.

Risiken und Chancen einer alternden Gesellschaft scheinen derzeit nur schwer einschätzbar zu sein. Als *Risiken* zeichnen sich ab (vgl. Zydra 2003):

■ Wachstum geht zurück.

■ Arbeitskräfte werden knapp.

■ Löhne steigen.

■ Kapitalrenten sinken.

Dem stehen andererseits *Chancen* gegenüber wie z. B. expansive Dienstleistungsmärkte – von der Pharmaindustrie bis zur Altenbetreuung.

Die älter werdende Gesellschaft muss nicht automatisch unproduktiv und innovationsfeindlich sein. So erwirtschaftet beispielsweise die junge Bevölkerung Indiens mit einem Durchschnittsalter von 23 Jahren ein Pro-Kopf-Einkommen von knapp 500 Dollar im Jahr, aber die Bevölkerung Deutschlands bringt es trotz ihres hohen Durchschnittsalters von vierzig Jahren auf das Fünfzigfache (vgl. Birg 2005). Wohlstand durch Produktivitätswachstum lässt sich also trotz der Alterung der Gesellschaft bewahren, ja sogar vermehren, wenn die *Produktivitätsreserven der Älteren* mehr als bisher genutzt werden.

Wie bevölkerungswissenschaftliche Studien (Börsch-Supan u. a. 2003) außerdem nachweisen, muss die Alterung der Bevölkerung nicht zwangsläufig zu dramatischer Kapital-Erosion führen.

Nach dem Jahr 2020 wird die starke Baby-Boomer-Generation in Rente gehen und ihre Vermögensbestände – wenigstens teilweise – an eine zahlenmäßig schwächere jüngere Generation zu verkaufen versuchen, um damit ihren Ruhestand bzw. Alterskonsum zu finanzieren. Dann wird mehr „entspart" als angespart.

Weil dabei aber viele Verkäufer auf relativ wenige Käufer stoßen, könnten die Preise von Aktien, Wertpapieren und Immobilien ins Bodenlose fallen, d. h. die von der Politik heute propagierte *Eigenvorsorge* der Bürger für das Alter würde damit *entwertet* werden.

Dagegen spricht, dass sich die Verrentung der Baby-Boomer-Generation nicht plötzlich, sondern über einen längeren Zeitraum von etwa 15 Jahren hinzieht. Die Aktienentwicklung dürfte davon also kaum betroffen sein. Zudem weist das Deutsche Institut für Altersvorsorge nach: *Eine alternde Bevölkerung benötigt mehr, nicht weniger Kapital,* auch und gerade Produktionskapital (z. B. Maschinen, Computer), um die knapp werdenden jungen Erwerbstätigen zu ersetzen bzw. die vorhandenen Arbeitskräfte produktiver zu machen. Hinzu kommt noch die Verflechtung der globalen Kapitalmärkte: Vermutlich wird das Kapital tendenziell von den alternden Ländern mit sinkender Rendite zu den jüngeren Ländern fließen, in denen die Kapitalrenditen höher sind.

Eine völlige Entwarnung für die Wirtschaftspolitik kann damit aber nicht gegeben werden. Die Zahl der Konsumenten bleibt zwar bis zum Jahr 2040 in etwa konstant, aber die Zahl der Erwerbstätigen geht ab dem Jahr 2010 stark zurück: „Dies übt Druck auf die Produktionsmöglichkeiten und damit auch auf unser gesamtwirtschaftliches Wachstum aus" (Börsch-Supan 2003, S. 87 f.). Bedroht sind dann vor allem die umlagefinanzierten Sozialversicherungssysteme (Renten, Kranken-, Pflegeversicherung). Andererseits stimmt die erfahrungsgemäß große internationale *Mobilität des Kapitals* zuversichtlich: Das Kapital wandert tendenziell ins Ausland und erbringt dort, wo es mehr und jüngere Arbeitskräfte gibt, Einkünfte. Auf diese Weise kann das heutige Konsumniveau weitgehend gehalten werden.

Die Überalterung der Gesellschaft kann aber auch *neue Generationenkonflikte* entstehen lassen. Denn zwei Drittel der Bundesbürger (65%) befürchten, dass die zunehmenden Finanzierungsprobleme in der Renten- und Krankenversicherung „zu größeren Konflikten zwischen den Alten und Jungen in unserer Gesellschaft führen wird" (Bürklin/Jung 2001, S. 688). *Länger leben – länger arbeiten.* Dies muss daher eine Konsequenz aus der Tatsache des unaufhaltsam erscheinenden Bevölkerungsrückgangs in Deutschland sein. „Frühverrentungsprogramme" in großem Umfang wird sich die Gesellschaft künftig kaum mehr leisten können.

Zunahme der Multimorbidität

70 Prozent der über 85-Jährigen kommen im Alltag noch allein in der eigenen Wohnung zurecht.

Mit der Förderung altersgerechter Wohnungen sowie innovativer Wohngemeinschaften und Heimkonzepte mit Klein- und Wohngruppen kann eine selbständige Lebensführung auch in Zukunft aufrechterhalten werden.

Um die Familie zu entlasten und ihr ein „Aufatmen" zu ermöglichen, müssen daher die Tagespflege, die Kurzzeitpflege und die ambulante Hilfe weiter ausgebaut werden – vor allem im Hinblick auf die stark wachsende Zahl der Demenzkranken. *Etwa jeder dritte über 80-Jährige wird zum Alzheimer-Patienten für die Familie.*

Eine neue *Anti-Aging-Medizin* wird sich bald überall in der westlichen Welt ausbreiten und die Gesundheitskosten in die Höhe schnellen lassen. Nach der weitgefassten Definition der Weltgesundheitsorganisation (WHO) ist Gesundheit ein „Zustand vollkommenen körperlichen, geistigen und sozialen Wohlbefindens und nicht allein das Fehlen von Krankheit und Gebrechen". Doch was ist gesund und was krank, was natürlich und was pathologisch? Diese Fragen werden vor dem Hintergrund eines immer längeren Lebens immer schwerer zu beantworten sein, wie beispielsweise die Viagra-Debatte in Deutschland zeigte. Gehören Osteoporose und Cellulitis zu den regulären Altersbeschwerden? Oder zu den Krankheiten? Oder sind es Pseudokrankheiten im Sinne von ganz natürlichen Körpervorgängen? Das British Medical Journal (BMJ Bd. 324/N.7342–2002) ordnet diese altersbedingten Veränderungen in die *Liste der Nichtkrankheiten* ein.

Die Grenzen zwischen krankhaften Veränderungen und kosmetischen Problemen, Lebensqualitäts-Einbußen und Lifestyle-Ansprüchen werden immer fließender. Die Erforschung der Alterskrankheiten wird eines Tages so große Fortschritte machen, dass es bald immer schwerer sein wird, einen älteren Menschen zu finden, der völlig gesund ist.

Medizinische Fortschritte und ein verändertes Gesundheitsbewusstsein, mehr Bildung sowie ein höherer Lebensstandard sorgen insbesondere in der westlichen Welt dafür, dass die Menschen mindestens ein Drittel ihres Lebens als Ältere verbringen. Im Vergleich zu früheren Generationen werden sie chronologisch älter, aber in ihrer subjektiven Befindlichkeit *fühlen sie sich jünger* – auch und gerade im Hinblick auf ihre Leistungsfähigkeit: „Die Älteren halten sich für jünger, sehen im Durchschnitt jünger aus, sind hinsichtlich ihrer Gesundheit, ihrer Selbständigkeit und Kompetenz jünger und vitaler als frühere Generationen" (Schroeter 2000, S. 91).

Im gleichen Maße also, wie die Gesellschaft altert, „machen" sich die Menschen jünger. Eine Folge dieses Verjüngungsprozesses ist die zwangsläufige Verschiebung der Altersgrenze in der subjektiven Einschätzung der Bevölkerung.

Dieser Bewusstseinswandel ist allerdings in Wirtschaft und Politik noch nicht angekommen. 50plus-Arbeitnehmer werden nach wie vor *künstlich alt gemacht* oder gelten als kaum mehr vermittelbar. Und für die Politik – so die Enquête-Kommission der Deutschen Bundestages – setzt das Alter weiterhin bereits mit 60 ein: Die 60- bis 79-Jährigen werden als *Alte*, die 80- bis 99-Jährigen als *Hochaltrige* und die über 100-Jährigen als *Langlebige* bezeichnet. In dieser Sichtweise wird Alter zeitlich so ausgeweitet, dass die Altersphase eine Spanne von vierzig bis fünfzig Jahre umfasst. Teilt sich die Bevölkerung bald nur noch in Junge und Alte – und sonst nichts? Dem stehen allerdings die Erkenntnisse der modernen Alternswissenschaft entgegen, wonach sich aus dem ehemals dritten ein viertes Lebensalter entwickelt hat und das vierte Lebensalter „die Merkmale des früheren dritten annimmt" (Kohli 2000, S. 13).

Der Begriff Überalterung bezieht sich – bildlich gesehen – auf die *Umkehrung der Alterspyramide*, die nicht mehr auf einem breiten Sockel junger Menschen basiert. Damit verbunden sind gesellschaftliche Probleme wie z. B. die Finanzierbarkeit der Alterssicherung, die Erhöhung von Pflegekosten sowie der Mangel an Arbeitskräften (Möhle/Glatzer 2000, S. 67). Dies ist nicht nur ein spezifisch deutsches Phänomen.

Noch liegt das Durchschnittsalter der Weltbevölkerung bei 28 Jahren, im Jahre 2030 aber bereits bei etwa 35 Jahren. Viele Gesellschaften werden sich in den nächsten Jahrzehnten zu grauen Gesellschaften entwickeln.

Das im Jahre 1900 ausgerufene „Jahrhundert des Kindes" ist zu Ende. Kommt jetzt das *Jahrhundert der Senioren?* In den letzten hundert Jahren hat sich die Zahl der über 60-Jährigen in Deutschland von 4,4 Millionen auf 18 Millionen vervierfacht. Im Jahr 2030 wird etwa jeder dritte Bürger in Deutschland über 60 Jahre „alt" – oder vielleicht nur „relativ alt" sein? Denn der demografische Wandel hat die Altersgrenze spürbar verschoben: *Alt ist man in Deutschland erst mit 76 Jahren.* Das geht aus einer B·A·T Repräsentativbefragung hervor, in der danach gefragt wurde, „ab wann man heute wirklich alt" ist. Wenn die Lebenserwartung weiter so kontinuierlich ansteigt, gilt man im Jahr 2030 vielleicht erst mit 80 oder 90 Jahren als alt.

Die Folgen für das Sozialsystem in Deutschland können dramatisch werden. Denn parallel zum immer höheren Altenquotienten steigen auch die Kosten für die gesetzliche Renten- und Pflegeversicherung an. Leistungen für Rentner und Pflegebedürftige werden aus den laufenden Beitragszahlungen der Erwerbstätigen finanziert. Wenn die Erwerbstätigen aber selbst Rentner oder pflegebedürftig werden, sind ihre *Beitragszahlungen längst verausgabt.* Die dann stark dezimierte jüngere Generation wird mit einem dramatisch hohen Anstieg der Zahlungen rechnen müssen. *Soziale Konflikte* zwischen Familien mit Kindern und kinderlosen Paaren, zwischen Jüngeren und Älteren, zwischen Deutschen und Zugewanderten können zunehmen.

Zurzeit beträgt die Summe der von Arbeitnehmern und Arbeitgebern gemeinsam getragenen Abzüge für die Renten-, Kranken- und Pflegeversicherung gut ein Drittel des Bruttoeinkommens. Dieses Drittel müsste aufgrund des Anstiegs des Altenquotienten bis Mitte des Jahrhunderts verdoppelt werden, wenn das Versorgungsniveau der Rentner, Kranken und Pflegebedürftigen erhalten werden soll.

Die 1999/2000 durchgeführte Erhebung des Instituts für Gerontologie an der Universität Dortmund und des Instituts für Pflegewissenschaft an der Universität Bielefeld (Schnabel/Wingenfeld 2002, S. 1 f.) erbringt den Nachweis:

- Das Durchschnittsalter der Bewohner in Pflegeeinrichtungen liegt bei 82,7 Jahren, die durchschnittliche Verweildauer bei 2,7 Jahren.
- Über zwei Drittel der Bewohner sind älter als 80 Jahre, knapp jeder Vierte ist über 90 Jahre alt.
- Fast alle Bewohner (96%) sind auf Unterstützung bei der Körperpflege (Duschen, Baden) angewiesen.
- Etwa jeder zweite Bewohner (52%) gilt als „weitgehend desorientiert" mit Problemlagen wie z.B. motorische Unruhe, depressive Stimmungslage sowie Angstzustände.
- Und nur mehr jeder fünfte Bewohner (20%) ist noch in der Lage, die Einrichtung selbständig zu verlassen und wieder aufzusuchen.

Der Pflegebedarf im hohen Alter ist immens.

In fünfzig Jahren werden fast acht Millionen Deutsche 80 Jahre oder älter sein. In ein Bild gebracht: Es wird dann acht Millionenstädte in Deutschland geben, in denen nur Hochaltrige leben. Etwa drei Viertel von ihnen werden Frauen sein.

Zunahme der Pflegefallwahrscheinlichkeit

Die Zunahme der Hochaltrigkeit kann zur *neuen sozialen Herausforderung* in Deutschland werden: Jeder fünfte über 80-Jährige wird von Demenz-erkrankungen betroffen sein. Tendenz steigend. Der demografische Wandel wird zum größten Problemfaktor für die soziale Absicherung von Gesundheitsvorsorge und Krankheitsbehandlung werden. Mit der höheren Lebenserwartung nimmt auch der Anteil der Hochaltrigen zu. Während „nur" etwa 24 von tausend 65- bis 69-Jährigen Leistungsempfänger der gesetzlichen Pflegeversicherung sind, sind es bei den über 80-Jährigen zwölfmal so viele (280 von tausend). *Die Pflegefallwahrscheinlichkeit nimmt mit der Hochaltrigkeit rapide zu.*

Das Pflegesystem ist bisher kaum darauf vorbereitet. Die Zahl der Demenz- und Alzheimer-Kranken wird bis zum Jahr 2030 um etwa 60 Prozent zunehmen. Über zwei Millionen Menschen wären dann davon betroffen. Schon heute sind 350 000 Deutsche mindestens neunzig Jahre alt, im Jahr 2020 werden es etwa eine Million sein: *Eine ganze Großstadt nur mit über 90-Jährigen.* Fast jeder dritte von ihnen (ca. 30 Prozent) wird an Demenz oder Alzheimer erkranken. Vor diesem Hintergrund kann sich ein Kirchenwort des Berliner Kardinals Joachim Meisner bewahrheiten: „Die Gesundheit wird unter den irdischen Wohligkeiten der erste Wert. Dann nimmt das *Gesundheitswesen die Form einer Kirche* an" (Meisner 1999, S. 6).

Hochaltrigkeit wird in Zukunft vor allem durch Multimorbidität gekennzeichnet sein: Hochaltrige leiden gleichzeitig an mehreren Krankheiten, die mit ihnen alt werden.

Nach vorliegenden Erkenntnissen (vgl. Naegele 1999, S. 8) kann man schon bei den 70- bis 90-Jährigen von etwa fünf bis neun nebeneinander existierenden Krankheiten ausgehen. Kommen amerikanische Verhältnisse auf uns zu? In den USA weigern sich mittlerweile Versicherungsgesellschaften, ältere Menschen aufzunehmen. Das Gegenteil ist eher der Fall: Man möchte die Älteren so schnell wie möglich wieder loswerden. Die Folge: Mehr als jeder dritte Amerikaner ist nicht gegen Arzneimittelkosten versichert. Wird das *Altern* der Gesellschaft bald nur noch als Kostenfaktor thematisiert und traumatisiert?

Die *Angst vor Pflegebedürftigkeit* (56%) ist deshalb auch größer als die Angst vor Arbeitslosigkeit (36%) oder Erwerbsunfähigkeit (27%). Auf die Frage, was einen persönlich immer wieder besonders beschäftigt, wird mehr auf die Sorge verwiesen, eines Tages zum Pflegefall zu werden, als eine todbringende Krankheit (Krebs/Aids: 51% – Schlaganfall/Herzinfarkt: 40%) zu bekommen. Mit zunehmendem Alter wird das Risiko der Pflegebedürftigkeit (Allensbach 1999, S. 2) immer höher und schwerwiegender eingeschätzt: 16- bis 29-Jährige: 30 Prozent – 30- bis 44-Jährige: 44 Prozent – 45- bis 59-Jährige: 62 Prozent – 60-Jährige und Ältere: 81 Prozent.

> Ganz gleich, ob man selbst oder jemand aus der Familie zum Pflegefall wird
> – eine solche Situation wird als das schlimmste anzunehmende Schicksal angesehen. Es verändert das gesamte Leben – psychisch, physisch und auch finanziell.

Demenz kann in Zukunft zu einer *Volkskrankheit* werden, denn 95 Prozent der Betroffenen erkranken erst nach dem fünfzigsten Lebensjahr. Heute werden die meisten Demenzkranken noch in den Familien gepflegt. Weil es in Zukunft weniger Familien und weniger junge Menschen gibt, wird Demenz im höheren Alter zum *Finanzierungs- und Betreuungsproblem*. Bisher konnte der Mehraufwand für eine wirksame medikamentöse Therapie durch Einsparungen in der familiären Betreuung mehr als kompensiert werden. Die Überalterung der Gesellschaft aber wird eine massive *Unterversorgung* großer Bevölkerungsteile zur Folge haben: Das Geld für Medikamente und Pflegeaufwendungen wird knapp; nur mehr wenige können dann noch adäquat versorgt werden.

Soziales Wohnungsmanagement als Zukunftsaufgabe

> Droht die Altersfrage in den Städten zu eskalieren? Gehen in der Großstadt
> die Lichter aus? Die älter werdende Bevölkerung träumt vom Leben auf dem
> Land. Lediglich Jugendliche, junge Leute und Singles favorisieren das Leben in
> der Stadt.

Wer nicht für Familie und Kinder sorgen muss, findet im Stadtleben seine Lebenserfüllung. Für alle anderen aber gibt es einen *Zukunftstraum: „Raus aufs Land"*. Kinder, Familien und Senioren „fühlen" sich auf dem Land oder in der Kleinstadt besser aufgehoben – zumindest in der Wunschvorstellung. Oder es findet ein Umdenken in Stadtplanung und Wohnungsbaupolitik

Gehen in der Großstadt die Lichter aus?
Die älter werdende Bevölkerung träumt vom Leben auf dem Land

Von je 100 Befragten wollen in Zukunft gerne leben:

	auf dem Land	in einer Klein- stadt	in einer Mittel- stadt	in einer Groß- stadt	in einem Vorort am Rande einer Großstadt
Jugendliche (14–17 Jahre)	12	11	29	37	10
Junge Erwachsene (18–24 Jahre)	17	25	18	27	12
Singles (25–49 Jahre)	16	17	27	26	11
Paare (25–49 Jahre)	29	22	19	16	15
Familien mit Kindern (25–49 Jahre)	35	26	19	12	8
Familien mit Jugend- lichen (25–49 Jahre)	35	26	15	11	13
Jungsenioren (50–64 Jahre)	32	25	22	11	9
Senioren (65–79 Jahre)	33	21	22	9	13
Hochaltrige (80 Jahre und mehr)	27	20	21	18	8

statt, bei dem die infrastrukturelle und soziale Lebensqualität in den Städten so erhöht wird, dass der Wunsch bei den Bewohnern aufkommt: *Hier möchte ich auch in Zukunft wohnen bleiben.*

Immobilienbranche und Wohnungsunternehmen werden in Zukunft auch ein soziales Management anbieten müssen, das vor allem soziale Dienste für die wachsende Zahl alter, hochaltriger und langlebiger Menschen leistet. Das soziale Wohnungsmanagement wird *wie ein sozialer Kitt* wirken, wozu Altenbetreuung, Mietschuldenberatung, Beschäftigungsprojekte, Nachbarschaftshilfsvereine, Tauschringe u. a. gehören. Diese Aktionen können „Kristallisationskerne für soziale Beziehungen im Stadtteil" (Eichener 2001, S. 426) werden. Im Zeitalter von shareholder value kann soziales Wohnungsmanagement auch in ökonomischer Hinsicht erfolgreich sein. Denn die Alternative heißt nicht: Wirtschaftlichkeit oder Sozialverträglichkeit? Die Erfolgsformel lautet eher: *Wirtschaftlichkeit durch Sozialverträglichkeit!*

Damit verbunden ist auch eine neue Qualität wohnumfeldbezogener Betreuungsarbeit. Gemeint ist „Betreutes Wohnen *plus!*"

Die 1951 mit Sitz in Lünen-Brambauer gegründete Glückauf Wohnungsbaugesellschaft hat erste Erfahrungen mit dieser neuen Form organisierter und gelebter Nachbarschaft gesammelt. Neben gezielten Freizeitangeboten wurde ein eigener Nachbarschaftshilfe e.V. gegründet. Bewohner zahlen einen einmaligen Aufnahmebetrag, bekommen dafür einen *Mitgliederausweis* sowie ein *Bonusheft* mit einem persönlichem *Punktekonto*. Der Verein vermittelt Hilfen zwischen den Mitgliedern, so dass auch jeder, der anderen helfen will, jemanden findet, dem er helfen kann – und umgekehrt. Damit diese Form der organisierten Nachbarschaftshilfe auch wirklich funktioniert, wurde ein *Leistungskatalog* entwickelt, der die wichtigsten Hilfsangebote nach einem Punktesystem bewertet. Es besteht die Möglichkeit, Punkte „anzusparen" und dem Punktekonto „gutzuschreiben", um dann, je nach Bedarf, jederzeit Hilfsangebote abrufen zu können.

Die *Idee der Zeitwährung* geht von der Möglichkeit aus, im Laufe eines Lebens so genannte *Zeitbanken* einzurichten, in denen gleichsam die „sieben fetten Jahre" eingelagert werden, um sie dann während der folgenden „sieben mageren Jahre" wieder zu entnehmen. Zeitreiche und zeitarme Lebensphasen lösen sich ab. Was langfristig angespart wird, kann dann später wieder „verzehrt" werden – ohne schlechtes Gewissen und ohne den Gedanken, auf Almosen angewiesen zu sein (Offe/Heinze 1990, S. 302). In diesem Zusammenhang stellt sich für die Zukunft auch die Frage der *Übertragbarkeit und Vererbbarkeit*. Sollten Übertragungen nur zu Lebzeiten zugelassen werden? Und dürfen Jüngere für ihre Angehörigen Ansprüche ansparen? Offene Zukunftsfragen für die *Wiederbelebung einer alten Genossenschaftsidee*.

4. Zuwanderung. Mehr Muslime als Katholiken

Von der Zuwanderung zur Kettenwanderung

Weltweit leben etwa *120 Millionen Menschen nicht in ihrem Herkunftsland.* Neben den Wanderarbeitern und ihren Familien sind nach Informationen des UNO-Flüchtlingssekretariats etwa

- 21,5 Millionen Menschen auf der Flucht und
- 4,9 Millionen Opfer von Bürgerkriegen und Menschenrechtsverletzungen. Hinzu kommen mindestens
- 1,3 Millionen Asylbewerber.

Etwa siebzig Prozent aller Flüchtlinge nehmen die Entwicklungsländer auf; die übrigen *dreißig Prozent wandern in die Industrieländer* (Turek 2001, S. 226). Insofern kann es nicht überraschen, dass zwei Drittel der Deutschen davon ausgehen, dass auf Deutschland in den nächsten zehn bis zwanzig Jahren aufgrund von Bürgerkriegen oder Kriegen in anderen Ländern „größere Flüchtlingswellen zukommen werden" (Bürklin/Jung 2001, S. 689). Auch ein Grund dafür, warum es in der Bevölkerung so hohe Akzeptanzprobleme gegenüber der Zuwanderungsfrage gibt. Denn zusätzlich zu den Zuwanderern sollen noch Flüchtlinge kommen.

Das natürliche Bevölkerungswachstum in der EU stagniert oder sinkt (wie z. B. in Deutschland). Die Zahl der Zuwanderer steigt und umfasst mittlerweile 35 Millionen Menschen (bei einer Gesamtbevölkerung von 455 Millionen). Bevölkerungswachstum gibt es fast nur noch durch Zuwanderung.

Oder wir freunden uns mit spanischen Verhältnissen an: Die Regierung Spaniens ist dabei, bis zu einer Million illegale Einwanderer zu legalisieren. Wenn sie einen Wohnsitz und eine Beschäftigung nachweisen, können die so genannten *Papierlosen* („sin papeles") ihrer Ausweisung entgehen. Das nimmt teilweise groteske Züge an: So sollen unlängst vierhundert Pakistaner in einer einzigen Wohnung „gemeldet" gewesen sein (Wieland 2005, S. 3). Die spanische Regierung hofft, auf diese Weise die *niedrige Geburtenrate aufbessern* und Geld in die Steuer- und Rentenkassen bekommen zu können. Ein Heer von Hausangestellten, Bauarbeitern und Landwirtschaftshelfern hat inzwischen den spanischen Arbeitsmarkt bereichert. Spanien hat so den Ausländeranteil allein von 1999 bis 2005 mehr als vervierfacht (von 2,0 auf 8,4 Prozent).

Die Zuwanderungswelle in Europa wurde in den letzten Jahren teilweise auf den Kopf gestellt: Frühere Auswanderungsländer (Irland und die südlichen EU-Mitgliedsstaaten) sind inzwischen selbst Einwanderungsländer geworden. Die Grenzen zwischen Herkunfts- und Empfängerländer werden fließend. Die Lenkung der Migrationsströme wird immer schwieriger.

Die *Europäer*, die heute die Hauptlast der Zuwanderung zu tragen haben, sollten sich jedoch in Erinnerung rufen, dass sie selbst *Jahrhunderte lang an Zuwanderungsbewegungen beteiligt* waren und sind:

- Im Rahmen der Kreuzzüge wanderten Europäer in den Orient.
- Im Rahmen des Siedlungskolonialismus wanderten Europäer nach Amerika, Afrika und Australien.
- Im Rahmen der Wirtschaftsflucht wandern seit Jahren Osteuropäer nach Westeuropa.

Noch vor gut hundert Jahren stellten die Deutschen im Jahr 1890 *dreißig Prozent der amerikanischen Bevölkerung* (Tibi 2002, S. 92).

In Deutschland leben Migranten aus 165 Ländern der Erde. Seit etwa zehn Jahren gilt Deutschland – in absoluten Zahlen – als das mit Abstand größte Einwanderungsland der Welt.

Jedes Jahr kommen zusätzlich etwa 200 000 Zuwanderer hinzu (ca. 600 000 Fortzüge und ca. 800 000 Zuzüge). Etwa die Hälfte der Zuwanderer kommt aus der islamischen Welt. 3,3 Millionen Muslime leben mittlerweile in Deutschland. Tendenz steigend. So sind beispielsweise in Berlin fast 70 Prozent der neugeborenen Kinder Ausländer. Eine Rückkehr in die fünfziger Jahre ist nicht mehr möglich. Wir müssen uns verabschieden von einer jahrzehntelangen „Lebenslüge", mit der sich die Politik nicht offen als Einwanderungsland bekannt, Einwanderung zum Tabu erklärt und in der Bevölkerung ein falsches Bewusstsein bzw. Überfremdungsangst erzeugt hat.

Im Zeitalter der Globalisierung ist Migration mittlerweile zur Normalität geworden und damit die Bewegung der Menschen von einem Land zum anderen. Gut dreißig Jahre nach dem Anwerbestopp ist Deutschland faktisch ein Einwanderungsland geworden. Um das Tabu Einwanderung zu umgehen, spricht man in Politik und Gesellschaft eher von *„dauerhaften Zuwanderern" (statt Einwanderern)* – nicht ohne zugleich die dazugehörige notwendige Integration zu betonen, damit das Zusammenleben von Deutschen und Zuwanderern nicht zu einer Belastung wird. Die Begründung der Unabhängigen Kommission Zuwanderung ist klar: „Wir brauchen Zuwanderung, weil die Bevölkerung altert: Die *Lebenserwartung steigt,* während die Kinderzahl pro Familie anhaltend niedrig ist und die *Geburten sinken"* (UK 2001, S. 11). Die Folgen dieser Entwicklung sind absehbar: Wenn im 21. Jahrhundert die Bevölkerung in Deutschland abnimmt, dann wirkt sich diese demografische Entwicklung problematisch auf den Arbeitsmarkt und die Innovationskraft von Wirtschaft und Gesellschaft aus.

Es hatte alles in den sechziger und siebziger Jahren begonnen: *Gastarbeiter wurden gebraucht – doch Menschen sind gekommen.* Die ökonomische Rechnung der Wirtschaft ging zunächst auf, doch die humane Dimension und die sozialen Folgekosten der Gesellschaft blieben weitgehend außer Acht. Die strukturellen Probleme des Arbeitsmarktes schienen gelöst. Die Probleme des Sozialstaates fingen damit erst an. In den sechziger Jahren kamen die ersten Gastarbeiter aus Italien – es folgten Spanier, Griechen, Türken, Jugoslawen u. a. Mitte der sechziger Jahre hielten sich eine Million Gastarbeiter in Deutschland auf, 1973 waren es bereits 2,6 Millionen. Jetzt war plötzlich „Anwerbestopp" angesagt.

Gastarbeiter aus dem Ausland – das waren im Wesentlichen *An- und Ungelernte im Niedriglohnbereich*, die problemlos in der industriellen Massen-
fertigung eingesetzt werden konnten. Dadurch ließ sich bequem manche Ra-
tionalisierungs- und Modernisierungsinvestition einsparen, während einheimische Arbeitskräfte die Chance bekamen, in andere, insbesondere höhere
Positionen aufzusteigen.

Der Begriff „Gastarbeiter" sollte seinerzeit zum Ausdruck bringen, dass es sich
um Gäste auf Zeit handelte, so wie man heute nach dem Political-Correctness-
Verständnis von „Zuwanderern" spricht, die im Unterschied zu Einwanderern
möglichst wie Gastarbeiter als Konjunkturpuffer benutzt und bei Arbeitslosigkeit schnell wieder nach Hause geschickt werden sollen.

Die Zuwanderung wird weiterhin primär als kaufmännisches Bilanzpro-
blem gesehen, d. h. kurzfristige „volks- und vor allem betriebswirtschaftliche
Erwägungen" prägen die politische Debatte (Luft 2002, S. 9).

Die Erfahrungen der letzten dreißig bis vierzig Jahre legen die Vermutung
nahe, dass aus der Zuwanderung eine Kettenwanderung wird: Die Zugewanderten wollen dauerhaft bleiben und Familien, Verwandte und Freunde nach-
folgen lassen.

Infolgedessen wird auch der Versuch scheitern, die Zuwanderung an
kurz- und mittelfristige Konjunkturzahlen bzw. primär am Bedarf der Wirtschaft zu orientieren. Die Zuwanderung wird sich eher verselbständigen und
*für die Folgekosten müssen dann Staat und Steuerzahler (und nicht die Wirt-
schaft) aufkommen.* Etwa vierzig Prozent der deutschen Arbeitslosen besitzen
keine formale berufliche Qualifikation; bei den ausländischen Arbeitslosen
ist der Anteil (78%) fast doppelt so hoch (Luft 2002, S. 9). Eine Mahnung des
ehemaligen Bremer Senators für Wohlfahrtswesen Wilhelm Kaisen (1887–
1979) droht in Vergessenheit zu geraten: „Jede Förderung der *Wirtschaft* hat
dort ihre Grenze, wo versucht wird, ihr *Risiko auf den Staat zu verlagern.*"
Vieles deutet darauf hin, dass wir in der Frage der Zu- und Einwanderung
kaum etwas dazugelernt haben. Es bestätigt sich vielmehr die politische Erfahrung von Bundeskanzler Willi Brandt in seiner Regierungserklärung von
1973: „Es ist aber notwendig geworden, dass wir sehr sorgsam überlegen, wo
die Aufnahmefähigkeit unserer Gesellschaft erschöpft ist und wo soziale Ver-
nunft und Verantwortung Halt gebieten. Wir dürfen das Problem nicht dem
Gesetz des augenblicklichen Vorteils überlassen." Wo hört der augenblickliche
Vorteil auf, wo fängt der nachhaltige Nachteil an?
Die Zuwanderung bekommen in Zukunft vor allem die Großstädte und
Ballungszentren zu spüren. Infolgedessen ist hier auch die Angst vor Über-

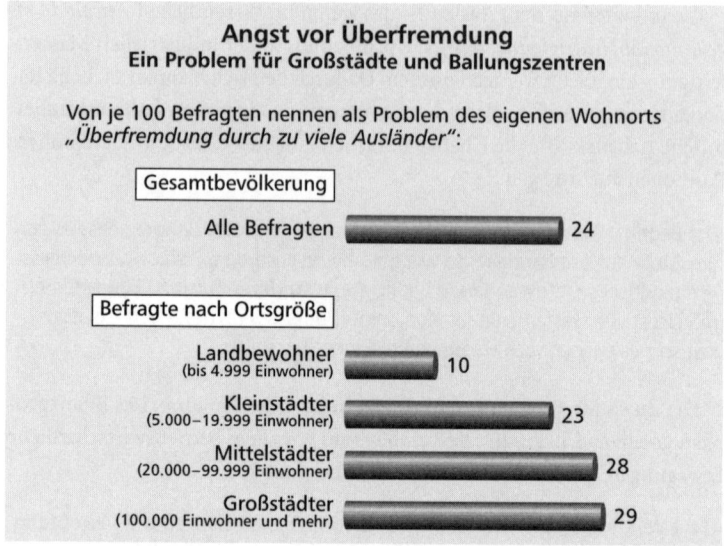

Angst vor Überfremdung
Ein Problem für Großstädte und Ballungszentren

Von je 100 Befragten nennen als Problem des eigenen Wohnorts „Überfremdung durch zu viele Ausländer":

Gesamtbevölkerung

Alle Befragten   24

Befragte nach Ortsgröße

Landbewohner
(bis 4.999 Einwohner)   10

Kleinstädter
(5.000–19.999 Einwohner)   23

Mittelstädter
(20.000–99.999 Einwohner)   28

Großstädter
(100.000 Einwohner und mehr)   29

fremdung durch zu viele Ausländer (29%) fast dreimal so hoch wie auf dem Lande (10%). Die Wohnsituation wie auch der eigene Familienstand beeinflussen in hohem Maße die soziale Wahrnehmung, weshalb Singles (30%) und kinderlose Paare (31%) die Überfremdung am häufigsten als „Mangel an ihrem Wohnort" nennen.

Zuwanderung als Instrument der Arbeitsmarktsteuerung

Bisher wird die abnehmende Bevölkerung fast nur als ökonomisches und weniger als soziales Problem gesehen. Die Zuwanderung soll eigentlich nur verhindern, dass die deutsche Wirtschaft im internationalen Leistungsvergleich und Konkurrenzkampf zurückfällt. Arbeitsmarkt- und konjunkturpolitische Gründe geben den Ausschlag. Die Angst ist schließlich groß, dass die gesamtwirtschaftliche Nachfrage sinkt, da deren wichtigste Komponente – der private Verbrauch – von der Bevölkerungsgröße abhängt: Weniger Einwohner haben auch weniger Ausgaben für den Konsum zur Folge.

Nachweislich haben ausländische Unternehmer in den letzten Jahren fast eine Million Arbeitsplätze geschaffen. Die Zahl der Selbständigen ausländischer Herkunft ist in Deutschland seit Anfang der neunziger Jahre um gut 60 Prozent auf 290 000 gestiegen. Ein Zuwachs, der doppelt so hoch ist wie bei den Deutschen. Migranten aus der Türkei, aus Italien und Griechenland wagen öfter den Schritt in die Selbständigkeit als Deutsche.

Aus der Sicht der Politik ist also Zuwanderung zunächst einmal ein wirksames Instrument der Arbeitsmarktsteuerung und dient primär der Lösung wirtschaftlicher Probleme. Auf internationaler Ebene sollen Arbeitskräfte mobilisiert werden – und zwar möglichst hoch qualifizierte. Nur so will man im globalen Wettbewerb bestehen. Und wenn von Zuwanderungssteuerung die Rede ist, dann ist in erster Linie eine arbeitsmarktbezogene Zuwanderung gemeint, die auf Entwicklungen der Angebots- und Nachfrageseite Rücksicht nimmt. Steuerung heißt letztlich Flexibilität, indem man flexibel auf sich verändernde Qualifikationsbedarfe der Wirtschaft reagiert.

Genau hier setzen die Probleme ein: „Die Wirkungen von Zuwanderung sind komplex, die Forschungssituation ist fragmentarisch. Deutschland hat, wie die meisten anderen EU-Länder, keine Erfahrung mit gesteuerter qualifizierter Zuwanderung. Es gibt keine Blaupausen einer perfekten Regelung." Dies ist die selbstkritische Einschätzung der BMI-Geschäftsstelle der Unabhängigen Kommission Zuwanderung (Bogai 2001, S. 10). Gravierende Prognoseunsicherheit: So lässt sich die derzeitige Situation umschreiben.

Unbestritten ist, dass Zuwanderung langfristig Wohlstand sichern hilft – auch aus dem Gebot der globalen Solidarität gegenüber den ärmeren Ländern heraus, um den sozialen Pflichten nachkommen zu können.

Durch Zuwanderung kann ein günstiger Beitrag zur Wohlstandssicherung der Herkunfts- und Aufnahmeländer geleistet werden. Die Zuwanderung wirkt sich positiv auf die Arbeitsproduktivität und Wettbewerbsfähigkeit der Wirtschaft aus. Zuwanderung leistet erhebliche Wertschöpfungsbeiträge.

Die *positiven Migrationseffekte* dürfen nicht übersehen werden:

- Mexiko profitiert z. B. von der Rückkehr eines Experten, der in den USA ein Jahr Berufserfahrung gesammelt hat, achtmal mehr, als wenn die Person ein Jahr in Mexiko gearbeitet hätte (IOM 2000, S. 33).
- Die Absolventen der fünf führenden Technischen Universitäten in Indien gehen zu etwa sechzig Prozent ins Ausland, kommen aber auch vielfach wieder. Infolgedessen hat sich allein zwischen 1998 und 2000 die Zahl der indischen Software-Firmen auf etwa 1000 verdoppelt (UK 2001, S. 81).

Die Wohlfahrt im Herkunftsland ist gewährleistet, wenn die Abwanderer wieder zu Rückkehrern werden.

Darüber hinaus gibt es eine Reihe weiterer *positiver Nebenwirkungen:*

- Das demografische Defizit kann durch Zuwanderung gemildert (wenn auch nicht ausgeglichen) werden.
- Die Überalterung der Gesellschaft kann durch Zuwanderung gebremst (wenn auch nicht verhindert) werden.

Zuwanderung bedeutet immer auch Abwanderung. Für das Herkunftsland kann die Abwanderung negative Effekte haben, wenn z. B. eine Abwanderung von qualifizierten Arbeitskräften die technische Kompetenz eines Landes gefährdet. Know how, Produktivität und gesamtwirtschaftliche Lage eines Landes können darunter leiden. Wie sich die Zuwanderung auf die sozialen Sicherungssysteme auswirkt, wird in der Fachdiskussion höchst unterschiedlich bzw. kontrovers diskutiert. Politiker am rechten Rand sprechen bereits offen von der „Einwanderung ins soziale Netz" (Jörg Schönbohm).

Im Jahre 1996 hat der amerikanische Kongress unter der Präsidentschaft von Bill Clinton die *„Welfare Bill"* verabschiedet, wonach – mit Ausnahme von Kranken und Behinderten – kein US-Bürger länger als fünf Jahre in seinem Leben *Sozialhilfe* beziehen darf (und dies auch *nie länger als zwei Jahre hintereinander*). Damit sollte verhindert werden, dass das Sozialsystem zum Lockmittel für Zuwanderer wird. Sozialhilfe wurde regelrecht von der Zuwanderung abgekoppelt. Vergleichbare Vorschläge zum Ausschluss der Zuwanderer von Sozialhilfeleistungen werden in Deutschland in der öffentlichen Diskussion dagegen schnell in die „Nähe von Rassismus" (Tibi 2002, S. 118) gerückt.

Andererseits überrascht es schon, dass die Politik bisher keine fundierten Aussagen zur *Wirkung der Zuwanderung auf die sozialen Sicherungssysteme* macht. Über Be- und Entlastungswirkungen der Zuwanderung auf öffentliche Haushalte und Sozialversicherungen schweigt sie sich weitgehend aus. Stattdessen geht sie ohne detaillierte Nachweise davon aus, dass Zuwanderer „Nettozahler der öffentlichen Haushalte" werden (UK 2001, S. 76 f.). Andererseits ist bekannt:

- Ausländer haben mit 9,1 Prozent eine *dreimal so hohe Sozialhilfequote* wie Deutsche mit drei Prozent (UK 2001, S. 210 f.).
- Zuwanderer sind überproportional häufig von Arbeitslosigkeit betroffen. Ihre *Arbeitslosenquote* ist seit zwanzig Jahren *fast doppelt so hoch* wie die der deutschen Bevölkerung. Nur ein kleiner Teil der zugewanderten Arbeitslosen findet wieder in die Erwerbstätigkeit zurück (UK 2001, S. 40).

Nach Ansicht von Hans-Werner Sinn vom Münchener Ifo-Institut wird der Sozialstaat bald an seine ökonomischen Grenzen stoßen, wenn er weiterhin so starke Migrationsanreize schafft. Nach Sinn findet derzeit schon eine *Umverteilung zugunsten zuwandernder Arbeitnehmer* statt. Wegen ihrer Sprachdefizite würden die Zuwanderer in der Regel ein unterdurchschnittliches Einkommen erwirtschaften, weshalb sie vom Staat steuerfinanzierte Leistungen erhielten und überproportional an der ergänzenden Sozialhilfe und der freien Schulausbildung (Sinn 2005, S. 3) partizipierten.

Seit 1954 kommen im Durchschnitt 200000 Ausländer mehr nach Deutschland, als aus Deutschland wegziehen. Der *Zuwanderungsüberschuss* umfasst derzeit 8,9 Millionen Menschen. Seit dem Anwerbestopp von 1973 ist die Zuwanderung von Ausländern zu Arbeitszwecken nur noch in Ausnahmefällen möglich (z. B. Greencard-Sonderregelung im IT-Bereich, Saisonarbeiter in der Landwirtschaft). Das Zuwanderungsgesetz soll nun möglicherweise eine Nettozuwanderung von 300000 Personen (oder mehr) pro Jahr ermöglichen (vgl. UK 2001, S. 78 f.).

Nach einer Vorausberechnung der Vereinten Nationen (UN: Replacement Migration 2000) wird der Anteil der zugewanderten Bevölkerung in Deutschland einschließlich der bereits hier lebenden Menschen ohne deutschen Pass bis zum Jahr 2050 rund ein Drittel im Bundesdurchschnitt und in den Großstädten über 50 Prozent erreichen – und trotzdem wird die Bevölkerungszahl zurückgehen.

Ohne Zuwanderung würde es im Jahr 2030 in Deutschland noch 66 Millionen (–18%), Mitte des Jahrhunderts 51 Millionen (–35%) und im Jahr 2100 nur noch 24 Millionen Menschen (–70%) geben. Eine solche Nullzuwanderung ist aber unrealistisch.

Selbst bei einem realistisch angenommenen Wanderungsüberschuss (= Überschuss der Zuwanderungen über die Auswanderungen) von jährlich 250000 jüngeren Menschen ergibt sich

- bis zum Jahre 2050 ein Rückgang auf 66,1 Millionen (–18%) und
- bis zum Jahre 2100 ein Rückgang auf 50,0 Millionen (–38%).

Heißt das dann auch: Gut ein Drittel weniger Wohnungsbedarf, ein Drittel weniger Autos auf den Straßen sowie weniger Besucher in Fußballstadien, Kinos und Theatern? Sicher werden im nächsten Jahrhundert die Qualitätsansprüche wachsen (z.B. größere Wohnungen, Zweitautos), so dass ein Teil des Rückgangs wieder ausgeglichen werden kann. Dennoch wird die *demografische Schrumpfung auch eine ökonomische Schrumpfung zur Folge* haben.

Die Zuwanderung wird vermutlich den notwendigen Bedarf an qualifizierten Arbeitskräften nicht decken können. Denn erfahrungsgemäß liegen die Bildungsabschlüsse der Zuwanderer und ihrer in Deutschland geborenen Kinder deutlich unter dem Qualifikationsniveau der deutschen Bevölkerung. Qualifizierte IT-Fachkräfte aus Asien fallen da quantitativ überhaupt nicht ins Gewicht. Die im Jahr 2000 in Kraft getretene *Greencard-Regelung*, wonach ausländische Fachkräfte aus der Informationstechnologie (IT) in Deutschland ein Arbeits- und Aufenthaltsrecht bis zu fünf Jahren erhalten, ist in ihren Auswirkungen eher desillusionierend gewesen:

- Zwischen 2000 und 2002 wurden gerade einmal knapp 13 000 Plätze vergeben. Die meisten Greencard-Fachkräfte waren Inder, gefolgt von Russen, Weißrussen, Ukrainern, Rumänen und Zuwanderern aus den baltischen Staaten.
- Rund 70 Prozent der Greencard-Fachkräfte entschieden sich für eine Arbeit in Bayern, Hessen und Baden-Württemberg.
- Zurzeit sinkt die Nachfrage nach ausländischen IT-Spezialisten wieder, während die Zahl der entlassenen Greencard-Inhaber steigt.

Der deutsche Zuwanderungsrat begründete im Herbst 2004 die *Notwendigkeit der Zuwanderung* u. a. damit, dass etwa 25 000 Fachkräfte im Gesundheits- und Pflegebereich fehlen. Das war nur die halbe Wahrheit:

> Der Mangel an Pflegepersonal liegt nicht daran, dass es keine Pflegekräfte gibt, sondern daran, dass sie möglichst wenig kosten dürfen. Und auch in Krankenhäusern und Altenheimen wird das Personal aus Einsparungsgründen immer weiter reduziert, um die Personalkosten zu senken. Qualifizierte Fachkräfte werden arbeitslos oder müssen um ihre Existenz bangen. Das Problem mit zugewanderten Billigkräften lösen zu wollen, verschärft nur die Konkurrenzsituation und schürt die Ausländerfeindlichkeit.

Werden auch in Zukunft mehr Arbeits- als Fachkräfte ins Land kommen? So sollen allein 20 000 so genannte „Engpassarbeitskräfte" pro Jahr ins Land geholt werden (Bogai 2001, S. 9). Vieles deutet darauf hin, dass Zuwanderer in Zukunft Arbeitsplätze im Niedrig- *und* im Hochlohnsektor besetzen, weshalb ein deutliches Sinken der Arbeitslosenzahl wenig wahrscheinlich ist.

- Einerseits will man *junge, gut ausgebildete Fachkräfte* gewinnen mit der Begründung: Ältere Arbeitslose in Deutschland gelten als räumlich und beruflich weniger mobil und haben eine *veraltete* Ausbildung hinter sich, weshalb sie als nicht mehr vermittelbar gelten. Das Problem Fachkräftemangel bei hoher Arbeitslosigkeit bleibt also weiter bestehen.
- Andererseits sind viele *Jobs im Niedriglohnsektor* für deutsche Arbeitslose unattraktiv. Deshalb werden und sollen Engpassarbeitskräfte insbesondere aus Osteuropa die Engpässe am deutschen Arbeitsmarkt überbrücken helfen. Den von Gewerkschaftsseite befürchteten Zielkonflikt Arbeitslosigkeit versus Zuwanderung wird es also kaum geben.

> Bei einer zunächst stark alternden und anschließend stark schrumpfenden Bevölkerung würde – ohne Zuwanderung – die Zahl der Geburten in Deutschland pro Generation um rund ein Drittel abnehmen und zu einer Umkehrung der Alterspyramide führen. Die Problemlösung von Politik und Wirtschaft kann also nur lauten: Zuwanderung.

Wie allerdings aus einem Bericht der Ausländerbeauftragten der Bundesregierung vom 10. März 2002 hervorgeht, leben in Deutschland viel mehr
Ausländer als die offiziell im Zentralregister erfassten 7,3 Millionen – und
zwar *illegal.* Tendenz steigend. Die Schätzungen schwanken *zwischen
500 000 und 1,5 Millionen:* Ein Großteil der *Illegalen* sind Hilfen in Haushalten. Realistischerweise kann man von 1 Million als Mittelwert der Schätzungen ausgehen, d. h. in einer Größenordnung der Bevölkerungszahl von
Großstädten wie Köln oder München. Die Illegalen leben im Untergrund –
ohne schulische, medizinische und soziale Versorgung. *Arbeitsmarkterfor-
dernisse und humanitäre Verpflichtungen* drohen voneinander abgekoppelt
zu werden.

Durch Zuwanderung lassen sich Arbeitsmarktprobleme lösen, der Bevöl-
kerungsschwund aber lässt sich dadurch nicht aufhalten. Die Zuwanderung
kann kein Instrument zum demografischen Gegensteuern sein:

- Wer nur die *Bevölkerungszahl* in Deutschland bis zum Jahr 2050 einiger-
  maßen konstant halten wollte, müsste bis dahin 17,8 Millionen Menschen
  zuwandern lassen. Damit wäre die Einwohnerzahl vorübergehend stabilisiert.

- Wer dagegen die Überalterung in Deutschland verhindern oder gar die
  traditionelle *Bevölkerungspyramide* wieder herstellen wollte, müsste die
  jährliche Nettozuwanderung um das 56-fache des Durchschnitts der letzten fünf Jahre im richtigen Verhältnis von Alter und Gesellschaft erhöhen,
  also netto mindestens 3,4 Millionen Zuwanderer im Jahr aufnehmen. Das
  ist illusorisch und irreal.

Daraus folgt: „Rein demografisch schadet Zuwanderung so wenig, wie sie
nützt" (Leicht 2002, S. 4).

> Nach allen vorliegenden Modellrechnungen zur Bevölkerungsentwicklung
> wird die Bevölkerung in den nächsten Jahrzehnten deutlich zurückgehen und
> zwar von derzeit 82 Millionen auf eine Bevölkerungsgröße im Jahr 2050 zwi-
> schen 65 und 73 Millionen.

Das Statistische Bundesamt erwartet in seiner 9. Koordinierten Bevölke-
rungsvorausberechnung gar einen Rückgang der Bevölkerung in Deutschland um 23 Millionen auf nur noch 59 Millionen (−28%) im Jahr 2050. Das
Durchschnittsalter wird dann nicht mehr bei unter 40, sondern bei annähernd 50 Jahren liegen. Bei den älteren Jahrgängen werden die deutschen
Bundesbürger überrepräsentiert, bei den jüngeren Jahrgängen dagegen
unterrepräsentiert sein. Auch massive Einwanderungen werden den prognostizierten Bevölkerungsrückgang und die Überalterung der Gesellschaft
nicht aufhalten können.

Der Bevölkerungswissenschaftler und Sachverständige zum Zuwanderungsgesetz Herwig Birg kommt allerdings in seinen Expertisen zu dem Ergebnis, dass sich selbst die Hoffnung, verstärkte Einwanderung werde angesichts des Bevölkerungsrückgangs wenigstens die Wirtschafts- und Arbeitsmarktproblematik lösen, als trügerisch erweisen könnte (vgl. Birg 2002):

- Ein Betrieb kann in einer wirtschaftlichen Krise zunächst eingestellte Einwanderer jederzeit wieder entlassen – doch für die Gesellschaft beginnen die Probleme erst dann. Zuwanderer *kosten* den Staat mehr, als sie den Sozialsystemen an Einnahmen bringen.

- Das *Bildungsverhalten* von Zugewanderten ist radikal anders: Selbst von den hier geborenen Zuwandererkindern verlassen 40 Prozent die Schule nur mit Hauptschul- oder ganz ohne Abschluss. Die sozialen Folgen und Folgekosten sind immens hoch. Der Glaube, Zuwanderung garantiert wirtschaftlichen Erfolg, ist mehr als fragwürdig.

- Und schließlich müssen wir uns von einer weiteren Illusion verabschieden: Die Annahme, in eine deutsche Mehrheitsgesellschaft müsse sich eine Minderheit von Zuwanderern integrieren, stellt sich in Zukunft eher umgekehrt dar.

Schon ab 2010 kippt in den Großstädten bei den unter 40-Jährigen das Mehrheitsverhältnis Deutscher zu Zuwanderern. Die Frage lautet dann eher: Wie integriere ich mich als Einheimischer in eine Mehrheitsgesellschaft aus Zuwanderern?

Auswirkungen auf Sozialstrukturen und Sozialsysteme

Nach dem Muster Dänemark und Niederlande sollte insbesondere der Zuzug von ausländischen Ehepartnern durch *Sprachtests und Mindestalter* strenger geregelt und nur erlaubt werden, wenn diese Zuwanderer mindestens 21 Jahre alt sind und die deutsche Sprache beherrschen. Damit kann auch verhindert werden, dass junge Frauen oder gar junge Mädchen nach Deutschland kommen, die *Opfer von Zwangsehen* sind.

Ein Kernpunkt des Zuwanderungsgesetzes lautet: Einwanderung von Arbeitskräften soll nur dann erlaubt werden, wenn „keine negativen Auswirkungen auf dem deutschen Arbeitsmarkt" zu befürchten sind – von den Auswirkungen auf Sozialstrukturen und Sozialsysteme ist indes nicht die Rede. Die Zahlen sprechen für sich: Bis zum Jahre 2035 hat Deutschland einen *Sterbeüberschuss* von 16 Millionen Menschen – Indien dagegen jedes Jahr einen *Geburtenüberschuss* von 16 Millionen. Ende des 21. Jahrhunderts stehen dann ein paar Millionen Deutschen 1,8 Milliarden Inder gegenüber.

Im Unterschied zu den sechziger bis neunziger Jahren, in denen rund neunzig Prozent der Zuwanderer aus Europa und Amerika kamen, werden in Zukunft Zuwanderer aus Asien, Lateinamerika und Afrika hohe Zuwachsraten haben und damit das soziale und kulturelle Leben in Deutschland und Europa verändern. Zuwanderung wird „keineswegs das nebenwirkungsfreie Allheilmittel" (Miegel 2002, S. 51) sein. *Außereuropäische Zuwanderer aus fernen Kulturen* werden nach Miegel *nur bedingt integrationsfähig* sein, auch wenn das Gesetz Integrationskurse vorsieht, in denen die deutsche Sprache, Geschichte und Kultur vermittelt wird.

Die Bevölkerungswissenschaft erwartet für die Zukunft ein starkes Wachstum des multi-ethnischen Segments der Sozialstruktur mit entsprechenden sozialen und rechtlichen Folgen. Weil die meisten Arbeitsmigranten überwiegend für einfache Tätigkeiten benötigt und eingesetzt werden, *wird die deutsche Sozialstruktur durch ethnische Minderheiten „unterschichtet"*, so dass sich „Problemgruppen mit überdurchschnittlicher krimineller Belastung" herausbilden. Da sich das multi-ethnische Segment der Sozialstruktur „in den nächsten zwei bis drei Jahrzehnten verdoppeln" wird (Geißler 2001, S. 119 f.), sind erhebliche Integrationsprobleme zu befürchten, wenn die Umsetzung der politischen *Strategie der besten Köpfe* (Computerspezialisten, Facharbeitskräfte u. a.) misslingt. Das deutsche Institut für Wirtschaftsforschung (DIW) rechnet ganz realistisch bis 2010 mit 660 000 ausländischen Jugendlichen ohne Abschluss. Diese werden mit hoher Wahrscheinlichkeit von Arbeitslosigkeit betroffen und *auf Sozialhilfe angewiesen* sein.

Nach Informationen des Deutschen Instituts für Wirtschaftsforschung in Zusammenarbeit mit Infratest Sozialforschung (März 2005) *lebt fast jeder vierte Zuwanderer in Armut*, in der zweiten Zuwanderergeneration (jünger als 35 Jahre) sogar jeder Dritte. Problematisch ist nicht nur die schlechte wirtschaftliche Lage der in Deutschland lebenden Migranten. Alarmierender ist die Tatsache, dass Armut für viele Zuwanderer ein *Dauerzustand* geworden ist, weshalb die Armutsquote bei ihnen auch mehr als doppelt so hoch ist (26,7%) wie bei den Einheimischen (12,4%).

Nach Angaben des Essener Zentrums für Türkeistudien (ZfT) leben rund 30 Prozent der türkischen Staatsbürger in Deutschland unter der Armutsgrenze und weitere 35 Prozent liegen nur knapp darüber. Der Strukturwandel mit dem Wegfall alter Industriezweige (z. B. Kohle- und Stahlindustrie) lässt zwei Drittel der türkischen Staatsbürger in Armut oder nah an der Grenze zu Armut leben.

Aufgrund ihres geringen Ausbildungsstandes haben sie kaum Chancen, in anderen Wirtschaftszweigen Fuß zu fassen. Wenn die türkischen Migranten in Rente gehen, verschärft sich ihre wirtschaftliche Situation noch weiter. Und obwohl das Bildungsniveau der Kinder der ersten Einwanderergeneration höher als das ihrer Eltern ist, *besuchen nur fünf Prozent der türkischen Schüler das Gymnasium.*

Mehr als jeder zweite Bewohner (55%) im Hamburger Stadtteil Veddel ist ein Ausländer und in den Berliner Bezirken Kreuzberg und Wedding ist es jeder Dritte. Kreuzbergs sozialer Brennpunkt ist das Viertel rund um das Cottbusser Tor: 55 Prozent der hier lebenden Menschen haben „offiziell" keinen deutschen Pass. Inoffizielle Schätzungen gehen von etwa 80 Prozent aus: Das einzige, was hier blüht, ist die Armut (Lachmann 2005).

Das Deutsche Institut für Urbanistik (difu) befürchtet die Entstehung einer urban underclass, einer städtischen Unterschicht als steter Quelle von gesellschaftlichen Konflikten (Mäding 2001, S. 6). Für die Zukunft ist zu befürchten, dass sich Parallelwelten der Ausländer nach eigenen Regeln bilden bzw. Inseln außerhalb des gesellschaftlichen Grundkonsenses. Damit wären Ausländer gemeint, die schon im Land leben, aber mit den geltenden Regeln von Recht und Ordnung wenig zu tun oder gar nichts zu tun haben wollen.

Die Angst vor fremden Welten im eigenen Land wird zunehmen, also die Befürchtung, dass Zuwanderer auf der Rückseite der Republik *auf ethnischen Inseln leben,* „ohne jemals in diesem Land angekommen zu sein" (Bölsche 2002, S. 44). Das kann ein soziales Problem für das Zusammenleben der Menschen in Deutschland werden. Und der Eindruck entsteht: „Jetzt sitzen wir da mit einer sehr heterogenen, de facto multikulturellen Gesellschaft und werden damit nicht fertig" (Helmut Schmidt 2002).

Die Einwanderungspolitik in den Niederlanden weist beispielsweise nach, dass es mit *afrikanischen, südamerikanischen und asiatischen Einwanderern keine Probleme* gibt: „Die gehen zur Schule, heiraten Niederländer und haben Jobs" (Bakas 2004, S. 6). Schwierigkeiten hingegen bereiten islamische Immigranten aus Marokko und der Türkei, die sich im Einwanderungsland nicht heimisch fühlen.

Von den über sieben Millionen Ausländern, die in Deutschland leben, kommt nur jeder Vierte (25%) aus der Europäischen Union, dagegen kommen 29 Prozent aus der Türkei. Die Ausländer sind erheblich jünger als die deutsche Bevölkerung. Jeder vierte Ausländer ist keine 18 Jahre alt. Unter den Schulabgängern ausländischer Herkunft verlässt *jeder Sechste* (17%) die Schule *ohne Hauptschulabschluss.* Und auch unter den Hauptschulabsolventen sind die ausländischen Zuwanderer mehr als doppelt so hoch vertreten (37%) wie in der übrigen deutschen Bevölkerung (17%).

Die schlechteren Schulabschlüsse im Vergleich zu deutschen Jugendlichen

haben eine geringere Ausbildungsbeteiligung zur Folge: Nur 38 Prozent können eine berufliche Ausbildung vorweisen. Der Anteil der deutschen Jugendlichen mit qualifizierter Berufsausbildung liegt deutlich darüber (68%).

So setzt sich der Teufelskreis fort: Kein Schulabschluss – keine Berufsausbildung – kein Arbeitsplatz. Die Arbeitslosigkeit der Ausländer steigt überdurchschnittlich an und hat sich allein in den neunziger Jahren (1990: 203 000 –
1998: 505 158) mehr als verdoppelt. Jeder fünfte Ausländer (20%) ist arbeitslos (BR/Bundesregierung 2005, S. 205).

Die kritischen Stimmen mehren sich in Deutschland, die zur Vorsicht bei
der Anwerbung von Zuwanderern aus fremden Kulturen mahnen. Altbun-
deskanzler Helmut Schmidt löste am 24. November 2004 eine heftige öffentliche kontroverse Diskussion aus, als er lakonisch feststellte: „Mit einer demokratischen Gesellschaft ist das Konzept von Multikulti schwer vereinbar."
Otto Schily brachte es so auf den Punkt: „Ich warne vor Multikulti-Seligkeit"
(18. November 2004). Spätestens nach dem Mord an dem niederländischen
Filmemacher Theo van Gogh hat der Traum von der multikulturellen Gesellschaft einen ernüchternden Realismusschub erfahren. Die Vision fried-
lich und problemlos miteinander lebender Mehr- und Minderheiten nach
dem Werbeslogan von „United Colors of Benetton" hat sich als Trugbild er-
wiesen. Deshalb wird auch in Zukunft die *Konsensgesellschaft eine Vision*
bleiben. Und die Integrationsfrage gleicht eher einem instabilen Fahrrad, das
ständig in Bewegung gehalten werden muss – sonst kippt es um.

Die vergleichsweise schlechteren Bildungsabschlüsse von Kindern ausländischer Herkunft führen nachweislich und häufig zu mehr

- Arbeitslosigkeit,
- Sozialhilferisiko und
- Einkommensarmut.

Die Quote der Sozialhilfeempfänger hat sich unter den Ausländern seit
1980 mehr als versiebenfacht. Unter den Sozialhilfeempfängern ist jeder
Vierte ein Ausländer (BR 2005, S. 210).

Die Bundesregierung geht ganz selbstverständlich davon aus, „dass der
größte Teil der ausländischen Arbeitnehmer und ihre Familien auf Dauer in
Deutschland bleiben wird" (BR 2005, S. 287). Erwachsene Ausländer erwerben nach acht Jahren einen Einbürgerungsanspruch.

Das 21. Jahrhundert muss ein Jahrhundert der Integration werden, weil sonst
die Abkapselung der Zugewanderten getrennte Welten schafft, die nicht nur
für den Erhalt von materiellem Wohlstand, sondern auch für die Entstehung
von sozialem Notstand sorgen und Kriminalität importieren.

Das Einwanderungsland Deutschland kann, wenn die Integrationshilfen nicht wirken, zu einer neuen Heimat werden z. B. „für Extremisten, die von deutschem Boden aus die Regierung ihres Heimatlandes stürzen wollen oder für Ausländer, die einfach nur in einer Türkei leben wollen – mitten in Deutschland" (Bölsche 2002, S. 45). Etwa jeder fünfte ausländische Schulabgänger (19,5%) hat keinen Schulabschluss. Diese Jugendlichen bilden den Kern einer *Subgesellschaft von Ausgegrenzten.*

Der Ausländeranteil an der Bevölkerung in Deutschland beträgt 8,9 Prozent, der *Ausländeranteil in deutschen Gefängnissen* ist hingegen zwei- bis fünfmal so hoch (Brandenburg: 17,4% – Hessen: 45%). Es befinden sich etwa 20 000 Ausländer in deutschen Justizvollzugsanstalten (JVA). Jeder ausländische Gefangene kostet den deutschen Steuerzahler jährlich etwa 30 000 Euro, so dass sich die jährlichen Ausgaben hierfür bundesweit auf etwa 600 Millionen Euro belaufen (Kummer 2002). Soweit die nüchterne Statistik.

Gelungene Integration kann aber auch ganz anders aussehen. Zum Beispiel Remscheid: Diese Großstadt hat 120 000 Einwohner. Hier leben 114 Nationen. Und dennoch hat Remscheid die niedrigste Kriminalitätsziffer in Nordrhein-Westfalen und gilt als eine der sichersten Großstädte in Deutschland.

Diesem Positivbeispiel stehen andererseits Negativerfahrungen in Frankreich gegenüber. In Gebieten mit hohem Ausländer- bzw. Einwandereranteil finden *massive Wählerwanderungen zu Gunsten extremer rechter politischer Gruppierungen* statt. Große urbane Ballungszentren weisen hohe Kriminalitätsraten auf und bereiten den *Boden für urbane Krisen* vor (z. B. in Marseille, Lyon, Paris). Ein zu hoher Ausländeranteil fördert bei den Einheimischen *Fremdenfeindlichkeit:* Solche Regionen werden zu Stammgebieten für eine Wählerschaft der extremen Rechten. So ist auch der Rechtsruck in Frankreich, Italien, Dänemark und den Niederlanden zu erklären. Hier ist der *Wunsch nach einer geschlossenen Gesellschaft* (vgl. Wiegel 2002), die den Bürger vor Internationalisierung und Globalisierung schützt, besonders stark ausgeprägt. Diese Entwicklung wäre nur vermeidbar, wenn bei den Einwanderern auf ein überdurchschnittlich hohes Bildungs- und Einkommensniveau geachtet würde. Dann würde auch der extremen Rechten der Boden entzogen.

Minderheit unter Minderheiten

Die aktuelle Diskussion um die Zuwanderung wird die Einstellung der Bevölkerung nachhaltig verändern. Noch im November 2000 ergab eine Repräsentativumfrage des Mannheimer Instituts für praxisorientierte Sozialforschung (ipos), dass sich eine deutliche Mehrheit der Bevölkerung (60%) dagegen ausspricht, den in den nächsten Jahren erwarteten Rückgang der deutschen Bevölkerung „durch vermehrte Zuwanderung" auszugleichen (Bürklin/Jung 2001, S. 688). Diese *Abwehrhaltung der Bevölkerung* kann in den nächsten Jahren deutlich geringer werden, könnte aber genauso gut auch zunehmen, wenn die parteipolitische Debatte in Deutschland und den übrigen westeuropäischen Ländern weiterhin so kontrovers geführt wird und die Polarisierung fördert.

Zuwanderung ist ein emotional besetztes Thema. Die Einstellung der Bevölkerung zu diesem Thema wird wesentlich vom Gefühl her bestimmt. Entsprechend uneinheitlich verläuft die öffentliche Diskussion, zumal nicht klar ist, ob nun Zuwanderung durch die Politik ermöglicht oder gestaltet oder gesteuert oder begrenzt werden soll.

Genauso widersprüchlich ist das Meinungsbild der Bevölkerung, das zwischen „Begrenzung" (56%) und „Integration" (40%) schwankt. Drei Viertel der Bevölkerung (76%) glauben, dass Zuwanderer die Arbeitsmarktprobleme im eigenen Land noch verschärfen werden (EMNID 2002), weil Zuwanderung das Arbeitskräftepotenzial erhöht. Die Zuwanderungskommission ist sich dieser Problematik durchaus bewusst: Zuwanderung kann „*Interessenkonflikte zwischen Unternehmen und einheimischen Arbeitnehmern* auslösen" (UK 2001, S. 73), weil die einheimischen Arbeitnehmer einen erhöhten Wettbewerb befürchten. Insbesondere bei den einheimischen niedrig qualifizierten Arbeitskräften kann zusätzliche Arbeitslosigkeit oder Druck auf die Löhne entstehen.

Außerhalb der Saisonbeschäftigung (= Ausnahme) darf eine gezielte Anwerbung niedrig qualifizierter Arbeitskräfte nicht in Betracht kommen, wenn soziale Konflikte verhindert werden sollen. Zuwanderung sollte sich möglichst nur auf die qualifizierten Arbeitskräfte (= „besten Köpfe") beziehen.

Eine solche *qualifizierte Zuwanderung* könnte dann sogar die Nachfrage nach gering qualifizierter Arbeit erhöhen und damit zur Senkung der Arbeitslosigkeit beitragen. Dieser Kompensationseffekt würde zusätzliche Beschäftigungen für einheimische Arbeitskräfte schaffen. Nachweislich konnten z. B. durch die Greencard-Regelung die Fachkräftemängel beseitigt und gleichzeitig zwei bis drei weitere Arbeitsplätze für inländische Arbeitnehmer geschaffen werden (Wimmex AG 2001).

In Deutschland wird es schon bald ein *Ministerium für Integration* geben oder geben müssen. Andernfalls droht eine Prognose des dänischen Einwanderungsministeriums Wirklichkeit zu werden: „Wenn alles so weiterläuft, wird sich die Zahl der Ausländer, die von Sozialhilfe leben, in den nächsten zwanzig Jahren verdreifachen" (Haarder 2002). Nur wenn den Einwanderern auch Pflichten abgefordert werden (z. B. Sprachkurse/-tests, Weiterbildung) bestehen berechtigte Chancen, das Integrationsproblem zu lösen.

Die Wirklichkeit in Deutschland spricht noch eine andere Sprache. Der Sozialwissenschaftler Bassam Tibi kritisiert: „Integration ist in Deutschland eine *Lebenslüge*" (Tibi 2002, S. 12). Er wendet sich vehement gegen die *Integrationsheuchelei*, wenn nicht gleichzeitig das „Feindbild Islam" auf der einen und das „Feindbild Westen" auf der anderen Seite abgebaut und die Entstehung von Parallelgesellschaften verhindert wird. Solange es kein politisch klares und umsetzbares Integrationskonzept gibt, wird die Illusion genährt, dass allein schon ein Zuwanderungsgesetz sowie Sprachkurse die Integration garantieren.

Im ungünstigen Falle drohen Konflikte nicht nur zwischen Deutschen und Zuwanderern, sondern auch innerethnische Konflikte zwischen Türken und Kurden, Berbern und Arabern oder zwischen verschiedenen Religionen. Die Folge könnte eine Balkanisierung des Gemeinwesens sein, also die Ausbreitung multiethnischer Wohngebiete ohne eine gemeinsame Identität.

Oder kommen italienische Verhältnisse auf uns zu? Angesichts des hohen Anteils muslimischer Schüler verzichten immer mehr Schulen darauf, z. B. in der Advents- und Weihnachtszeit Krippen mit dem Jesuskind aufzustellen. Und statt der biblischen Weihnachtsgeschichte wird das Märchen von Rotkäppchen vorgelesen. Bei dem Weihnachtslied „Buon Natale in allegria" (Fröhliche Weihnacht) wird das Wort „Gesù" (Jesus) durch „Virtù" (Tugend) ersetzt. Wird die Mehrheitsgesellschaft traditions- und wertlos, weil sie keine klar definierte „Norm" mehr kennt und anerkennt?

Wenn selbst Bundespräsident Köhler im eigenen Land „*Symptome von Parallelgesellschaften*" (Köhler 2005) zu erkennen glaubt, dann spricht das nicht gegen Zu- und Einwanderung überhaupt, auch nicht gegen Immigranten aus fremden Kulturen, sondern betrifft nur die, *die nicht auf der Basis der Grundwerte des Aufnahmelandes leben* oder sie gar missachten. Wer also Grundregeln der Demokratie wie z. B. die Gleichberechtigung der Frau nicht akzeptiert und Toleranz als Einbahnstraße betrachtet, der hat und bekommt in Deutschland zu Recht ein *Integrationsproblem*.

Sollte die Integration jedoch misslingen, dann entwickelt sich Deutschland zu einem *Multiminoritätenland*. In einem Multiminoritätenland halten die einheimischen und zugewanderten Bevölkerungsgruppen an ihren unterschiedlichen kulturellen Interessen fest und versuchen, sich kulturell voneinander abzugrenzen. Es gibt keine gemeinsamen Ziele und keine

gegenseitige Solidarität. Die Multiminoritätengesellschaft stellt dann eine
bloß additiv zusammengesetzte Menge einer Vielzahl von Individuen und
Bevölkerungsgruppen dar (vgl. Birg 2001, S. 35). Die politische Wunschvorstellung, dass sich alle wie ein Stück Zucker im Tee auflösen, erfüllt sich
nicht. Jeder Bürger gehört dann einer *Minderheit unter anderen Minderheiten* an.

In Deutschland werden die Probleme der Integration bisher zu vorschnell auf
Sprachkurse reduziert. In Frankreich sprechen viele Einwanderer besser Fran-
zösisch als Arabisch und dennoch gibt es Konflikte und gewalttätige Auseinandersetzungen. Eine Integrationspolitik muss einfach scheitern, wenn
keine gemeinsame Werteorientierung vorhanden ist.

Mit anderen Worten: Das Hauptproblem misslungener Integration ist
nicht die Sprache, sondern die „Multikulti-Wertebeliebigkeit, bei der jeder
machen kann, was er will" (Tibi 2002, S. 8). Multi ist lediglich als Ausdruck
einer Addition zu verstehen, in der Verschiedenes nebeneinander existiert
(vgl. z. B. Multivitamin, Multimillionär, Multimedia u. a.). Multikulti bedeutet ein Leben nebeneinander, also eine Aneinanderreihung von Parallelgesellschaften, die ihre Unterschiede betonen. Ein *Leben miteinander* ist nur
durch *wertebezogene Gemeinsamkeiten* möglich (Tibi 2002, S. 184), setzt also
einen Minimalkonsens über Werte voraus. Sonst sind Wertekonflikte vor-
programmiert.

Deutlicher als bisher muss zwischen einer ökonomischen und einer sozialen Betrachtungsweise der Zuwanderung unterschieden werden. Zu einem
umfassenden Integrationskonzept gehört auch die soziale Dimension, d. h. es
müssen konkrete Antworten auf die Frage gegeben werden, wie das Zusammenleben von Menschen verschiedener Herkunft und ihre gesellschaftliche Teilhabe im Sinne von Partizipation und Nichtausgrenzung gelingen
kann. Die Enquête-Kommission des Deutschen Bundestags (Drucksache
14/8800, Berlin 2002, S. 108) stellt sich im Idealfall unter einer gelungenen Integration eine Anpassung bzw. „Assimilation der Zugewanderten an die in der
Aufnahmegesellschaft bestehenden Normen, Werte und Handlungsmuster"
vor. Dieses *Integrationsziel Assimilation* erweist sich jedoch als nicht realistisch.

Die Politik sollte sich in Zukunft mehr auf eine *interaktionistische Integration* konzentrieren, bei der in einer pluralistischen Gesellschaft *eine Vielzahl
von Lebensstilen nebeneinander existieren.* Integration kann in diesem Zusammenhang nur als ein permanenter Prozess der „Verständigung über die
gemeinsamen Grundlagen und Regeln des Zusammenlebens in einem Gemeinwesen" (Beck 2000, S. 8) verstanden werden. An diesem Prozess sind
Einheimische genauso beteiligt wie Zugewanderte.

Die ehemalige Präsidentin des Bundesverfassungsgerichts Jutta Limbach kritisiert zu Recht den Etikettenschwindel in der gesellschaftspolitischen Diskussion (z. B. statt von „deutscher Kultur" eher von „Kultur aus Deutschland" zu sprechen). Limbach plädiert dafür, „ruhig von ‚deutscher Kultur' zu sprechen und an unser kulturelles Erbe anzuknüpfen", wozu auch der Holocaust gehört (Limbach 2002, S. 52). In jedem Fall ist es *unzureichend, deutsche Kultur nur auf das Grundgesetz zu reduzieren*. Auch Marcel Reich-Ranickis Versuch, einen Kanon der deutschen Literatur herauszugeben, ist – so sehr über einzelne Inhalte gestritten werden mag – ein Ausdruck dafür, was heute deutsche Kultur ausmacht oder ausmachen kann. Genau dieses Ziel wird damit auch erreicht: Diskutiert und gestritten wird wieder mehr über das *Was* und *Wie* und nicht über das *Ob* deutscher Kultur.

Vielleicht kann man sich ganz pragmatisch dem Kultur-Begriff bildhaft nähern: Überall auf der Welt funktionieren Banken wie Banken, Postämter wie Postämter und Flughäfen wie Flughäfen. Aber da ist dennoch ein Unterschied, der dem Beobachter das Ganze als fremdartig erscheinen lässt: Das ist das Spezifische einer Kultur. Dieses „Andere" macht zugleich das Besondere, den spezifischen Charakter einer Gesellschaft aus.

Örtliche Toleranz als urbaner Standortfaktor

Ein Großteil der künftigen *Integrationsprobleme* werden im Kern *Generationskonflikte* sein. Denn bei den Zu- und Einwanderern handelt es sich meist um „junge Männer, dynamisch, ehrgeizig, erlebnishungrig. Sie treffen auf eine einheimische Bevölkerung, die zum großen Teil aus alten Frauen besteht. Sie sind vorsichtig, ruhebedürftig, ängstlich" (Fukuyama 2002, S. 128). Bei der Frage, was uns in Zukunft zusammenhält, muss die Integrationspolitik auch Antworten darauf geben wie sie auf so unterschiedliche Bedürfnisse angemessen reagieren soll, ohne dass es zu einem *politischen Rechtsruck* im Stile von Haider, Le Pen und Pim Fortyn kommt.

In Zukunft werden Regionen, Städte und Kommunen immer weniger nur um Unternehmensansiedlungen wetteifern als vielmehr um junge qualifizierte und motivierte Nachwuchskräfte aus dem Ausland. Dazu müssen sie mehr bieten als „harte" Standortfaktoren wie z. B. hohe Einkommen und Karrieremöglichkeiten. Als neuer Standortfaktor kommt in Zukunft die örtliche Toleranz für ethnische Minderheiten hinzu.

Damit verbunden sind Fragen wie z. B.: Wie gehen wir mit Minderheiten um? Wie schützen wir ihr Recht auf Leben und körperliche Unversehrtheit (vgl. Limbach 2002, S. 52)? Aufgabe einer Integrationspolitik ist es, die Kriterien für Integration offen zu legen und zu konkretisieren. Wie sollen die gemeinsamen Regeln des Umgangs miteinander eigentlich aussehen? Der Verweis auf die Beachtung des Grundgesetzes und die Beherrschung der deutschen Sprache reicht dazu nicht aus. Eine Aufnahmegesellschaft, die sich *identifikative Integration* wünscht, muss ein klares Identifikationsangebot machen bzw. ein *klares Leitbild der Integration* bereitstellen, wenn Parallelgesellschaften verhindert werden sollen.

Ist die multikulturelle Stadt gescheitert oder wird sie zu einem Erfolgsmodell? Diese Frage bewegt die öffentliche Fachdiskussion, seitdem immer öfter Parallelgesellschaften kritisiert werden. Für Bukow und Yıldiz spiegeln sich in diesen Fragen kulturpessimistische Grundstimmungen wider: Die modernen Stadtgesellschaften würden unter *Entsolidarisierungs- und Desintegrationstendenzen* leiden, *Zerfallserscheinungen und Fragmentierungen* seien die Folge. Dieser Zerfallsthese stellen die beiden Sozialwissenschaftler die Integrationsthese gegenüber, also Integrationsleistungen als Chance zur Neugestaltung von Stadtgesellschaften, die zunehmend metropolitane Züge trügen. In dieser Sichtweise würde die Stadt zur attraktiven Erlebnismetropole, die Menschen anzieht: *Man geht in die Stadt, man zieht in die Stadt, man lebt in der Stadt* (Bukow 2002, S. 26). Die Stadt muss also nicht untergehen.

Migrantenviertel
Parallelgesellschaften in den Kommunen
„In den 60er Jahren, als die ersten Gastarbeiter kamen, haben die Politiker geglaubt: Die kommen her, mehren den Wohlstand und gehen dann wieder. Das war natürlich ein grandioser Irrtum.
Es hat sich mittlerweile eine Vielzahl von Migrantenvierteln in Deutschland gebildet, die von Armut, Arbeitslosigkeit und Kriminalität geprägt sind. Städte und Gemeinden wurden damit allein gelassen."
Deutscher Städte- und Gemeindebund (Landsberg 2004, S. 3)

Andererseits: Hat die *Stadt als Integrationsmaschine* wirklich eine Chance, wenn ein wachsender Teil der Bevölkerung ökonomisch, sozial und räumlich ausgegrenzt wird? Häußermann äußert sich in dieser Hinsicht äußerst skeptisch: „Einem städtischen Raum, in dem der *latente Bürgerkrieg* herrscht, ist die Stadtkultur verloren gegangen" (Häußermann 1998, S. 170). Dem steht die These des Soziologen Krämer-Badoni gegenüber: „Eine Soziologie, die nur nach Desintegration forscht, läuft Gefahr, dem *Topos der Zeitkritik* aufzusitzen, nach dem zu jeder Zeit immer alles schlechter ist als gerade noch zuvor." So gesehen scheint das Bild einer versagenden Integrationsmaschine Stadt bzw. einer zerfallenden Gesellschaft eine grobe Überzeichnung zu sein.

Integrationsprobleme ausländischer Migranten hat es eigentlich nur in der Zeitphase von 1960 bis 1975 nicht gegeben. Ansonsten bestand auch über Deutschland hinaus in allen *Aufnahmegesellschaften* die Gefahr, dass Minderheiten (auch ausländische Minderheiten) diskriminiert wurden, auch unabhängig davon, ob sie derselben Kultur angehörten (vgl. Sassen 1996, S. 153).

In Zukunft kann die soziale Integrationsfrage zu einer politischen Machtfrage in den Städten werden. Wenn es beispielsweise zur Gründung einer Deutschen Moslempartei kommt, dann müssten die traditionellen Parteien in den Kommunen um ihre Mehrheiten bangen. Denn in Großstädten wie Berlin oder Hamburg könnten moslemische Zuwanderer so stark werden, dass sie den Einzug in Gemeinderäte und Landesparlamente halten.

Der hohe Ausländeranteil wird in Zukunft die *traditionelle Parteienlandschaft* vor allem in den Kommunen *verändern*. Denn Parteien, die sich an den Interessen moslemischer Zuwanderer orientieren, stellen ein *wachsendes Wählerpotential* dar.

In den Großstädten Deutschlands werden in den nächsten zwanzig bis dreißig Jahren Moslems in Bürgermeisterbüros einziehen. Die Chancen für die Gründung von Islamparteien sind groß, die Chance für neue Anti-Islamparteien aber auch.

Würde Pim Fortuyn noch leben, wäre er heute niederländischer Ministerpräsident. Daraus folgt für die Zukunft: Die „Einheimischen" werden zunächst ihre Interessenwahrung bei etablierten, insbesondere konservativen Parteien suchen. Gelingt dies nicht, entsteht ein neuer *Markt für Ein-Thema-Protestparteien*. Die prognostizierte Zukunft hat längst begonnen: Eine „Moslem Demokratische Partij" will bereits 2006 in die niederländischen Kommunalparlamente einziehen. Eine religionspolitische Spaltung der Gesellschaft droht.

Mit einer Islampartei werden sich vermutlich die meisten islamischen Wähler identifizieren. Wer – wie z. B. Hamburg – ein Leitbild „Wachsende Stadt" propagiert, sollte realistischerweise von dem historischen Erfahrungswert ausgehen: *Stadtwachstum kommt durch Zuwanderung und nur durch Zuwanderung zustande* (vgl. Häußermann/Oswald 1997). Solche massierten Zuwanderungen verlaufen in der Regel nicht konfliktfrei. Selbst in dem Einwanderungsland USA hat es eine Reihe von Unruhen und rassistischen Auseinandersetzungen sowie Armuts- und Hungeraufstände von Zuwanderern gegeben. Denn gerade die Slums wurden vorwiegend von Zuwanderern bewohnt (vgl. Jackson 1995, S. 1006 f.). Andererseits war und ist die Stadt für viele Zuwanderer auch eine Chance für den sozialen Aufstieg.

In Zukunft kann der Eindruck eines urbanen Orientalismus entstehen: Straßen in London oder Berlin bekommen dann ein orientalisches Flair. Aber gerade diese Vielfalt ist ein Merkmal urbaner Gesellschaften im 21. Jahrhundert.

In den Städten mit mehr als 100 000 Einwohnern leben etwa achtzig Prozent aller Migranten. Jeder dritte bis vierte Großstädter ist heute ein Ausländer – z. B. 23 Prozent in München, 24 Prozent in Stuttgart und 31 Prozent in Frankfurt a. M. Allerdings konzentrieren sich die Migranten in bestimmten, meist benachteiligten Stadtteilen (vgl. Waltz 2002, S. 149), so dass dort die Ausländeranteile bei 50 Prozent liegen. Diese Stadtteile weisen oft eine schlechte Bau- und Wohnsubstanz auf.

Trotz der ökonomischen Benachteiligungen können diese Stadtviertel ein Gewinn für das urbane Leben sein. Denn über Familienverbände, Herkunftsnachbarschaften, Vereine, Kirchen und Moscheen sorgen die Zuwanderer für ein relativ *intaktes soziales Netz*, wozu auch die soziale Kontrolle gehört.

Wege zu einer gelungenen Integration im Wohnquartier

„Wenn Sie das Wort ‚Islam' hören – woran denken Sie?" 93 Prozent der Deutschen assoziieren *„Unterdrückung der Frau"* und nur 6 Prozent denken dabei an „Toleranz". Den Islam empfinden viele Bürger in Deutschland als fremd und bedrohlich, mehr rückwärtsgewandt als weltoffen (Noelle 2004, S. 5). Das Islam-Bild der Deutschen ist eindeutig negativ geprägt. Es mangelt bisher noch an *Best-practice-Beispielen*, die positive Signale senden wie z. B. in Frankreich: Als islamische Terroristen im Irak zwei französische Journalisten als Geiseln nahmen, gingen Tausende von Muslimen auf die Straße und solidarisierten sich mit den Franzosen. Da spürte die Bevölkerung, dass die Muslime es ernst meinten mit der *Betonung der Gemeinsamkeit*. Wenn es in Deutschland ähnliche Demonstrationen islamischer Verbände gegen Gewalt gäbe, würde sich auch das Negativ-Image verändern und verbessern.

Welche Werte sind in Zukunft für den gesellschaftlichen Zusammenhalt unverzichtbar? Und wie sieht eine *Kultur des Miteinanders* aus? Die Politik flüchtet sich bei der Beantwortung dieser Fragen zu den allgemeinen Grundrechten, zu den Grundwerten der Verfassung bzw. dem „Bekenntnis zur freiheitlich demokratischen Grundordnung". Damit sind verfassungsrechtlich geschützte Werte wie z. B. Gleichberechtigung der Geschlechter oder die Gewissens- und Religionsfreiheit gemeint. Dazu gehört die Bereitschaft zum Zusammenleben genauso wie die Toleranz. Nur – was heißt hier Toleranz?

Wo fängt sie an, wo hört sie auf? Reicht es für ein gelungenes Zusammenleben aus, andere lediglich zu tolerieren?

Toleranz ist eine Kompetenz, die der südkoreanische Soziologe Song-U Chon so definiert: „Die anderen in ihrem jeweiligen Anderssein *aktiv anerkennen*", so dass man dadurch auch gegenüber den eigenen Idealen und Normen misstrauisch werden kann (Song-U Chon 2000, S. 66). Toleranz in diesem aktivierenden Sinne ist dann mehr als eine bloße moralische Tugend. Zuwanderer müssen diese *Toleranz-Kompetenz* genauso erlernen und anwenden wie Einheimische und sich mit der deutschen Kultur identifizieren.

Dazu ein konkretes Beispiel: Mehrere tausend Menschen strömten im Frühjahr 2002 auf der Plaza Mayor in Palma de Mallorca zusammen und demonstrierten für die Integration. Sie forderten weitreichende Maßnahmen zur Verbreitung der katalanischen Sprache auf den Balearen. Erwartet wurde von den Zuwanderern, Residenten und Neubürgern eine *Anpassung an die Realität des Landes*, das sie aufnimmt. „Sich integrieren" hieß im Verständnis der Demonstranten: Catalán *schätzen, beherrschen und anwenden*. Das war für sie angewandte Integration – und nicht nur deutsch reden, deutsch kochen und deutsche TV-Programme schauen.

Bisher ist z. B. die Wertevermittlung von Migranten kaum erforscht. Weil in einer pluralistischen Gesellschaft multiple Lebensstile und Kulturen *neben- und miteinander* existieren und das klassische Assimilationsmodell nicht mehr praktikabel ist, bleiben viele Fragen offen. Bezogen auf Jugendliche nicht-deutscher Herkunft ist z. B. zu fragen (vgl. Bozkurt 2001, S. 33):

■ Wie werden bisher welche Werte vermittelt?

■ Inwieweit werden die vermittelten Werte übernommen und auch gelebt?

Darauf gibt es bisher keine fundierten Antworten. Der zentrale Ort der Wertevermittlung kann doch nur der Bildungsbereich (Familienerziehung, Vorschul-/Schulpädagogik/Außerschulische Jugendbildung) sein.

Das Zusammenleben verschiedener Kulturen ist möglich, wenn sich alle an das Grundgesetz, die Menschenrechte und an gemeinsame Spielregeln halten und sich zu Toleranz und Religionsfreiheit bekennen. Der europäische Wertekanon wurzelt in der christlich-jüdischen Religion. Die größte kulturelle Leistung Europas war und ist die Aufklärung, zu der Werte wie

■ die *Achtung* jedes einzelnen Menschen,

■ die *Unantastbarkeit* von Leben und Würde,

■ die *Gleichheit* vor dem Gesetz unabhängig von Geschlecht, Religion und Überzeugung sowie

■ die *Freiheit* jedes Menschen, sein eigenes Glück zu suchen,

gehören: Es gibt also durchaus eine europäische Leitkultur deren Wertekanon „auch von Minderheiten akzeptiert werden" muss (Otte 2004, S. 13).

Und zu den unverzichtbaren *zivilisatorischen Standards* gehört, dass keine Bevölkerungsgruppe aus der Gesellschaft ausgeschlossen werden, aber auch keine sich selber ausschließen darf. Davon profitieren schließlich alle. Es gehört zur „Seele Europas" (Köhler 2004, S. 9), dass jeden von uns der Fremde und der Arme etwas angeht.

Eine Aufnahmegesellschaft muss konkrete Leitbilder bzw. Handlungsempfehlungen bieten im Sinne eines positiv oder auch negativ definierten Wertekanons („das gehört sich", „das ist verbindlich" oder „das darf nicht sein"). Diese Werte *müssen für alle gelten,* die in diesem Lande leben. Nur die Zuwanderer, die sich mit dem Wertesystem des Aufnahmelandes identifizieren, ohne deswegen ihre eigenen (z. B. islamischen) Werte zu verleugnen, können als *integrierte Zuwanderer* gelten. Wenn Integration im ursprünglichen Wortsinne „Eingliederung", „Ergänzung" und „Vereinigung" heißt, dann stehen am Ende eines gelungenen Integrationsprozesses nicht Neu-Europäer, die z. B. ihre islamische Herkunft verleugnen, sondern z. B. Hamburger mit türkischer Herkunft *oder* muslimische Deutsche *oder* asiatische Europäer.

Interkulturelle Kompetenz wird in Zukunft als Schlüsselqualifikation immer wichtiger (Simson 2002, S. 27). Und das heißt konkret für Zu- und Einwanderer:

- Sie müssen die kulturellen Besonderheiten des Aufnahmelandes *kennen und anerkennen.*
- Sie sollten die kulturelle Vielfalt für sich – beruflich und privat – *produktiv zu nutzen* wissen.
- Sie sollten die *richtige Balance* zwischen der Achtung vor der zunächst fremden Kultur und dem eigenen Selbstverständnis finden.
- Sie müssen in der Lage sein, sich selber *mit den Augen der Einheimischen* zu sehen.

Gelungene Integration im Sinne von angewandter interkultureller Kompetenz hat *mit unkritischer Anpassung nichts zu tun,* sondern geht mehr mit einer Wertschätzung des Aufnahmelandes – auch bei Partnern und Familien – einher.

Der Soziologe Ralf Dahrendorf empfiehlt das in London und New York bewährte *„Seperate but equal"-Prinzip*: Die separate private Lebensführung in einem gemeinsamen öffentlichen Raum mit gleichen Rechten für alle (Dahrendorf 2004). Ein solches Prinzip funktioniert, wenn eine *gemeinsame Sprache als Mindestforderung* erfüllt ist. Anders sieht es bei nordafrikanischen Gemeinschaften in Paris oder türkischen Volksgruppen in Berlin aus, die ihre Eigenständigkeit auch durch ihre eigene Sprache leben und pflegen.

Etwa die Hälfte der Einwohner in den drei großen niederländischen Städten Amsterdam, Rotterdam und Utrecht sind ausländischer Herkunft. In dem kleinen Nachbarland leben mittlerweile eine Million Muslime. Das muss nicht notgedrungen zu einer Polarisierung führen, wenn sich die *Zuwanderer zu dem Land bekennen, in dem sie wohnen.*

Gelungene Integration gleicht einer ausbalancierten Identität zwischen Herkunftskultur und Aufnahmekultur. Für das Gelingen dieses Integrationsprozesses sind aber beide verantwortlich – die Zuwanderer und die Einheimischen: Er setzt also Integrationswilligkeit der Zuwanderer genauso voraus wie Integrationsfähigkeit der Einheimischen.

Beide müssen sich aufeinander zu bewegen, was dazu führen kann, dass man dabei auch die eigene Kultur und den eigenen Lebensstil noch einmal kritisch überdenkt. Vielleicht müssen wir in Zukunft sogar ernsthafter über *Integrationskurse für Einheimische* (und nicht nur für Zuwanderer) nachdenken.

Im Herbst 2004 wurde Stuttgart als erste deutsche Stadt von der UN-Organisation für Bildung und Kultur mit dem Preis *Cities for Peace* ausgezeichnet. Damit wurden das Gesamtkonzept für Integration und die Verdienste um den *sozialen Frieden* gewürdigt. In Stuttgart leben und arbeiten Menschen aus 177 Nationen. Etwa jeder vierte Stuttgarter hat keinen deutschen Pass. Nach Frankfurt hat Stuttgart den höchsten Ausländeranteil in Deutschland. In einem 2001 gegründeten *Integrationsbündnis* sind Parteien, Gewerkschaften, Kirchen, Bildungs-, Migrations- und Wohlfahrtsorganisationen vertreten. Das Bündnis organisiert und koordiniert Integrationskurse sowie Sprachangebote vom Kindergarten bis zur Berufsschule für Zuwanderer und Aussiedler genauso wie für Gastarbeiter, die zwar schon 30 Jahre in Deutschland leben, aber noch immer keinen Überweisungsauftrag ausfüllen können (Goddar 2005, S. 8). *Integrationspolitik wird dabei als Querschnittsaufgabe verstanden.* Integrationskurse werden zudem für „beide Seiten" angeboten – für Migranten *und* für Einheimische, insbesondere für Lehrer, Polizisten und Sozialarbeiter.

Die Städteplanungs- und Wohnungsbaupolitik wird sich in Zukunft als Integrationspolitik verstehen müssen und auf diese Weise konzentrierte Inselbildungen verhindern helfen. Erst dann werden die Zuwanderer das Integrationsziel „Ausbalancierte Identität" als Bereicherung ihres Lebens verstehen, bei der der Wunsch nach Gemeinsamkeit größer ist als das Bedürfnis nach Abgrenzung. Dann können sie auch stolz darauf sein, Neubürger des Aufnahmelandes zu sein – vorausgesetzt, *die Einheimischen akzeptieren sie.* Dann – und nur dann – entsteht der ernsthafte Wille, für immer im Aufnahmeland zu bleiben und hier in den eigenen Kindern weiterzuleben: *Heimat ist für Zu- und Einwanderer dort, wo sie sich nicht mehr erklären und legitimieren müssen.*

In Zukunft brauchen wir in den Städten und Stadtteilen ein *soziales Quartiersmanagement*, in dem junge und alte Bewohner, Einheimische und Zuwanderer mitwirken und gemeinsame Projekte entwickeln können – ganz im Sinne der Äußerung eines türkischen Jugendlichen aus Berlin (vgl. Schümer-Strucksberg 2004, S. 6), der bei der Einweihung eines neuen Fußballplatzes grinsend resümierte: „Wir haben bei uns im Bezirk immer die Araber aufgemischt. Jetzt spielen wir gegen die Fußball."

III. Stadt in der Krise.
Schlaglöcher, Stau und Stadtumbau
1. Die bipolare Stadt

Die Weltbevölkerung wandert und wächst, Deutschlands Bevölkerung hingegen altert und schrumpft. Jahr für Jahr verliert das Land drei- bis vierhunderttausend junge Menschen. Die Folge ist eine rege *Schrumpfungsdebatte* zur Zukunft der Städte in Deutschland. Bei der rückläufigen Bevölkerungszahl wird teilweise sogar Entvölkerung befürchtet in Verbindung mit Problemen wie Überalterung, Vereinzelung und zunehmender sozialer Ungleichheit. Von notwendigem „Rückbau" (vor allem in Ostdeutschland) ist die Rede, was im Klartext doch nur „Abriss" bedeutet (vgl. Keim 2001, S. 20).

Auf die Städte in Deutschland kommt eine schwierige Gratwanderung zwischen Schrumpfung und Wachstum zu. Manche Regionen müssen mit massiven Bevölkerungsrückgängen rechnen, andere entwickeln sich zu regelrechten Wachstumsregionen. Und wieder andere trotzen diesen Trends, weil sich ihre Einwohnerzahl wider Erwarten stabilisiert.

Im Jahr 2000 war beispielsweise von den 320 000 Wohnungen in Leipzig jede fünfte unbewohnt. Gleichzeitig standen in den das Stadtbild prägenden Altbauten über 40 000 Wohnungen leer. Jetzt sinkt die Leerstandsquote plötzlich und die „alten" Stadtquartiere gewinnen wieder an Attraktivität. Stadtteile und Wohnquartiere bekommen in Zukunft wieder eine neue Bedeutung als Mittelpunkte des Lebens, als private Rückzugs- und zentrale Aufenthaltsorte – nicht mehr nur für den Feierabend, sondern 24 Stunden lang, Tag für Tag.

Vielleicht sollte man eher von *Stadtumbau* (statt von Stadtrückbau) reden. Aus städtepolitischer Sicht gleicht die Entwicklung mehr dem *Bild einer bipolaren Stadt*, „in der Schrumpfungs- und Wachstumsprozesse parallel verlaufen und sich gegenseitig beeinflussen" (Tiefensee 2003, S. 4): Großsiedlungen am Rande der Stadt durchleben Schrumpfungsprozesse, während gleichzeitig die Alt- und Innenstadt als Stadt der kurzen Wege ihre Magnetwirkung entfaltet.

Das Leben in der Stadt der Zukunft hat zwei Gesichter: Schrumpfenden Städten im Osten Deutschlands, im nördlichen Ruhrgebiet sowie im Saarland und in Rheinland-Pfalz stehen wachsende Städte in anderen Regionen von München über Frankfurt bis Hamburg gegenüber, deren Bevölkerungszahl stabil bleibt oder sogar wächst. Daher kann es *keinen „Masterplan" für die Zukunft der Stadt* in Deutschland geben.

Das von der Bundesregierung initiierte Programm „Stadtumbau Ost" hat den Blick der Öffentlichkeit vorschnell auf Aspekte von Rückbau und Abriss gelenkt – zugespitzt in der Formel: *Bevölkerungsrückgang = Leerstand = Rückbau = Abriss* (vgl. Hannemann 2003, S. 22). Die Alterung der Stadtbevölkerung und die Verödung der Innenstädte wurden dabei weitgehend ausgeblendet. Also: Der Wohnungsleerstand ist *kein spezifisches Problem der ostdeutschen Länder* und auch nicht nur Deutschlands. Im Zuge des Strukturwandels z. B. der Montan- und der Textilindustrie hat es vergleichbare Prozesse auch in England, Ostfrankreich oder Belgien gegeben (vgl. Kil u. a. 2003). Und selbst dort glich die schrumpfende Stadt mitunter mehr einer *perforierten Stadt* mit einigen Stadtbrachen und gelegentlichen Baulücken.

> Die widersprüchlich erscheinende Stadtentwicklung zwischen Schrumpfung und Wachstum erfordert strategische Konzepte. Sonst kann es passieren, dass aus der bipolaren Stadt eine polarisierte Stadt mit Wohlstands- und Verfallsquartieren wird. Stadterneuerung kann nur die zukunftsorientierte Antwort auf die Prozesse von Ab- und Zuwanderung sein.

Für die Zukunft zeichnen sich vor allem zwei *Modelle des Stadtumbaus* (Göschel 2004, S. 243 ff.) ab:

■ *Stadtausdünnung*

Stark vernachlässigte Altbaugebiete sollen punktuell abgerissen werden, so dass eine perforierte Fläche entsteht. Die Stadtentwickler sprechen daher von Stadtperforation bzw. Durchlöcherung (z. B. in Leipzig).

■ *Stadtauflösung*

Einige Städte sind in ihrer Existenz gefährdet, wenn sie in wenigen Jahren zehn, zwanzig oder dreißig Prozent ihrer Einwohner verlieren und ein Ende der Schrumpfung nicht absehbar ist (vgl. z. B. Hoyerswerda, Eisenhüttenstadt, Guben). Die Urbanität ist infrage gestellt.

> Immer mehr junge Menschen in Ostdeutschland müssen mangels Zukunftsperspektive von zu Hause wegziehen, weil auch die Arbeitsplätze von dort wegziehen. Zukunft bedeutet für sie zunächst einmal: Arbeit und Arbeitsplatzsicherheit. Die Flucht der jungen Generation in den Westen – vor allem in die Großstädte und Ballungszentren – wird weiter zunehmen. Zurück bleiben überalterte Landregionen.

Bisher gibt es keine bundesweit repräsentative und verlässliche Statistik zum Wohnungs-Leerstand in Deutschland. Die Schätzungen liegen im

Bundesdurchschnitt bei 2 bis 7 Prozent – meist nur unzureichend ermittelt durch das Erfassen von „abgeklemmten Stromzählern". Anders sieht es beim Blick in die Zukunft aus.

In westdeutschen Städten wie Kiel, Osnabrück, Duisburg, Gelsenkirchen, Hagen oder Wuppertal kann in den nächsten zehn bis zwanzig Jahren jede zehnte Wohnung leer stehen. Bremerhaven und Oldenburg müssen bis zum Jahr 2020 gar eine Bevölkerungsschrumpfung von 16,0 bzw. 16,7 Prozent befürchten – wenn bis dahin nichts geschieht. Demografische Prognosen sind immer eine Antwort auf die Frage: Was passiert, wenn nichts passiert? In einem Zeitraum von zwanzig Jahren kann es durchaus zu einem Stimmungsumschwung in der Bevölkerung kommen, wenn es wieder Arbeit vor Ort gibt und die Kommunen den *Lohn-, Wohn- und Freizeitwert einer Region* zu steigern verstehen. Andernfalls drohen dramatische Schrumpfungsprozesse wie z.B. in den ostdeutschen Städten Gera (–21,8%) oder Jena (–26,8%), aber auch in Duisburg (–13,8%), Bremerhaven (–16,0%) und Oldenburg (–16,7%) bis zum Jahr 2020.

Schrumpfende Städte: Für manche Großstädte kann das mitunter auch eine Gesundschrumpfung sein. Ihnen bleibt schließlich die attraktive City erhalten. Doch wo bleibt die urbane Lebensqualität in Mittelstädten wie Marl, Herne oder Gelsenkirchen?

Eine schrumpfende Stadt hat vor allem die *Abwanderung junger Menschen* zu beklagen. Damit verbunden ist der Verlust infrastruktureller Einrichtungen vom Kindergarten bis zur Schule, aber auch die gesamte Kulturszene ist davon betroffen. Geht ein wesentlicher Teil urbaner Lebensqualität verloren? Heißt es schon bald „Schrumpfende Städte – Sterbende Theater"? Im Einzelnen bedeutet dies (vgl. Schneider 2004, S.56f.):

Vergreisende Städte und zerbröselnde Familienstrukturen, Auflösung des Bildungsbürgertums und Ausweitung der Stadtbevölkerung mit Migrationshintergrund sorgen für Kontraste, Konflikte und Polaritäten.

Die drei wichtigsten politischen Aufgaben und Prioritäten müssen daher lauten:
1. Arbeitsmarkt- und Beschäftigungspolitik,
2. Kinder- und Familienpolitik,
3. Bildungs- und Integrationspolitik.

Und das aktiv und offensiv. Selbst bei relativ bescheiden erscheinenden Zuwanderungsüberschüssen von z.B. 210 000 pro Jahr (= mittlere UN-Annahme) wird der Ausländeranteil in Deutschland bis 2050 auf rund 30 Prozent steigen. Die Frage „*Versagt die Integrationsmaschine Stadt?*" steht dann im Raum (vgl. Heitmeyer 1998, S.455). Dies trifft vor allem auf die Groß-

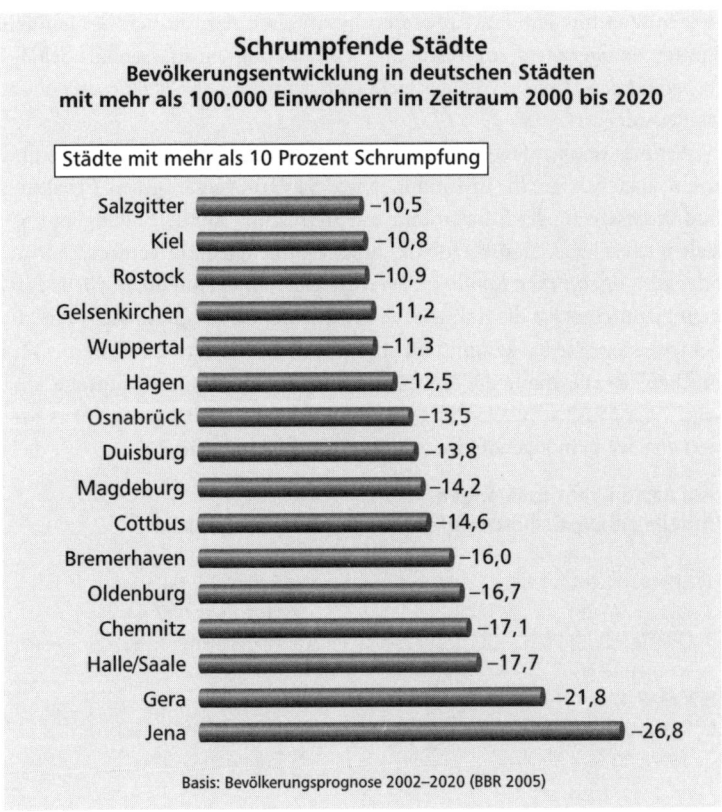

Schrumpfende Städte
Bevölkerungsentwicklung in deutschen Städten
mit mehr als 100.000 Einwohnern im Zeitraum 2000 bis 2020

Städte mit mehr als 10 Prozent Schrumpfung

Salzgitter	−10,5
Kiel	−10,8
Rostock	−10,9
Gelsenkirchen	−11,2
Wuppertal	−11,3
Hagen	−12,5
Osnabrück	−13,5
Duisburg	−13,8
Magdeburg	−14,2
Cottbus	−14,6
Bremerhaven	−16,0
Oldenburg	−16,7
Chemnitz	−17,1
Halle/Saale	−17,7
Gera	−21,8
Jena	−26,8

Basis: Bevölkerungsprognose 2002–2020 (BBR 2005)

stadtbevölkerung zu, die schon in gut zehn Jahren mit einem Ausländer-
bzw. Zugewandertenanteil von über 50 Prozent konfrontiert sein kann. Insbesondere die inländische Bevölkerung unter 40 Jahren wird dann zu einer
Minderheit werden. Verschärfend kommt das Problem der öffentlichen
Armut hinzu.

Die urbane Lebensqualität ist in Zukunft infrage gestellt, wenn der Urbanität
das ökonomische Fundament und der finanzielle Spielraum entzogen werden,
also Schwimmbäder und Kindertagesstätten schließen, Theater und Bibliotheken zur Disposition stehen und für Kinderspielplätze und soziale Brennpunkte
immer weniger Geld zur Verfügung steht: Der Gesellschaft geht die Arbeit
aus, den Gemeinden das Geld.

Stellen in Zukunft immer mehr Kommunen Schilder auf: „Achtung Stol-
pergefahr! Unebener Weg"? Die Bürger werden dann vor weggebrochenen
Pflastersteinen und unebenen Gehwegplatten gewarnt, um Haftung für Un-

fälle auszuschließen. Für Ausbesserungsarbeiten steht in den Gemeinden immer weniger Geld zur Verfügung. Hinzu kommen massenhaft *Schlaglöcher auf den Straßen*. Weil das Geld fehlt, kann manche *Stadt eine Stolperstadt* werden.

Wenn es weniger Steuereinnahmen gibt, können Städte, Gemeinden und Kreise auch weniger für Investitionen und Sanierungen ausgeben. Erhaltung und Verbesserung der Infrastruktur von Freizeit und Kultur, Bildung und Sozialem entscheiden darüber, ob das urbane Umfeld zum Erlebnisraum Stadt oder zum *öffentlichen Konfliktraum* wird. Der Theaterintendant Claus Peymann befürchtet für die Kulturszene in Zukunft eine Art „Kannibalismus", in der jeder gegen jeden kämpft und am Ende „jede Theaterschließung ein Verbrechen" ist (Peymann 2002, S. 212). Und von Otto Schily stammt die Aussage: „Wer Musikschulen schließt, gefährdet die innere Sicherheit." Was passiert erst, wenn in Jugendfreizeitstätten die Lichter ausgehen?

Am Besten geht es Erlangen
Anteile von Sozialhilfeempfängern in deutschen Städten

1. Bremerhaven (11,8%)	8. Berlin (7,7%)
2. Kassel (9,9%)	9. Hannover (7,7%)
3. Offenbach (9,4%)	10. Hildesheim (7,1%)
4. Bremen (8,6%)	–
5. Kiel (8,4%)	–
6. Saarbrücken (8,3%)	75. Heidelberg (2,3%)
7. Schwerin (8,2%)	76. Erlangen (1,9%)

Quelle: Statistisches Bundesamt 2005

Man kann nur hoffen, dass in Zukunft in den Tagesnachrichten nicht nur über steigende Aktienkurse, mehr Gewalttätigkeit und höhere Arbeitslosigkeit, sondern auch über steigende Kinderzahlen, mehr Beschäftigung und höhere Lebenszufriedenheit berichtet wird. Nicht vor Suppenküchen und Obdachlosenheimen, sondern vor Spielplätzen, Jugendzentren und Ganztagsschulen, Kultur- und Kommunikationseinrichtungen sollen die Menschen künftig wieder unbeschwert Schlange stehen können.

2. Die prekären Stadtteile

Global Citys gelten als Kontroll-, Befehls- und Managementzentren. Sie sind aber auch Zentren der Armut, Wohnstätten für Ausgeschlossene und Deklassierte. Die Stadtsoziologie spricht daher von „geteilten Stadträumen"

und „gespaltenen Stadtgesellschaften" mit unterschiedlichen Lagern von Ge-
winnern und Verlierern, von Reich und Arm. Ein „Auseinanderdriften der
Stadtgesellschaft" (Alisch 2002, S. 42) ist die zwangsläufige Folge. *Zu benachteiligten Wohnquartieren gesellen sich benachteiligte Bewohner.* Das Ideal der
sozialen Stadt mit sozial ausgewogenen Lebensbedingungen rückt in weite
Ferne. In den letzten zwanzig Jahren nahmen kommunale Verschuldung
und öffentliche Armut rapide zu.

Prekäre Stadtquartiere haben vielfach historische Ursachen. Schon in früheren Jahrhunderten gab es von der Kernstadt ausgegrenzte Stadtteile,
in denen sich beispielsweise das Siechenhaus, der Henkersplatz oder die
Militärkaserne befanden. In der Neuzeit kamen dann beispielsweise der
Schlachthof oder der Güterbahnhof hinzu. Entsprechend *marginalisiert oder
stigmatisiert* waren dann die dort wohnenden Bevölkerungsgruppen – von
den Rechtlosen und Aussätzigen über die Arbeiterschaft bis hin zu den heutigen Randgruppen der Gesellschaft.

Prekäre Stadtteile sind historisch gesehen Auffangbecken, Zuweisungs-, Ver-
bannungs- oder Zufluchtsorte mit einem gewissen Durchgangscharakter: Die
Folge ist ein permanentes Kommen und Gehen verbunden mit unterschiedlichen Lebensweisen, Interessengegensätzen und Konflikten.

In prekären Stadtteilen ist ein *Heimisch-Werden kaum mehr möglich* (vgl.
Berger u. a. 2002, S. 12). Und auch Nachbarschaft und Gemeinschaft sind
keine Selbstverständlichkeit in Städten mit zunehmend globalem Charakter.
Prekäre Stadtteile sind immer auch eine Folge marginalisierter Quartiere,
deren Bewohner diskriminiert werden. Ein Teufelskreis, bei dem wenig
attraktive Wohnquartiere systematisch vernachlässigt werden und zu ver-
slumen drohen.

Die Bundesbürger machen die Erfahrung, dass heute in den Kommunen
Mängel fast nur noch verwaltet werden. Das *Stadtbild wird mehr durch
Schlaglöcher als durch Neubauten geprägt.* Kritisiert werden neben den Schlag-
löchern auf den Straßen vor allem Mängel in der Kinder- und Familienpolitik – von den fehlenden Kinderspielplätzen (26%) über mangelnde
Ganztagsbetreuung für Kinder (26%) bis hin zu familienfeindlichen Strukturen (15%). Und mehr als jeder fünfte Befragte registriert mittlerweile un-
gepflegte Grünanlagen (23%) und fühlt sich durch das unsaubere Stadtbild
(21%) abgestoßen. Und von bürgernaher Verwaltung können manche Bewohner nur träumen. Statt gemeinsam gegen die Mängel vor Ort anzu-
gehen, ist eher eine mangelnde Kooperation feststellbar (22%) – in Ostdeutschland (26%) tendenziell mehr als in Westdeutschland (21%). So wird
letztlich *überall gespart – an Geld und an Gemeinsamkeit.*

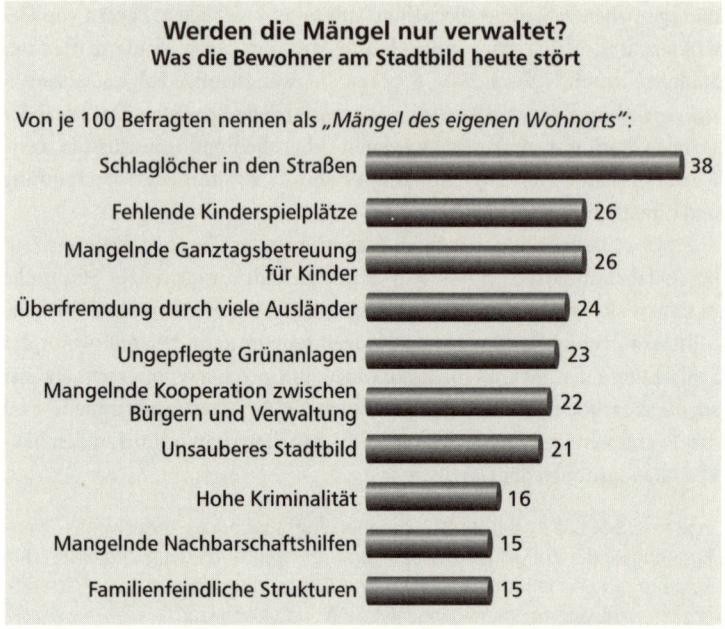

Werden die Mängel nur verwaltet?
Was die Bewohner am Stadtbild heute stört

Von je 100 Befragten nennen als *„Mängel des eigenen Wohnorts"*:

Schlaglöcher in den Straßen	38
Fehlende Kinderspielplätze	26
Mangelnde Ganztagsbetreuung für Kinder	26
Überfremdung durch viele Ausländer	24
Ungepflegte Grünanlagen	23
Mangelnde Kooperation zwischen Bürgern und Verwaltung	22
Unsauberes Stadtbild	21
Hohe Kriminalität	16
Mangelnde Nachbarschaftshilfen	15
Familienfeindliche Strukturen	15

Eine Besserung der Lage ist kaum in Sicht. Denn beim Gedanken an das *Leben in der Stadt der Zukunft* eskalieren die Probleme – vor allem im sozialen Bereich:

■ Fast jeder zweite Westdeutsche (46% – Ostdeutsche: 32%) erwartet für die Zukunft hohe Mieten, die kaum mehr bezahlbar sind und eine gleichzeitige Ausbreitung von Vandalismus und Zerstörungswut (33% – Ostdeutsche: 30%).

■ Die Ostdeutschen befürchten in erster Linie wachsende Kriminalität (42% – Westdeutsche: 40%) und einen deutlichen Rückgang des sozialen Zusammenhalts – vor allem mehr Anonymität und Einsamkeit (32% – Westdeutsche: 28%).

Übereinstimmend vertreten West- wie Ostdeutsche die Auffassung, dass das Stadtbild der Zukunft durch *Stress und Unruhe* (je 34%) sowie durch *Armut und Elend* (je 27%) geprägt sein wird.

In den Zukunftsängsten der Bevölkerung spiegeln sich die Wirtschaftsprobleme der vergangenen Jahre wider. Arbeitslosigkeit und die Angst vor dem Verlust des Arbeitsplatzes in Verbindung mit der Vor-„Sorge" um Alters- und Rentensicherung stellen erstmals den Erhalt des Lebensstandards (und nicht nur der Lebensqualität) in Frage. Es geht um *existentielle Fragen*

Kriminalität und hohe Mieten
Was die Bevölkerung in der Stadt der Zukunft befürchtet

Von je 100 Befragten denken beim *„Leben in der Stadt der Zukunft"* an:

	Westdeutsche	Ostdeutsche
Hohe Mieten	46	32
Kriminalität	40	42
Stress/Hast/Unruhe	34	34
Anonymität/Einsamkeit	28	32
Vandalismus	33	30
Graffiti-Schmierereien	20	29
Armut/Elend	27	27
Bettler/Stadtstreicher	18	21

von Wohnen, Essen und Kleiden. Für jeden dritten Bundesbürger (33%) ist klar: „Das Allerwichtigste ist für mich in Zukunft bezahlbarer Wohnraum in zentraler Lage." Die Angst ist groß, wider Willen aus der Stadt gedrängt zu werden. Vor allem junge Leute im Alter bis zu 34 Jahren (39%) wollen beim Wohnen auf die Citynähe nicht verzichten.

Der Wohnwunsch „Bezahlbare Wohnung in zentraler Lage" gleicht einer Quadratur des Kreises. Denn *Citywohnen* stößt erfahrungsgemäß schnell an die *Grenze der Finanzierbarkeit.* Arbeiter (42%) sowie Bezieher niedriger Einkommen unter 1 750 Euro (36%) äußern diesen Wunsch am meisten – wohlwissend oder ahnend, dass dieser Wunsch in Zukunft kaum oder gar nicht mehr einlösbar und finanzierbar ist

In Zukunft ist eine *Politik der sozialen Stadt* erforderlich, die Einfluss nimmt auf das Leben und die Lebensqualitäten der einzelnen Haushalte in den Wohnquartieren. Dabei muss unterschieden werden (vgl. Keim 2002, S. 171) zwischen

■ *stabilen Haushalten,* die finanziell weitgehend gesichert die Mehrheit bilden, den

■ *prekären Haushalten,* die zwar an der Armutsschwelle leben, aber durch ein gut funktionierendes soziales Netz gestützt werden und den

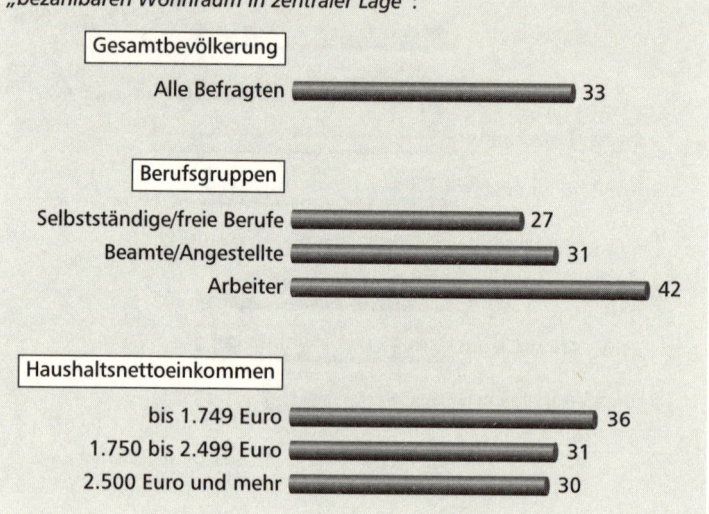

Quadratur des Kreises?
Bezahlbare Wohnung – in zentraler Lage

Von je 100 Befragten nennen als wichtigsten Wohnwunsch für die Zukunft
„bezahlbaren Wohnraum in zentraler Lage":

Gesamtbevölkerung	
Alle Befragten	33

Berufsgruppen	
Selbstständige/freie Berufe	27
Beamte/Angestellte	31
Arbeiter	42

Haushaltsnettoeinkommen	
bis 1.749 Euro	36
1.750 bis 2.499 Euro	31
2.500 Euro und mehr	30

■ *marginalisierten Haushalten,* die den Anschluss an die Mehrheitsgesellschaft verloren haben, durch Schulden belastet sind und zwischen Ausgrenzung und Ausgeliefert-Sein leben müssen.

Wohnquartier als sozialer Lebensraum
Zwischen Integration und Ausgrenzung

Soziale Lage	Stabile Haushalte		Prekäre Haushalte	Ausgegrenzte Haushalte
Quartiers-Milieu	Anschluss an die Mehrheits-gesellschaft „trotz" des Quartiers	Anschluss an die Mehrheits-gesellschaft „durch" das Quartier	Abgekoppelt von der Mehrheits-gesellschaft und *gestützt* durch das Quartier	Abgekoppelt von der Mehrheits-gesellschaft und *belastet* durch das Quartier

Zusammenstellung auf der Basis von R. Keim (2002), S. 170

Großstädte verlieren bundesweit Bewohner und damit Steuerkraft an das benachbarte Umland. Vor allem *junge Familien verlassen größere Städte* wie z. B. Kiel und Bremerhaven sowie die Ballungszentren im Ruhrgebiet. Während bundesweit die Bevölkerung in den Städten schrumpft, ist andererseits in einigen Umlandregionen eine regelrechte *Bevölkerungsexplosion* feststellbar. So wandern beispielsweise immer mehr Hamburger in den Landkreis Lüneburg ab. Das Statistische Landesamt prognostiziert für Lüneburg einen Zuwachs von 16 Prozent bis zum Jahr 2021. Ähnliche Erfolgsdaten melden Boomregionen wie Cloppenburg (+ 8%), Ammerland (+ 10%) und Vechta (+ 12%). Geburtenrate, Altersdurchschnitt und Zuzugsverhalten entscheiden somit über die Zukunft einer Region.

Erfahrungsgemäß zieht es die Menschen dorthin, wo es Arbeit gibt (z. B. in Bayern, Baden-Württemberg). Die „besten Köpfe", also junge und gut ausgebildete Menschen, lösen *starke Binnenwanderungen* aus und verschärfen die Ungleichgewichte zwischen den Regionen. Von den 40 zukunftsfähigsten Kreisen sollen allein 23 in Bayern und 14 in Baden Württemberg (Fleisch 2004, S. 26) liegen.

Berufstätige und Berufspendler werden zur Minderheit. Die Mehrheitsgesellschaft setzt sich dann aus Armen, Alten und Migranten zusammen.

Die Europäische Union ist zunehmend an einer Stärkung der Städte interessiert mit der Begründung: „Europas Städte stehen nach wie vor an erster Stelle bei der Bildung von Wohlstand und der sozialen und kulturellen Entwicklung in Europa" (Wulf-Mathies 1997, S. 3). Die EU wünscht sich eine *städtische Agenda*, die eine breite *Urban-Policy-Bewegung* nach sich ziehen soll.

3. Die Rund-um-die-Uhr-Gesellschaft

Die Amerikaner haben schon lange Zeichen für die Zukunft gesetzt: *Die Beschäftigten müssen immer länger arbeiten.* Die wöchentliche Durchschnittsarbeitszeit amerikanischer Fabrikarbeiter liegt bei etwa 43 Stunden. Hinzu kommen noch mindestens fünf Überstunden. Lediglich 14 Urlaubstage pro Jahr stehen den Arbeitern offiziell zu. Doch fast ein Drittel der Beschäftigten nimmt den Urlaub nicht voll oder gar nicht in Anspruch. Auch in Deutschland gehört die Phase ständig kürzer werdender Arbeitszeit der Vergangenheit an.

Das 20. Jahrhundert ging als Jahrhundert der Freizeit und des Urlaubs in die Geschichte der modernen Arbeit ein:

■ Im Jahr 1900 gab es noch keinen Urlaub. Der 10-Stunden-Tag galt als sozialer Fortschritt.

■ Nach 1918 wurde die 48-Stunden-Woche eingeführt.

■ 1965 war die 45-Stunden-Woche für die meisten Beschäftigten zur Normalarbeitszeit geworden.

■ 1985 lag die durchschnittliche Wochenarbeitszeit in Deutschland erstmals unter 40 Stunden (= 39,8 Std.); die IG Metall setzte die 35-Stunden-Woche in der Metall- und Elektroindustrie durch.

■ Zwischen 1950 und 2000 hat sich außerdem die Urlaubsdauer von neun auf rund dreißig Tage mehr als verdreifacht.

Das Jahrhundert der Arbeitszeitverkürzung ist zu Ende. Die 35-Stunden-Woche erweist sich als historischer Unfall – und kommt auf absehbare Zeit nicht wieder.

Wie lässt sich dies begründen? Die Arbeitszeitverkürzungen der letzten Jahrzehnte sind ein Kind der Fließbandproduktion gewesen. Doch mit dem Wandel von der Industrie- zur Dienstleistungsgesellschaft wird die Verbindung zwischen Automatisierung und Arbeitszeitverkürzung immer fragwürdiger, weil *Dienstleistung zwangsläufig auch hohe zeitliche Präsenz erfordert*. Im 20. Jahrhundert konnte man ungelernte Industriearbeiter problemlos weniger arbeiten lassen. Im 21. Jahrhundert hängt jedoch die Wirtschaftsentwicklung immer mehr von der Leistungsbereitschaft und Innovationsfähigkeit qualifizierter Fachkräfte ab. Und für Hochqualifizierte steht die 40-Stunden-Woche ohnehin nur auf dem Papier.

Auch für die übrigen Beschäftigten ist die Regelarbeitszeit längst nicht mehr die Regel. Die 40-Stunden-Woche (und mehr) ist in Deutschland bereits Realität. Die Zauberformel „Zurück zur 40-Stunden-Woche" hat mehr symbolträchtigen Charakter. In Deutschland wie auch im Durchschnitt der gesamten EU liegt die reale Wochenarbeitszeit bei *über 40 Stunden*, wie die Europäische Arbeitskräfteerhebung von Eurostat nachweist (EU 2004, S. 4).

Nicht erst, seitdem Großkonzerne die 40-Stunden-Woche wieder eingeführt haben, stimmt die Behauptung vom „Freizeitweltmeister Deutschland" nicht mehr: In den letzten Jahren wurde meist länger gearbeitet als tarifvertraglich vereinbart. Und Überstunden wurden immer seltener bezahlt.

Ein Paradigmenwechsel zeichnet sich ab: Länger arbeiten bei gleichem Lohn. Das soll die Arbeitskosten senken helfen und die Unternehmen wettbewerbsfähiger machen. Für die Beschäftigten kommt dies jedoch einer Lohnkürzung gleich.

Das Institut zur Erforschung sozialer Chancen (ISO) in Köln befragte 4012 abhängig Beschäftigte im Alter von 18 bis 65 Jahren im Hinblick auf ihre vertraglichen, tatsächlichen und gewünschten Arbeitszeiten (ISO 2004):

- Die *vertraglichen Arbeitszeiten* der Vollbeschäftigten haben sich in den letzten zehn Jahren kaum verändert (38,9 Std. im Westen und 39,8 Std. im Osten). Deutliche Veränderungen sind jedoch bei den Teilzeitbeschäftigten feststellbar. Die Teilzeitquote ist zwischen 1993 und 2003 angestiegen, während gleichzeitig ein deutlicher Rückgang der vertraglichen Arbeitszeiten der Teilzeitbeschäftigten zu verzeichnen ist. Die durchschnittliche Arbeitszeit stagniert auf niedrigem Niveau (20,2 Std. im Westen und 23,8 Std. im Osten).

- Die *tatsächlichen Wochenarbeitszeiten* liegen 2,5 Stunden über den vertraglichen Wochenarbeitszeiten. Fast jeder dritte Beschäftigte (31%) arbeitete 2003 länger als 40 Wochenstunden. Mit steigender Qualifikation nehmen auch die Überstunden zu. Für mehr als die Hälfte der Hochqualifizierten ist eine Arbeitswoche von mehr als 40 Stunden Normalität.

- Die *Kluft zwischen tatsächlichen und gewünschten Arbeitszeiten* ist groß. Wenn es nach den Wünschen der Vollbeschäftigten geht, würden sie etwa 5,1 Stunden pro Woche weniger arbeiten wollen. Ältere Beschäftigte äußern diesen Grund überdurchschnittlich häufig. Die meisten Beschäftigten (54%) müssen jedoch regelmäßig Überstunden leisten.

Infolgedessen klagen Arbeitnehmer zunehmend über *Zeitnot-Probleme*, weil *Arbeiten zu ungewöhnlichen Zeiten* die private und familiäre Planung erheblich erschweren: Ein Drittel der Beschäftigten leistet regelmäßig Samstagsarbeit (32%), wovon die Beschäftigten im Verkehrs- und Nachrichtensektor (44%), im Handel (51%) und im Hotel- und Gaststättengewerbe (83%) besonders betroffen sind. Noch härter trifft es die Sonntagsbeschäftigten (13%), unter denen vor allem Familien zu leiden haben. Knapp zwei Drittel von ihnen würden lieber heute als morgen ihre Sonntagsarbeit aufgeben. Gleiches gilt für die Schicht- und/oder Nachtarbeiter (16%), die zur Arbeit gehen müssen, wenn die übrige Familie Feierabend hat.

Die Zeitprobleme (z. B. enge Fristen und Vorgabezeiten, hoher Arbeitsanfall) nehmen im gleichen Maße zu, wie sich der Leistungsdruck (z. B. Erhöhung des Arbeitstempos, Verzicht auf Pausen, erhöhte Konzentration) verstärkt. Das hat negative Auswirkungen auf Gesundheit und Wohlbefinden der Beschäftigten.

59 Prozent befürchten für sich selbst gesundheitliche Folgen und 44 Prozent der Betroffenen geben an, ihre Arbeit nicht mehr angemessen erledigen zu können. Zeitdruck und hohe nervliche Anspannung fordern ihren Preis: Fast jeder dritte Beschäftigte kommt regelmäßig sehr erschöpft von der

Arbeit nach Hause. Jeder fünfte Beschäftigte hat Schwierigkeiten, nach Feierabend von der Arbeit abzuschalten. Die arbeitsbedingten Belastungen werden in Zukunft weiter zunehmen, die gesundheitlichen Beschwerden (Ner-
vosität, Kopfschmerzen, Schlafstörung, Hörsturz u. a.) auch.

Mehr als 30 Millionen Deutsche sind heute älter als 50 Jahre – Tendenz
steigend (ca. 34 Mio. im Jahr 2020). Daraus folgt: *Mit dem Ende der Erwerbsarbeit ist die Lebensarbeit nicht zu Ende.* Lebensaufgaben müssen neu definiert
und gefunden werden: Menschen über 50 können sich ihre Zeit schließlich
nicht nur mit Gartenarbeit oder Golfspielen vertreiben. Lernarbeit und
Weiterbildung, Gemeinschaftsarbeit und freiwillige soziale Dienste kommen
als neue Lebensinhalte hinzu und müssen – als Teil der Daseinsvorsorge für
die Bürger – auf die Tagesordnung einer sozial aktivierenden Kommunalpolitik.

4. Feinstaub und Fahrverbote

Mit einem spektakulären Bürgerentscheid sprachen sich die Münchner im
November 2004 gegen Wolkenkratzer aus und plädierten dafür, dass kein
Münchner Haus die 100 m hohe Frauenkirche überragen dürfe. Die Archi-
tekturbranche wertete diese Entscheidung als rückwärts gewandte Argu-
mentation: „Das sind retroselige Leute, die haben vor Multikulti Angst und
wünschen sich ihr *Reihenhaus draußen vor der Stadt*" (Ingehoven 2004,
S. 200–204). Der amerikanische Hochhausboom in den siebziger Jahren des
20. Jahrhunderts hatte nachweislich verheerende und städtebauliche Folgen.
Das Nachdenken über eine neue Baukultur im urbanen Raum ist daher
dringlicher denn je.

In den vergangenen zwei bis drei Jahrzehnten hat sich der amerikanische
Wohn- und Lebensstil auch in Deutschland durchgesetzt. Wachsende Real-
einkommen ermöglichten es den Bürgern, die innere Stadt zu verlassen, um
ein Einfamilienhaus im Umland („suburb") zu kaufen. Die Randbereiche
der Metropolen wuchsen zu Lasten der Kernstädte. Eine *Doppelmotori-
sierung der privaten Haushalte* („Zweitauto") war die Folge. Gleichzeitig folgte der Einzelhandel den Bewohnern in die Vororte. Ebenfalls ließen sich
neue Kultur- und Freizeiteinrichtungen dort nieder. Ein stetig steigendes
Verkehrsaufkommen führte zu extremen Belastungen des Straßennetzes:
„Rush-hour ist immer und überall" (Jessen 2002, S. 215). Im Zuge der Sub-
urbanisierung kam es zum *Funktionsverlust der Kernstädte* und zum *Verfall
innerstädtischer Quartiere.* Mit dem sich abzeichnenden Ende des sich aus-
breitenden Wohlstands sind auch der Massenmotorisierung wieder Grenzen
gesetzt. Heißt es schon bald: Verkehrsinfarkt in der Stadt?

Gäbe es die Verkehrsgeschwindigkeiten der 70er Jahre noch, könnten *jede Woche in London 2 Millionen Stau-Stunden* gespart werden (vgl. Nissen 2002, S. 86). Eine falsche Stadtentwicklungspolitik hat mittlerweile ein Verkehrschaos auf allen Ebenen (ÖPNV/Bus und U-Bahn) ausgelöst. In den letzten sechs Jahrzehnten verlor London die Hälfte seiner Wohnbevölkerung. Im Inner London sank die Zahl von 4,9 auf 2,5 Millionen. Und in der City of London wohnen heute gerade einmal 4000 Menschen.

Im gleichen Maße wie die Wohndichte zurückgeht nimmt die Verkehrsdichte zu: Die durchschnittliche Geschwindigkeit im Berufsverkehr der Londoner City liegt nur mehr bei 16 Stundenkilometern. Fahrradfahrer kommen inzwischen in der Innenstadt schneller voran.

Auch die verkehrspolitische Zukunft in vielen Städten Deutschlands gleicht auf den ersten Blick einem Horror-Szenario: Rückbau innerstädtischer Straßen, Ausweitung der 30 km-Zonen und zeitweilige Fahrverbote. Die Staub- und Rußpartikel aus Emissionen des Verkehrs lassen die Lebenserwartung sinken. Besonders schlecht ist die Luftqualität in Deutschland, den Benelux-Staaten, Norditalien und den osteuropäischen Ländern.

Nach Ermittlungen der Weltgesundheitsorganisation (WHO) soll die Feinstaubbelastung in Deutschland für etwa 17 000 vorzeitige Todesfälle verantwortlich sein. Konkret: Feinstaub verkürzt die Lebenserwartung der Bürger im EU-Durchschnitt um 8,6 Monate. Hohe Belastungen mit Feinstaub führen zu Atemwegserkrankungen und erhöhen auch das Risiko von Herz-Kreislauf-Erkrankungen (vgl. Ehrenstein 2005, S. 4). Einzig wirksame Sofortmaßnahme ist eine *drastische Reduzierung des Stadtverkehrs.*

Die schmutzigsten Innenstädte
Luftverschmutzungen im Vergleich

Tage, an denen der Grenzwert für Feinstaub (50 Mikrogramm/m³)
von Januar bis März 2005 überschritten wurde:

München	36	Darmstadt	25
Düsseldorf	33	Frankfurt	25
Dortmund	29	Leipzig	24
Braunschweig	26	Essen	23
Berlin	25	Dresden	22
Cottbus	25	Hannover	21

Quelle: Umweltbundesamt 2005

Eine Richtlinie der EU (1999/30 EG) schreibt vor, dass nur an höchstens 35 Tagen im Jahr der Tagesgrenzwert von 50 Mikrogramm Staub in einem

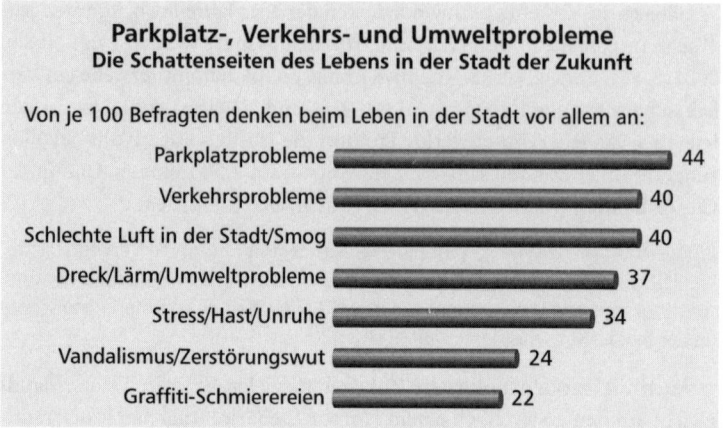

Parkplatz-, Verkehrs- und Umweltprobleme
Die Schattenseiten des Lebens in der Stadt der Zukunft

Von je 100 Befragten denken beim Leben in der Stadt vor allem an:

Parkplatzprobleme	44
Verkehrsprobleme	40
Schlechte Luft in der Stadt/Smog	40
Dreck/Lärm/Umweltprobleme	37
Stress/Hast/Unruhe	34
Vandalismus/Zerstörungswut	24
Graffiti-Schmierereien	22

Kubikmeter Luft überschritten werden darf. Großstädte und Ballungszentren werden Schwierigkeiten haben, diesen Grenzwert einzuhalten. Deshalb denkt der Deutsche Städtetag ernsthaft über neue Beschilderungen nach: *Innenstadt gesperrt wegen Luftverunreinigung.* Werden die Städte bald Plaketten verkaufen? Für Verkehrspolitiker stellt die Einführung einer *City-Maut* durchaus eine realistische Option für die Zukunft dar, die „in der Entscheidungsfreiheit der Städte" (vgl. Neumann u. a. 2004, S. 56) liegt. Der Tagesgrenzwert von 50 Mikrogramm Feinstaub wird in vielen Städten (vgl. Lutz 2005) nicht eingehalten: In Berlin wird zurzeit auf etwa 170 Kilometer Straßenabschnitten der zulässige Grenzwert überschritten.

Die Bundesbürger sind derzeit hin- und hergerissen. Einerseits beklagen sie:

■ Parkplatz- (44%) und Verkehrsprobleme (40%)

Andererseits kritisieren sie:

■ Smog und schlechte Luft in der Stadt (40%) sowie Umweltprobleme zwischen Dreck und Lärm (37%).

„Wasch mir den Pelz – aber mach' mich nicht nass": Spiegelt diese Volksweisheit die derzeitige *Spaltung in der Stimmungslage* der Bevölkerung am besten wider? Die Städter wollen rund um die Uhr mobil sein und flexibel je nach Lust und Laune oder Wetter jederzeit und an jedem Ort mit dem Auto parken können, ohne durch Stau oder andere Verkehrsprobleme bei der Parkplatzsuche behindert zu werden. Und gleichzeitig wollen sie von Autolärm und Abgasen verschont bleiben. Die Folge ist eine Art „Verschlimmbesserung": Mit der *Freiheit des Autofahrers* wächst auch die *Belastung der Umwelt.*

Das Problem sollen offensichtlich andere lösen. Das Umweltbundesamt macht sich daher Gedanken über Plaketten und *Fahrverbote*, wonach bei Überschreiten des Grenzwertes für gesundheitsschädlichen Feinstaub Hauptverkehrsstraßen oder gar ganze Stadtviertel gesperrt werden. Bei Smogalarm werden die alten Diesel aus den Städten verbannt. Es dürfen dann nur noch Autos mit Katalysator fahren. Sie bekommen *orangefarbene Plaketten.* Es ist davon auszugehen, dass bald viele Anwohner belebter Wohn- und Hauptstraßen klagen und dabei vom Bund für Umwelt- und Naturschutz (BUND) unterstützt werden. Asien scheint hierfür Vorreiter zu sein: In China wurde 2004 ein Gesetz verabschiedet, wonach 80 Prozent der momentan angebotenen Autos deutscher Hersteller ab 2008 wegen zu hohen Verbrauchs (vgl. Troge 2005) nicht mehr verkauft werden dürfen.

München verletzt die EU-Umweltrichtlinien am meisten. Denn täglich fahren *mehr als 500 000 Pendler* aus der Region in die Stadt. Für die Pendler aus Landshut, Ingolstadt, Augsburg, Garmisch, Rosenheim und Mühldorf gibt es kein adäquates S-Bahn-Angebot.

Zwei Lösungsansätze bieten sich für die Zukunft an:
1. Ausbau des öffentlichen Nahverkehrs
2. Verkehrspolitik der kurzen Wege.

Die *Versäumnisse der ÖNV-Politik* lassen sich nicht so schnell beheben. Die knappe Haushaltslage trägt zusätzlich dazu bei, dass der Öffentliche Nahverkehr auf absehbare Zeit nicht grundlegend verbessert werden kann.

Der zweite Lösungsansatz *„Verkehrspolitik der kurzen Wege"* zielt darauf, die Wege zwischen Wohnen, Arbeiten, Versorgung und Freizeit zu verkürzen. Das erfordert eine neue Gesamtverkehrsplanung, eine neue Wohnungsbau- und Arbeitsmarktpolitik: *Zurück in die Stadt* – das könnte eine Leitlinie für die Zukunft sein. Es würde die Umlenkung von Verkehr sowie City-Maut und Fahrverbote entbehrlich machen. Und wäre zudem ein grundlegender Beitrag zur Verbesserung der Lebensqualität in den Städten. Jährlich sterben weit über 10 000 Menschen in Deutschland an Herz- und Atemwegserkrankungen.

Um die Feinstaubbelastung in den Innenstädten kurzfristig zu senken, bietet sich eine Kombination aus veränderter Verkehrsführung, zeitlich begrenzten Fahrverboten, Zonen für Tempo 30 und Sperrung der Innenstädte für Dieselfahrzeuge ohne Rußfilter an. Langfristig aber hat eine veränderte „Verkehrspolitik der kurzen Wege" die nachhaltigste Wirkung.

5. Automobilität als Herzenssache

Das drohende *ökologische Problem* hat weitgehend *psychologische Ursachen*:
Die Menschen waren mobil, noch ehe sie sesshaft wurden. Die Geschichte
der Menschheit ist eine Geschichte der Mobilität, des Ortswechsels und der
großen Wanderungen. Mobilität gilt als menschliches Urbedürfnis. „Travel"
und „Travail", Reisen und Arbeiten, haben die gleiche Wortwurzel und deuten auf das gleiche Phänomen hin: Der Mensch kann auf Dauer nicht un-
tätig in seinen eigenen vier Wänden verweilen.

Auch Traum und Alptraum liegen manchmal nahe beieinander: Nerven-
aufreibende und energieaufwendige Mobilität: Verkehrsströme quälen sich
in dichten Kolonnen aus der und in die Stadt. Stress und Staus, ein gewohn-
tes Bild zu Rushhour-, Wochenend- oder Ferienzeiten.

> Zeit und Raum werden scheinbar aufgehoben – durch Mobilität. Mobilität ist
> zur Chiffre für die Wunschbilder vom schöneren Leben geworden. Sie steigert
> die Freude am Leben und hält auch innerlich mobil. Mobilität sagt etwas darü-
> ber aus, was uns bewegt und wie wir uns bewegen.

Als *räumliche Mobilität* werden heute alle „außerhäusigen Bewegungsvor-
gänge außerhalb des unmittelbaren Wohnumfeldes" bezeichnet (Enquête-
Kommission 1994, S. 126), die entweder aus individuellem Bedürfnis (= *der
Weg zum Ziel*) und/oder aus sachlicher Notwendigkeit (= *der Weg ist das
Ziel*) erfolgen.

Die hohe Mobilität ist in den letzten Jahrzehnten auch ein Symbol für
die Wohlstandsentwicklung in Deutschland gewesen. Die Konzentration
von Produktionsstätten und Dienstleistungsbetrieben in Industriegebieten
sowie die Entwicklung von reinen Wohngebieten hatte zur Folge, dass
immer mehr Arbeitnehmer auf dem Weg zur Arbeit auf Verkehrsmittel angewiesen waren. Ähnliche Tendenzen waren bei den Einkaufsfahrten feststellbar: Im gleichen Maße wie die Zahl der Einzelhandelsgeschäfte in den
Wohngebieten zurückging, breiteten sich Verbrauchermärkte auf der „grünen Wiese" aus.

> Die Schaffung von Monostrukturen, die immer größer werdenden Entfernun-
> gen zwischen Wohnungen, Arbeits- und Einkaufsstätten sowie die gleich-
> zeitige Zunahme des Freizeit- und Urlaubsverkehrs (z. B. Verdreifachung der
> Urlaubsdauer seit den fünfziger Jahren von zwei auf sechs Wochen) haben die
> Mobilität zu einem Massenphänomen werden lassen.

„Vom Zweirad zum Zweitwagen – eine Gesellschaft wird mobil": So um-
schreibt das Statistische Bundesamt den Wandel seit den 50er Jahren (Höl-

der 1989, S. 115 ff.). An der Massenmobilität partizipieren mittlerweile alle sozialen Schichten.

Mobilität kann heute als *Ausdruck für Dynamik* verstanden werden. Das Mehr an Zeit und Geld hat in den letzten vierzig Jahren dem Individuum in seiner privaten Lebensgestaltung *neue Bewegungsspielräume* eröffnet (z. B. Tagesausflüge, Wochenendfahrten und Urlaubsreisen), aber gleichzeitig auch neue berufliche Pflichten auferlegt: Vom Arbeitnehmer wird geradezu *permanente Mobilitätsbereitschaft gefordert*, also berufliche Mobilität, die meist auch private und familiäre Mobilität nach sich zieht. Damit die Wirtschaft „auf vollen Touren" laufen kann, muss der Arbeitnehmer jederzeit offen für Mobilität sein – selbst dann, wenn Partnerschaft, Ehe, Elternschaft und Familie darunter leiden.

Der Soziologe Ulrich Beck vermutete bereits in den achtziger Jahren, dass das Arbeitsmarktmodell in letzter Konsequenz eine „vollmobile Single-Gesellschaft" (Beck 1986, S. 199) förderte oder schuf. Wenn also die moderne Arbeitsmarktgesellschaft die berufliche Mobilität ständig fordert und forciert, dann nimmt zwangsläufig auch die individuelle Mobilität zu.

> Mobilität ist zum Lebensprinzip für das Berufs- und Privatleben geworden. Von der Mobilität lebt das Wirtschaftswachstum der Gesellschaft genauso wie die Individualisierungsdynamik jedes einzelnen Bürgers. Wer unter diesen Voraussetzungen Mobilitätsverzicht erwartet, würde geradezu an den Grundfesten unserer Gesellschaft rütteln.

Die Mobilitätsqualität (und nicht die Mobilität generell) ist heute fragwürdig geworden. Das *Nachdenken über eine neue Mobilitätsqualität* ist der sicherste Weg, um die Mobilität in Zukunft zu erhalten.

Mobilität stellt einen der zentralen Spannungspole dar, die zwischen Bewegung und Ruhe, Aktivität und Passivität, Anspannung und Entspannung pendeln. Mit dem Stichwort „Mobilität" sind im subjektiven Empfinden und Erleben der Menschen *drei Bedeutungsgehalte* verbunden: 1. Freiheit, 2. Flexibilität und 3. Funktionalität.

- Mobilität ist zunächst ein Ausdruck von *Freiheit*. Mobil sein heißt unabhängig, nicht an einen Ort gebunden, nicht auf andere angewiesen oder durch Sachzwänge eingeschränkt und eingeengt sein. Also: Frei wählen und frei entscheiden, frei ein- und ausreisen und sich aufhalten können, wann und wo man will. Das ist Mobilität als Synonym für individuelle Freiheit.
- Mobilität bedeutet aber auch *Flexibilität*. Wer mobil sein will, will beweglich sein, überall hingehen, -fahren oder -fliegen können. Flexibilität schafft die Möglichkeit, immer dorthin zu kommen, „wo ich auch hin

will". Flexibilität gilt im Zeitalter der Individualisierung als subjektiv hoher Lebenswert, als Garant für Spontaneität: „Schnell mal" was tun können und das aus dem Augenblick oder einer Stimmung heraus – ohne langfristige Planung oder zeitliche Bindung an einen Fahrplan.

■ Mit Mobilität ist immer auch *Funktionalität* verbunden: Verlässlichkeit, Wirksamkeit und Sicherheit. Wer vorwärts kommen, wegkommen oder entkommen und ein Ziel in einem angemessenen Zeitraum erreichen will, ist auf ein verlässliches Bewegungs- und Verkehrsmittel angewiesen.

6. Zwischen Flucht- und Fortbewegung

Für die massenhafte Ausbreitung der Automobilität in Deutschland ist ein *Bündel von Mobilitätsmotiven* verantwortlich zu machen. Zeit- und Raumgewinn stellen eher vorgeschobene Gründe dar. Vielmehr ist anzunehmen, dass die Zeit heute subjektiv so wertvoll geworden ist, dass sie einfach „genutzt" werden muss – um möglichst viel zu erleben und nichts zu verpassen.

„*Raus*" und „*Weg*" heißt das Ziel. Das Unterwegssein ist oft wichtiger als das Ankommen: Raus aus allem, was mit dem alltäglichen Leben zu tun hat. Die Menschen sind hin- und hergerissen zwischen Alltagsflucht und Lebenslust, Kontaktsuche und Frischluftbedürfnis. Mobilität symbolisiert beides: *Flucht- und Fortbewegung*. Ganz obenan steht der Wunsch nach „Tapetenwechsel" (40%), das Abwechslungsbedürfnis (39%) und die Angst vor der Langeweile in den eigenen vier Wänden, die Befürchtung, dass „einem die Decke auf den Kopf fällt" (32%). Genauso stark aber sind der Erlebnisdrang (40%) und die Unternehmungslust (40%), wobei auch Neugier (36%) mit im Spiel ist.

Haus und Wohnung können noch so gemütlich, das Wohnumfeld noch so lebenswert und die Stadt noch so attraktiv sein, das Raus- und Weg-Bedürfnis bleibt unverändert stark.

Die Verheißungen einer vielfältigen Erlebnisindustrie lassen die Menschen nicht mehr zur Ruhe kommen. Der Fluchtgedanke – weg vom Fernsehalltag – wird dabei zur treibenden Kraft: Das Wohin ist beinahe nebensächlich, Hauptsache weg von den eigenen vier Wänden. Das Unterwegssein wird wichtiger als das Ankommen.

Mehr als die Männer wollen die *Frauen* durch Mobilität dem Alltag entfliehen. Sie wollen mehr unter Menschen sein. Sie haben zudem ein starkes Verlangen nach Bewegung im Freien und frischer Luft. Auch ihre Sehnsucht nach Natur und „Im-Grünen-sein-Wollen" ist größer. Die *Männer* hingegen suchen eher die räumliche Weite mit einem „Hauch von Freiheit". Bei den Männern ist auch der Bewegungsdrang stärker ausgeprägt. Zudem melden sie einen größeren Aktivitätsbedarf an und wollen durch Mobilität mehr entdecken und erleben.

Die Befragungsergebnisse lassen den Schluss zu: Hinter dem Mobilitätsbedürfnis mancher *Männer* verbirgt sich mitunter nur ein körperlicher Bewegungs- und Aktivitätsdrang, der genauso gut im Freien beim Sport, Wandern und Spazieren gehen befriedigt werden könnte. Vorausgesetzt, das *Gefühl der Weite* ist dabei garantiert, damit es einen Hauch von Freiheit vermittelt – z. B. beim Spaziergang in einem weitläufigen Stadtpark mit weiter Sicht, beim Spiel auf dem Golfplatz oder bei der Fahrt mit dem Segelboot auf einem großen See oder Meer. Wo dies nicht in ummittelbarer Umgebung möglich ist, entwickelt sich motorisierte Mobilität bei Männern nicht selten zum körperlichen Bewegungsersatz. Vielleicht sind manche Männer im Grunde ihres Herzens immer noch Jäger oder Cowboys, die auf ihren Pferden durch die weite Prärie reiten und das Wild oder die Rinder vor sich hertreiben. Wenn kein Pferd oder Rind in der Nähe ist, dann kann es auch ein Auto sein …

Frauen hingegen suchen durch Mobilität mehr den *Kontrast zum Alltag*, die ganz andere Kulisse und die Luftveränderung. Hier geht es weniger um körperliche Herausforderungen als vielmehr um Auftanken und Durchatmen, um Rollen- und Sinneswechsel, um nichtalltägliches Erleben. Die bloße Ortsveränderung durch Mobilität kann mitunter diesen subjektiven Eindruck schon vermitteln. Die Motive für Mobilität sind im Übrigen bei einzelnen Bevölkerungsgruppen unterschiedlich ausgeprägt. Wie bei keiner anderen Gruppe stellt die *„Angst, etwas zu verpassen"*, bei Singles eine besondere Antriebskraft für Mobilität dar. Und junge Autofahrer bis 34 Jahre wollen öfter mobil sein, weil ihnen sonst die *„Decke auf den Kopf fällt"*.

7. Die Illusion der autofreien Innenstadt

In den neunziger Jahren war das Auto ein Statussymbol für die Wohlstandsentwicklung in Deutschland: Ein Erlebnismobil, ein komfortables Allzweck-Spielzeug für Erwachsene, das fast alle individuellen Wünsche erfüllte. Mit dem Wert des Autos wurden manchmal sogar Persönlichkeitseigenschaften „mitgekauft". Zu Beginn des 21. Jahrhunderts findet ein Umdenken bei den Autofahrern statt: Komfort, Luxus und persönliche Note muss man sich auch leisten können. Ein Auto darf wieder preiswert sein. In wirtschaftlich schwierigen Zeiten wandelt sich das Auto *vom Erlebnismobil zum Sparmobil*.

Beim „Auto des 21. Jahrhunderts" denken fast drei Viertel der Bevölkerung
(73%) an das Merkmal „sparsam", hingegen nur 10 Prozent an die Eigen-
schaft „erlebnisreich". Selbst die jungen Autofahrer bis 34 Jahre schätzen die
Sparsamkeit eines Autos im Verbrauch um ein Vielfaches höher ein (69%)
als Prestigemerkmale wie „modisch" (41%), „sportlich" (40%) oder „anerkannt" (16%).

Ein modernes Auto muss in erster Linie *sparsam, sicher und solide* sein.
Beim Schielen auf den Preis sind die Autofahrer aber nicht bereit, Abstriche
bei der Sicherheit zu machen. *„Safety first" – zu einem guten Preis*: Das zeichnet ein Qualitätsauto aus. Das Preis-Leistungs-Verhältnis muss stimmen,
ohne dass dabei die Lust am Autofahren verloren geht. Luxus-Karossen
haben es schwer in Zeiten knapper Kassen.

Ein modernes Auto muss leistungsfähig und zugleich finanziell er-
schwinglich sein. Nur dann kann Automobilität ein Stück Lebensqualität
sein, wenn sie als Ausdruck eines bewussten Lebens nach Maß verstanden
und verwirklicht wird. Mobilität bleibt ein menschliches Grundbedürfnis,
das ein Optimum an individueller Freiheit und Beweglichkeit gewährt. So
gesehen muss der *Ausstieg aus der Autogesellschaft* weiterhin *auf den Sankt
Nimmerleinstag verschoben* werden.

Für die meisten Autofahrer ist das Autofahren selbst schon ein Erlebnis, während Öffentliche Verkehrsmittel die Menschen mehr nur „transportieren". Vorteile von Öffentlichen Verkehrsmitteln stellen sich bei näherem Hinsehen meist
nur als Schwachstellen des Autos dar. Bisher leben Öffentliche Verkehrsmittel
fast nur von den Defiziten des Autos (z. B. Parkplatzsuche, Staus, Umweltprobleme). Öffentliche Verkehrsmittel liefern mehr Argumentationshilfen für
als Alternativen gegen den Autoverkehr.

Zugleich entsteht der Eindruck: Weder in den subjektiven Vorstellungen
der Bevölkerung noch in den öffentlichen Konzepten von Wirtschaft und
Politik wird ein Verzicht auf das Auto ernsthaft in Erwägung gezogen. Da
wird beispielsweise über das 3-Liter-Auto diskutiert, die Reduktion von
CO_2-Emissionen gefordert oder es werden neue Nutzungsformen (z.B. *Car
Sharing, Sammeltaxis*) in Erwägung gezogen. Die Autonutzung soll aber
weiterhin immer und überall möglich sein – lediglich unter „vernünftige-
ren" Bedingungen. Die offizielle Verkehrspolitik geht ganz selbstverständlich
von Verkehrszuwächsen der nächsten Jahre aus. Dies erklärt seit Jahren die
verständliche Begeisterung der Verkehrspolitik für neue Telematiksysteme,
die den Verkehr *entzerren* und überfüllte und staugefährdete Strecken *entlasten* sollen.

Moderne Kommunikations- und Informationstechnologien sollen den
Datenaustausch zwischen Fahrzeug und Infrastruktur verbessern helfen

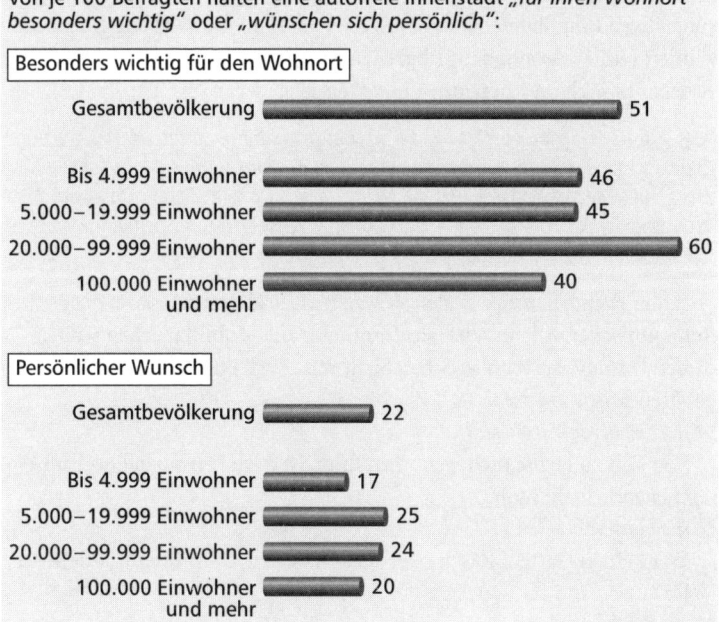

Autofreie Innenstadt?
Die persönlichen Wünsche halten sich in engen Grenzen

Von je 100 Befragten halten eine autofreie Innenstadt „*für ihren Wohnort besonders wichtig*" oder „*wünschen sich persönlich*":

| Besonders wichtig für den Wohnort |

Gesamtbevölkerung — 51

Bis 4.999 Einwohner — 46
5.000–19.999 Einwohner — 45
20.000–99.999 Einwohner — 60
100.000 Einwohner und mehr — 40

| Persönlicher Wunsch |

Gesamtbevölkerung — 22

Bis 4.999 Einwohner — 17
5.000–19.999 Einwohner — 25
20.000–99.999 Einwohner — 24
100.000 Einwohner und mehr — 20

(z. B. beim „Parkplatzsuchverkehr" in der Stadt). Die Lust an der Mobilität wird dadurch eher gesteigert, weil der Verkehrsablauf optimiert wird. Telematik wird zum Verkehrsmanagement: Reibungs-, Störungs- und Konfliktanlässe werden so minimiert bzw. entschärft.

Die Bevölkerung hat ein *gespaltenes Verhältnis zur Idee einer autofreien Innenstadt*: Im Prinzip ja, grundsätzlich schon und überhaupt „für den Wohnort besonders wichtig" (51%) – aber für sich selbst wünscht sich das nur jeder fünfte Bundesbürger (22%). Großstädter verhalten sich dazu sogar noch etwas reservierter (20%). Hier spiegelt sich eine Einstellung wie generell beim Umweltbewusstsein wider: Umweltfreundliches Verhalten ja – aber „es darf nicht wehtun". Insofern kann es nicht überraschen, dass es nur eine Bevölkerungsgruppe gibt, die sich „persönlich" mehr als andere für eine autofreie Innenstadt ausspricht (29%): die 14- bis 17-jährigen Jugendlichen, die selbst noch kein Auto haben …

Der qualitative Sprung im Denken der Autofahrer und Verkehrspolitiker findet noch nicht statt. Zu stark und elementar ist das mobile Bedürfnis der Menschen bzw. der *Symbolcharakter des Automobils.* Das Autofahren hält mobil („Alt ist man erst, wenn man nicht mehr Auto fahren kann") und garantiert – psychisch und räumlich – Horizont- und Radiuserweiterung. Im subjektiven Empfinden hat das Auto die Funktion und Wirkung einer schützenden Hülle – ermöglicht Abgrenzung zu anderen, kann aber auch eine Brücke zur Welt und zu neuen Kontakten sein.

> Der Abnabelungsprozess ist viel zu schwer und schmerzhaft, als dass die enge Bindung an das Auto aufgegeben wird. Die Bedeutung des Autos für die Mobilität der Menschen lässt sich in Zukunft allenfalls relativieren. Das Auto aber ist vorerst nicht zu ersetzen – und Mobilitätspioniere sind noch lange nicht in Sicht.

In der Fachdiskussion finden sich vielfach Erklärungsansätze, die Defizite des heimischen Alltags als Hauptmotiv für die Mobilität sehen wollen. Zu dieser wohnungspsychologischen Sichtweise (vgl. Fuhrer u. a. 1993, S. 82 ff.) gehören beispielsweise

■ *die Geborgenheitsthese*
  Wer sich zu Hause nicht geborgen fühlt, ist nach Feierabend und am Wochenende mehr mobil.
■ *die Gartenthese*
  Wer keinen Garten, Rasen oder Balkon besitzt, fährt öfter mit dem Auto fort.
■ *die Stockwerkthese*
  Wer im Hochhaus lebt, ist mobiler als derjenige, der erdnäher wohnt.
■ *die Kontaktthese*
  Wer von zu Hause weggeht, tut das in erster Linie, um andere Menschen zu treffen.
■ *die Wohnmobilthese*
  Wer sein Auto als mobiles Wohnzimmer betrachtet (und auch so ausstattet), neigt dazu, größere Distanzen zurückzulegen.

Es ist sicher unbestritten, dass *zwischen Wohnqualität und Mobilität* ein Zusammenhang besteht. Viel zu verkürzt muss jedoch die These erscheinen, die da besagt: „In der Mobilität spiegelt sich also ein Wohnproblem" (Fuhrer u. a. 1993, S. 78). Wie wäre es sonst zu erklären, dass unter den Tagesausflüglern Arbeiter, Arbeitslose und Rentner unterrepräsentiert sind. Da diese Bevölkerungsgruppen noch am ehesten ein „Wohnproblem" haben, müssten sie eigentlich am mobilsten sein. Das Gegenteil ist der Fall. Und bei den Urlaubsreisenden dominieren seit jeher die Besserverdienenden und höheren Berufsgruppen wie Freiberufler und Selbständige, leitende Angestellte und höhere Beamte.

Mobilität entwickelt sich für immer mehr Menschen zu einem wichtigen Lebenselixier für Körper und Seele, ja beinahe zu einem Therapeutikum mit physischer, psychischer und sozialer Bedeutung.

Wer den Menschen das Lebenselixier der Mobilität nähme, müsste ihnen etwas Gleichwertiges dafür geben. Andernfalls wären die physischen, psychischen und sozialen Folgen (und Folgekosten) unabsehbar. Die Gesellschaft kann schließlich nicht die Menschen massenhaft aus der Arbeit entlassen und sie dann in die eigenen vier Wände verbannen.

Es bestätigen sich Analysen des Amerikaners Vance Packard aus den siebziger Jahren, der seinerzeit der Frage nachging, warum die Menschen immer mobiler werden – im Grunde genommen nicht auf irgendein Ziel hin, sondern immer von etwas weg. Packard nannte dieses Phänomen das *„Kalifornien-Syndrom"* (Packard 1973). Das Kalifornien-Syndrom basiert auf den beiden Säulen Geld und Zeit: Aus jedem Tag und jeder Stunde muss so viel wie möglich herausgeholt werden. Man lebt und konsumiert im Hier und Jetzt: „Lebe dein Leben, genieße es – so lange du kannst." Hauptsache, die Langeweile ist ganz weit weg.

Es ist zudem nicht auszuschließen, dass sich eine Prognose aus den sechziger Jahren bewahrheitet: Danach wird der Mensch mit optischen und akustischen Reizen so überfüttert und überflutet, dass er nur noch auf immer massivere Reizanstürme mit echten Empfindungen reagieren kann. Als Ausweg aus der ständigen sinnlichen Sensationssteigerung bietet sich das Ausweichen auf „Gebiete kinästhetischer Empfindungen" an (vgl. Knebel 1960, S. 99). Statt optischer und akustischer Reize sehnt sich der Mensch dann nach *Bewegungsempfindungen beim Autofahren.* Bewegung, Mobilität und Beschleunigung schaffen neue Empfindungsqualitäten: Veränderte Körperlagen (z. B. beim Kurvenfahren) können fast rauschartige Zustände auslösen (z. B. Geschwindigkeitsrausch), die viel unmittelbarer, vitaler und opiatähnlicher auf den Körper einwirken als es akustische und optische Reize je vermögen. So „entlasten" sich z. B. Jugendliche nach dem Trommelfeuer von Disco-Besuchen durch die Sensation der Bewegung beim Autofahren.

Die Suche und Sucht nach neuen Bewegungsgefühlen als Ausgleich und Ventil für sinnliche Reizüberflutungen können auch eine Erklärung dafür sein, warum die ständig wachsende Mobilität mit dem eigenen Auto alle bisherigen Verkehrsprognosen ad absurdum führt.

Mit der Mobilität rückt in eine Gesellschaft, die immer schon rastlos war, zusätzlich das *Element der Erlebnisorientierung* in den Vordergrund. Die Neigung wächst, für den Augenblick zu leben. Diese *Jetzt-Generation* schwelgt in spontanen und impulsiven Bewegungserlebnissen. Die Sehnsucht breitet sich aus, ständig „auf Achse" und „in action" zu sein. Die Erlebnismobilität macht das *Nomadisieren* (Packard 1973, S. 244) zum Lebensstil. Und die Orte entwickeln sich zunehmend zu Sammelplätzen für moderne Nomaden – umgeben von einer *Aura der Ruhelosigkeit* und einer Atmosphäre der Unbeständigkeit.

Dies hat zur Folge: In der mobilen Gesellschaft der Zukunft wird es immer schwerer, soziale Wurzeln zu schlagen. Mit der wachsenden Mobilität der Menschen wächst auch die Sehnsucht nach Rast, Ruhe und Verwurzelung: *„Gib mir Wurzeln, denn ich habe keine ..."* Wenn ein Leben nur noch auf Mobilität aufgebaut ist, besteht die Gefahr, den eigenen Orts-Sinn zu verlieren. Zur Selbstdefinition braucht man schließlich Antworten auf die Frage nach dem „Woher" und „Wohin". Mit dem Verlust der Wurzeln aber wird es immer schwerer, zu wachsen oder gar zu blühen, weil man ja ständig „umgepflanzt" wird.

Im subjektiven Empfinden wäre eine *Welt ohne Auto eine freudlose Welt*: „Ganz schön traurig". Über hundert Jahre Automobilität haben ganze Generationen geprägt und in der Sozialisation, im Aktivitäts- und Interessenspektrum sowie in den Lebensgewohnheiten der Menschen ihre nachhaltigen Spuren hinterlassen. Mobilität ohne Auto würde bei vielen Menschen zu *schmerzhaften Entzugserscheinungen* führen (genauso wie ein Alltag ohne Fernsehen) und wäre nur auf dem Umwege über eine langwierige Entwöhnung realisierbar. Die aber müsste als Autoverzicht oder Fahrverbot von der Politik als Ultima Ratio (sozusagen in letzter Not) „verordnet" werden.

Autolose Welt als freudlose Welt – freie Assoziationen

Das Fahrrad	*Die U-Bahn*	*Das Schiff*
▪ wird gestohlen	▪ ist ein Abenteuer	▪ geht unter
▪ wird kaputt gefahren	▪ ist gefährlich	
▪ ist wetterempfindlich	▪ wird zur Falle	

Der Radfahrer	*Der U-Bahn-Fahrer*
▪ wird umgefahren	▪ wird überfallen
▪ wird nass	▪ ist Freiwild

Wirkliche Alternativen zum Auto sind nicht in Sicht – selbst bei den Personen nicht, die ihr Leben schon heute öfter ohne Auto verbringen. Die Vorstellung einer ganz anderen Mobilität erweist sich als unlösbare Aufgabe. Und das Nachdenken über Alternativen gleicht mehr einem Gefahren-Szenario: Fahrradfahren ist keine Lösung. Der U-Bahn-Fahrer lebt gefährlicher als der Autofahrer. Und der Autofahrer hat zwar Probleme – aber er überlebt. In den Geschichten und Vorstellungen über Alternativen zur Automobilität erleiden die Nutzer allesamt „Schiffbruch".

Die subjektiven *Vorstellungen über eine autofreie Stadtzukunft* haben – psychologisch gesehen – mehr resignativen Ausflucht- als praktikablen Lösungscharakter: „Ein Pferd, ein Mofa und ein Boot" oder „Beamen: Mit wenig Energie große Distanzen überwinden". Vielen ist bewusst: Feierabende, Wochenenden und Urlaubszeiten lassen sich auf Dauer nur durch Unternehmungslust ertragen.

8. Suche nach lebenswerten Alternativen

Damit die Zukunft der Mobilität nicht in Feinstaubbelastung und Verkehrsinfarkt endet, bietet sich als Problemlösung nur das *Wohl- oder Übel-Mobilitätskonzept* an: *Weiter Autoverkehr – aber weniger und anders*. Weniger Mobilität mit dem Auto wäre in Zukunft möglich, wenn es gelänge,

- attraktive wohnungsnahe Angebote („vor der Haustür" oder „um die Ecke") zu schaffen und
- häufiger andere Verkehrsmittel in Anspruch zu nehmen (Bahn, ÖNVP, Fahrrad, zu Fuß).

Ansonsten richten sich alle Hoffnungen auf umweltverträglichere Techniken und Treibstoffe sowie auf neue Organisations- und Techniksysteme vom Car Sharing bis zum Auto auf Schienen oder Fließbändern.

Über lebenswerte Alternativen zum Auto muss ernsthafter nachgedacht werden. Werden beispielsweise *autofreie Stadtbereiche positiv erlebt*, dann kann es zu einer Verschiebung der Identifikation kommen – zu einer Identifikation mehr mit dem eigenen Lebensraum und weniger mit dem eigenen Auto. Autofreie Inseln in der Stadt bedeuten so unmittelbar erfahrbare Lebensqualität. Dies könnte die beste *Werbung für ein neues Lebensgefühl* (statt gegen das Auto) sein. Die Lustkomponente des Lebens bliebe erhalten. Die Verteufelung der Mobilität wäre entbehrlich.

Bis dahin ist aber noch ein weiter Weg. Denn aus der Sicht der Psychoanalyse bedeutet der Autoverzicht bzw. das Umsteigen auf Öffentliche Verkehrsmittel fast eine „narzisstische Amputation" (Bliersbach 1992, S. 7): Gemeint ist eine *Amputation des Selbstwertgefühls*. Der/die Einzelne muss sich dann einreihen in die Schlange der Wartenden und verschwindet als eine/r von vielen. Das „Umsteigen" in Öffentliche Verkehrsmittel wird zu einer mentalen Leistung und setzt eine innere Umstellung voraus. Abfahrt vor der eigenen und Ankunft vor der fremden Haustür ist kaum mehr möglich. Und die Öffentlichen Verkehrsmittel müssten gewaltige Anstrengungen unternehmen, um die Verheißungen einer automobilen Gesellschaft zu relativieren. Es muss aber grundsätzlich umgedacht werden. Denn an Wochenenden ist der Öffentliche Verkehr so „ausgedünnt", dass es unmöglich ist, Verwandte und Bekannte im städtischen Umland zu besuchen. Ohne Auto erscheint ein „schönes Leben" heute kaum noch möglich. Daraus folgt:

Ein Leben ohne Auto darf in Zukunft nicht mehr nur als Verzicht oder Askese empfunden werden, sondern muss Ausdruck eines besseren, ja reicheren Lebens sein, wozu dann auch der neue Reichtum an Zeit gehört.

Die Hälfte aller Autofahrten sind kürzer als 5 km, fast ein Drittel aller Fahrten mit dem Pkw sogar kürzer als 3 km. Dies bedeutet:
- hoher Energieverbrauch,
- hohe Schadgasmengen,
- großer Verschleiß bei kaltem Motor und
- hohe Unfallraten in Innenstädten.

Wer „so" fährt, fährt ebenso umweltschädlich wie unwirtschaftlich. Die frühe Empfehlung des Bundesumweltministeriums aus den achtziger Jahren „Ein Großteil dieser Wege könnte zu Fuß oder mit dem Fahrrad zurückgelegt werden" (BMU 1987, S. 31) war sicher vernünftig, ist aber folgenlos geblieben. Denn ohne *Attraktivitätsverbesserungen (= Erlebnissteigerungen)* des Öffentlichen Personenverkehrs, der Radverkehrswege und der Fußgängerzonen kann es keine wirkliche Alternative zum Auto geben.

Es bewahrheitet sich eher eine Entwicklung, die der spanische Philosoph José Ortega y Gasset schon vor über sechzig Jahren in seinem Essay „Der Aufstand der Massen" vorausgesagt hat: Das öffentliche Leben Europas werde durch die *Tatsache der Menschenansammlungen* entscheidend geprägt und ein historisch neues Phänomen der Überfüllung heraufbeschwören: „Die Städte sind überfüllt mit Menschen, die Hotels mit Gästen, die Züge mit Reisenden, die Cafés mit Besuchern; es gibt zu viele Passanten auf der Straße ... *Was früher kein Problem war, ist jetzt unausgesetzt: einen Platz zu finden"* (Ortega ẏ Gasset 1930/1984, S. 7). In Zukunft brauchen wir geradezu ein neues „Management von Mobilität und Menge" (Romeiß-Stracke 1991), damit wir das große Gedränge bewältigen können. Der Erlebniskonsument der Zukunft wird sich mit neuen Situationen arrangieren müssen. Kurz: Heillose Überfüllung oder Warten auf Bewegung in der Schlange.

Früher gab es die „Menge" eigentlich nur im Rahmen sozialer Bewegungen; in Zukunft wird die „Masse" zum sichtbaren Ausdruck expansiver Entwicklungen. Sie rückt in den Vordergrund: Vor über zweihundert Jahren hat die Volksmenge *für die Freiheit die Bastille* gestürmt; in Zukunft „besetzt" die Masse *für die Freizeit die Lokale*, Theater und Vergnügungen, die früher nur wenigen zustanden. Der Stil der Massen triumphiert. Das 21. Jahrhundert kann in den westlichen Industrieländern zum Symbol für Massenmobilität werden. Dieses Leben werden dann vielleicht nur noch *Warte-Profis* problemlos überstehen können. In Zukunft ist größeres Warte-Stehvermögen gefordert für Menschen, die beispielsweise in wenigen Stunden über den Atlantik fliegen können, um dann fast ebenso lange für die Zoll- und Passkontrolle zu brauchen. Die Forschung wird sich demnächst nicht nur mit dem „Phänomen Stress" (F. Vester 1976/78), sondern auch mit der Psychologie des Wartens beschäftigen müssen.

9. Umdenken in der Verkehrspolitik

Die bisherigen Forschungsergebnisse zwingen zum Umdenken in der städtischen Verkehrspolitik: Bislang galt die Schaffung eines attraktiven Nahbereichs bzw. Wohnumfeldes als „die" entscheidende Bestimmungsgröße für eine Option „Vermeidung von Verkehrsaufwand" (Enquête-Kommission 1994, S. 133). Wie wirksam ist es jedoch, mit großem Aufwand den Nahbereich schön und lebenswert zu gestalten, wenn die Erlebnisindustrien mit noch größerem (Werbe-)Aufwand den Bewohnern den Eindruck vermitteln, dass erst im Fernbereich „die Post abgeht"? Verzicht auf Mobilität geht auf diese Weise eher mit eingeredetem schlechtem Gewissen einher. Alle Anzeichen sprechen dafür, dass die Erlebnisindustrien die Mobilität von Menschen mehr „anheizen" als bremsen.

Attraktive Ergänzung zur Automobilität

Kein Energiesektor plündert die globalen Rohstoffreserven mehr als der Autoverkehr. Der Physiker und Meteorologe Hartmut Graßl entwarf hierfür das Bild eines *„Treibhaus-Yuppies"*, der wie kein anderer durch seine Konsumgewohnheiten und Lebensweise zu einer drohenden Klimaveränderung beiträgt: Er fährt täglich mit dem Auto zur Arbeit und bewohnt als Single ein schlecht isoliertes Haus mit Sauna und beheiztem Swimming-Pool. Am Wochenende ist er mit dem Auto ständig unterwegs. Und das Urlaubsziel kann nicht weit genug entfernt sein. Natürlich hat er Video, PC mit Laserdrucker und einen ganzen Fuhrpark an Küchenmaschinen. Bier und Cola trinkt er am liebsten aus der Dose, nur beim Wein bevorzugt er Flaschen, die

er anschließend – im Auto natürlich – zum Altglascontainer bringt (Graßl/
Klingholz 1990, S. 105).

> Der Treibhaus-Yuppie lebt bisher über seine ökologischen Verhältnisse und
> richtet seine Lebensweise viel zu sehr nach dem Auto aus. Im Interesse einer
> umweltschonenden Energieversorgung müsste er eigentlich sparen, sich be-
> scheiden und einschränken lernen und zugleich bereit sein, sich eine intakte
> Umwelt etwas kosten zu lassen.

Um Naherholungsanlagen am Wochenende zu erreichen, werden oft
hundert und mehr Kilometer mit dem Auto zurückgelegt. Rund drei Viertel
aller Tages- und Wochenendausflüge werden bisher mit dem eigenen Pkw
unternommen. Fast ebenso viele fahren „ohne festes Ziel" spontan „ins
Grüne." Die Automobilität wird noch verstärkt durch eingefahrene Freizeitgewohnheiten (z. B. in Dänemark: „Hier können wir mit dem Auto bis an
den Strand fahren"), die jahrelang geduldet, wenn nicht gar gefördert wurden. Für die motorisierte *Jagd nach Ruhe und Erholung* gibt es eigentlich nur
eine echte Ergänzung (nicht Alternative): Die innerstädtischen Parkanlagen.

Selbst zur schönsten Sommerzeit im August bleiben *an Wochenenden
über drei Viertel der Bundesbürger zu Hause* – nur eine Minderheit fährt mit
dem Auto. In der Medienöffentlichkeit wird seit Jahren ein anderes Bild ge-
zeichnet: „Drei Viertel flüchten, meistens mit dem Auto, ins so genannte
Grüne" (Spiegel vom 30. Juli 1990). In Wirklichkeit verhalten sich die Menschen so: Am Wochenende in aller Regel zu Hause oder im Garten bleiben,
„mal" in den Stadtpark gehen und „mal" in Naherholungsgebiete fahren.
Innerstädtische *Parkanlagen und Naherholungsgebiete* um die Großstädte
werden heute schon von der Mehrheit der Besucher beider Zielorte *alter-
nierend genutzt.* Beide Angebote ergänzen sich eher, als dass sie miteinander
konkurrieren.

Die ergänzende Funktion beider Angebote liegt dabei weniger in der
Unterschiedlichkeit der Freizeitaktivitäten als vielmehr in der unterschiedlichen qualitativen Bewertung der einzelnen Standorte:

- Der *Stadtpark* wird aufgrund seiner zentralen Lage aufgesucht, weil man
  „auf die Schnelle" und „auf die Kürze" Grün um sich haben und entspannen möchte. Für die Stadtparkbesucher dominiert die Suche nach Entspannung. Charakteristisch bleibt die Wohnungs- und Alltagsnähe.
- Die *Ausflugsziele/Naherholungsgebiete* sucht man auf, weil man „raus will
  aus dem Alltag" und „raus aus der Stadt", was für die meisten gleichbedeutend ist mit „rein in die frische Luft, die gesündere Umwelt". Für die
  Ausflügler dominiert die Flucht aus dem Alltag. Charakteristisch ist eine
  gewisse Nähe zum Urlaubserleben („Gefühl wie Verreisen").

Der Stadtpark hat Pausencharakter, die Ausflugsgebiete schaffen Abstand vom Alltag. Die Grundmotive der beiden Besuchergruppen sind nicht miteinander austauschbar. Allenfalls im Urlaub lassen sich beide, Entspannungsbedürfnis und Fluchtmotiv, problemlos miteinander verbinden.

Die Planung oder Konstruktion eines „idealen Stadtparks" mit dem Ziel, die Wochenend-Besucher der Naherholungsgebiete in der Stadt zu halten, kann für die Zukunft kein Erfolg versprechender Ansatz mehr sein. Der Stellenwert des Grüns in der Stadt kann allenfalls noch mehr verdeutlicht werden. Dabei ist immer von dem gesamten innerstädtischen Grün, dem gesamten Angebot aller innerstädtischen Parkanlagen auszugehen.

Die insulare Lage des Stadtparks ist aufzuheben, der Park als Ausgangspunkt für weitflächige Grünanlagen auszubauen. Der Stadtpark der Zukunft kann nicht mehr die grüne Oase inmitten einer Steinwüste sein. Vielmehr ist die Großstadt als Ensemble von Parks und Grünanlagen stärker in das Bewusstsein der Bewohner zu bringen. Zum Erlebnisraum Stadt gehören immer auch zusammenhängende Wege- und Wandernetze, die City und Wohnquartier, Grünanlagen und Wasserflächen miteinander verbinden.

Der einzelne *Stadtpark* kann nur eine *Ergänzung zur Wochenendfahrt* mit dem Auto sein. Wohl aber könnte die Gesamtheit der städtischen Grünanlagen, wenn sie den Bewohnern in ihrer Weiträumigkeit erst einmal bewusst geworden ist, eine bedenkenswerte Alternative werden. Es kann also nicht darum gehen, einzelne Parks durch spezifische Ausstattungen und „Möblierungen" aufzuwerten. Vielmehr ist für den gesamten städtischen Bereich ein *Grünflächenkonzept* zu erarbeiten, in das auch derzeit nicht genutzte Flächen (z. B. ehemalige „Trümmer-Grundstücke", „industrielle Brachen") einbezogen und als Grünflächen ausgewiesen werden. Mit der Entwicklung von „Kleingrün" (Planer-Sprache) in der Stadt ist es in Zukunft nicht mehr getan: Hier ein Stadtbaum, dort ein Stadtbach, gegenüber ein Schulgarten in Verbindung mit einem begrünten Garagendach. In solchen Planungskonzepten wird das „Kleingrün" zum Fassadengrün. Manche Gartenhäuser bekommen lediglich einen „grünen Pelz" und die Stadtplaner setzen sich selbst ein Denkmal zum „Artenschutz im Hinterhof" (vgl. Markstein 1986).

Sicher müssen die vorhandenen innerstädtischen Parkanlagen erhalten und verbessert werden. Wichtiger aber ist eine *Neudefinition der Gesamtstadt als Grün- und Freizeitbereich (und nicht nur als Wohn- und Arbeitsplatz)*. Die Kommunen müssen den Bürgern die vorhandenen Grünflächen und Freizeitmöglichkeiten ihrer Stadt transparenter machen. Dazu gehört auch die Umnutzung vorhandener Brachflächen in städtisches Grün. Planungskriterien hierfür sind:

- Weitläufigkeit,
- mehr große Bäume als „Klein-Grün",
- Einbeziehung der Elemente Wasser und Land sowie
- Einplanung von Möglichkeiten für Parkbesucher, sowohl Öffentlichkeit als auch Privatheit im Park erleben und realisieren zu können.

Sanfte Technologien

Vielleicht müssen wir wieder mehr das Laufen lernen. Mit intelligenteren und saubereren Autos („Schnaps"- und Elektroautos, automatisches Parksystem u. a.) allein ist es in Zukunft nicht mehr getan. Als Radikalkur empfiehlt sich die Förderung und der Ausbau sanfter Technologien, d. h. die *Reduzierung des Autoverkehrs im Umweltverbund mit Fußgängern, Radfahrern und Öffentlichem Nahverkehr*. Das hat nur auf den ersten Blick etwas mit weltfremder Verkehrsromantik zu tun. In einigen Städten ist es bereits Realität:

- *Beispiel Bologna*. Die Altstadt ist auf einer Fläche von 4,5 Quadratkilometern für den gesamten Autoverkehr (außer Bewohnern und Lieferanten) gesperrt.
- *Beispiel Rom*. Das Zentrum mit Via Veneto, Via Nazionale, Bahnhofsviertel und Foren ist für Autos eine „verbotene Stadt".
- *Beispiel Lübeck*. Die gesamte Altstadt auf der Traveinsel wird zu bestimmten Zeiten zur „autofreien Innenstadt" erklärt.

Nach dem „Modell Krupp" (wie z. B. in Saarbrücken) könnten an der Peripherie *raumsparende Parkhäuser* errichtet werden: Der Wagen wird am Eingang auf eine Plattform gefahren. Auf Knopfdruck stellt der Automat das Auto in eine freie Parkbox. Nach der Rückkehr vom Ausflug kommt der Wagen ebenso automatisch wieder hervor. Das System „Automatisch in die Box" spart Platz, weil Auf- und Abfahrt-Rampen sowie Rangierraum in den Etagen wegfallen. Beim Ein- und Ausparken entstehen keine Abgase. Der Ort, an dem man seinen Wagen abstellt, ist belebt und gut beleuchtet. Es gibt keine (nicht nur für Frauen) beängstigend leeren Treppenhäuser und halbdunkle Parketagen. Wenn zwischendurch am Ort beim Shopping Einkäufe getätigt werden, braucht niemand die Einkaufssachen zu schleppen. Sie werden von den Geschäften in das entsprechende Parkhaus transportiert und an einem Schalter neben der Ausfahrt ausgegeben.

Auch *verkehrsmindernde Maßnahmen*, die die Umweltbelastungen reduzieren, können ins Auge gefasst werden:

- Fahrbeschränkungen für Kraftfahrzeuge im Ortsbereich für Fahrzeuge aller Art oder nur für bestimmte Fahrzeugtypen, ganztägig oder zeitlich begrenzt (Mittags- und Nachtfahrverbote).
- Nutzervorteile für geräuscharme Fahrzeuge.
- Förderung öffentlicher und halböffentlicher Verkehrsmittel (z. B. Busdienste für Einwohner ohne eigenen Pkw, Großraumtaxis, Minibusse).

Für den Feierabend-, Wochenend- und Ferienverkehr ist ein speziell ausgerichtetes Transfersystem zu entwickeln, das flexibel auf wetterabhängige Freizeitgewohnheiten reagiert: Neben einem *Taktfahrplan mit kurzen Intervallen (Shuttle-System)* sind Bedarfsbusse einzuplanen (Beispiel: Bus fährt los, wenn Wagen besetzt ist).

Wenn das Umsteigen auf Öffentliche Verkehrsmittel breitenwirksam erfolgen soll, darf es nicht mit gravierenden Zeitverlusten, mit unzumutbaren Belastungen (z. B. mehrfaches Umsteigen) oder mit substantiellen Einschränkungen der persönlichen Bewegungsfreiheit verbunden sein („Hab' schon mal überlegt, das Auto stehen zu lassen. Aber das ist so furchtbar umständlich. Bis ich da im Wald bin – da kann ich gleich wieder umkehren"). *Schnell, bequem und preiswert* müssen die Hauptattribute des Öffentlichen Nahverkehrs werden – andernfalls nimmt die Motorisierung durch Privat-Pkw weiter zu. Mit Billigfahrscheinen allein ist es nicht getan. Ein Null-Tarif, der Zeit kostet und Unbequemlichkeiten beschert, ist keine Alternative für die Pkw-Mobilität. Über einen *„Service von der Haustür an"* muss ernsthaft nachgedacht werden, sonst rückt der Nahverkehr in weite Ferne.

Die Schaffung eines flächendeckenden Verbundsystems von Bus und Bahn in Verbindung mit einer Frequenzverdichtung (also häufigeren Abfahrtszeiten) ist das Gebot der Stunde. Die Erfahrung zeigt, dass die Mobilität der Menschen erst dann umweltfreundlicher wird, wenn sie weder mit einem Verlust an Zeit noch mit einem Komfortverlust verbunden oder, was noch besser ist, wenn sie preisgünstiger („billig") ist oder man dafür auch noch bezahlt wird (Beispiel: Steuervergünstigung für Kat-Autos).

Zur Förderung sanfter Technologien gehört aber auch der Ausbau von Wander-, Spazier- und Radwegen. Erstrebenswertes Ziel für die Zukunft könnte die Schaffung attraktiver motorloser bzw. autofreier Gebiete im Grünen sein: *Naturnutzung ohne Naturzerstörung.* Modellmaßnahmen in dieser Richtung sollten vorrangig gefördert werden. Auch die *Anreize zum Zu-Fuß-Gehen* müssen gesteigert werden: Breite Bürgersteige, Spazierwege, Grünverbindungen, Straßen und Gassen sind netzartig miteinander zu verbinden, so dass attraktive Fußgängerbereiche entstehen.

Fahrradfreundliche Städte

Fünfzig Prozent aller Autofahrten im Stadtverkehr betragen höchstens fünf Kilometer – eine Entfernung, die mit dem Fahrrad ebenso schnell zurückgelegt werden könnte. Seit Anfang der achtziger Jahre läuft das Modellvorhaben des Umweltbundesamtes „Fahrradfreundliche Stadt". Fahrrad-Vermietstationen werden eingerichtet und Abstellplätze für Fahrräder geschaffen. In Rosenheim gibt es ein eigenes *Fahrradbüro* und in Detmold ein *Fahrradcafé*. Und auf Straßen ohne Radweg werden mit weißer Farbe Fahrrad-„Fahrbahnen" markiert.

Aus der Problemsicht von Umweltbelastungen mit dem Auto kommt dem Modellvorhaben fahrradfreundlicher Städte große Bedeutung zu. Zu einer *fahrradfreundlichen Infrastruktur* in der Stadt gehören in erster Linie:

- Ein innerstädtisches Radwegenetz mit Ausschilderung und begleitenden Grünanlagen.
- Freihalten der Fahrradwege von parkenden Autos sowie regelmäßige Winterdienste.
- Transporterlaubnis für Fahrräder in Öffentlichen Verkehrsmitteln bzw. Fahrradvermietung an Bahnhöfen.
- Überdachte Fahrrad-Abstellplätze mit Schließfächern für das Gepäck von Radfahrern.

In der Entwicklung einer fahrradfreundlichen Infrastruktur, die auch die Umwelt schont, stehen wir erst am Anfang.

Realitätsnahe Zukunftsszenarien

Ein Expertenkreis von 50 Wissenschaftlern und Unternehmensvertretern hat sich unlängst Gedanken zur *Zukunft der Mobilität* bis zum Jahr 2020 gemacht. Mobilität wurde dabei als „physische Mobilität" im Sinne von Raumüberwindung verstanden. Und so sehen die beiden alternativen Zukunftsszenarien aus der Sicht von Verkehrsexperten aus (vgl. ifmo 2004):

- *Zukunftsszenario I: Die unveränderte Dominanz des Autos*
  Bei rückläufiger Bevölkerungsentwicklung und Erwerbstätigenzahl liegen die Wachstumsraten des Bruttoinlandsprodukts unter zwei Prozent. Die Ökologiepolitik spielt eine untergeordnete Rolle. Die Benzinpreise steigen, die Mobilitätsausgaben der Privathaushalte auch. Die meisten Bundesbürger pflegen nach wie vor einen demonstrativen Konsumstil. Und das Auto dominiert weiterhin das Mobilitätsleitbild der Deutschen.

Die Osterweiterung der EU lässt den Güterverkehr erheblich ansteigen. Deutschland wird zum Transitland. Die Situation im Straßenverkehr verschlechtert sich. Auf Autobahnen und in Ballungsräumen kommt es zu teilweise chaotischen Verhältnissen. Die Deutschen werden selbst zu einem *Volk von Pendlern*: Der Strukturwandel in der Arbeitswelt verursacht immer längere Pendeldistanzen zwischen Wohnung und Arbeitsplatz und lässt die Fahrgastzahlen im ÖPNV erheblich steigen. Die *Dominanz des Automobils* bleibt allerdings erhalten. Das Umsteigen zwischen verschiedenen Verkehrsmitteln ist kaum gefragt. Eine Abkehr vom Auto ist nicht erkennbar.

■ *Zukunftsszenario II: Die flexible Kombination aller Verkehrsmittel*

Das Szenario geht von der Annahme höherer Wachstumsraten (über zwei Prozent) und steigender Erwerbstätigkeit aus. Die Benzinpreise verdoppeln sich. Auf den Autobahnen werden *Straßenbenutzungsgebühren* generell eingeführt. Die Einzelhaushalte müssen mehr für Mobilität ausgeben. *Das Auto verliert seine dominante Stellung.*

Die Nachfrage nach personenbezogenen Dienstleistungen (z. B. Erlebnisparks, Wellnesscenter, Kinderbetreuung) steigt. Gleichzeitig kommt es zur Ausdifferenzierung von Dienstleistungen (z. B. „Erlediger" für private Angelegenheiten, Haustierversorger, Heimköche, Betreuer für Senioren, Sterbebegleiter). Diese neuen Dienstleistungen erzeugen zusätzliche Mobilität. Der öffentliche Personennahverkehr hat hierbei trotz eines differenzierten Angebots Systemnachteile.

Mobilität auf der Straße, der Schiene und in der Luft wird teurer. Die Verbraucher sparen die Mehrkosten in anderen Konsumbereichen wieder ein. Die Pkw-Dichte steigt weiter an. Allerdings setzt sich bei der Wahl der Verkehrsmittel zunehmend Pragmatismus durch. Die emotionale Bindung zum Auto lässt etwas nach. Die Bahn holt auf. Der ÖPNV wird attraktiver. *Die Verbraucher kombinieren flexibel alle Verkehrsmittel.* Daraus folgt:

> Das Szenario I verschlechtert die Mobilitätssituation erheblich, das Szenario II macht sie erträglich, aber verbessert sie nicht. Und wie sich die Mobilität bei dem immer stärkeren Zusammenwachsen Europas entwickelt, ist offener denn je.

Es ist bezeichnend, dass auch Telearbeit als ein Beitrag zur Verkehrsentlastung angesehen wird. In Wirklichkeit gleicht das Ganze doch mehr einem *Null-Summen-Spiel*. Was z. B. Teleworker an Berufswegen einsparen, gleichen sie durch gesteigerte Mobilität nach Feierabend wieder aus. PC-Nutzer haben nachweislich und verständlicherweise ein größeres Mobilitätsbedürfnis als die übrige Bevölkerung. Sie sind mehr als andere mit dem Auto unterwegs. Ihre Auto-Mobilität ist erwiesenermaßen höher als bei der übrigen Bevölkerung. Wenn die Arbeit getan ist, schalten sie den Computer aus und die Zündung im Auto ein. Der erwartete Substitutionseffekt, also die Verkehrsentlastung durch mehr Heimarbeit ist vermutlich „gleich Null". Lediglich die berufsbedingte „Rushhour" könnte sich zeitlich verlagern – mit der Konsequenz, dass der Verkehr dann vielleicht rund um die Uhr stattfindet und die Grenzen zwischen Berufs- und Freizeitverkehr immer fließender werden.

Resümee: Damit Mobilität eine *nachhaltige Zukunft* hat, müssen die Menschen *sensibler für soziale und ökologische Maßstäbe und Grenzen* werden und Beliebigkeit durch Verantwortlichkeit ersetzen. Einen nachhaltigen Verkehr kann es nur geben, wenn es gelingt, die von der europäischen Verkehrs- und Umweltministerkonferenz bereits im November 1997 in Wien getroffenen Vereinbarungen zu verwirklichen. Dabei wurde ausdrücklich Bezug genommen auf die so genannten *Vancouver-Prinzipien* (Vancouver Konferenz 1996), die Antworten darauf geben, wozu Verkehr eigentlich dient. Um Mobilität für alle zu erhalten und nachhaltigen Verkehr sicherzustellen, müssen vor allem *Gerechtigkeit und Erreichbarkeit* garantiert werden:

Das Prinzip Gerechtigkeit (Equity) trägt dafür Sorge, dass zwischen Menschen, Generationen und Regionen Gerechtigkeit herrscht und niemand von der Mobilität ausgeschlossen oder zur Immobilität gezwungen werden darf. In dieser Sichtweise käme Mobilität einem menschlichen Grundbedürfnis gleich.
Das Prinzip Erreichbarkeit (Access) bringt zum Ausdruck, dass alle Menschen ein Recht auf Zugang zu Menschen, Orten, Gütern und Dienstleistungen haben. Danach wäre Verkehr ein Grundrecht des Menschen.

Beide – das *Grundbedürfnis Mobilität* und das *Grundrecht Verkehr* – gewähren ein Optimum an Freiheit, sind allerdings auch mit der sozialen Pflicht verbunden, das Kriterium der ökologischen Nachhaltigkeit nicht zu verletzen, also mit natürlichen Ressourcen sparsam umzugehen und Überbeanspruchungen auszuschließen.

Schließlich bleibt die Hoffnung, dass im Zeitalter der Telekommunikation neue Verkehrsleitsysteme eine Verkehrsreduktion durch effizientere Gestaltung des vorhandenen Verkehrsaufkommens bewirken „könnten". Gemeint ist *Telematik*, eine Verbindung von Telekommunikation und Informatik, womit der Straßenverkehr problemlos gesteuert werden soll. Dagegen spricht aber die Erfahrung, dass eine effizientere Verkehrsgestaltung die Verkehrsteilnehmer eher dazu animiert, *mehr und längere Autofahrten zu unternehmen*. Das Verkehrsaufkommen wird dadurch nicht gemindert. Telematik auf den Straßen zieht eher neuen Verkehr an.

Und als allerletzte Hoffnung bleibt noch die *E-Mobilität*: Garantiert unfallfreies Fahren soll dann keine Utopie mehr sein – wenn der Mensch den Computer an das Steuer lässt. *Joystick statt Lenkrad*: Ist das realistisch? Auf

Deutschlands Straßen sterben jährlich über 7000 Menschen; hinzu kommen eine halbe Million Schwerverletzte. Das soll es in Zukunft nicht mehr geben? Und so stellt man sich die E-Mobilität vor: Ein präzises Satelliten-Navigationssystem leitet das Auto „auf schnellstem Weg an den Zielort, Infrarot-Scheinwerfer leuchten die Fahrbahn aus, an der Karosserie installierte Kameras suchen die Umgebung nach unerwarteten Hindernissen ab, registrieren genau die Bewegungen anderer Verkehrsteilnehmer, erkennen Radfahrer und Fußgänger, Steinschläge, Schlaglöcher oder Wildwechsel lange vor dem Fahrer. Sensoren an der Straße und im Fahrzeug-Chassis zeichnen Verkehrsdichte, Beschaffenheit der Fahrbahn, Windgeschwindigkeit und Außentemperatur auf, im Bordcomputer werden die Daten sofort verarbeitet. Auf Aquaplaning, Glatteis, Nebelbänke, Geisterfahrer, am Straßenrand spielende Kinder, die Fahrbahn kreuzende Hunde, Katzen und Rehe reagiert das computergesteuerte Auto präziser denn je" (Oppermann 2000, S. 15). Mit einer solchen E-Mobilität hätte *das intelligente Auto* seinen Zenit und die Automobilität in Deutschland einen Punkt erreicht, der nicht mehr gesteigert werden kann.

So bleibt für die Zukunft allenfalls noch die Alternative einer virtuellen Mobilität im Internet: In 80 Sekunden um die Welt surfen. Kann das eine Alternative sein? Nein – viele Menschen werden lieber vor Sylt auf dem Wasser surfen oder ihre Sportlichkeit den ganzen Sommer über mit dem Surfbrett auf dem Autodach demonstrieren und mit ihrem Wagen zur Arbeit fahren wollen.

Für die Zukunft zeichnet sich ab: Die berufsbedingte Mobilität stagniert oder geht zurück, weil die Zeitverluste durch das „Pendeln" und die Kosten durch das „Zweitauto" von den Betroffenen immer weniger getragen werden können oder wollen. Die Zeit der Stadtflucht geht zu Ende. Immer weniger Menschen leben auf dem Land. 1994 war es noch fast jeder fünfte Bundesbürger (18,7%), knapp zehn Jahre später etwa jeder sechste (2003: 15,4%). Im Jahre 2010 wird der Anteil der ländlichen Bevölkerung in Deutschland nur mehr bei 13 Prozent liegen. Sinkende Lebensqualität auf dem Lande und extrem hohe Energiepreise beschleunigen den Trend *Zurück in die Stadt.*

Innerstädtische Wohnlagen gewährleisten eher ein *Rundum-versorgt-sein-Gefühl.* Für die nähere Zukunft gilt: Deutschland bleibt in Bewegung. Architekten, Planer und Investoren sollten sich rechtzeitig auf diese Entwicklung einstellen und den Blick mehr auf stadtzentrale Wohnstandorte richten. Insbesondere Menschen in der nachelterlichen Lebensphase („45plus") kehren den Schlafstädten und Reihenhauskolonien auf der grünen Wiese den Rücken und suchen zur eigenen Sicherheit die Garantie der Vielfalt von Arbeit, Freizeit, Kultur und sozialen Diensten in Wohnortnähe.

IV. Ein neuer Bürgersinn. Zukunftschancen einer aktivierenden Kommunalpolitik

1. Die Krise der Politik

Wer will nicht eine gehobene Wohnqualität, ein niveauvolles Ambiente, intakte soziale Strukturen und eine hervorragende verkehrsmäßige Erschließung haben? Die Zukunftsfrage ist jedoch nicht, was wir alles haben wollen, sondern *was wir uns leisten können*. Die Wohlstands- und Wohlfahrtsbedingungen ändern sich grundlegend. Der Anspruchsstaat ist nicht länger bezahlbar. Denn der Staat kann nicht mehr geben, als er hat. Ökonomisch gesehen wird es den Menschen in den nächsten Jahren *nicht mehr so gut gehen wie heute*. Die Zukunft hat zwei Gesichter, eine Schatten- und eine Sonnenseite:

- Auf der einen Seite ist kein schnelles Ende der andauernden Strukturkrise mit spürbaren Folgen für die Sozialversicherungssysteme in Sicht.
- Andererseits wächst die Bereitschaft der Bundesbürger, sich vom Obrigkeitsstaat als Macher, Versorger und Verteiler zu verabschieden und statt auf staatliche Leistungen mehr auf Eigenleistungen zu vertrauen. Die Leistungsgesellschaft (63%) und nicht die Anspruchsgesellschaft (34%) bestimmt nach Ansicht der Bevölkerung die weitere Entwicklung in Deutschland (vgl. Opaschowski 2004).

Anspruch im Sinne von Wohlstand, Wachstum und Immer-Mehr wird ersetzt durch Eigenleistungen. Und das heißt: *Leistungsprinzip statt Anspruchsprinzip.*

Mit der tendenziellen Verlagerung von staatlicher Macht zu mehr Eigenverantwortung der Bürger verändert sich auch das Verständnis von Solidarität. Solidarität im 21. Jahrhundert bedeutet: Für sich selbst sorgen, um anderen nicht zur Last zu fallen. Die staatliche Sozialfürsorge bleibt nur noch auf jene beschränkt, die aus eigener Kraft nicht für sich selbst sorgen können.

Was folgt daraus für die Politik und das politische Handeln? Natürlich sollen Politiker weiterhin möglichst kompetent (71%), gebildet (71%) und gewissenhaft (72%) in der Ausübung ihres Amtes sein. Und man setzt bei ihnen ganz selbstverständlich auch ein großes Fachinteresse für Politik (65%) und Wirtschaftsfragen (59%) voraus. Was die Bevölkerung aber am meisten von Spitzenleuten in der Politik erwartet – ist *Zukunftsorientierung* (81%). Politiker *„sollten weit vorausdenken"* (Allensbach 2003, S. 750). Die

Erwartungen an die Zukunftskompetenz von Politikern sind sogar höher als die Erwartungen an Spitzenleute in der Wirtschaft (75%) oder in der Wissenschaft (77%).

Das Vertrauen in die Zukunftsfähigkeit der Demokratie schwindet, wenn Politiker Zukunftsdenken mit Denken in Legislaturperioden verwechseln. Das Visionsdefizit von Politik und Politikern muss als Hauptursache für die wachsende Skepsis gegenüber der Demokratie angesehen werden.

Die Bürger erwarten eine Politik der Nachhaltigkeit und sehen sich immer öfter mit der Kurzfristigkeit politischer Entscheidungsprozesse konfrontiert. So formiert sich zusehends der Protest von unten mit der hoffnungsvollen Perspektive: Eine andere Welt ist möglich – auch ohne Politik von oben. Die Protestformel lautet dann: *„Mit Attac die Zukunft zurückerobern!"*

„Wir haben mehr Staat, als wir uns leisten können." Das war die Kernaussage von Bundespräsident Horst Köhler in seiner Erfurter Rede zum Tag der Deutschen Einheit 2004. Seine Begründung dafür lautete: Die Deutschen haben mehr Staat, als für die Eigeninitiative der Menschen gut ist. So stellt sich die Frage: Wie viel Staat braucht der Mensch? Haben wir uns zu sehr an den „Übervater Staat" gewöhnt? Oder können und wollen wir uns davon befreien?

„Ich, der Staat, bin das Volk!" Was Friedrich Nietzsche vor über einhundertzwanzig Jahren in seiner Schrift „Also sprach Zarathustra" (1884) als kalte Lüge entlarvte, hat auch im 21. Jahrhundert seine Brisanz und Aktualität bewahrt. „L'état c'est moi", der Staat bin ich, konnte Ludwig XIV. noch stolz vor dem Stadtparlament von Paris verkünden. Doch wer ist heute der Staat? Und welche Rolle spielt das Volk? Wer regiert am Ende wen?

Staats- und Staatsbürgerrolle verändern sich grundlegend. Aus internationalen Vergleichsstudien geht hervor:

- In fast allen westlichen Industrieländern *sinkt die Wahlbeteiligung* der Bürger. Ein fast „universaler Rückgang der wichtigsten Möglichkeit politischer Einflussnahme" (Putnam 2001, S. 771) ist feststellbar – trotz eines höheren Bildungsniveaus auf breiter Ebene.
- Das Engagement zur *Mitarbeit in politischen Parteien ist rückläufig:* Parteienverdrossenheit ist vor allem bei der jüngeren Generation feststellbar. Damit verbunden sind teilweise dramatische Rückgänge bei der Parteimitgliedschaft bzw. die Ausbreitung nur „zahlender" Parteimitglieder.
- Ehemals massengetragene *Wahlen entwickeln sich zu Zuschauerveranstaltungen im Fernsehen.* Die Sprunghaftigkeit bei Wahlentscheidungen ist dadurch auch erklärbar. Die Bürger begnügen sich zunehmend mit der

Rolle von Zuschauern und überlassen die Beteiligung und das Engagement mehr den Profis und professionellen Agenturen. Aus der Politik, in der Bürger bisher direkt beteiligt waren und mitwirken konnten, entwickelt sich zunehmend eine Medienpolitik der Profis.

■ Rückläufige Mitgliedschaften in Gewerkschaften sowie zurückgehende Kirchenbesucherzahlen tragen zusätzlich zur Schwächung des traditionellen Sozialkapitals bei.

Parteien, Gewerkschaften und Kirchen repräsentierten bisher drei Hauptbereiche des Lebens: Politik, Arbeit und Religion als primäre Quellen von Identität und sozialem Rückhalt. Sie verlieren immer mehr an Einfluss.

Dieser allgemeine Niedergang kann nur teilweise durch neue persönliche Formen sozialer Beziehungen wie z. B. durch „lockere Beziehungen" (Wuthnow 2001) oder eine Art „Privatisierung des Sozialkapitals" (Putnam 2001) wieder ausgeglichen werden.

Viele Anzeichen deuten auf eine *wachsende Unzufriedenheit der Bürger* hin. Die Kritik an Staat, Politik und Gesellschaft wächst, die Enttäuschungserfahrungen häufen sich. Von *Politik-, Politiker- und Parteienverdrossenheit* ist zunehmend die Rede. Wiederholt sich – historisch gesehen – alles in regelmäßigen Zeitabständen? So ist z. B. 1992 (ein Jahr *nach* dem Golfkrieg) Politikverdrossenheit das „Wort des Jahres" gewesen. Auch nach dem Irakkrieg nahm die Unzufriedenheit der Bevölkerung mit Politik und Politikern wieder zu, weil sie zu wenig ermutigende Antworten auf die sich ausbreitende Verunsicherung erhielt.

Auch in der übrigen Welt ist eine *Krise der Politik* zu beobachten – verbunden mit Bedrohungen wie Aids, Klimawandel und internationalem Terrorismus. Von Seattle über Genua bis hin zu den Fabriken und Feldern großer Teile Asiens, Afrikas und Lateinamerikas verlieren nach Meinung des Entwicklungsprogramms der Vereinten Nationen „die Bürger überall ihr Vertrauen in die Fähigkeit und Bereitschaft ihrer politischen Führer, mit diesen drängenden Herausforderungen fertig zu werden" (UNDP 2002, S. VI). In 140 der beinahe 200 Länder der Welt finden heute Wahlen mit mehreren Parteien statt – mehr als je zuvor. Aber die Begeisterung der Bürger, die nach dem Ende des Kalten Krieges herrschte, ist mittlerweile den nüchternen Realitäten des 21. Jahrhunderts gewichen.

Die Millenniums-Umfrage beispielsweise, die von Gallup International bei mehr als 50 000 Personen weltweit durchgeführt wurde, wollte von den Bürgern wissen, ob ihr Land vom Willen des Volkes regiert würde. Das desillusionierende Ergebnis: Nur jeder Zehnte in sechzig Ländern der Welt ist der Meinung, seine Regierung trage dem Willen des Volkes Rechnung (Gallup 2002). So droht eine *Vertrauenskrise der Bürger und der Wähler:* Wer kann wem noch trauen? Das Vertrauen ist doch der soziale Kitt der Gesellschaft. Wenn das Vertrauen in Staat und Politik erschüttert ist – was hält die Gesellschaft dann noch zusammen?

Die Sozialforschung (vgl. Offe/Fuchs 2001, S. 487) weist im Einzelnen nach:

- Vom Schwund relativ unberührt bleibt die formelle Mitgliedschaft nur in den Vereinen, die für Mitglieder ganz spezielle Freizeitangebote machen.
- Das Vereinsengagement ist allerdings kaum noch von dem dauerhaften Bewusstsein einer sozialen, politischen oder religiösen Pflicht motiviert. Hauptanreiz ist mehr die Möglichkeit für die Wahrnehmung eigener (Freizeit-)Interessen.
- Vereinsformen, die dauerhaftes Engagement voraussetzen, sind immer weniger gefragt.

Die Mitgliederkrise in den Großorganisationen verläuft nicht einheitlich: Politikbezogene und freizeitbezogene Mitgliedschaften entwickeln sich auseinander. Während Gewerkschaften und Parteien über spürbare Mitgliederverluste klagen, nehmen Mitgliedschaften in Freizeitvereinigungen zu. Sie gewinnen an Attraktivität und werden den Interessen ihrer Mitglieder eher gerecht. Verlieren Parteien und Gewerkschaften ihren traditionellen Vertretungsanspruch?

Vor fast zwei Jahrzehnten fand mit Förderung des Bundesfamilienministeriums eine gesellschaftspolitische Tagung in der Katholischen Akademie Hamburg statt. Der „Mangel an Sinn- und Wertorientierung" in der Gesellschaft wurde seinerzeit beklagt und als Problem für die Zukunft kritisiert: „Die Politiker repräsentieren keine Werte mehr" (Opaschowski 1987, S. 16). Aus der pointierten Sicht der achtziger Jahre ist derzeit eine deutliche Mehrheitsmeinung geworden, was dazu führt, dass sich die *Stimmung* der Bevölkerung zunehmend in *Stimmen* bei Wahlen niederschlägt.

Die Politiker verlieren an Akzeptanz und Glaubwürdigkeit:

- Amerikanische Verhältnisse werden befürchtet, bei denen es „mehr um die Inszenierung von Politikern als um politische Inhalte" (81,9%) geht.
- „Politiker sind keine moralischen Vorbilder mehr" meinen 87,4 Prozent der Bevölkerung.
- „Politiker sind nicht mehr ehrlich und halten ihre Wahlversprechen meistens nicht" lautet das vernichtende Urteil der überwiegenden Mehrheit der Bevölkerung (89,5%).

Die Vertrauensverluste der Bevölkerung beziehen sich nur vordergründig auf Personen bzw. Politiker. In Wirklichkeit verbirgt sich dahinter die massive Kritik an der *Position der Positionslosigkeit von Parteien.*

Stimmungsbilder
Einstellungen der Bevölkerung zu Politik, Politikern und Parteien

Von je 100 Befragten stimmen der Meinung zu:

	Gesamt	Ost	West
Politiker sind nicht mehr ehrlich und halten ihre Wahlversprechen meistens nicht.	89,5	91,9	88,8
Parteien sind mehr am Machterhalt als am Wohl der Bürger interessiert.	89,3	89,0	89,3
Politische Reformen sind für die Bürger kaum mehr nachvollziehbar. Was heute gilt, wird morgen schon wieder verändert.	88,4	92,2	87,5
Politiker sind keine moralischen Vorbilder mehr.	87,4	88,2	87,2
In der Politik geht es heute mehr um die Inszenierung von Politikern als um politische Inhalte.	81,9	81,1	82,1
Die Programme der Parteien unterscheiden sich kaum mehr voneinander und die Parteien verlieren damit ihr Profil.	77,2	81,3	76,1
Bei Wahlen kommen amerikanische Verhältnisse auf: Personen treten in den Vordergrund, politische Programme in den Hintergrund.	76,1	79,4	75,3
Parteien haben keine Programme und Politiker keine Visionen mehr.	70,4	69,4	70,7

Die Bürger erwarten: Programmatik. Profilierung. Perspektive. Die Parteien bieten: Inszenierung. Wahlversprechen. Machterhalt. „Vision" ist zum Fremdwort in der Politik geworden.

„Ein Volk ohne Visionen wird wüst und wild" heißt es im Alten Testament. Die Zunahme von Protest- und Wechselwählern muss daher noch als die mildeste Reaktion der Bevölkerung auf das Visionsdefizit von Politik und Parteien gesehen werden.

Die Meinungen der Bürger lassen nichts an Deutlichkeit vermissen:

■ „Parteien haben keine Programme und Politiker keine Visionen" (70,4%).

■ „Die Programme der Parteien unterscheiden sich kaum mehr voneinander und die Parteien verlieren damit ihr Profil" (77,2%).

■ „Politische Reformen sind für die Bürger kaum noch nachvollziehbar. Was heute gilt, wird morgen schon wieder verändert" (88,4%).

Und so ist es eigentlich nur noch ein Schritt zur Feststellung: „Parteien sind mehr am Machterhalt als am Wohl der Bürger interessiert" (89,3%) –

14- bis 49-Jährige: 91%). Die Folge kann eigentlich nur *Parteienverdrossenheit* sein. Pointiert: Die Parteien haben ihre Hausaufgaben nicht gemacht – sie schicken die Politiker ohne programmatische Perspektive los.

Die Bürger durchschauen das perspektivlose Taktieren und Agieren – frei nach der Devise: „Wir wissen ja auch nicht, wo wir hin wollen. Aber wir werden auf jeden Fall als Erste da sein." Es ist ein Denken in Wahl- und Legislaturperioden und nicht in Zeiträumen von Generationen. Die Politiker sagen der Bevölkerung, was geht – aber nicht, wohin es geht. Gemacht wird eher, was gerade machbar ist bzw. was ankommt. So wird Politik zum Tagesgeschäft. Politik als *Daseins-Vorsorge für die Bürger* mit Visionen, für die Welt von morgen, in der wir gerne leben wollen, gerät in Vergessenheit.

Die Bürger sind ganz und gar nicht unpolitisch. Ganz im Gegenteil: Im Zeitvergleich der letzten drei Jahrzehnte sind heute mehr Bürger in Deutschland am politischen Geschehen interessiert. Vor allem seit 1998 steigt das Interesse der Bürger an der Politik deutlich an (vgl. Statistisches Bundesamt 2004, S. 240). Trotz oder gerade wegen des wachsenden Politikinteresses nehmen Parteienverdrossenheit und Wahlmüdigkeit in Deutschland zu. Die Wahlbeteiligung bei den Bundestagswahlen war von 1990 bis 2002 niedriger als bei allen Bundestagswahlen zuvor. Insbesondere die *Erst-*(18 bis 20 Jahre) *und Jungwähler* (21 bis 25 Jahre) *bleiben bei Wahlen immer öfter zu Hause.*

Die Bürger fühlen sich durch Meinungsumfragen und Telekratie zunehmend in die passive Zuschauerrolle gedrängt. Die Unzufriedenheit mit Politik und Gesellschaft nimmt zu. Wie der „Datenreport 2004" des Statistischen Bundesamtes nachweist, sind derzeit nur die Italiener, Franzosen, Griechen und Portugiesen unzufriedener mit ihrem Leben als die Deutschen. In den alten Bundesländern liegt die Akzeptanz der Demokratie bei 80 Prozent, in Ostdeutschland nur mehr bei 50 Prozent.

Ist dies eine Krise „der" Demokratie oder ganz im Gegenteil Ausdruck für ein „anderes" Verständnis von (Basis-)Demokratie? Also: Nur auf den ersten Blick muss dies wie eine Krise der Demokratie erscheinen. In Wirklichkeit sorgt die Bürgerpartizipation für eine *demokratische Gegenbewegung.* Es entwickeln sich neue Formen politischer Beteiligung weitgehend außerhalb von Institutionen. Diese nichtinstitutionalisierten Beteiligungsformen wie z.B. Unterschriftensammlungen, Demonstrationen, Proteste und Boykotte nehmen kontinuierlich zu. Hier sind es vor allem die Jüngeren, die sich an diesen so genannten „unkonventionellen" Formen der Partizipation beteiligen.

Die Kluft zwischen der wirtschaftlichen Entwicklung der Länder und den drängenden sozialen Bedürfnissen der Menschen wird immer größer. Weltweit stockt die Demokratisierungsbewegung, während die Anti-Globalisierungsbewegung immer mehr politisches Gewicht bekommt.

Wirtschaftlich, politisch und technologisch gesehen scheint die Welt noch nie so frei und gleichzeitig *noch nie so ungerecht* gewesen zu sein wie heute. Die Anzahl der Kriege zwischen Staaten ist in den letzten Jahren erheblich zurückgegangen – dafür richten Bürgerkriege mehr Unheil an als je zuvor. Die Anzahl der Flüchtlinge und Binnenvertriebenen stieg seit Anfang der neunziger Jahre um fünfzig Prozent. Und in *Konflikten innerhalb von Staaten* starben etwa 3,6 Millionen Menschen (UNDP 2002, S. 3). Gleichzeitig wuchs in der Bevölkerung die Bereitschaft, autoritäre oder populistische Tendenzen zu unterstützen. *Wachsende soziale Konflikte* bewirken, dass die Bevölkerung das Vertrauen in politische Institutionen zunehmend verliert – und/oder eher autoritären oder populistischen Versprechungen vertraut.

2. Die Krise des Sozialstaats

Die Kommunen stehen vor der schwersten Finanzkrise seit über fünfzig Jahren. Die Kredite zur Finanzierung laufender Ausgaben steigen und trotz Personalabbaus wachsen auch die Personalausgaben.

Die Erkenntnis setzt sich langsam durch: „Der Geldsegen wird sich nicht wieder einstellen" (Soldt 2005, S. 1). Ein Masterplan für die Lösung dieser Zukunftsprobleme ist auch nicht in Sicht. So bleibt nur die Hoffnung, dass es gelingen möge, die *Bürger mehr zur Eigeninitiative zu motivieren*. Auf die früher kommunalpolitisch aktiven Freiberufler und Unternehmer können die Kommunalpolitiker immer weniger setzen, weil diesen aufgrund der wirtschaftlich schwierigen Lage schlicht und einfach die Zeit fehlt (Sattler 2005, S. 3). Handwerker und Architekten haben mit sich selbst zu tun und sind eigentlich nur noch bei punktuellen Anliegen ansprechbar und temporär aktivierbar.

Andererseits nimmt weltweit die Zahl von Nichtregierungsorganisationen (NGOs: Non-Governmental Organizations) und kritischen Bürgerinitiativen explosionsartig zu. Hier entwickeln die Bürger eine eigene Kultur, die auf gemeinsamen Werten beruht und auf Zukunft ausgerichtet ist. *Auf der Ebene der Bürger (nicht der Institutionen)* entstehen Allparteien-Koalitionen und außerparlamentarische Bündnisse, die sich vorübergehend zu *Ein-Punkt-Aktionen* zusammenschließen – und danach wieder auseinander gehen.

Gibt es schon bald eine APA, eine Außerparlamentarische Allianz, in der sich Attac und Gewerkschaften, Kirchen und Sozialverbände, Greenpeace und Amnesty International verbünden, um gemeinsam etwas zu bewegen? Findet Politik in Zukunft verstärkt in Bürgergruppen und sozialen Bewegungen statt?

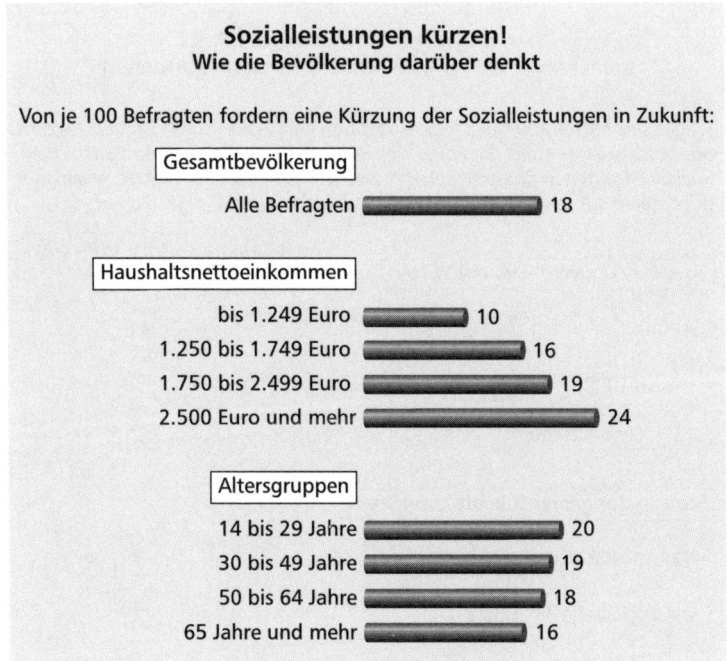

Sozialleistungen kürzen!
Wie die Bevölkerung darüber denkt

Von je 100 Befragten fordern eine Kürzung der Sozialleistungen in Zukunft:

Gesamtbevölkerung
Alle Befragten — 18

Haushaltsnettoeinkommen
bis 1.249 Euro — 10
1.250 bis 1.749 Euro — 16
1.750 bis 2.499 Euro — 19
2.500 Euro und mehr — 24

Altersgruppen
14 bis 29 Jahre — 20
30 bis 49 Jahre — 19
50 bis 64 Jahre — 18
65 Jahre und mehr — 16

Die politische Kultur verändert sich. Die ökonomische Basis für die Sozialsysteme geht zunehmend verloren. Weil sich der *Sozialstaat* jahrzehntelang *als Geldverteilungsmaschine* dargestellt hat, wird ihm jetzt, wo das Geld knapp wird, Versagen vorgeworfen. Die finanzielle Krise wird zur Sozialstaatskrise, in der es mehr um Knappheit als um Wohlstand geht.

Mit der Finanzkrise der öffentlichen Haushalte kommt es zum grundlegenden *Perspektivenwechsel im Verhältnis von Staat und Gesellschaft*: Die Staatsaufgaben werden an die Gesellschaft zurückverlagert und nicht mehr – wie in den letzten Jahrzehnten – kontinuierlich vermehrt. Was bisher öffentlich war (z. B. Schwimmbäder), übernehmen nun Organisationen und Vereine. Die Gewährleistungsverantwortung geht damit tendenziell an die Bürger über, die sich ihres Machtzuwachses bewusst werden: *Die Bürger emanzipieren sich vom Übervater Staat. Volksbegehren und Bürgerentscheide werden Normalität.* Wird das „gewaltige, mehrere Millionen Menschen umfassende Engagementpotential" (Klages 2000, S. 161) zu einem neuen Machtpotential bzw. zu einer riesigen schlafenden Ressource? Eine Folge kann sein: Der Staat verliert an Macht und die Bindung der Bürger an den Staat lässt nach.

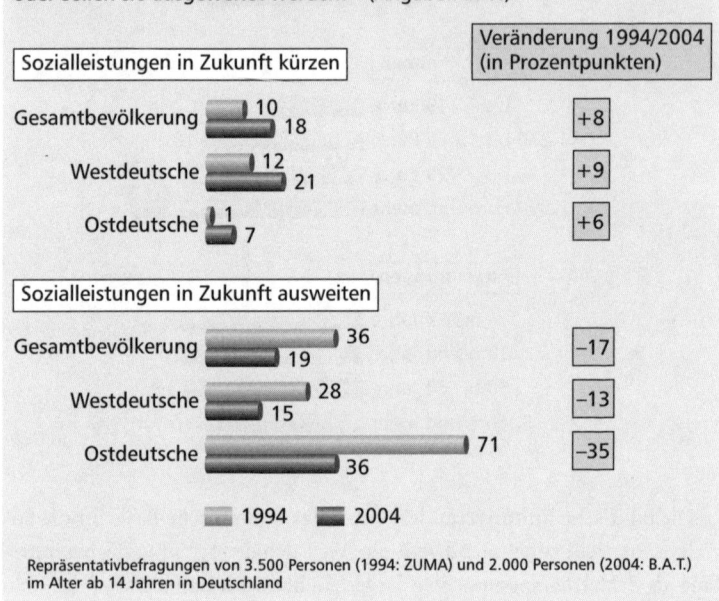

Arrangement mit der Realität
Immer mehr Bürger überdenken ihre Anspruchshaltung

Frage: *„Im Mittelpunkt der gegenwärtigen Diskussion zur Krise und Reform des Sozialstaates steht die Frage der Höhe der Sozialleistungen. Sollen die Sozialleistungen in Zukunft gekürzt werden, sollen sie so bleiben wie bisher oder sollen sie ausgeweitet werden?"* (Angaben in %)

Sozialleistungen in Zukunft kürzen		Veränderung 1994/2004 (in Prozentpunkten)
Gesamtbevölkerung	10 / 18	+8
Westdeutsche	12 / 21	+9
Ostdeutsche	1 / 7	+6

Sozialleistungen in Zukunft ausweiten		
Gesamtbevölkerung	36 / 19	−17
Westdeutsche	28 / 15	−13
Ostdeutsche	71 / 36	−35

■ 1994   ■ 2004

Repräsentativbefragungen von 3.500 Personen (1994: ZUMA) und 2.000 Personen (2004: B.A.T.) im Alter ab 14 Jahren in Deutschland

Wie sieht dann eine *Demokratie jenseits der Vollbeschäftigungsgesellschaft* aus? Wenn die Politik von der Arbeit des Verteilens und der Verteilungsgerechtigkeit zunehmend „entlastet" wird, was kommt dann an neuen politischen Aufgaben für den Staat hinzu? Müssen nicht alte oder neue Gemeinschaftswerte wieder belebt oder neu begründet werden?

Werden die Deutschen erwachsen? Nur zögernd lösen sie sich aus der Abhängigkeit und Rundum-Sorglos-Versorgung durch den „Vater Staat", arrangieren sich mit der Realität und erklären sich bereit, ihren Beitrag zur Reform des Sozialstaats zu leisten. Ein wachsender Anteil der Bundesbürger (1994: 10% – 2004: 18%) spricht sich für die weitere Kürzung von Sozialleistungen in der Zukunft aus – allerdings mit großen Unterschieden zwischen den Bevölkerungsgruppen.

Fast jeder vierte *Besserverdienende* (24%) mit einem Haushaltsnettoeinkommen von über 2500 Euro hält Leistungskürzungen für unerlässlich. Bei

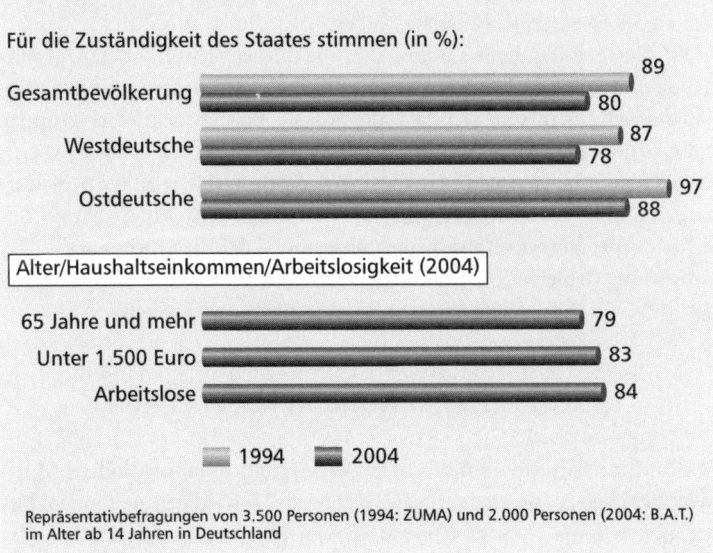

Alter? Armut? Arbeitslosigkeit?
Der Staat „muss" für die soziale Absicherung zuständig bleiben

Frage: „Der Staat muss dafür sorgen, dass man auch bei Krankheit, Not, Arbeitslosigkeit und im Alter ein gutes Auskommen hat. Stimmen Sie dieser Aussage zu oder nicht zu?"

Für die Zuständigkeit des Staates stimmen (in %):

Gesamtbevölkerung 89 / 80
Westdeutsche 87 / 78
Ostdeutsche 97 / 88

Alter/Haushaltseinkommen/Arbeitslosigkeit (2004)

65 Jahre und mehr 79
Unter 1.500 Euro 83
Arbeitslose 84

1994　2004

Repräsentativbefragungen von 3.500 Personen (1994: ZUMA) und 2.000 Personen (2004: B.A.T.) im Alter ab 14 Jahren in Deutschland

den *Geringerverdienenden* unter 1500 Euro ist es hingegen nur jeder Zehnte (10%). Verständlicherweise, denn diese Gruppe ist von den Kürzungen auch am meisten betroffen. Ähnlich unterschiedlich schätzen die Bundesbürger die Situation je nach Alter ein: Die junge Generation im Alter bis zu 29 Jahren tritt mehr für Kürzungen ein (20%) als die Gruppe der über 65-jährigen Ruheständler (16%).

Die B·A·T Befragung zur Krise des Sozialstaats lässt drei Rückschlüsse zu:

- *Erstens:* Die meisten Bundesbürger würden am liebsten alles beim Alten belassen nach dem Grundsatz: „Es soll so bleiben wie bisher", auch wenn darin mehr Wunschdenken als Realitätssinn zum Ausdruck kommt.
- *Zweitens:* Das Lager derjenigen Bürger, die meinen, sie könnten weiterhin immer höhere Ansprüche an den Staat stellen, ist in den letzten zehn Jahren fast um die Hälfte (1994: 36% – 2004: 19%) gesunken. Die Sozialstaatskrise lässt für überhöhte Anspruchshaltungen immer weniger Spielraum.
- *Drittens:* Beinahe verdoppelt hat sich hingegen der Anteil der Bevölkerung (1994: 10% – 2004: 18%), der sich mit Leistungskürzungen im So-

zialbereich abfindet. Dieser Trend wird sich in den nächsten Jahren wohl
noch verstärken.

Wenn die staatlichen Sozialleistungen drastisch zurückgehen, müssen
zwangsläufig die *Eigenleistungen der Bürger* zunehmen – allerdings nur bis
zu einem gewissen Grad: Bei Krankheit, Not, Arbeitslosigkeit und im Alter
bleibt der Staat gefordert: 89 Prozent der Bevölkerung halten unerschütter-
lich an der *Fürsorgepflicht* des Staates fest.

Der Staat „muss dafür sorgen", dass die Bürger nicht in existenzgefähr-
dende und lebensbedrohliche Notlage-Situationen geraten und in Armut
„abgleiten". Darin sind sich fast alle Sozial-, Berufs- und Altersgruppen
einig. Je höher allerdings das Armutsrisiko ist (z. B. bei zeitweiliger Arbeitslosigkeit oder bei geringem Einkommen), desto stärker wird die Sozialfür-
sorgefunktion des Staates betont. Der Staat „muss" also für die soziale Absicherung der Bürger verantwortlich bleiben und darf sich nicht aus der Verantwortung stehlen oder der Fürsorgepflicht entziehen. Nicht alles kann und
darf dem Markt oder dem privaten Belieben überlassen bleiben.

3. Grundversorgung in Krisenzeiten

Alle Bürger haben ein Grundrecht auf Versorgung, um ihre Mindestbedürf-
nisse zwischen „basis needs" und „social needs" befriedigen zu können. Bisher gibt es *keine Versorgungsnorm*, die objektiv messbar die Unter- oder
Obergrenzen einer staatlichen Versorgung feststellt und festlegt. Im Folgenden wird aus der Sicht der Bevölkerung ein Mindestniveau der Bürger an
Versorgungsansprüchen für öffentliche Einrichtungen und Dienstleistungen
ermittelt.

In einem ist sich die überwiegende Mehrheit der Bevölkerung einig: An
öffentlichen Einrichtungen für Kinder und Jugendliche darf *nicht gespart
werden*. Im Forderungskatalog der Bürger steht ganz obenan der Anspruch
auf *Kindergärten* (76%) und *Jugendfreizeitzentren* (53%). Das gehört zur
Grundversorgung der Bevölkerung auch in wirtschaftlich schwierigen Zeiten. Bei allen übrigen öffentlichen Einrichtungen gehen je nach Region die
Meinungen zum Teil weit auseinander:

- *Ostdeutsche* legen mehr Wert auf Kultur- und Bildungseinrichtungen. Sie
  nennen als Grundversorgung die Bereitstellung von Theatern (+8,3 Prozentpunkte im Vergleich zu den Westdeutschen) und Museen (+5,6) und
  setzen sich auch mehr für Ganztagsschulen ein (+10,1).
- *Westdeutschen* liegt mehr an Einrichtungen für Freizeit und Soziales –
  vom Freibad (+15,8) und Sportpark (+3,4) bis zur Jugendmusikschule
  (+5,7) und Altentagesstätte (+7,2).

Grundversorgung mit öffentlichen Einrichtungen
Unterschiedliche Ansprüche von Ost- und Westdeutschen im Vergleich

Was nach Meinung der Bevölkerung zur „Grundversorgung" gehört:

	Westdeutsche	Ostdeutsche	Ostdeutsche (mehr in Prozentpunkten)
Jugendfreizeitzentrum	52,9	53,0	+0,1
Ganztagsschule	30,9	41,0	+10,1
Theater	18,4	26,9	+8,5
Zoo/Tierpark	11,4	24,3	+12,9
Museum	16,6	22,2	+5,6

	Westdeutsche	Ostdeutsche	Westdeutsche (mehr in Prozentpunkten)
Kindergarten	76,0	75,1	+0,9
Altentagesstätte	56,1	48,9	+7,2
Bücherei	44,9	43,9	+1,0
Freibad	41,7	25,9	+15,8
Volkshochschule	37,0	24,5	+12,5
Sportpark	32,1	28,7	+3,4
Jugendmusikschule	14,6	8,9	+5,7

Die Befragung weist zudem nach, dass Großstädter generell höhere Infrastrukturansprüche stellen als Landbewohner. Der Nachholbedarf im urbanen Raum ist offensichtlich größer.

Lebensqualität vor Ort lässt sich nicht allein mit Einrichtungen und Infrastrukturen sicherstellen. Zur Grundversorgung gehören auch öffentliche Dienstleistungen – von der Pflege im Alter (63%) bis zur Ganztagsbetreuung für Kinder (35%).

Zwischen Großstädtern und Landbewohnern liegen in den Ansprüchen an die öffentliche Versorgung geradezu Welten. Die Menschen auf dem Land wollen weniger Einrichtungen, dafür umso mehr Dienstleistungen. So können sie ihre soziale Lebensqualität am Tage sicherstellen, während sie als Berufspendler auf dem Weg zur Arbeit in der Stadt sind. Sie fordern mehr Ganztagsbetreuungen für Kinder (+11,8 Prozentpunkte im Vergleich zu den Großstädtern), und mehr betreute Spielplätze (+5,1). Mehr als jeder dritte Landbewohner (36,8% – Großstädter: 21,3%) zählt zur kommunalen Grundversorgung auch eine *Gemeindeschwester für Notfälle.* Die Großstädter

Grundversorgung mit öffentlichen Dienstleistungen
Unterschiedliche Ansprüche von Großstädtern und Landbewohnern im Vergleich

Was nach Meinung der Bevölkerung zur „Grundversorgung" gehört:

	Groß-städter	Land-bewohner	Landbewohner (mehr in Prozentpunkten)
Pflege im Alter	59,8	67,0	+7,2
Zahnersatz	45,3	63,3	+18,0
Medikamente/ Massagen	42,5	54,2	+11,7
Sehhilfen/Brillen	40,7	53,9	+13,2
Ganztagsbetreuung für Kinder	31,5	43,3	+11,8
Gemeindeschwester für Notfälle	21,3	36,8	+15,5
Kuren	12,1	26,3	+14,2
Betreute Spielplätze	11,8	16,9	+5,1

Großstädter (mehr in Prozentpunkten)

Beratungsdienste	34,6	20,3	+14,3

hingegen sprechen sich mehr für die Bereitstellung von *Beratungsstellen (Schwangerschafts-, Mütter-, Erziehungs-, Drogenberatung)* aus (34,6% – Landbewohner: 20,3%).

Über kommunale Versorgungspflichten in Stadt und Land muss neu nachgedacht werden. Wie viel Selbstversorgung muss der Bürger selber leisten? Welcher Versorgungsgrad mit öffentlichen Einrichtungen und Dienstleistungen kann in Zukunft noch garantiert werden? Und woran darf auf keinen Fall gespart werden?

4. Von der Anspruchs- zur Selbsthilfegesellschaft

Der „Hilf-dir-Selbst"-Gedanke lässt die *Idee der Selbsthilfegesellschaft* aus den siebziger Jahren wieder aufleben – allerdings unter veränderten Vorzeichen. In der Nach-68er-Zeit war unter dem Namen „Selbsthilfegesellschaft" eine Protestbewegung entstanden, die sich gegen Abhängigkeit,

Hörigkeit und staatliche Vereinnahmung richtete. Leitvorstellungen waren Solidarität, Ökologie und Basisdemokratie. Selbsthilfe wurde dabei als eine Art *alternative Eigeninitiative* verstanden – von der Wohngemeinschaft über das selbstorganisierte Jugendzentrum bis zum genossenschaftlichen Arbeitskollektiv.

Wenn wir heute von der Notwendigkeit einer Selbsthilfegesellschaft sprechen, dann ist damit keine alternative Idylle gemeint. Ganz im Gegenteil: Fern von allem Dogmatischem und Ideologischem geht es jetzt um die Stärkung des Gemeinwesen-Gedankens der Bürger-Autonomie auf breiter Ebene, um die Entwicklung einer Selbsthilfebewegung ohne Randgruppen-Status.

Die Einsicht in das Aufeinander-Angewiesensein resultiert aus der schmerzlichen Erfahrung von Massenarbeitslosigkeit, Armutsrisiko und Existenzbedrohung. *Notstands-* (nicht Wohlstands-)*Denken* zwingt zum Selbsthilfe-Handeln, weil der Sozialstaat ‚schwächelt‘ oder ökonomisch versagt. Was der Wohlstandsstaat den Bürgern in den letzten drei Jahrzehnten Zug um Zug an Verantwortung abgenommen hat, müssen sich die Bürger jetzt – wollen sie nicht scheitern – wieder zurückholen.

Die Bürger müssen also die Demokratie zu ihrer Sache (L'état c'est nous oder: Das Volk sind wir) machen. Sie müssen selbst aktiv werden und können nicht mehr nur auf Maßnahmen des Staates vertrauen oder warten. Sie müssen sich mit den sozialstaatlichen Defiziten abfinden und Abschied nehmen von der jahrzehntelangen Verwöhnung durch den Staat. Und aus der bequemen Anspruchsgesellschaft kann tendenziell eine Selbsthilfegesellschaft werden mit mehr „Selbstversorgung, Selbstvertrauen und Selbstverantwortlichkeit" (Runge/Vilmar 1986, S. 285). Staatliche Aufgaben der sozialen Sicherung müssen zunehmend auf Initiativen und Organisationen übertragen werden, die – durch Finanzhilfen gefördert – die Eigeninitiative unter veränderten sozialen Strukturen verwirklichen helfen.

Aus der Anspruchsgesellschaft wird notwendigerweise eine *Selbsthilfegesellschaft – eine Gemeinschaft auf Gegenseitigkeit.* Die staatliche Sozialfürsorge bleibt nur noch auf die Bedürftigen beschränkt, die aus eigener Kraft nicht mehr für sich selbst sorgen können. Die Selbsthilfegesellschaft gleicht einer sozialen Leistungsgesellschaft, in der alle Bürger von Kindheit an für sich und andere etwas leisten wollen und auch leisten müssen. Damit ändert sich die Bürger-Staat-Beziehung grundlegend.

Wenn für die Bürger gilt: Hilf dir selbst, bevor der Staat dir hilft, dann haben sie es auch selbst in der Hand, wie sie morgen leben wollen. Aus passiven Sozialkonsumenten können aktive Staatsbürger („citoyens") werden.

Das Leben ändert sich grundlegend. Die Bürger können nicht mehr alles dem Staat überlassen. Sie müssen viele Dinge des Lebens selbst und selbständig in die Hand nehmen – im elementaren Interesse der nachwachsenden Generationen. Statt also die Verantwortung weiter an den Staat zu delegieren, wird sie wieder mehr *an die Bürger zurückgegeben.* Die unternehmerischen Fähigkeiten jedes Einzelnen werden herausgefordert. Der neue Imperativ lautet „Tu was" und „Sei selbst initiativ".

Die Deutschen sind offensichtlich zum Mentalitätswechsel bereit. Das Statistische Bundesamt (2004, S. 655) weist im Zeitvergleich nach, dass die Bundesbürger ihre Ansprüche an die staatlichen Leistungen seit den neunziger Jahren reduziert haben. Ein *Wandel von der Anspruchshaltung zur Anspruchsreduktion* zeichnet sich ab. Der Anteil der Bürger, die sich für eine Kürzung der staatlichen Sozialleistungen in Zukunft aussprechen, wird größer (im Osten 1994: 1% – 2004: 7%; im Westen 1994: 12% – 2000: 24%). Gleichzeitig geht der Anteil, der für eine Ausweitung der Sozialleistungen votiert, deutlich zurück (im Osten 1994: 71% – 2004: 36%; im Westen 1994: 28% – 2004: 15%). Das sind fast erdrutschartige Bewegungen, die auf einen *grundlegenden Einstellungswandel* hindeuten.

Der Staat hört auf, ein ergebener Diener des materiellen Wohlbefindens seiner Bürger zu sein. Anspruch im Sinne von Wohlstand, Wachstum und Immer-Mehr wird zunehmend durch eigene Leistungen ersetzt. *Leistungsprinzip statt Anspruchsprinzip* ist gefordert. Für das Erreichen von Glück und persönlicher Lebenszufriedenheit ist wieder jeder selbst verantwortlich.

> Über eins sollten sich die Verantwortlichen in der Politik im Klaren sein: Wer sich in Krisenzeiten die Bürger ins Boot holt, wird sie in besseren Zeiten nicht mehr vom Steuer verdrängen können.

So weit die Bestandsaufnahme und Situationsanalyse, wie sie sich auch in der aktuellen Sozial- und Gesellschaftsforschung widerspiegelt. Die Bevölkerung erwartet von der Politik *„mittel- und langfristige Lösungsansätze",* die *„Mut zur Zukunft"* machen. Diese Erwartungen werden nicht erfüllt – meint die überwiegende Mehrheit der Bevölkerung (87%). Vor allem Familien mit Jugendlichen (94%) wünschen sich verantwortliches Vorausdenken der Politik, das gleichermaßen Mut zur Zukunft und Lust auf Zukunft macht. Eltern müssen und wollen ihren heranwachsenden Kindern verlässliche Perspektiven mit auf den Lebensweg geben. Daher ist es nicht wichtig, ob sich alle Prognosen auch erfüllen. Perspektiven sollen die Eltern vielmehr *zu zukunftsfähigen Entscheidungen herausfordern,* um nicht immer nur politischen Eintagsfliegen hinterherhecheln zu müssen. Hier gilt nach wie vor die Aussage des Politikers aus Athen im 5. Jahrhundert n. Chr.: „Es

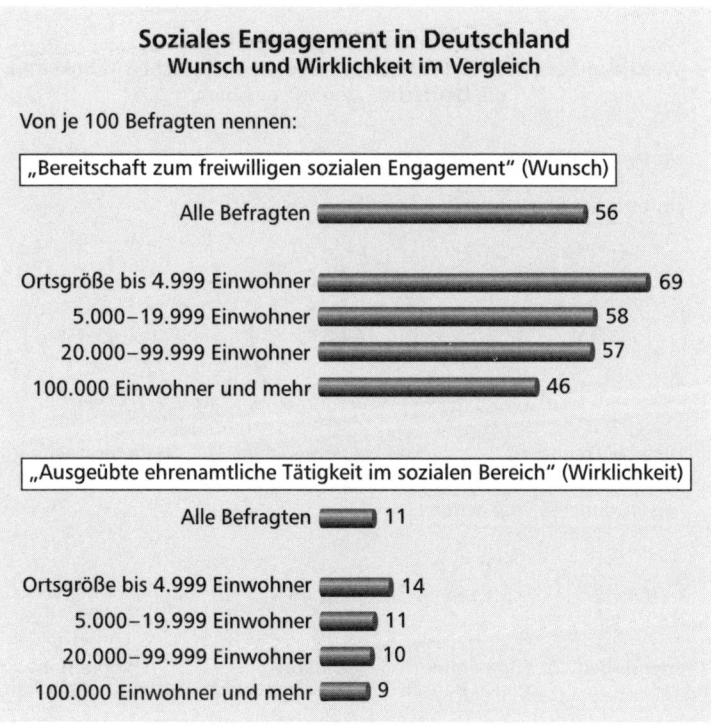

Soziales Engagement in Deutschland
Wunsch und Wirklichkeit im Vergleich

Von je 100 Befragten nennen:

„Bereitschaft zum freiwilligen sozialen Engagement" (Wunsch)

Alle Befragten 56

Ortsgröße bis 4.999 Einwohner 69
5.000–19.999 Einwohner 58
20.000–99.999 Einwohner 57
100.000 Einwohner und mehr 46

„Ausgeübte ehrenamtliche Tätigkeit im sozialen Bereich" (Wirklichkeit)

Alle Befragten 11

Ortsgröße bis 4.999 Einwohner 14
5.000–19.999 Einwohner 11
20.000–99.999 Einwohner 10
100.000 Einwohner und mehr 9

ist nicht unsere Aufgabe, die Zukunft vorauszusagen, sondern auf sie gut vorbereitet zu sein."

Weitsichtiges Denken ermöglicht frühzeitiges Handeln. *Weitsicht statt Wünschelrute oder Wetterfahne:* Das ist das Fundament, auf das Eltern ihre Beratungs- und Entscheidungshilfen für ihre Kinder aufbauen müssen. Aus Augenblicks-Stimmungen (Gerhard Schröder: Forsa-Chef Güllner „sagt mir heute, was die Menschen in sechs Wochen von uns denken"/Der Spiegel 8/2004, S. 35) lassen sich kaum nachhaltige Zukunftslösungen ableiten.

Wie weit sind die Bürger heute bereit und in der Lage, sich mehr als bisher selbst zu helfen und von der Vormundschaft und Abhängigkeit des „Übervaters Staat" zu befreien? Hierbei spielt das *soziale Umfeld* eine zentrale Rolle. In Großstädten und Ballungszentren ist die Bereitschaft zum Engagement am geringsten (46%), auf dem Lande hingegen am größten (69%), hier hat das Nahmilieu von Familie und Nachbarschaft eine traditionell höhere Bedeutung. Die Landbewohner sind näher an den Problemen. Sie üben auch mehr ehrenamtliche Tätigkeiten aus (14%) als Großstädter (9%).

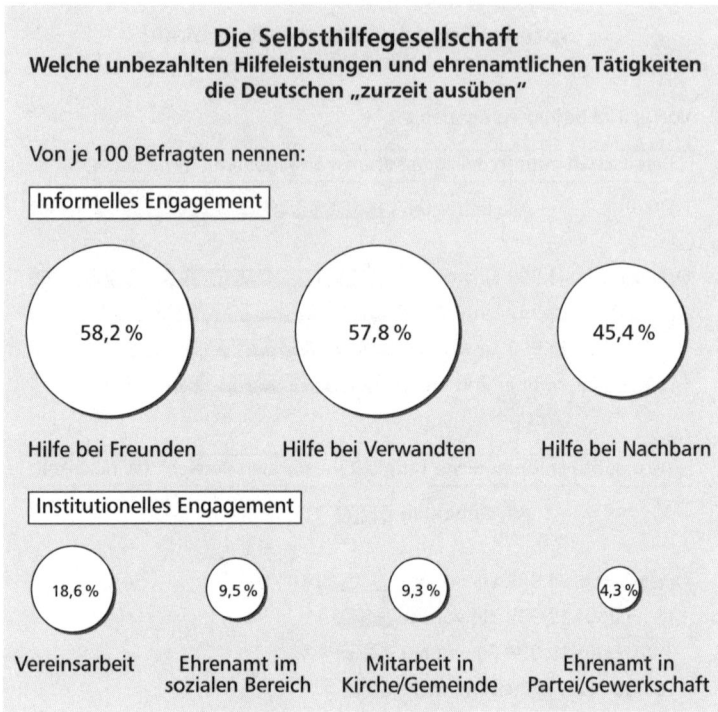

Die Selbsthilfegesellschaft
Welche unbezahlten Hilfeleistungen und ehrenamtlichen Tätigkeiten
die Deutschen „zurzeit ausüben"

Von je 100 Befragten nennen:

Informelles Engagement

58,2 %	57,8 %	45,4 %
Hilfe bei Freunden	Hilfe bei Verwandten	Hilfe bei Nachbarn

Institutionelles Engagement

18,6 %	9,5 %	9,3 %	4,3 %
Vereinsarbeit	Ehrenamt im sozialen Bereich	Mitarbeit in Kirche/Gemeinde	Ehrenamt in Partei/Gewerkschaft

Generell ist eine große Kluft zwischen Wunsch und Wirklichkeit feststellbar. Jeder neunte Bundesbürger (11%) übt derzeit eine ehrenamtliche Tätigkeit im sozialen Bereich aus, doch fünfmal so viele (56%) wären zu einem solchen Engagement bereit. Die Kluft zwischen bekundeter und tatsächlicher Hilfsbereitschaft geringer werden zu lassen, erfordert noch viel Motivations- und Überzeugungsarbeit auf der Anbieterseite, wobei Wunsch und Wirklichkeit nie deckungsgleich sein werden.

Die Bundesbürger können ganz konkrete Angaben darüber machen, *welche Hilfeleistungen* sie regelmäßig erbringen bzw. in den letzten zwei bis drei Jahren erbracht haben. Das Spektrum der Hilfeleistungen reicht von der Lösung persönlicher und/oder familiärer Probleme bis zur Regelung von Finanzangelegenheiten. Dies spiegelt sich in den Antworten der Bevölkerung auf die Frage wider, welche unbezahlten Hilfeleistungen und ehrenamtlichen Tätigkeiten *zur Zeit ausgeübt* werden.

Ehrenamtliche Tätigkeiten haben nur mehr eine marginale Bedeutung im Verein (19%), in Kirche und Gemeinde (9%), in sozialen Institutionen (10%) oder in Parteien und Gewerkschaft (4%). *Gelebte Solidarität* im Sinne

Erbrachte Hilfeleistungen – für wen und wofür?
Verwandte, Freunde und Nachbarn als soziales Netz

Von je 100 Befragten haben *„in den letzten zwei bis drei Jahren Hilfe-leistungen erbracht"*:

bei ...	für ... Verwandte	Freunde	Nachbarn
persönlichen und/oder familiären Problemen	33	22	11
Wohnungsrenovierung oder Umzug	33	29	9
der Beaufsichtigung kleiner Kinder	28	18	10
der Urlaubsbetreuung (Tier-, Pflanzenpflege, Hausaufsicht)	24	23	26
Gartenarbeit	21	12	12
der Betreuung Kranker oder Behinderter	18	7	5
Haushaltstätigkeiten wie z. B. Kochen, Putzen, Einkaufen	16	7	5
Hausbau/Umbau	15	12	6
Computerarbeiten	7	8	2
der Regelung von Versicherungs- oder Finanzangelegenheiten	7	3	1
keine Hilfeleistungen	23	29	43

von praktizierter Hilfeleistung findet bei der Bevölkerung mehr im Nah-milieu von Familie/Verwandten (58%), Freunden/Bekannten (58%) und Nachbarn (45%) statt.

Eine Politik, die zunehmend größeren Wert auf die Selbstverantwortung und Eigeninitiative legt, sollte daher mehr Anlässe und Gelegenheiten für Hilfeleis-tungen in informellen Lebensbezügen fördern. Hier wird niemand „einverleibt" oder „in die Pflicht" genommen. Die informelle Hilfeleistung ist freiwillig und zwanglos und trägt zur Bereicherung des sozialen Lebens bei.

Insbesondere die *Familie* gibt das Gefühl, nicht allein dazustehen. Sie bie-tet einen psychosozialen Rückhalt und stellt eine gut funktionierende Notge-meinschaft dar. Fast jeder fünfte Bundesbürger (18%) hat in den letzten zwei bis drei Jahren Pflege- und Betreuungsleistungen für Kinder und Behinderte in der Familie erbracht. Im Hinblick auf die demografische Entwicklung stellt die *Familie das wichtigste Solidaritätspotenzial der Zukunft* dar.

Das soziale Netz ist weit gespannt. Wenn es *persönliche oder familiäre Probleme* gibt, dann werden Hilfeleistungen nicht nur für Verwandte (33%), sondern auch für Freunde (22%) und Nachbarn (11%) erbracht. Alltäglich gepflegte Kontakte erweisen sich als tragfähige Brücke auf dem Weg zu einem stabilen sozialen Netz. Die Sorgen und Nöte anderer belasten nicht, sondern lösen *positive Gefühle des Helfenkönnens* aus.

Der *Freundeskreis* ist für die meisten Bundesbürger zur *zweiten Familie* geworden. Fast drei Viertel der Bevölkerung (72%) leisten regelmäßig Freundschaftsdienste – von der Kinderbetreuung (18%) über die Wohnungsrenovierung (29%) bis zur Hilfe beim Hausbau (12%). Und mehr als jeder fünfte Bundesbürger (22%) ist zur Stelle, wenn die Freunde in Not sind oder Hilfe bei persönlichen oder familiären Problemen brauchen. Sie fungieren als *soziale Konvois*, die ihre Freunde ein Leben lang als Weggefährten begleiten.

Die Bürger machen die Erfahrung des Aufeinander-Angewiesenseins – auch und gerade in der näheren Nachbarschaft: von der Urlaubsbetreuung des Hauses und der Haustiere (26%) über die Gartenarbeit (12%) bis hin zur Hilfe beim Umzug (9%). *Die überwiegende Mehrheit der Bevölkerung (57%) leistet Nachbarschaftshilfe.* Solange sich Menschen umeinander kümmern und sorgen, „lebt" die Solidarität als BürgerSelbstHilfe, ohne auf den Staat angewiesen zu sein.

Die bisherige Diskussion um die Angleichung der Lebensverhältnisse in den neuen und alten Bundesländern krankt daran, dass sie ausschließlich materiell geführt und zur Geld- und Subventionsfrage degradiert wird. Ein ganz anderes Bild vermittelt die *Sozialbilanz im Ost-West-Vergleich.* Hier können die Westdeutschen von den Ostdeutschen und ihren gemachten Lebenserfahrungen lernen. Ein Jahr nach der deutschen Vereinigung ermittelte das B·A·T Freizeit-Forschungsinstitut erstmals gravierende *Unterschiede in der sozialen Lebensorientierung:*

■ Zwei Drittel der ostdeutschen Bevölkerung (67%) hielten es 1991 für besonders wichtig, im Leben anderen zu helfen.

■ Die Hilfsbereitschaft im westlichen wohlhabenderen Teil Deutschlands war hingegen deutlich geringer (50%) ausgeprägt.

Es bewahrheitet sich eine Aussage von Lothar de Maizière, dem letzten DDR-Ministerpräsidenten: „Die Menschen haben die DDR weggefegt, aber nicht die *Wertvorstellungen,* die sie *in 40 Jahren verinnerlicht* haben" (Interview in: Der Spiegel vom 20. September 2004, S. 52). Auch nach vierzehn Jahren deutscher Einheit ist die größere Hilfsbereitschaft bei den Ostdeutschen erhalten geblieben: Die Ostdeutschen erbringen nach wie vor mehr Hilfeleistungen für ihre Verwandten (+10 Prozentpunkte), für ihre Nach-

barn (+9) und ihre Freunde (+6). Der *soziale Zusammenhalt* der ostdeutschen Bevölkerung, der ökonomische Krisenerfahrungen nicht fremd sind,
ist wesentlich größer als bei den Westdeutschen, die es in Wohlstandszeiten
fast verlernt haben, füreinander da zu sein oder sich gegenseitig zu helfen.
Die spontane Hilfsbereitschaft im sozialen Umfeld von Wohnung und Nachbarschaft ist bei den Westdeutschen geringer ausgeprägt.

Westdeutsche bevorzugen mehr ehren„amt"liche Tätigkeiten im institutionellen Bereich – von der Vereinsmitgliedschaft (+5 Prozentpunkte) über
die Mitarbeit in Kirche und Gemeinde (+3) bis zum Engagement in sozialen
Institutionen (+2).

Institutionelle Hilfeleistungen haben aber im Alltagsleben der Bevölkerung
eine viel geringere Bedeutung als die spontane Hilfsbereitschaft in den eigenen vier Wänden, vor der Haustür oder um die Ecke. In der SelbstHilfeKultur
setzen sich die Bürger ihre Sinnorientierungen selber. Sie belohnen sich selbst.
Es macht ihnen Freude, anderen helfen zu können. Die Selbsthilfegesellschaft
ist keine Utopie. Es gibt sie wirklich. Sie funktioniert im Nahmilieu. Der Staat
bleibt dabei gefordert – aber mehr indirekt als aktivierender Förderer.

Dies deckt sich mit Erkenntnissen der modernen Sozialforschung, wonach Binnensolidaritäten eine immer größere Bedeutung bekommen – auch
und gerade in Randgruppenmilieus. Solche Gruppierungen zeichnen sich
durch ein kompliziertes „Netzwerk der selbstgeknüpften Nischen" (Nolte
2004, S. 71) aus. Statt nur von außen sozialpolitisch „betreut" zu werden,
sorgen Binnensolidaritäten für Gefühle der Gemeinsamkeit und damit für
den notwendigen sozialen Zusammenhalt. Der Einzelne übernimmt hierbei
Verantwortung für andere – für Mitglieder der Familie, des Freundeskreises
oder der Nachbarschaft, statt die Verantwortung wie einen Wanderpokal
einfach an den Staat weiterzureichen.

Vor fast neunzig Jahren prägte der amerikanische Pädagoge Lyda Judson
Hanifan den Begriff „Sozialkapital" und umschrieb damit menschliche
Eigenschaften wie Gemeinschaftsgeist und Mitgefühl (Hanifan 1916, S. 130).
Seither ist der Begriff insbesondere von Pierre Bourdieu (1983), James S.
Coleman (1988) und Robert D. Putnam (2000 und 2001) verwendet und in
der sozialwissenschaftlichen Diskussion verbreitet worden. Schon damals
äußerte Hanifan die Befürchtung, die Menschen wären weniger nachbarschaftlich eingestellt und das soziale Leben der Gemeinschaft wiche der Isolation. Zur Problemlösung empfahl Hanifan seinerzeit die finanzielle Förderung von Gemeindezentren.

In der aktuellen Diskussion von heute bezieht sich Sozialkapital vor allem
auf soziale Netzwerke, die unterschiedliche Menschen (z. B. im Hinblick auf

Alter, Geschlecht, soziales Milieu) zusammenbringen und eine brückenbildende und bindende Funktion und Wirkung haben. Die modernen Informationstechnologien spielen dabei eine widersprüchliche Rolle: Einerseits ermöglichen sie den Aufbau gesellschaftlicher Netzwerke über riesige Entfernungen hinweg, andererseits verstärken sie auch privatistische Tendenzen zum Rückzug aus dem sozialen Leben (Putnam/Goss 2001, S. 36). So werden u. a. für die Zukunft befürchtet (vgl. Weidenfeld 2001, S. 12):

- die Loslösung des Individuums aus sozialen Milieus,
- die Infragestellung gemeinsamer Wertorientierungen,
- die Gefahr der Entsolidarisierung der Gesellschaft,
- mehr Gewalt,
- instabilere Familienverhältnisse und
- geringere Lebenszufriedenheit.

Droht der soziale Zusammenhalt als zentrale Ressource der Gesellschaft in der westlichen Welt verloren zu gehen?

Wie kein anderer geht der amerikanische Sozialphilosoph Amitori Etzioni mit der inflationären Verwendung des Begriffs „Individualisierung" ins Gericht. Seine Schlüsselfrage lautet: Ist Individualismus ein zentraler Wert oder eine Form sozialer Pathologie? Etzioni geht davon aus, dass in einer intakten Gesellschaft bzw. „guten Gemeinschaft" Individualität und Bindung zusammengehören. Beide bereichern sich gegenseitig. Wenn sich beispielsweise soziale Bindungen auflösen, verliert auch das Individuum an Autonomie, an Kompetenz und Identität. Aus Individualisierung droht dann eher Atomisierung zu werden, was sich in Rückzugstendenzen und unsozialem Verhalten niederschlagen kann (Etzioni 1999). Etzioni schwebt ein so genanntes „kommunitaristisches Paradigma" vor, das autonomen Ausdrucksformen genügend Entfaltungsspielraum lässt, aber gleichzeitig soziale Bindungen als Voraussetzung zur Aufrechterhaltung sozialer Ordnung anerkennt. Beides ist gleich wichtig: Gemeinnutz und Eigennutz.

Es kommt daher auf das Gleichgewicht an. Die individuelle Wahlfreiheit darf nicht über das Gemeinwohl gestellt werden und umgekehrt. Im Idealfall gibt es eine Balance zwischen individueller Freiheit und sozialer Verbindlichkeit, ja eine Art symbiotische Beziehung. Wenn das eine Element stärker wird, nimmt auch das andere Element automatisch zu. Ist aber ein bestimmter Grenzpunkt überschritten, kommt es zum Ungleichgewicht, bei dem der Sozialismus oder der Individualismus dominiert.

Etzioni plädiert für ein neues Paradigma jenseits des Egoismus-Prinzips. Gemeint ist das Ich+Wir-Paradigma, das beides miteinander vereint: Die Verpflichtungen gegenüber der Gemeinschaft werden eingelöst, ohne dass die Eigeninteressen zu kurz kommen. Für Etzioni existiert Individualität nur

innerhalb eines sozialen Kontextes (vgl. Etzioni 1988/1994). Die Gesellschaft
sind wir. Und wir sind immer auf der Suche nach einem Gleichgewicht: Wir
wollen uns selbst erhalten und unser persönliches Wohlbefinden maximie-
ren, aber auch etwas für die Allgemeinheit tun – durch Hilfe für die Nachbarn, freiwillige Arbeit und Wohlfahrt.

Eigennutz und Gemeinnutz, Ich und Wir stehen in einem ständigen, teilweise
jedoch kreativen Konflikt. Erst die Einbeziehung der sozialen Dimension garantiert die Balance des Lebens.

Etzioni gilt als der Wortführer der amerikanischen Kommunitarier, die
von der *Idee einer guten Gesellschaft* ausgehen, in der soziale Pflichten freiwillig angenommen und realisiert werden. Das kommunitaristische Denken
bildet die Agenda für *neue Formen der Gesellschaftsarbeit* in einem postin-
dustriellen Zeitalter. Dies ist die Chance für den „Dritten Sektor“, den „Non-
Profit-Sektor“ bzw. „Freiwilligen Sektor.“ Zu den gemeinnützigen Arbeiten
im Dienste der Gesellschaft zählen freiwillige Hilfeleistungen in sozialen Organisationen, in Schulen und Kindertagesstätten, im Gesundheitswesen
(Krankenhaus, Kliniken), im Umwelt-, Natur- und Tierschutz. Jeder zweite
amerikanische Bürger widmet durchschnittlich 4,2 Stunden pro Woche gemeinnützigen Anliegen und Organisationen. Die regelmäßige Mitarbeit in
Freiwilligenorganisationen entspricht den Arbeitsstunden von neun Millionen Vollzeitbeschäftigten.

Den Freiwilligen gewährt die Gesellschaftsarbeit nicht nur Erfolgs- und
Gemeinschaftserlebnisse. Sie lernen dabei auch Bausteine eines neuen Welt-
bildes kennen, das *nicht mehr zentral vom Nützlichkeitsdenken des Marktsek-
tors beherrscht* wird. Die Gesellschaftsarbeit entwickelt sich zum „Gegen-
mittel gegen den Materialismus des industriellen Denkens, von welchem das
20. Jahrhundert beherrscht war“ (Rifkin 1996, S. 187).

Freiwillige Gesellschaftsarbeit kann die Erfahrung eines neuen Gemeinschafts-
gefühls vermitteln – vom Glück, anderen helfen zu können, bis zum Gefühl
der Verbundenheit mit anderen sozialen Schichten.

Dem Kommunitarismus wird die Rolle einer *Nachfolgeideologie des Sozialismus* nachgesagt. Es handelt sich um ein sperriges und ungewohntes Wort
in der deutschen Sprache, das den Verdacht wachruft, „ein neuer Ismus
dränge sich uns auf“ (Meyer 1999, S. 26). Die deutsche Übersetzung des eng-
lischen Wortes „community“ mit „Gemeinschaft“ gibt den Sachverhalt nur
verkürzt wieder, weil Fragen von Solidarität und Gerechtigkeit, von Gemein-
und Bürgersinn sowie von politischem und moralischem Handeln dabei
nicht zwangsläufig mitgedacht werden.

Kommunitarismus
Was heißt das eigentlich?

„engl. community ‚Gemeinschaft', ‚Gemeinwesen': Innerhalb der Soziologie findet sich der K. als Analyse und Kritik an der fortschreitenden Individualisierung moderner, pluralistischer Gesellschaften, vor allem an dem damit einhergehenden Gemeinschaftsverlust und der Entwertung traditioneller und solidarischer Lebensformen. Der K. sieht sich als parteiübergreifender Versuch einer auf das Gemeinwohl gerichteten Erneuerung gesellschaftlicher Institutionen jenseits liberaler und staatlich verfügter Programme. Die Ziele reichen von der Stärkung der Familie und der Wertevermittlung an Schulen über die Revitalisierung kommunalen Lebens und demokratischer Mitbestimmung bis zur Reform des als ineffizient kritisierten Wohlfahrtsstaats."
Brockhaus Enzyklopädie, Band 12, 19. Aufl. (1997), S. 236 f.

Dass sich der kommunitaristische Gedanke in Deutschland und Europa derzeit ausbreitet, hat viel mit dem wachsenden Unmut der Bürger an der Politik und dem veränderten Demokratieverständnis zu tun. Die meisten Europäer gaben unmittelbar nach dem Fall der Berliner Mauer eine positive Einschätzung der Demokratie ab: „Doch dann folgte ein beispielloser *Negativtrend in der Beurteilung der demokratischen Institutionen*" (Putnam 1996).

Insofern erinnert das Wort „Kommunitarismus" nicht zufällig an „Kommunales" und „Kommunal"-Wahlen. Bei den Kommunalwahlen z.B. in Thüringen im Juni 2004 kam es zum *Absturz etablierter Parteien* und zu einer Wahlbeteiligung auf einem historischen Nachwende-Tiefststand: Jeder zweite Wähler blieb zu Hause. Gleichzeitig vervierfachte sich der Anteil von *Bürgerbündnissen und freien Wählergemeinschaften* (von 2,5 auf 11 Prozent).

Für die Zukunft gilt: Vor allem die Jungwähler finden an Bürgerbündnissen Gefallen, zumal die großen Volksparteien immer schneller altern oder zu vergreisen drohen. Spätestens im Jahre 2010 wird jedes zweite Mitglied bei der SPD (2004: 43%) und der Union (2004: 46%) über 60 Jahre alt sein. Die Modernisierungsfähigkeit der großen Parteien ist damit in Frage gestellt.

5. Neue Ökonomie des Sozialen

Nach einer 1996 veröffentlichten Studie des Royal Institute of International Affairs (RIIA) in London wächst mit dem Wohlstand in einem Lande die Auffassung, der Staat sei *Diener des Volkes*. Gleichzeitig sinkt die Bereitschaft der Bevölkerung, *Diener des Staates* zu sein. Dies gilt insbesondere für die USA, Kanada, Australien, Deutschland, Frankreich und Großbritannien. Das hatte bisher u. a. zur Folge (vgl. Handy 1997/98, S. 248), dass der durchschnittliche Arbeitnehmer mittleren Alters in den OECD-Ländern im Laufe seines Lebens etwa 100 000 EURO mehr an staatlichen Leistungen bekam, als er an ihn abgeführt hatte. Das alles war einmal.

Schon die Kinder der nächsten Generation werden mehr an Steuern zahlen müssen, als sie an staatlichen Leistungen zurückbekommen. Mit anderen Worten: Es werden heute Anleihen bei der Generation von morgen gemacht.

Der „Niedergang des Sozialstaats", wie ihn Anthony Giddens (1997, S. 194) beklagt, ist wesentlich auf die Krise der Erwerbsgesellschaft zurückzuführen. Die ökonomische Basis für die Sozialsysteme geht dadurch verloren. Weil sich der Sozialstaat jahrelang als *Geldverteilungsmaschine* dargestellt hat, wird ihm jetzt, wo das Geld knapp wird, Versagen vorgeworfen. Die finanzielle Krise wird zur Sozialstaatskrise, in der es mehr um Knappheit als um Wohlstand geht. Die sich notwendigerweise neu entwickelnde Selbsthilfegesellschaft lebt vom *Prinzip der Freiwilligkeit* und ist deutlich weniger von staatlichen Umverteilungen abhängig.

Der Selbsthilfe-Gedanke der Amerikaner findet daher zunehmend Resonanz in Deutschland, auch und gerade als Reaktion auf *Zerfallstendenzen einer Wohlstandsgesellschaft*, die immer weniger soziale Wohltaten zu verteilen hat. Die Amerikaner sind hier Vorreiter und Pioniere gewesen. Das Gemeinschaftsdenken ist bei ihnen ganz anders verwurzelt und historisch begründet. In einer Einwanderungsgesellschaft waren die seinerzeit entwurzelten Auswanderer aus der Alten Welt auf die Bildung neuer Formen von Gemeinschaft angewiesen, um den Verlust ihrer Bindungen in Nachbarschaft und Gemeinde auszugleichen. An die Stelle von Traditionsgemeinschaften mussten selbstorganisierte Formen treten, damit sich überhaupt ein *community-Geist* entfalten konnte.

Auf dem Wege zur Selbsthilfegesellschaft
Frühe Prognose und Forderung aus den achtziger Jahren
„Die ökonomischen Beziehungen zwischen Menschen und Markt, Bürger und Staat müssen neu geregelt werden. Das Anspruchsdenken ist mit dem Selbstversorgungsgedanken zu verbinden, zur sozialen Sicherung wird immer auch die Selbsthilfe gehören."
H. W. Opaschowski/G. Raddatz: Freizeit im Wertewandel.
(Bd. 4 der B·A·T Schriftenreihe zur Freizeitforschung), Hamburg 1982, S. 45

Die Zeiten, da die Menschen ganz selbstverständlich davon ausgingen, aus dem Staat mindestens das wieder herauszuholen, was sie zuvor an Steuern eingezahlt haben, sind endgültig vorbei. Der Staat ist bald nur noch für die *existentielle Grundabsicherung* da.

Otto von Bismarcks Einführung der Sozialversicherung vor über hundert Jahren (1883: Krankenversicherung – 1884: Unfallversicherung – 1889: Altersversicherung) ging von der Voraussetzung aus, dass sich die Kosten durch die Zunahme der Beitragszahler von selbst tragen bzw. ‚rechnen'. Infolgedessen ging mit dem wachsendem Wohlstand immer auch eine Erhöhung der Rente (= „dynamische Rente") einher. Zur Erinnerung: Noch vor knapp fünfzig Jahren bekam ein Arbeiter im Jahr *1957* als *Rentenzahlung* gerade einmal *ein Viertel seines letzten Nettoverdienstes.* Im Vergleich dazu geht es uns heute geradezu blendend.

„Jeder Bürger hat einen Anspruch auf …" Diese Konsumhaltung des Einzelnen gegenüber dem Staat hat sich überlebt. Denn der Staat kann materiell nicht mehr geben, als er hat. Was früher galt – „Zu Anspruchshaltungen erzogen, fordern wir blindlings" (Höhler 1979, S. 88) – gilt nicht mehr. Der Staat hört auf, ein ergebener Diener des materiellen Wohlbefindens seiner Bürger zu sein. Anspruch im Sinne von Wohlstand, Wachstum und Immer-Mehr wird zunehmend durch eigene Leistungen ersetzt. Für das Erreichen von Glück und Lebenszufriedenheit ist wieder jeder selbst verantwortlich.

Deutschland braucht eine überzeugende Vision, wie das Land in zehn bis zwanzig Jahren aussehen „soll". Die von Politik und Parteien gelieferten Konzepte sind bisher mehr notdürftige Korrekturpläne von heute und weniger weitsichtige Visionen für morgen. Visionen müssen doch „identitätsstiftend, motivierend und herausfordernd" (Siebert 2004) sein, also eine positive Grundstimmung in der Bevölkerung erzeugen und Antworten auf die Frage geben: „Was bringt uns voran?" Das kann nur eine *Verantwortungsvision* sein, die den Bürgern mehr persönliche Verantwortlichkeit lässt bzw. wieder zurückgibt und sie gleichzeitig *für gemeinsame Anliegen begeistert.*

Die Krise der Erwerbsgesellschaft wird zur Chance für ein neues Arbeitsverständnis, das Beschäftigung für alle garantiert: Die Zukunft der Arbeit wird auch der *Arbeit am Menschen* gehören – dem Helfen, Pflegen, Betreuen, Beraten und Begleiten. Dafür fehlt aber bisher noch ein „geeigneter Bewertungsmaßstab" (Hengsbach 2003, S. 52). Wie kann die *Produktivität einer sozialen Hilfeleistung* gemessen werden? Wie hoch ist die Wertschöpfung einer solchen Arbeit am Menschen?

Für die Zukunft zeichnet sich eine *neue Ökonomie des Unentgeltlichen* ab, wie sie schon der Franzose Bertrand de Jouvenel vor über dreißig Jahren gefordert hat. Der Wohlstand einer Gesellschaft lässt sich nicht länger nur in Geld messen. Produktive unbezahlte Tätigkeiten für sich (z. B. häusliche Arbeiten) und für die Mitmenschen (z. B. soziale Aktivitäten) müssen auch von der volkswirtschaftlichen Gesamtrechnung erfasst werden.

Wohlstand und Wohlfahrt einer Gesellschaft können nicht nur quantitativ in einer Vermehrung von Gütern oder einer Steigerung des Lebensstandards gemessen werden. Ein höheres Brutto „sozial"produkt kann auch qualitativ in der Abwendung von sozialen Missständen gesehen werden.

Stadtentwicklungsprogramme werden sich in Zukunft verstärkt mit den Problemen *sozialer Ungleichheit* und *sozialer Ausgrenzung* auseinander setzen müssen. Dabei ist nachweislich (vgl. Burgers u. a. 2003, S. 13 f.) die Verringerung der Arbeitslosigkeit nicht das einzige „Heilmittel". Soziale Ausgrenzung entsteht sicher auch durch Arbeitslosigkeit. Denn arbeitslos sein heißt oft, über weniger finanzielle Ressourcen zu verfügen, weniger Konsumgüter kaufen und weniger Dienstleistungen in Anspruch nehmen zu können. Andererseits gibt es auch viele Menschen, die nicht in der Lage sind, ihre Ansprüche geltend zu machen (z. B. Rentner, die keine Sozialhilfe beantragen). Und schließlich haben viele Menschen es versäumt, im Laufe ihres Lebens verlässliche soziale Netzwerke aufzubauen (z. B. Familie, Freundeskreis, Nachbarschaft, Vereinsmitgliedschaft). Die Folge ist soziale Isolation.

Stadtentwicklungsprogramme
Von sozialer Ausgrenzung bedrohte Bevölkerungsgruppen
- Arbeitslose unter 25 Jahren
- Langzeitarbeitslose
- Sozialhilfeempfänger
- Jugendliche in Jugendheimen
- Alleinerziehende
- Witwen, Waisen, Behinderte und Rentner
- Migranten

Mit dem notwendigen Abbau des Sozialstaats gewinnt das Konzept der Urban Governance immer mehr an Bedeutung. Die *öffentliche Verwaltung* (*„Government"*) wird zunehmend durch *private Initiativen* (*„Governance"*) ergänzt und ersetzt. Beide Bereiche werden durch *Partnerschaft* zusammengehalten („Public-private-partnership"). Eine solche Partnerschaft kann von unten („Bottom-up") genauso ausgelöst werden wie von oben („Topdown"). Hierzu bedarf es konkreter Partizipationshilfen, da viele Bewohner nicht in der Lage sind, ihre Probleme zu formulieren bzw. selbst initiativ zu werden – z. B. aufgrund mangelhafter Sprachkenntnisse, niedrigen Bildungsniveaus oder fehlender Informationen (vgl. Burgers 2003, S. 65). Partizipation ist Bürgerrecht und kein Geschenk an die Bewohner.

Der *Abschied vom Staat als Alleskönner* ist in vollem Gange. Selbst die Politik spricht mittlerweile vom nur „ermunternden Staat" (z. B. in der ersten Regierungserklärung des Bundeskanzlers Gerhard Schröder 1998): Eine

Neudefinition der Rolle des Staates im Sinne des von den Amerikanern Neil und Barbara Gilbert bereits Ende der achtziger Jahre geprägten Begriffs „The Enabling State" (Gilbert 1989). Der Staat wird zum Ermöglicher. Statt – wie bisher aktiv und direkt – agiert er mehr *aktivierend und indirekt*. Private und privatwirtschaftliche Aktivitäten und Initiativen werden angeregt, belebt, aktiviert und gefördert. Aus dem Versorgungsstaat wird ein *Ermöglichungsstaat* – als *Partner und Förderer* sozialer Hilfen und Dienste, als *Moderator und Supervisor* sozialer Probleme und Konflikte sowie als *Befähiger und Anreger* der Selbsthilfe und Eigeninitiative.

Hinter solchen Überlegungen steht das Leitbild des Lebensunternehmers, insbesondere des *unternehmerischen Staatsbürgers* und des Neuen Selbstständigen, der kaum noch an den „Versorgungsempfänger" alten Stils erinnert. Nicht alle Bürger werden in gleicher Weise dieser neuen eigenaktiven Rolle gerecht werden können. Aber allen wird zunehmend bewusst, dass staatliche Hilfe keine Einbahnstraße mehr sein kann. Die Gesellschaft funktioniert nur als *Gemeinschaft auf Gegenseitigkeit*. Dazu müssen die Bürger befähigt werden, weshalb man in den USA auch von „citizen empowerment" spricht – im Sinne von Befähigung, Ermöglichung und Stärkung der aktiven Bürgerrolle. Andernfalls drohen neue Ungleichheiten, weil sich dann wieder nur die Persönlichkeitsstarken und Aktiven, die Höhergebildeten und Besserverdienenden durchsetzen. Das Konzept der aktivierenden Politik muss sich also ernsthaft mit der Gleichheit der Ausgeschlossenen auseinander setzen.

6. Gemeinschaft auf Gegenseitigkeit

Historisch gesehen wurde Solidarität bisher mehr propagiert als realisiert, „mehr in Anspruch genommen als wirklich geleistet" (Nolte 2004, S. 152). Was war die Solidarität in der Krankenversicherung oder im gesetzlichen Generationenvertrag schon wert? Vielleicht ist das von Hans Jonas geforderte *„Prinzip Verantwortung"* (Jonas 1979) ein viel treffenderer Begriff, der Selbst- und Mitverantwortung gleichermaßen beinhaltet und eine Brücke zwischen Individuen und Institutionen baut – im Sinne einer *„Ich-für-euch"*- und einer *„Wir-für-dich"-Verantwortung*, eines gerechten Ausgleichs von Geben und Nehmen.

Die Bereitschaft der Bevölkerung zu einer Neuen Solidarität im Sinne einer Gemeinschaft auf Gegenseitigkeit ist groß und vielfältig. Die Bevölkerung hat ganz konkrete Vorstellungen, in welchen Bereichen sie sich engagieren will. Im Einzelnen sind dies:

Neue Solidarität
Gemeinschaft auf Gegenseitigkeit

Von je 100 Befragten sind *„persönlich bereit"* zu ...

Betreuung von alten Menschen (29%)	Mitwirken in einer Bürgerinitiative (23%)
• Frauen (37%) • Arbeitslose (35%) • Ostdeutsche (35%)	• Selbstständige (35%) • Gymnasialabsolventen (35%) • 50- bis 64-Jährige (28%)
Zeitliches Engagement für Sozialaktivitäten (22%)	Patenschaft für Straßen-, Baum-, Parkpflege u. a. (19%)
• Gymnasialabsolventen (33%) • 50- bis 64-Jährige (27%) • Kleinstädter (24%)	• Selbstständige (28%) • 65- bis 79-jährige Männer (26%) • Familien mit Kindern (23%)
Betreuung von Kinderspielplätzen (18%)	Sozialer Fahrdienst, z. B. Essen auf Rädern (15%)
• 18- bis 29-Jährige (25%) • Frauen (21%) • Kleinstädter (20%)	• Familien mit Jugendlichen (21%) • 18- bis 29-Jährige (21%) • Landbewohner (21%)
Lotsendienst, z. B. Begleitung von Patienten zu Therapien (15%)	Telefondienst für Tagesmütterverein (11%)
• Familien mit Jugendlichen (24%) • 40- bis 49-Jährige (22%) • Arbeitslose (19%)	• Hausfrauen (28%) • Arbeitslose (22%) • Familien mit Kindern (19%)

- Betreuung von alten Menschen (29%),
- Mitwirken in einer Bürgerinitiative (23%),
- zeitliches Engagement für Sozialaktivitäten (22%),
- Patenschaft für Straßen-, Baum- Parkpflege (19%),
- Betreuung von Kinderspielplätzen (18%),
- sozialer Fahrdienst, z. B. Essen auf Rädern (15%),
- Lotsendienst, z. B. Begleitung von Patienten zu Therapien (15%),
- Telefondienst für Tagesmüttervereine (11%).

Mehr als jeder dritte Arbeitslose (35%) würde gerne alte Menschen betreuen, jede fünfte Frau sich für Aufsicht und Betreuung von Kinderspielplätzen verantwortlich fühlen (21%). Und von den über 65-jährigen Männern wäre jeder Vierte (26%) bereit, Verantwortung für die Straßen-, Baum- und Parkpflege zu übernehmen. Und das alles *auf freiwilliger Basis und ohne Zwang.*

In Deutschland hatte der Solidargedanke lange Zeit mehr Pflichtcharakter und wurde beinahe staatlich verordnet, wie es das Bundesverfassungsgericht

Unbezahlte Hilfeleistungen und ehrenamtliche Tätigkeiten
Eine Sozialbilanz im Ost-West-Vergleich

Von je 100 Befragten nennen als Aktivitäten, die *"zurzeit ausgeübt werden"*:

Hilfeleistungen	West	Ost	Ostdeutsche (mehr in Prozentpunkten)
• bei Verwandten	56	65	+9
• bei Nachbarn	44	53	+9
• bei Freunden	57	63	+6
• in Partei/Gewerkschaft	4	5	+1

Ehrenamtliche Tätigkeiten	West	Ost	Westdeutsche (mehr in Prozentpunkten)
• im Verein	20	15	+5
• in Kirche/Gemeinde	10	7	+3
• im sozialen Bereich	10	8	+2

(BVerfG) formuliert: Das Menschenbild des Grundgesetzes ist nicht das eines isolierten souveränen Individuums; das Grundgesetz hat vielmehr die *Spannung Individuum-Gemeinschaft* im Sinne der Gemeinschaftsbezogenheit und Gemeinschaftsgebundenheit der Person entschieden, ohne deren Eigenwert anzutasten.

Mit dem Ende von Wirtschaftswunder und grenzenlosen Wohlstandssteigerungen hört der Staat auf, Versorger und Verteiler für alle zu sein, was allerdings auch sozialpolitische Folgen hat.

Der Staat verliert an Macht und die Bindung der Bürger an den Staat lässt nach. Sozialpolitik wird wieder mehr „von unten" gemacht. Diese Verschiebung der Machtbalance geht mit einem Bedeutungsverlust von Parteien und Politikern einher. Demokratie wird zur Gemeinschaft auf Gegenseitigkeit und zur Bewegung mit Bürgersinn.

In zunehmendem Maße setzt sich auch in Deutschland eine Idee des ehemaligen US-Präsidenten John F. Kennedy durch, der die griffige Formel prägte: *„Frage nicht, was der Staat für dich tut; frage, was du für den Staat tun kannst."* In Deutschland hatten sich die Bürger in den achtziger und neunziger Jahren daran gewöhnt, notwendige Gemeinschaftsaufgaben einfach dem Staat oder den bezahlten Profis zu überlassen. Dieses Anspruchsdenken können sich die Bürger heute nicht mehr leisten. Jetzt sind sie selbst wieder gefordert und das heißt konkret für die Bürger: *„Wir werden gebraucht."*

Eine Sozialbilanz im Ost-West-Vergleich lässt erkennen: Ostdeutsche helfen sich mehr untereinander im informellen Bereich und Nahmilieu von Verwandten, Freunden und Nachbarn. Mit dieser Art von spontaner Selbsthilfe haben sie jahrzehntelang ihr Leben vor der deutschen Vereinigung gemeistert. Westdeutsche hingegen halten weniger von privaten Hilfeleistungen und engagieren sich dafür mehr in Institutionen – im Verein, in der Kirche oder in sozialen Einrichtungen. Ost- wie Westdeutsche sind zu „unbezahlten" sozialen Aktivitäten bereit. So gesehen können beide voneinander lernen. Die Demokratie lebt schließlich vom Vertrauen zu den Mitmenschen genauso wie zu den Institutionen.

Im „Datenreport 2004" geht das Statistische Bundesamt (2004, S. 468) u. a. der Frage nach: Welche Vorstellungen haben die Deutschen über eine *lebenswerte Gesellschaft?*

Am höchsten wird von den Bürgern in Deutschland eine Gesellschaft bewertet, in der man Verantwortung füreinander trägt. Die soziale Komponente des Lebens wird höher eingestuft als die materielle. Die Deutschen möchten in einer Zukunftsgesellschaft leben, in der Verantwortung genauso wichtig wie Wohlstand ist. Und je jünger die Befragten sind, desto mehr wünschen sie sich für die Zukunft eine solche Verantwortungsgesellschaft.

Mit der tendenziellen Verlagerung von staatlicher Macht zu mehr Eigenverantwortung der Bürger verändert sich auch das Verständnis von Solidarität. *Solidarität im 21. Jahrhundert bedeutet: Für sich selbst sorgen, um anderen nicht zur Last zu fallen.* Solidarität hat wieder mehr mit Eigenvorsorge und Eigenverantwortung und weniger mit Nächstenliebe und Opferpathos zu tun. Eine pragmatische, ja emotionslose Solidarisierung setzt sich durch: „Damit wir uns richtig verstehen: Ich sorge für mich – und du sorgst für dich. Und ich helfe dir nur, wenn auch du mir hilfst. Wir sind *aufeinander angewiesen.* Nenn es, wie du willst: Es ist eine Form kalkulierter Hilfsbereitschaft, von der wir schließlich beide profitieren."

Soziales Engagement gibt auch eine Antwort auf die Sinnfragen des Lebens. „Es tut gut, gebraucht zu werden" meinen 41 Prozent der Bevölkerung – die Frauen deutlich mehr (44%) als die Männer (38%). Mit zunehmendem Alter verschärfen sich diese Sinnfragen, insbesondere dann, wenn das Ausscheiden aus dem Berufsleben erfolgt. Die Bedeutung des Gebrauchtwerdens heben 32 Prozent der 14-bis 29-Jährigen, aber 49 Prozent der Rentner und Pensionäre hervor. Wer braucht sie noch? Wer sucht ernsthaft ihren Rat? Im höheren Lebensalter bekommt das Gebrauchtwerden fast die Bedeutung eines Berufsersatzes und neuen Lebensinhalts.

Gebraucht werden
Neue Lebenserfahrung durch soziales Engagement

Von je 100 Befragten nennen als *„gute Gründe für eine unbezahlte freiwillige Mitarbeit in sozialen Organisationen"*:

Eigene Lebenserfahrung erweitern — 36 / 42
Tut gut, gebraucht zu werden — 43 / 41
Freunde gewinnen — 40 / 41
Lebensgestaltung mit Sinn — 33 / 35
Wichtige Lebensaufgabe — 41 / 34
Soziale Anerkennung — 34 / 31
Hilfeleistung mit Ernstcharakter — 31 / 28
Erfolgserlebnisse — 24 / 24
Macht wirklich Spaß — 20 / 16

1999   2004

Wer hingegen Jugendliche mehr für die Übernahme ehrenamtlicher Aufgaben gewinnen will, muss in Ansprache und Werbung andere Akzente setzen: Jugendliche finden es besonders gut, dass man bei der ehrenamtlichen Arbeit Menschen treffen und Freunde gewinnen (48%), eigene Lebenserfahrungen erweitern (46%) und persönliche Erfolgserlebnisse (31%) haben kann.

Auffallend ist, dass der Aspekt der sozialen Anerkennung bei allen Bevölkerungsgruppen nicht im Vordergrund steht. Nur knapp ein Drittel der Bevölkerung (31%) glaubt daran, dass ehrenamtliches Engagement soziale Anerkennung „bringt". Offensichtlich wird soziale Anerkennung mehr gewünscht als wirklich gefunden. *Ohne Lob oder Lohn läuft kaum eine soziale Leistung mehr.* Anders als in den 60er bis 90er Jahren gibt es heute und in Zukunft keine Job-Sicherheit mehr. Wer will sich schon in Zeiten eines ebenso unsicheren wie permanent flexiblen Kapitalismus dauerhaft binden oder abhängig machen? Der Arbeitgeber nicht und der Arbeitnehmer auch nicht. Jeder will sein zeitliches Engagement selbst bestimmen.

In einer individualisierten Gesellschaft gleicht die unbezahlte freiwillige Mitarbeit in sozialen Organisationen mehr einem sporadischen selbstorganisierten Engagement, um weiterhin frei und flexibel bleiben zu können. Die Neuen Helfer wollen sich nicht verpflichten oder gar ausbeuten lassen – mit gutem Grund: Schließlich hat heute schon jeder vierte Bundesbürger (26%) das Gefühl, beim sozialen Engagement „ausgenutzt zu werden".

In Zukunft droht kein soziales Analphabetentum, eher ein berechnender egoistischer Altruismus, bei dem die Neuen Helfer das Warum, Wofür und Wielange ihres Tuns selbst bestimmen.

Die Neuen Helfer lassen sich nicht mehr vereinnahmen. Sie nehmen sich eher – freiwillig – selbst in die Pflicht und machen aus einer Selbstbetätigung eine Selbstbestätigung: „I did it" und „Ich war dabei!" Sich engagieren heißt handeln und etwas unternehmen, heißt aktiv und tätig sein. In Zukunft gilt: Sich engagieren ist Ehrensache (und weniger ein Ehrenamt).

Es tut gut, gebraucht zu werden. Und es tut ungeheuer gut, etwas Sinnvolles zu tun – für sich und andere. Die Zukunft gehört den engagierten Helfern, die *mehr in Initiativen als in Institutionen tätig* sind: Sie kochen für Obdachlose, pflegen kranke Kinder, schmieren Brote für Schulkinder, melden sich am Kindertelefon, betreuen gefährdete Jugendliche, kümmern sich um Menschen in Asylbewerberheimen, organisieren Nachbarschaftshilfen oder machen beim Senior-Experten-Service mit.

Die vielen freiwilligen Helfer werden eine neue Kultur des Gebens und Nehmens boomen lassen. Aber kaum ein Helfer wird sich noch lebenslang engagieren wollen.

Jugendliche verweigern vielfach soziales Engagement mit dem Argument „Bringt kein Geld" (40%) oder: „Kostet zu viel Zeit" (40%). *Kalkulierte Hilfsbereitschaft löst das selbstlose Helferpathos ab.* Auch soziales Engagement muss sich bei der Jugend rechnen und die Frage gefallen lassen: Was bringt es mir?

Neben materiellen Erwägungen sorgen insbesondere die Konkurrenz der Konsumangebote im Umfeld von TV und Multimedia, Shopping, Kino und Essengehen sowie Hobby und Sport für die wachsende Zeitnot der jungen Generation. Für zusätzliche Engagements bleibt da kaum noch Raum. So ist auch das Hauptargument der Jugend „gegen" ein soziales Engagement zu verstehen: „Kostet zu viel Zeit!" Das Alltagsleben vieler Jugendlicher gleicht manchmal einer Stressrallye, die sie dadurch bewältigen, dass sie sich nur noch für das entscheiden, was ihnen persönlich besonders wichtig erscheint. Alles andere darf dann kaum noch Zeit in Anspruch nehmen bzw. „keine Zeit kosten".

Der Ausstieg der Jugend aus sozialen Aufgaben ist also mehr eine Entscheidung für das Leben und Erleben als gegen das soziale Engagement. Hinzu kommt, dass die Freiwilligenarbeit von Jugendlichen gar nicht so frei-

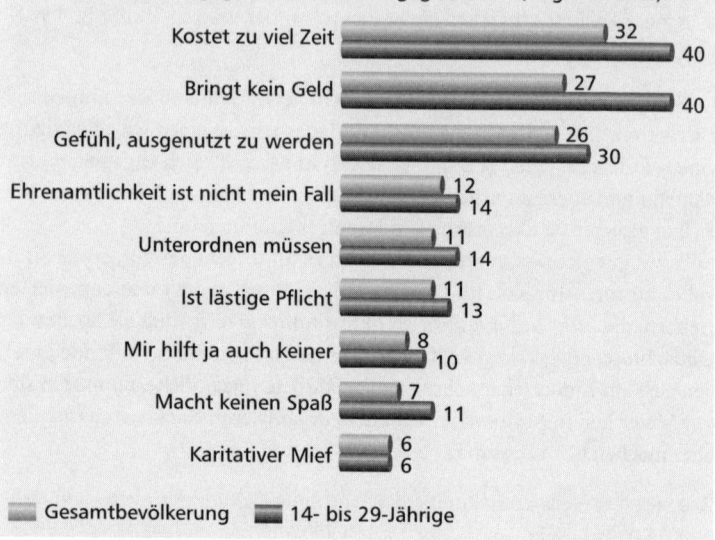

Kalkulierte Hilfsbereitschaft
Gründe gegen soziales Engagement

Frage: „*Es gibt heutzutage viele gute Gründe für oder gegen eine unbezahlte freiwillige Mitarbeit in sozialen Organisationen und Institutionen. Was spricht Ihrer Meinung nach gegen ein soziales Engagement?*" (Angaben in %):

Kostet zu viel Zeit — 32 / 40
Bringt kein Geld — 27 / 40
Gefühl, ausgenutzt zu werden — 26 / 30
Ehrenamtlichkeit ist nicht mein Fall — 12 / 14
Unterordnen müssen — 11 / 14
Ist lästige Pflicht — 11 / 13
Mir hilft ja auch keiner — 8 / 10
Macht keinen Spaß — 7 / 11
Karitativer Mief — 6 / 6

▬ Gesamtbevölkerung   ▬ 14- bis 29-Jährige

willig empfunden wird. Jeder achte Jugendliche (13%) hat dabei eher das Gefühl einer „lästigen Pflicht". Weitere 14 Prozent kritisieren den „Gruppenzwang", dem sie sich unterordnen müssen. So erscheint es nur folgerichtig, dass jeder neunte Jugendliche (11%) zu der persönlichen Bilanz gelangt: Soziales Engagement macht keinen Spaß.

Spaß bedeutet für Jugendliche mehr als nur Fun. *Spaß kann auch ein anderes Wort für Freude, Lust, Motivation und Sinnhaftigkeit sein.* Soziale Organisationen müssen daher umdenken. Statt nur an Pflicht und Moral, Aufopferung und soziale Fürsorge zu appellieren, sollte mehr das große Potential an Hilfsbereitschaft, das auch in der Jugend vorhanden ist, gefordert und gefördert werden. Selbst in einer individualisierten Gesellschaft stirbt der Wunsch, anderen helfen zu wollen, nicht aus. Allerdings wollen die freiwilligen Helfer von heute und morgen den Umfang, die Intensität und auch die zeitliche Dauer ihres Engagements selbst bestimmen. Eigene Interessen sind dabei genauso wichtig wie gemeinsame Erlebnisse. Der bloße Appell an Solidarität und Nächstenliebe erinnert hingegen sechs von hundert Jugendlichen an „karitativen Mief".

Einen solchen Einstellungswandel der Jugend müssen die sozialen Organisationen und Institutionen tolerieren. Und sie müssen akzeptieren: Die selbstlosen stillen Helfer gibt es bald nicht mehr. Zur neuen Generation der Ehrenamtlichen zählen berechnende Helfer („Auch das Ehrenamt muss sich lohnen") genauso wie hilfsbereite Egoisten („Nur, was mir Spaß macht, mache ich auch gut").

7. Bürger.Selbst.Hilfe.

Eine Gemeinsamkeit ist jedoch bei allen Bevölkerungsgruppen feststellbar: Die große *Kluft zwischen Wunsch und Wirklichkeit.* Nur etwa jeder neunte Bundesbürger (11%) übt regelmäßig eine ehrenamtliche Tätigkeit im sozialen Bereich aus: Fünfmal so viele (56%) sind aber dazu bereit. Warum tun sie es nicht? Hier liegen offensichtlich Handlungsdefizite von Politik und Gesellschaft vor, die es versäumt haben, hinreichend *motivierende und aktivierende Gelegenheitsstrukturen* zu schaffen, um das vorhandene Potential an Hilfsbereitschaft für das Gemeinwohl und zum Nutzen des Gemeinweisens besser zu nutzen.

Wunsch und Wirklichkeit werden allerdings nie deckungsgleich sein. Die größte Aktivitätsbremse ist schließlich die Lebensgewohnheit der Menschen zwischen Phlegma, Trägheit und Bequemlichkeit. Das wird es immer geben. Andererseits warten viele Menschen geradezu darauf, aus der Monotonie ihres Alltags herausgeholt oder befreit zu werden. Dies trifft vor allem für die 50plus-Generation zu: Fast drei Viertel (75%) der 50- bis 64-Jährigen wollen selbst mehr helfen „und nicht alle Probleme einfach dem Staat überlassen". Es ist die Generation nach der Lebensmitte, die Zeit und Lust hat, noch etwas zu unternehmen und „gemeinnützig" zu sein.

Eine frühe Prognose von 1984 wird Wirklichkeit. Eine neue Generation des Übergangs entsteht: „Hin- und hergerissen zwischen Zweitkarriere und Kaffeefahrt, Konditionstraining und Fernsehkrimi. So gibt es eine Generation (noch) ohne Namen. Ihr postprofessioneller Status ist überhaupt nicht vorgesehen: Eine lebens- und berufserfahrene Generation voller Aktivitätsdrang und ohne Betätigungsfeld" (Opaschowski 1984, S. 37). Diese 50plus-Generation will ihre *nachberufliche Lebensphase* sinnerfüllt gestalten. Sie will kein aktivitätsarmes Leben leben, sondern *gebraucht werden.*

Die Politik hat sich in den letzten Jahren viel zu einseitig nur um mangelnde Geldleistungen des Staates Gedanken gemacht, statt mehr auf mögliche Hilfeleistungen der Bürger zu setzen. Ein radikales Umdenken ist erforderlich – von der institutionellen zur informellen Hilfeleistung.

Bürger.Selbst.Hilfe.
Aktivierender Staat als Förderer

Von je 100 Befragten stimmen der Aussage zu:

„Die Bürger sind durchaus bereit, sich selbst mehr zu helfen und nicht alle Probleme einfach dem Staat zu überlassen."

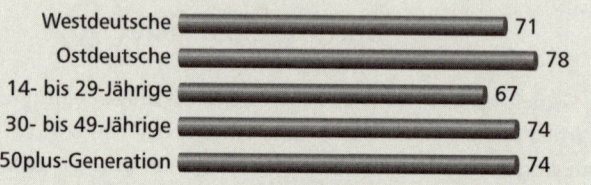

Westdeutsche	71
Ostdeutsche	78
14- bis 29-Jährige	67
30- bis 49-Jährige	74
50plus-Generation	74

„Der Staat könnte viel Geld sparen, wenn er private Initiativen aus den Reihen der Bürger aktiv unterstützen bzw. fördern würde."

Westdeutsche	73
Ostdeutsche	77
14- bis 29-Jährige	67
30- bis 49-Jährige	76
50plus-Generation	74

Das deutsche Sozial„system" zeichnete sich jahrzehntelang durch einen hohen Organisationsgrad aus. Praktische Solidarität spielte sich fast nur im Rahmen organisierter Hilfe ab. Und Eigeninitiative sollte sich – so der staatliche Wille – möglichst „in" der Institution entfalten. Die Selbstorganisation in der Organisation ermöglichte dem Staat problemlos soziale Kontrolle. Im Zentrum staatlicher Förderung (und damit auch finanzieller Zuschüsse) stand die Institution und nicht das Individuum. Wer sich im Vereins- und Organisationswesen freiwillig engagierte, bewies „Gemeinsinn" und machte sich um das „Gemeinwesen" verdient.

Diesem Kollektivdenken widersprach aber der Trend zur Individualisierung in den letzten Jahren mit der Folge: *Massenhafte Flucht aus den Institutionen.* Institutionelles wurde durch Informelles ersetzt. Was die informelle Hilfeleistung anbetrifft, so gleicht sie jetzt einem *Engagement zum Anfassen.* Aus einem moralischen Appell ist gelebte und erlebte Solidarität geworden, bei der man Verantwortungsübernahme erfahren, lernen und einüben kann. Die Motivation hierzu ist einfach und überzeugend: „Hilf anderen, damit auch dir geholfen wird." Diese Hilfe zur Selbsthilfe lebt – vor allem in kritischen Zeiten – vom Grundsatz des Gebrauchtwerdens und der Hilfeleistung auf Gegenseitigkeit. Das politische *Prinzip der Subsidiarität* muss daher wieder mehr auf den Kern zurückgeführt werden: auf die Förderung des Einzelnen *vor* der Gruppe, der Familie *vor* dem Verein und der Nachbarschaft *vor* der Gemeinde.

Wenn Bundespräsident Horst Köhler in seiner Erfurter Rede zum Tag der Deutschen Einheit 2004 zu Recht kritisierte „Wir haben mehr Staat, als wir uns leisten können", so ist dies nur die halbe Wahrheit. Die andere lautet: *Wir haben mehr Staat, als die Bürger eigentlich haben wollen.* Fast drei Viertel der deutschen Bevölkerung (73%) vertreten die Auffassung: „Die Bürger sind durchaus bereit, sich selbst mehr zu helfen und nicht alle Probleme einfach dem Staat zu überlassen." Auf die BürgerSelbstHilfe vertrauen die Ostdeutschen mehr (78%) als die Westdeutschen (71%), die 50plus-Generation mehr (74%) als die junge Generation (67%).

Die Forderung nach einer wirksamen BürgerSelbstHilfe ist keineswegs nur eine moralische Frage. Sie hat vor allem ökonomische Folgen, die künftigen Generationen zugute kommen wird: „Der Staat könnte viel Geld sparen, wenn er private Initiativen aus den Reihen der Bürger aktiv unterstützen bzw. fördern würde" meinen fast drei Viertel der Bevölkerung (73%).

> Mehr Eigeninitiative statt höhere Staatsschulden: Das ist die realistische Einschätzung der Bevölkerung zur Lösung der anstehenden Zukunftsprobleme. Der Bürger ist wieder für das Mögliche – und der Staat nur mehr für das Nötige da.

Bundespräsident Köhler hat derzeit eine Mutmacher- und Motivationsrolle übernommen, redet den Deutschen Ängstlichkeit und Verzagtheit aus und ruft sie zum Aufbruch in eine Ära der Verantwortung auf. Eine *Ära der Verantwortung von Menschen* – und weniger von Institutionen. Folgerichtig endete die erste Rede Köhlers als Bundespräsident vor dem Deutschen Bundestag mit den Worten: „Ich glaube an dieses Land, weil ich an seine Menschen glaube" (Köhler 2004). Die Menschen in Deutschland lernen dazu. Bisher ist doch für viele Bundesbürger „Reform" nur ein anderes Wort für „Zumutung" gewesen. Jetzt streifen sie zunehmend ihre Mutlosigkeit ab und erkennen, dass sie für die Erfüllung eigener Ansprüche in erster Linie selbst verantwortlich sind. Persönliche Ansprüche sind nicht länger bezahlbar – schon gar nicht vom Staat.

8. Aktivierung der Bürger

Jenseits von „Kanzlerdemokratie" und „Parteienstaat" zielt das *Politikkonzept eines aktivierenden Staates* mehr auf die Eigenverantwortung des Bürgers als auf die Allzuständigkeit des Staates. Statt über den schwachen Staat zu lamentieren, wird eher der starke Bürger herausgefordert werden, der um seine Rechte zwischen Bürgerbegehren und Volksentscheid weiß. Ein aktivierender Staat stellt sich in den Dienst von Bürgertugenden, bei denen es zentral um die Frage geht, wie die Menschen leben „wollen". *Der Staat „dient" wieder dem Bürger* (und nicht nur der Bürger dem Staat).

Eine Hauptaufgabe aktivierender Kommunalpolitik besteht darin, den Bürgern beim Flechten von informellen Netzwerkstrukturen behilflich zu sein. Die Allmacht des Staates und die Allzuständigkeit der Institutionen werden durch das Prinzip der Subsidiarität relativiert: Individuen haben Vorrang vor Institutionen und müssen auch nicht warten, bis sie „grünes Licht" von der Politik bekommen: Sie können von sich aus initiativ werden und Verantwortung übernehmen.

Staat und Politik sind daher gefordert, vor allem die Selbsthilfe-Infrastruktur im Gemeinwesen weiter auszubauen oder neu zu schaffen, z.B. Initiativen bei der Vernetzung behilflich zu sein. Konkret: *Die Kommunalverwaltungen müssen selbst zu Vernetzern werden* (vgl. Keupp u.a. 2000, S. 259) und *Vereine und Initiativen zu Partnern* machen. Eine sich notwendigerweise neu entwickelnde Selbsthilfegesellschaft kann dann keine staatlich verordnete Solidargemeinschaft mehr sein. Sie lebt vom Prinzip der Freiwilligkeit und ist deutlich weniger von staatlichen Umverteilungen abhängig. Im Zeitalter großer Freiheiten befreien sich die Menschen vom Zwang des Sich-Aufopferns und machen Ernst mit der *Emanzipation von der Pflicht zur Hilfeleistung,* wie die moderne Sozialforschung nachweist (vgl. Popp 2002, S. 22).

Die Bürgerrolle wird sich langfristig verändern. Seit der Französischen Revolution gibt es die Unterscheidung zwischen „bourgeois" und „citoyen". Der Bourgeois verkörpert den Arbeitnehmer in der Erwerbsgesellschaft, der Citoyen den Staatsbürger in einer Bürgergesellschaft. Beim Bourgeois steht die Erwerbsarbeit im Zentrum des Lebens, beim Citoyen die Bürgerarbeit. Arbeiten tun beide; die Akzente verschieben sich allerdings: *Der Citoyen ist politischer.* Die „ökonomische Verfügbarkeit" des Bourgeois wandelt sich zur „politischen Gestaltbarkeit" des Citoyen (vgl. Bonß 2000, S. 404). *Der Bourgeois lebt vom Konsumwohlstand, der Citoyen lebt im Zeitwohlstand!* Im Idealfall wird der Citoyen zum „Gemeinwohl-Unternehmer" (Beck 2000 S. 428) und zum Freiwilligen-Unternehmer, der plant, organisiert und initiiert, der berät, begleitet und betreut.

Wie sieht das *Kerngeschäft des Staates* in Zukunft aus? Auf welche Aufgaben muss sich der Staat beschränken? Der Begriff *Grundversorgung* muss neu definiert werden. Auch *Fürsorge, Vorsorge und soziale Absicherung* erfahren Bedeutungsverschiebungen. Ist der Staat nur für die Absicherung bei Arbeitslosigkeit und existentieller Not zuständig oder auch für die Absicherung bei Krankheit und im Alter?

Hilfsbereitschaft und sozialer Zusammenhalt waren in Deutschland in den letzten Jahren unterentwickelt. Im europäischen Vergleich stellte Deutschland das Schlusslicht dar. Nur etwa die Hälfte der Deutschen war bereit, aktiv etwas für ältere Menschen (50%) oder Kranke und Behinderte (49%) zu tun. Irland, Italien und Schweden wiesen dagegen Zustimmungswerte von über 80 Prozent auf (vgl. EU/Eurobarometer 2001/European Social Survey 2002).

In der Sozialforschung wird im Zusammenhang mit der Bürgerbeteiligung von dem so genannten „*Dornröschen-Phänomen*" gesprochen (Keupp 2005, S. VIII): Ein knappes Drittel der Bevölkerung ist an freiwilligen Engagements interessiert – engagiert sich aber nicht. Dieses brachliegende Potential gleicht einer riesigen schlafenden Ressource, die nur *durch neue Gelegenheitsstrukturen aus dem Tiefschlaf aufgeweckt* werden kann. Wie aber können solche Gelegenheitsstrukturen das frei flottierende Potenzial an Gemeinsinn aktivieren?

Als Ausgangspunkte und Grundsätze einer aktivierenden Kommunalpolitik lassen sich festhalten:

- Mit dem Ende der Erwerbsarbeit ist die Lebensarbeit nicht zu Ende.
- Berufliche Entpflichtung ist keine soziale Entpflichtung.
- Kontakt zählt mehr als Komfort.
- Geborgenheit wird wichtiger als Habseligkeit.

Es ist keineswegs so, wie der Deutsche Städte- und Gemeindebund befürchtet: „Der Generationenvertrag ist aufgekündigt. Er gilt nicht mehr" (Landsberg 2003, S. 40). Ganz im Gegenteil: Der gesetzliche Generationenvertrag lebt im privaten Generationenpakt weiter – im Dialog der Generationen, im Miteinander von Jung und Alt, in Großelterndiensten und sozialen Engagements in Kindergärten und Schulen.

9. Geldwerte Vorteile durch bürgerschaftliches Engagement

Die Motivationsstrukturen haben sich grundlegend verändert. Der Trend weg vom klassischen Ehrenamt und hin zu selbstbestimmter Lebensführung hat zur Folge: Freiwilligenarbeit muss Identitätsarbeit sein und schließt Lebensfreude und Lebenssinn zwangsläufig mit ein. Ohne Erlebnisorientierung und Sinnbezug ist kein „dauerhaftes" Engagement zu erwarten. Letztlich geht es um die Antwort auf die Frage: *Was bringt mir das?* Allerdings muss „dauerhaft" neu definiert werden. In einer Multioptions- und 24-Stunden-Gesellschaft stellt der *Mangel an Zeit* die größte Barriere für bürgerschaftliches Engagement dar. Vor allem für Jugendliche stellen sich Fragen wie z. B.:

- Kann ich mich auch nur zeitweilig bzw. phasenweise engagieren?
- Darf ich aufhören, wenn ich nicht mehr will oder keine Zeit mehr habe?
- Kann ich später jederzeit wieder einsteigen?

Was in der EU-Grundrechte-Charta genauso wie in der Verfassung formuliert wurde – „Niemand darf gezwungen werden, Zwangs- oder Pflichtarbeit zu verrichten" – gilt in besonderer Weise für die Bürgerbeteiligung, die nur als *Kultur der Freiwilligkeit* funktioniert. Pflichtethik und soziale Verpflichtung entfallen weitgehend. Statt Solidarität sollte man eher nüchtern von „egoistischem Altruismus" (Beck 2005, S. XV) sprechen: Man engagiert sich für andere, wenn man für sich selbst einen bestimmten Nutzen daraus ziehen kann.

Jetzt deutet sich eine Art *Rückkehr zu den Partizipationsidealen der siebziger Jahre* an – allerdings wesentlich anders motiviert:

- In den siebziger Jahren wurde die Partizipation auf dem Höhepunkt der wirtschaftlichen Entwicklung als Aufforderung an satte Wohlstandsbürger verstanden, einen Teil des geschenkten Zeitwohlstands in das soziale System zu re-investieren.
- Heute ist die Partizipationsdiskussion sehr viel existentieller, vielleicht auch pessimistischer begründet – aus Sorge um die *Ausgrenzung sozialer Gruppen* und auch aus *Angst vor dem Zerfall der Gesellschaft.* Partizipation muss jetzt regelrecht von den Bürgern eingefordert werden, weil die soziale Infrastruktur als immer lückenhafter empfunden wird.

Insbesondere die sozial Benachteiligten sollen und müssen sich stärker engagieren, damit sie sich auf dem Arbeitsmarkt und in ihrem sozialen Umfeld besser behaupten können.

Aktive Gemeinschaftskultur basiert auf einer ausgeglichenen Balance zwischen Individualinteressen und Gemeinschaftswerten. Der Bürger ist dabei Nutznießer und Mitgestalter der Gemeinschaft zugleich. Die Schnittstellen zwischen beiden Interessenbereichen machen das Neue der Gemeinschaftskultur aus, in der vitale Eigeninteressen zur Antriebsfeder werden.

Wenn Eltern beispielsweise den Bau oder die Betreuung eines Spielplatzes übernehmen, damit „ihre" Kinder Spielmöglichkeiten haben (vgl. Esch u. a. 2001, S. 533), dann wird diese Vorgehensweise nicht mehr als egoistische Motivation gebrandmarkt, sondern geradezu als willkommenes Eigeninteresse begrüßt. Eigene Interessen müssen nicht mehr „hinter vorgehaltener Hand" kaschiert werden. *Eigeninteressen* werden fast zur *Erfolgsgarantie für soziales Engagement.* Sozialwissenschaftliche Studien (Emnid 1997; Wilkinson 1997; Keupp 2000) nennen im Wesentlichen vier Bedingungen für das soziale Engagement von Bürgern:

1. *Engagement muss sich lohnen*
   Neben dem Gemeinnutz darf der Eigennutz nicht zu kurz kommen.
2. *Engagement muss Spaß machen*
   Spaß ist hierbei eine Chiffre für Motivation, Vertrauen und Lebensfreude mit teilweise spielerischen Elementen.
3. *Engagement muss dem Ego gut tun*
   Das Gebraucht- und Gefordertwerden soll das Selbstbewusstsein stärken helfen.
4. *Engagement muss sichtbar sein*
   Das Engagement im Dienst einer guten Sache muss öffentlich gemacht werden – auch als Anerkennung für die eigene Leistung.

Der Selbsthilfegedanke muss mehr bewusst gemacht werden, d. h. *generationsübergreifende Selbsthilfegruppen* bedürfen stärkerer Förderung, wenn Kommunikation und Mitmenschlichkeit nicht auf der Strecke bleiben sollen. Vielleicht heißt Solidarisierung in Zukunft einfach nur: *mehr Gemeinsamkeit und weniger Egoismus*, weil sich eine „Gesellschaft der Ichlinge" (Beck 1997) kaum zu einer solidarischen Leistungsgesellschaft weiterentwickeln kann. In jedem Fall werden wir uns wohl von dem hohen Solidaritätsideal verabschieden müssen.

Das soziale Optimum der Zukunft wird eher eine pragmatische Solidarisierung nach dem Prinzip „do ut des" sein: Ich helfe dir, damit auch mir geholfen wird. Ich gebe mich notwendigerweise solidarisch, um weiter frei und unabhängig leben zu können. Für die Zukunft zeichnet sich also ein neuer Typus von Solidarität ab, der von Pflichtgefühl und Helferpathos herzlich wenig wissen will.

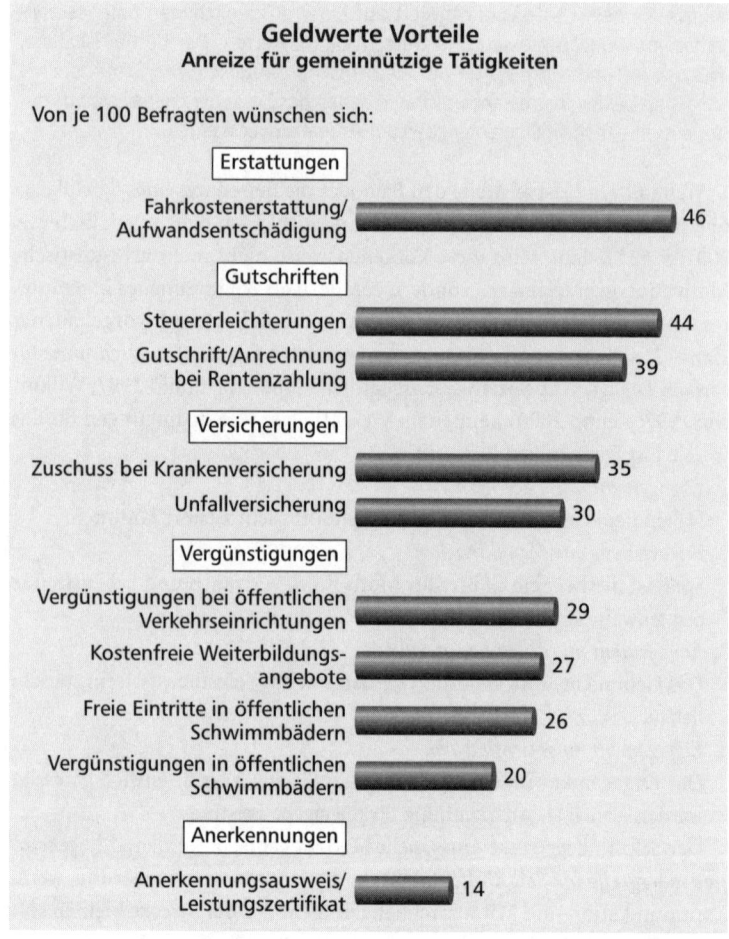

Geldwerte Vorteile
Anreize für gemeinnützige Tätigkeiten

Von je 100 Befragten wünschen sich:

Erstattungen

Fahrkostenerstattung/
Aufwandsentschädigung — 46

Gutschriften

Steuererleichterungen — 44

Gutschrift/Anrechnung
bei Rentenzahlung — 39

Versicherungen

Zuschuss bei Krankenversicherung — 35

Unfallversicherung — 30

Vergünstigungen

Vergünstigungen bei öffentlichen
Verkehrseinrichtungen — 29

Kostenfreie Weiterbildungs-
angebote — 27

Freie Eintritte in öffentlichen
Schwimmbädern — 26

Vergünstigungen in öffentlichen
Schwimmbädern — 20

Anerkennungen

Anerkennungsausweis/
Leistungszertifikat — 14

Aus der Not oder Notlage heraus geboren schließen sich Individuen zu einem sozialen Netzwerk zusammen – auf Abruf und jederzeit kündbar, wenn die Geschäftsgrundlage (= Notlage) entfällt. Das Netzwerk wird zum Beistandspakt auf Zeit. Der sich international ausbreitende Kommunitarismus (vor allem in den USA) ist eigentlich nichts anderes als ein *sozialer Egoismus.*

Jetzt entwickelt sich Solidarität wieder zu dem, was sie ursprünglich in der europäischen Arbeiterbewegung des 19. Jahrhunderts einmal war: Zu einer *Erfahrung des Aufeinander-Angewiesenseins*, bei der sich Eigen- und Gemeinnutz miteinander verbinden und weniger eine Frage von Pflicht und

Moral, Fürsorge und Nächstenliebe sind (vgl. BUND/Misereor 1996, S. 278).
Mehr Bestand und Verlässlichkeit könnten Hilfsbereitschaft und Solidarisierung erst dann bekommen, wenn sie *als Arbeit anerkannt* würden.

Wer sich für gemeinnützige Arbeiten engagiert, will sich nicht ausgenutzt
oder ausgebeutet fühlen. Eine aktivierende Kommunalpolitik muss daher
Anreize schaffen, die dem *Geldwert* der Arbeit relativ *nahe kommen* oder ihn
vergessen machen. Überraschenderweise haben Anerkennungen und Ehrun-
gen als Anreiz für soziales Engagement keine besondere Bedeutung (14%).
Um ein Vielfaches höher – gerade in wirtschaftlich schwierigen Zeiten – sind
Entschädigungen und Vergünstigungen materieller Art: Von der Fahrkosten-
erstattung und Aufwandsentschädigung (46%) über den Wunsch nach Steuererleichterungen (44%) und die Anrechnung bei Rentenzahlungen (39%) bis
hin zu Zuschüssen bei der Krankenversicherung (35%) und dem Abschluss
einer Unfallversicherung (30%). Auch Vergünstigungen bei öffentlichen Verkehrseinrichtungen (29%) sowie freie Eintritte in Kultureinrichtungen
(20%) sind gefragt.

Im Bewusstsein der Bürger ist das soziale Engagement für die Gemeinschaft
ein Bestandteil des Brutto„sozial"produkts der Gesellschaft. Gemeinnützige
Arbeiten „bringen" kein Geld, aber helfen, Geld zu „sparen". Bürgerschaftliches Engagement muss durch geldwerte Vorteile und nicht durch Geldzahlungen honoriert werden.

Im Zeitalter des Turbokapitalismus kann die Bürgergesellschaft keine
Idealistengesellschaft sein, die als Reparaturwerkstätte für Versäumnisse und
Defizite der Sozialpolitik herhalten soll. Die Bürgergesellschaft agiert im
„Dritten Sektor" – ist eine Art „Dritter Arbeitsmarkt", der *Arbeit für alle*
garantiert – nicht gegen Geld, wohl aber für geldwerte Vorteile.

10. Aktive Gemeinschaftskultur

In Zukunft müsste eine *neue Gemeinschaftskultur* etabliert und über den
Wert des Sozialkapitals ernsthafter nachgedacht werden. Im Unterschied zu
Geld- und Sachkapital geht es beim Sozialkapital mehr um gesellschaftlich
relevante Ressourcen wie Selbstorganisation, aktive Mitarbeit und Eintreten
für soziale Belange in Form der Übernahme von Aufgaben in Gruppen und
Vereinigungen. Weil Schulen, Jugendzentren, Volkshochschulen oder Alten-
heime immer noch als *soziale Wüsten* gelten (vgl. Dettling 1998), die viel zu
wenig zu bürgerschaftlicher Mitwirkung herausfordern, müssten mehr *good-
practice-Beispiele* bekannt gemacht und nach- und mitmachbar dargestellt
werden.

Aktive Gemeinschaftskultur
Forderung aus dem Jahre 1994
„Neben die passive Konsumkultur muss eine aktive Gemeinschaftskultur tre-
ten, in der sich die Menschen stärker als bisher in den Dienst sozialer Belange
stellen können. Diese sozialen Aufgaben müssen so attraktiv sein, dass die
Bürger freiwillig und mit Freude und Engagement dabei sind. Dies setzt aber
voraus, dass freiwillige Non-Profit-Dienste sozial honoriert und durch neue Sta-
tus- und Prestigesymbole gesellschaftlich aufgewertet werden."
H. W. Opaschowski: Schöne, neue Freizeitwelt?
(B·A·T Projektstudie), Hamburg 1994, S. 52

Mit aktiver Gemeinschaftskultur ist soziales Bürgerengagement auf freiwilliger Basis gemeint, das gesellschaftlich und politisch gefördert, aber nicht
„organisiert" werden darf. Oft ist schon viel geholfen, *wenn bürokratische
Hürden aus dem Weg geräumt und organisatorische Unterstützung* angeboten
werden. Konkret: Bereitstellung von Strukturen, Schaffung von Gelegenheiten sowie Möglichkeiten zur Partizipationsaktivierung. Das wäre eine sensi-
ble Förderpolitik für eine *Gemeinschaftskultur auf breiter Basis.*

Für die Notwendigkeit einer solchen Gemeinschaftskultur sprechen zwei
gesellschaftliche Entwicklungen (vgl. Heinze/Olk 2001, S. 12):

■ Vor dem Hintergrund einer strukturellen *Krise der Arbeitsgesellschaft*
muss über einen erweiterten Arbeitsbegriff nachgedacht werden, der in
einer sozialen Leistungsgesellschaft verwirklicht werden könnte. Gleichzeitig sind Visionen einer Bürgergesellschaft zu entwickeln, wie sie insbesondere in der Arbeit der Enquête-Kommission zur „Zukunft des bürgerschaftlichen Engagements" zum Ausdruck kommen.

■ Die *Individualisierungsprozesse* lassen auf längere Sicht destruktive Folgen
für die Gesellschaft befürchten. Gegen die Erosion sozialer Milieus in
einer egoistisch geprägten „Ellenbogengesellschaft" müssen Werte wie
z. B. Bürgertugenden und Gemeinwohlorientierungen gestärkt werden.

Was früher politische Partizipations-, Ehrenamts- und Vereinsforschung
hieß, muss in Zukunft brennpunktartig als Erforschung des bürgerschaftlichen Engagements auf dem Wege zu einer Selbsthilfegesellschaft zu-
sammengefasst werden. Hier deutet sich eine neue soziale Bewegung und
Idee in Anlehnung an den angelsächsischen Begriff *„civil society"* an.

In Analogie zur aktivierenden Sozialarbeit geht das Modell der aktiven Gemeinschaftskultur von der Eigeninitiative der Bürger aus, bei der sich Staat und
Gesellschaft auf die Rolle des Förderers und Forderers beschränken.

Die klassischen Formen der staatlichen Steuerung, Lenkung und Kontrolle verlieren an Bedeutung. Umso notwendiger werden „weiche" Formen der

Politik wie z. B. Vertrauen und Glaubwürdigkeit, Kommunikation und Überzeugung. Die *Effizienzeinbußen* des Staates in seiner Funktion als Macher und Problemlöser müssen durch entsprechende *Akzeptanzgewinne* in anderen Bereichen ausgeglichen werden, z. B. durch verstärkte Kooperation mit öffentlichen und privaten Handlungsträgern. Der Staat agiert hierbei mehr aktivierend.

Der Staat agiert im besten Fall als Moderator und Animator – ganz im Sinne der soziokulturellen Animation der siebziger Jahre, die sich als Anregung, Ermutigung, Befähigung und Aktivierung verstand.

Das neue Leitbild der aktiven Gemeinschaftskultur greift auf animative Konzepte zurück, in der die Aktivierung zum Selber-tätig-Sein im Mittelpunkt steht. Offen bleibt die Frage, ob hierbei mehr der einzelne Bürger oder gesellschaftliche Institutionen aktiviert werden sollen. Im ersteren Falle geht es um sozial aktive Lebensunternehmer, im zweiten Fall um bürgerschaftliche Organisationsformen wie Vereine und gemeinnützige Institutionen.

Im April 1997 sprach der damalige Bundespräsident Roman Herzog in seiner viel beachteten Rede von einem spezifisch „mentalen Problem" der Deutschen. Gemeint war die deutsche Staatsgläubigkeit. Eine lange Tradition obrigkeitsstaatlicher Lösungen habe bei den Bürgern eine Erwartungshaltung geweckt, wonach „der Staat" oder „die Politik" in erster Linie für Problemlösungen oder Veränderungen zuständig sei. Die Zeichen der Zeit sprechen jetzt eine ganz andere Sprache. Insbesondere die *Sozialhilfe* wird wieder mehr als *Hilfe zur Selbsthilfe* verstanden, bei der die Empfänger jeweils nach ihren Möglichkeiten zur Mitwirkung verpflichtet werden. Schließlich werden die Sozialhilfeleistungen von der Solidargemeinschaft der Steuerzahler finanziert.

Hinter der Forderung nach einer aktiven Gemeinschaftskultur steht die Idee einer *Verantwortungsgesellschaft,* wie sie der Sozialphilosoph Amitai Etzioni in den neunziger Jahren beschrieben hat. Seine Ausgangsfrage lautete sinngemäß: Wie können wir die Autonomie der Bürger erweitern, ohne die soziale Ordnung zu gefährden? Eine solche Verantwortungsübernahme soll weitgehend freiwillig geschehen und nicht etwa zwangsweise auferlegt werden. Alles läuft auf einen *Balanceakt zwischen persönlichem Wohlbefinden und sozialer Verantwortung* hinaus.

In Deutschland hatte der Wohlstands- und Wohlfahrtsstaat in den letzten Jahrzehnten viele der sozialen Aufgaben übernommen, die früher Familie, Nachbarschaft und Gemeinwesen wie z. B. Vereine und Gemeinschaften geleistet hatten. Jetzt ist ein Umdenken und Umlenken erforderlich. In den USA hat der Rückgang staatlicher Dienstleistungen in den siebziger bis

Geteilte Verantwortung
Wer in Zukunft für einzelne Bereiche mehr Verantwortung übernehmen sollte

	mehr der Staat	mehr der Bürger	beide gleich
Einrichtungen für Kinderbetreuung	61,8	8,4	28,9
Arbeitsvermittlung/Arbeitsmarktpolitik/ Schaffung von Arbeitsplätzen	61,4	6,3	31,0
Familienförderung/Familienhilfe/ Familienpolitik	59,6	9,1	30,3
Studium/Hochschule/Forschung	59,5	11,3	28,2
Rentenversicherung	57,9	10,2	31,1
Pflegeversicherung	53,9	11,1	34,0
Krankenversicherung	52,8	12,1	34,2
Seniorentagesstätten mit Freizeitangeboten	52,0	12,2	33,1
Berufsausbildung	48,6	17,3	33,2
Erziehungskosten	47,5	14,8	36,4
Kultur/Kulturelle Einrichtungen/ Kulturpolitik	43,9	14,2	40,0
Naherholungsgebiete	43,4	14,5	38,8
Umweltschutz	30,2	12,1	57,0
Kirchenförderung	29,4	27,8	29,2
Weiterbildung/lebenslanges Lernen	24,9	39,0	34,9
Förderung von Nachbarschaftshilfe und bürgerschaftlichem Engagement	13,3	58,1	27,1

(Angaben in Prozent)

neunziger Jahren die Aktivität von Gemeinschaften enorm gesteigert und die Zahl selbstorganisierter Gruppen mehr als verdoppelt. Die *Zunahme von Gemeinschaftsinitiativen* hat die öffentlichen Kosten erheblich gesenkt. Beispiele hierfür sind (vgl. Etzioni 1999, S. 200):

■ Drei Viertel aller Feuerwehrleute sind Freiwillige.
■ Die öffentliche Sicherheit wird zunehmend durch nachbarschaftlich organisierte Gruppen („crime watch") gewährleistet.

■ Freiwillige organisieren gegenseitige Hilfsmaßnahmen (z. B. Techniker im medizinischen Notdienst).

Freiwillige Bürgeraktivitäten können nur einen Teil der staatlichen Aufgaben übernehmen und sollen sie nicht etwa ersetzen.

Die Förderung gemeinschaftlicher Initiativen – vom gemeinsamen Säubern der Parkanlage bis zur Begleitung der Schulkinder auf ihrem Schulweg – stärkt nachweislich die Bindungen der Bewohner in den Gemeinden. Ein Nebeneffekt staatlicher Entlastung ist also die Entwicklung einer Gemeinschaftsidentität als Bereicherung des sozialen Lebens.

Alles läuft in Zukunft auf eine *ausbalancierte geteilte Verantwortung von Staat und Bürger* hinaus, was Vertrauen und Loyalität auf beiden Seiten voraussetzt und einen Rollenwechsel erfordert: Der Bürger muss idealiter zum *Unternehmensbürger* und der Staat zum *Bürgerunternehmen* werden – jeweils mit eigenen Entscheidungskompetenzen, was zugleich beides bedeuten kann: Machtzuwachs und Machtverlust. Staat und Bürger agieren in ihren Kompetenzbereichen weitgehend selbständig.

Niemand wird den Staat in Zukunft aus seiner Verantwortung für die Rentenversicherung (57,9%), die Pflegeversicherung (53,9%) und die Krankenversicherung (52,0%) entlassen können. Andererseits – so die Meinung der Bevölkerung – ist die Nachbarschaftshilfe (58,1%) ein ureigenes Anliegen der Bürger selbst, für das sie auch selbst Verantwortung tragen wollen.

Nach realistischer Einschätzung der Bevölkerung gibt es gesellschaftlich relevante Bereiche, die beide – Staat und Bürger – verantwortlich gestalten sollen: vom Umweltschutz (57%) über die Kultur (40%) bis hin zur gemeinsamen Übernahme der Erziehungskosten. „Geteilte Verantwortung" muss zum Schlüsselbegriff für das Gemeinwesen im 21. Jahrhundert werden, damit die nachkommenden Generationen eine lebenswerte Zukunft vor sich haben – ganz im Sinne von Giuseppe Tomasi di Lampedusas Werk „Der Leopard", in dem es heißt: „Wenn wir wollen, dass alles so bleibt, wie es ist, dann ist es nötig, dass alles sich verändert." Es gibt nichts Gutes – es sei denn, man tut es.

V. Lebenswerte Leitbilder.
Leben in der Stadt der Zukunft

1. Neue Urbanität.
Ein modernes „Sesam-öffne-dich"

Die Stadt verdankt ihren Ursprung der griechischen Polis – wenn auch in ganz anderen Dimensionen. Die antike Stadt Athen hatte zur Zeit des Perikles gerade einmal 40000 Einwohner. Wichtiger als die Größe war die sozialräumliche Organisation der Polis, die heute noch nachwirkt: Die strenge *Trennung der Funktionen* bzw. die Dreiteilung in heilig, öffentlich und privat (vgl. Lichtenberger 2002, S. 14). Dazu gehörten:

- Der *heilige Bereich* mit den Tempeln für die Götter.
- Der *öffentliche Bereich* mit der Agora für die Versammlungen der Bürger – mit Gymnasien, Bibliotheken und Theatern.
- Der *private Bereich* des Wohnraums der Bürger.

Hinzu kam ein ausgewogenes Verhältnis zur umgebenden Funktion, also die Einpassung der Stadt in die Landschaft: Eine wegweisende Funktion bis heute. Die erste Millionenstadt der Antike war Rom. Allein im Circus Maximus hatten seinerzeit 250000 Menschen Platz.

Auf dem Höhepunkt des Römischen Reichs war Rom eine ebenso lebendige wie lebenswerte Stadt inmitten von Bädern und Springbrunnen, Ladenstraßen und Treffpunkten. Die Basis hierfür bildeten Brot und Spiele („panem et circenses"), was heute Leistung und Lebensfreude sind.

Urbanität galt bisher als „der" positive Qualitätsbegriff der Stadtplaner. Ein ganzer Berufsstand war sich darin einig. Doch noch keinem ist es bisher gelungen, diesen Begriff so konkret zu beschreiben, dass er für alle akzeptabel ist. So wurde Urbanität geradezu zum „Mythos" (Wüst 2004) mit magischen Eigenschaften, zum Synonym für das richtige und gute Leben in der Stadt: *Besser leben – schöner wohnen.* Ein Faszinosum oder eine Fiktion?

Mit materiellen Infrastrukturmaßnahmen allein ist eine lebenswerte Zukunft nicht erreichbar. Die Menschen verlangen zunehmend nach umfassenden Dienstleistungen sozialer und kultureller Art – auch und gerade in wirtschaftlich schwierigen Zeiten. Das fängt bei der Schuldnerberatung an und hört mitunter bei der Drogenberatung auf. Drei Viertel der Bevölkerung (76%) halten *kostenlose Beratungsstellen* für unverzichtbar. Fast ebenso viele erwarten an ihrem Wohnort eine gute *Zusammenarbeit von Gastronomie, Kultur- und Freizeiteinrichtungen.* Und knapp zwei Drittel (62%) wollen

Leitbilder
Träume von einer lebenswerten Stadt

Von je 100 Befragten bezeichnen als *„wichtig für ihren eigenen Wohnort"*:

Kostenlose Beratungsstellen (Schwanger-schafts-, Schuldner-, Drogenberatung u.a.)	76
Gute Zusammenarbeit von Gastronomie, Kultur- und Freizeiteinrichtungen	72
Denkmalwerter Baubestand (z.B. historische Innenstadt) als touristische Attraktion	71
Gepflegte innerstädtische Grün- und Parkanlagen	71
Freizeitangebote für Familien, Kinder, ältere Bürger	69
Starke Identifikation der Bewohner mit dem Wohnort/der Stadt	69
Gute Erreichbarkeit der Innenstadt mit öffentlichen Verkehrsmitteln	69
Sauberkeit in der gesamten Stadt	68
Vielfältiges Kulturangebot (Musikschulen, Museen, Theater u. a.)	67
Abwechslungsreiches öffentliches Leben auf Straßen und Plätzen	66
Unterschiedliche Wohnformen zur Miete oder zum Eigentum (z.B. Wohngemeinschaft, Generationenhaus)	64
Hohe Aufenthalts- und Erlebnisqualität im Wohnumfeld	64
Sicherheitsgefühl der Einwohner	62
Aktive Beteiligung der Bürger bei kommunalen Planungs- und Entscheidungsprozessen	62
Umnutzung von Brachflächen für Freizeit und Erholung	62
Wetterunabhängige Einkaufszentren (Passagen)	56
Autofreie Innenstadt	51

selbst mithelfen, eine lebenswerte Umwelt zu schaffen, weshalb sie auch eine *aktive Beteiligung der Bürger* bei kommunalen Planungs- und Entscheidungsprozessen erwarten.

Was die Bürger als „wichtig" für ihren eigenen Wohnort ansehen, lässt sich mit zwei Wörtern umschreiben: Fast alles! Von gepflegten Parkanlagen (71%) und der Sauberkeit in der gesamten Stadt (68%) über die Erlebnisqualität (64%) bis zum Sicherheitsgefühl (62%) reicht der Wunschkatalog der Bürger. Die Träume von einer lebenswerten Stadt scheinen grenzenlos zu sein. Hinter allem steht der ebenso komplexe wie diffuse *Wunsch nach urbanem Leben*, nach dem abwechslungsreichen öffentlichen Leben auf Straßen und Plätzen (66%) genauso wie nach einer stabilen Identifikation der Bewohner mit ihrer Stadt (69%). Kurt Tucholsky hatte schon frühzeitig die fast unerfüllbaren Wünsche in die Formel gebracht: „Vorn die Ostsee und hinten die Leipziger Straße ..."

Urbanität bleibt auch in Zukunft ein Sammelbecken für Wunschvorstellungen und schließt Begriffe wie

- Lebensraum,
- Lebensweise,
- Lebensstil,
- Lebensform,
- Lebensgefühl und
- Lebensqualität

ein – immer bezogen auf das Städtische und die *„Kunst des Zusammenlebens auf engem Raum"* (Ribhegge 1988, S. 59).

Zur Urbanität zählen die Erlebnisinhalte des Stadtlebens, also spezifische Verhaltensweisen, die „typisch" für das Leben in der Stadt sind und sich deutlich vom Landleben unterscheiden. Doch genau diese Unterscheidung zwischen Stadt und Land wird im 21. Jahrhundert fragwürdig, seitdem die Grenzen zwischen Stadt und Umland immer fließender werden.

Früher konnte man noch mit Fug und Recht behaupten: Stadtluft macht frei. Heute und in Zukunft deutet die Unterscheidung urban/provinziell eher auf eine spezifische Lebenshaltung hin und lässt kaum Rückschlüsse auf den Wohnort zu: „Der Autor Martin Walser lebt in der Provinz; ist er aber darum eine weniger eindeutig großstädtische Erscheinung als sein Kollege Günter Grass, der in Berlin wohnt?" (Améry 1969, S. 7).

Die Vieldeutigkeit des Begriffs Urbanität spiegelt sich in der Fachdiskussion (vgl. Wüst 2004, S. 59 ff.) in Bezeichnungen wider wie z. B.

- antike, römische und abendländische Urbanität,
- bürgerliche, europäische und weltoffene Urbanität,
- inszenierte, lebendige und gelebte Urbanität.

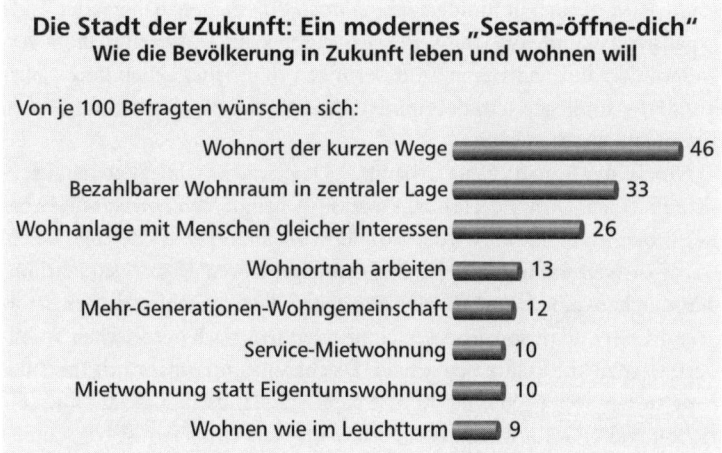

Die Stadt der Zukunft: Ein modernes „Sesam-öffne-dich"
Wie die Bevölkerung in Zukunft leben und wohnen will

Von je 100 Befragten wünschen sich:

Wohnort der kurzen Wege	46
Bezahlbarer Wohnraum in zentraler Lage	33
Wohnanlage mit Menschen gleicher Interessen	26
Wohnortnah arbeiten	13
Mehr-Generationen-Wohngemeinschaft	12
Service-Mietwohnung	10
Mietwohnung statt Eigentumswohnung	10
Wohnen wie im Leuchtturm	9

So bleibt nur als Konsequenz festzuhalten: *Jede Zeit und jede Stadt hat ihre eigene Urbanität.* Das deutet auf Gemeinsamkeiten, aber auch auf Unterschiede und Widersprüchlichkeiten hin. Das Wort Urbanität lässt vielfältige Gestaltungs- und Interpretationsspielräume zu, kann als Leerformel und Worthülse genutzt, aber auch als Zauberwort gebraucht und als modernes „Sesam-öffne-dich" (Schütz 1993) verstanden werden. Es gibt kaum Richtwerte für Urbanität.

In den Wunschvorstellungen der Bevölkerung gleicht die Stadt der Zukunft einem modernen „Sesam-öffne-dich". Ganz obenan steht der Wunsch nach einem Wohnort der kurzen Wege (46%), der Warte- und Wegezeiten weitgehend entbehrlich macht. Das zeichnet die besondere Qualität städtischen Lebens aus – sofern sie bezahlbar ist. Ein Drittel der Bevölkerung (33%) wünscht sich für die Zukunft „bezahlbaren Wohnraum in zentraler Lage", was aus heutiger Sicht einer Quadratur des Kreises gleicht: *Wohnortnah arbeiten, in zentraler Lage leben und preisgünstig wohnen.* Welche Stadt kann das bieten?

Für die Zukunft deutet sich eine Alternative zu den herkömmlichen Wohn- und Lebensstilen der vergangenen Jahrzehnte an: Reurbanisierung. Die Trennung von Arbeitszentren und Wohngebieten, die nicht selten unzureichend an den öffentlichen Nahverkehr angebunden waren, muss wieder aufgehoben werden.

In den Zukunftsvorstellungen der Bevölkerung kommen Lebensqualitätswünsche zum Ausdruck, die mit den Attributen „zentral"/„ „nah"/„kurz" auf eine *Abkehr von der Pendlergesellschaft* hindeuten. Randlagen und Satellitenstädte wird es auch in hundert Jahren noch geben, diese haben aber keine expansive Zukunft vor sich. Wer es sich leisten kann, wohnt citynah. Es verändern sich die qualitativen Anforderungen an urbanes Leben im 21. Jahrhundert grundlegend, so dass man in Zukunft durchaus von einer „neuen Urbanität" sprechen kann.

Nun ist der Begriff „Neue Urbanität" so neu nicht. Schließlich handelt es sich um einen jahrhundertealten Prozess – genannt: *Stadterneuerung*. Urbanes Leben muss immer wieder aktiviert, wiederentdeckt oder neu belebt werden. Andererseits gibt es seit den neunziger Jahren des vorigen Jahrhundert durchaus eine *New-Urbanism-Bewegung*, die sich an historischen Stadtgrundrissen und regionaler Architektur orientiert. Nach historischen Vorbildern werden alte Städte neu gebaut. Das hat mitunter mehr mit Inszenierung zu tun, weil es eher der Kulisse einer Stadtlandschaft gleicht und „nie richtig real" (Gratz/Mintz 2000, S. 67) ist. New Urbanism so verstanden schafft nur symbolische Urbanität.

> Urbanität im 21. Jahrhundert bedeutet, dass sich die Bewohner mit ihrer Stadt identifizieren, sich hier wohlfühlen und bereit sind, die weitere Entwicklung der Stadt und des Wohnquartiers verantwortlich mitzugestalten.

Urbanität im 21. Jahrhundert gleicht auf den ersten Blick einem *städtischen Sehnsuchtsort* mit unverwechselbaren Geräuschen und Gerüchen, wo kleine Tische stehen, „Kaffeeduft in der Luft liegt, leichter Wein in beschlagenen Gläsern moussiert und Stimmen, Rufe, Autohupen sich kakophonisch verwirren. Eine Stadt, die tags und nachts trubelt, sommers wie winters, bei Wind und Wetter, stets quirlig, laut und lärmend. Eine Stadt der flüchtigen Begegnungen, der werthaltigen Gespräche und zivilen Umgangsformen, wo hinter den großen Fenstern der Cafés und Restaurants die Gabeln klirren und schöne Frauen leise über die Reden der Dichter lachen" (Wefing 1998, S. 86 f.): Belebt. Bildhaft. Bunt. Hier möchte man *gerne wohnen und leben.*

Zu den Sonnenseiten des Lebens in der Stadt der Zukunft gehören die *Konsumfreuden zwischen Shopping, Szene und Straßencafés*. Der Eindruck entsteht: Die Stadt ist zum Geldausgeben da. Was in früheren Jahrhunderten Glanz und Gold in Kirchen und Kathedralen waren, sind heute und in Zukunft die Konsumtempel und Einkaufspassagen, die Wohlstand und Luxus demonstrativ zur Schau stellen. Nicht jeder Städter kann sich alles leisten. Aber es tut offensichtlich gut und trägt zum Wohlbefinden bei, jederzeit flanieren zu können, ohne gleich etwas einkaufen oder besitzen zu müssen.

Die Grafik „Shopping. Szene. Straßencafés" spiegelt die gesamte Vielfalt des Stadtlebens wider: *Konsum, Kultur und Kommunikation*. Einkaufen

Shopping. Szene. Straßencafés.
Die Sonnenseiten des Lebens in der Stadt der Zukunft

Von je 100 Befragten denken beim Leben in der Stadt der Zukunft
vor allem an:

Viele Einkaufsmöglichkeiten/Geschäfte	52
Fußgängerzonen/Einkaufspassagen	49
Kurze Wege/gute Erreichbarkeit/ gute Verkehrsverbindungen	43
Straßencafés	36
Kulturelle Veranstaltungen (z.B. Theater, Oper)	36
Unterhaltung (in Kneipen, Restaurants, Discos)	35
Abwechslungreiches Leben	32
Gepflegte Grünanlagen	30
(Fort-)Bildung (z.B. Schulen, Universität, Volkshochschule)	29
Bedeutende Veranstaltungen (Sport, Unterhaltung, Kultur)	27
Berufliche Entwicklungsmöglichkeiten	27
Szene/Kontakte/Treffpunkte	26
Gute Verdienstmöglichkeiten	24
Autobahnanschlüsse/Flughafennähe	24
Kinolandschaft	23
Sichere Arbeitsplätze	18
Messen/Verbraucherausstellungen	16

gehen, in Straßencafés verweilen, sich an den gepflegten Grünanlagen er-
freuen, etwas für die Bildung tun und kulturelle Veranstaltungen besuchen.
Natürlich ist dies nur die sympathische Seite städtischen Lebens. Armut
und Alter, Angst und Arbeitslosigkeit werden dabei bewusst ausgeblendet.
Diese Probleme sind ohnehin da – im privaten Bereich der eigenen vier
Wände.

Im öffentlichen Leben wollen sich die Menschen möglichst jenseits von sicht-
und spürbarer Not und Notwendigkeit bewegen. Hier gibt und zeigt man sich
anders als zu Hause, konsum- und kontaktfreudiger, lebens- und unterneh-
mungslustiger. Stadtleben bedeutet für viele: Ortswechsel. Szenenwechsel.
Rollenwechsel. Man „spielt" eine Rolle und gelegentlich „kostümiert" man
sich auch beim Ausgehen in die Stadt.

2. Soziale Stadt. Zusammenhalt der Generationen

Vor dem Hintergrund wachsender sozialer Ungleichheiten bekommt das
Leitbild „Soziale Stadt" eine immer größere Bedeutung für die Stadtentwicklungspolitik. Dazu gehören (vgl. Häußermann/Siebel 1992) Forderungen wie z.B.:

- Verhinderung sozialer Ungleichheit auf dem Arbeits- und Wohnungs-
  markt,
- Partizipation aller gesellschaftlichen Gruppen an planerischen Entschei-
  dungen sowie
- Offenheit der Planung durch mehr Flexibilität und Revidierbarkeit des
  Gebauten.

Das sind Qualitätskriterien für eine soziale Stadtkultur auf dem Wege zur
menschlichen Stadt.

„Tôdai moto kurashi" lautet ein japanisches Sprichwort: Direkt unter
dem Leuchtturm ist es dunkel. In den letzten Jahren hat es unter Stadtpla-
nern eine Reihe von Mega-Leuchtturm-Projekten gegeben, die den Wohn-
träumen vieler Städter nur bedingt nahe kamen. Andererseits gibt es durchaus den unerfüllbaren Wunsch: *Wohnen wie im Leuchtturm!"* So hat beispielsweise der Hamburger Landesfrauenrat e.V. eine Befragung bei 450
Frauen durchgeführt, in der die persönlichen Präferenzen zum Wohnen und
Wohnumfeld aus Frauensicht ermittelt wurden. Das Befragungsergebnis
überrascht: *Viele kleine Leuchttürmchen* – und das heißt konkret (Landesfrauenrat 2004:

- kurze Wege,
- kinderfreundliche Architektur,
- bezahlbarer Wohnraum in Citynähe.

So stellen sich die Befragten die Wohnform der Zukunft vor. Der Leuchtturm kann auch ein Wohnturm sein, der schließlich eine lange Stadtge-
schichte aufweist. Allein in Florenz gab es im 13. Jahrhundert etwa 300
Wohntürme – durchaus auch in Kontrast und Konkurrenz zu Kirchen und
Kathedralen.

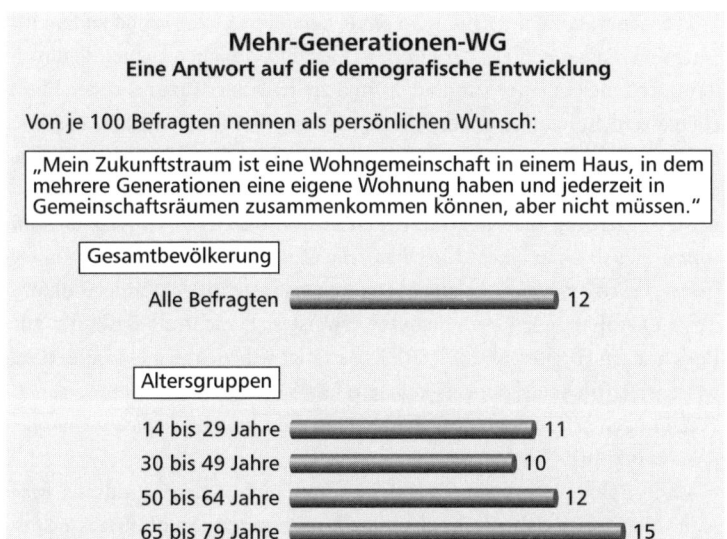

Mehr-Generationen-WG
Eine Antwort auf die demografische Entwicklung

Von je 100 Befragten nennen als persönlichen Wunsch:

„Mein Zukunftstraum ist eine Wohngemeinschaft in einem Haus, in dem mehrere Generationen eine eigene Wohnung haben und jederzeit in Gemeinschaftsräumen zusammenkommen können, aber nicht müssen."

Gesamtbevölkerung

Alle Befragten ▬▬▬▬▬▬▬▬ 12

Altersgruppen

14 bis 29 Jahre ▬▬▬▬▬▬▬ 11
30 bis 49 Jahre ▬▬▬▬▬▬ 10
50 bis 64 Jahre ▬▬▬▬▬▬▬ 12
65 bis 79 Jahre ▬▬▬▬▬▬▬▬▬ 15
80 Jahre und mehr ▬▬▬▬▬▬▬▬▬ 15

Die Bevölkerung hat ganz klare Vorstellungen, wie die sich abzeichnenden Probleme in Zukunft gelöst werden können. Alles sollte daran gesetzt werden, ein konfliktfreies *Zusammenleben der Generationen* zu ermöglichen. Konkret: Die Politiker sollten „auf keinen Fall sparen" bei der Anlage von Freizeit- und Kultureinrichtungen für Jung und Alt. Eine deutliche Mehrheit der Bevölkerung (54%) spricht sich dafür aus – die Frauen (57%) mehr als die Männer (50%), die Großstädter (56%) mehr als die Landbewohner (45%). Solche generationsübergreifenden Kommunikationszentren bringen Leben in die Gemeinde.

Eine konkrete Antwort auf die demografische Entwicklung können in Zukunft auch Mehr-Generationen-Wohngemeinschaften sein. Zwölf von hundert Bundesbürgern nennen als persönlichen Wunsch: „Mein Zukunftstraum ist eine Wohngemeinschaft in einem Haus, in dem mehrere Generationen eine eigene Wohnung haben und jederzeit in Gemeinschaftsräumen zusammenkommen können, aber nicht müssen." *Alle unter einem Dach – aber jede(r) für sich.* Eine ebenso kommunikative wie individualistische Form des Wohnens, die Alleinsein ermöglicht und Verlassensein verhindern hilft. Vor dem Hintergrund einer weiter zunehmenden Lebenserwartung, zu der für viele – insbesondere für Frauen – das Alleinleben im Alter gehört, ist die Mehr-Generationen-WG, eine zukunftsfähige Wohn- und Lebensform, die Sicherheit, Gemeinsamkeit und soziale Geborgenheit gewährt.

Die Generationenforschung im *Stadt-Land-Vergleich* erbringt zudem den Nachweis, dass die Pflege der Eltern in kleinen ländlichen Gemeinden nicht häufiger (eher seltener) und auch finanzielle Unterstützungen der Eltern ebenfalls nicht häufiger (eher seltener) anzutreffen sind. Obwohl die Generationen auf dem Land näher beieinander wohnen, hat dies keinen Einfluss auf die Beziehungsqualität und dies wirkt sich – überraschenderweise – sogar negativ auf die Pflegehäufigkeit aus. Mit anderen Worten: *Das Zusammenleben unter einem Dach kann die Generationenbeziehungen im täglichen Leben erheblich belasten.* Die gegenseitige (insbesondere ökonomische) Abhängigkeit voneinander erweist sich nicht als Basis für gute Beziehungen (Brauer 2002, S. 189). Es bestätigt sich vielmehr eine alte sozialwissenschaftliche Erkenntnis aus dem Jahre 1961, wonach Generationenbeziehungen gefestigt werden, wenn sie auf einer *inneren Nähe durch äußere Distanz* beruhen (Tartler 1961).

Im 21. Jahrhundert gilt für das Zusammenleben der Grundsatz: *Mehr Nähe als Distanz*, wobei Nähe eher *gute Erreichbarkeit* als unmittelbare Wohnungsnähe bedeutet. Innerhalb einer *Zwei-Stunden-Distanz* sind 60 Prozent der Kinder und 52 Prozent der Eltern erreichbar (vgl. Opaschowski 2004). Eine bemerkenswerte Ortsnähe. Für das 21. Jahrhundert war eigentlich ein „Neunomadentum" (Guggenberger 1997, S. 9 f.) vorausgesagt worden – eine neue Ortlosigkeit zwischen Überall und Nirgendwo, in der die Menschen durch ihr Leben driften und zappen wie bisher durch die Fernsehkanäle. Die Wirklichkeit sieht ganz anders aus.

In Zukunft praktizieren die Menschen Familiennähe, wo und wie sie nur können. Sie halten wenig von amerikanischen Verhältnissen: Die Verweildauer an einem Wohnort liegt in den USA nur mehr bei fünf Jahren. Der amerikanische Traum, zu gehen, wann und wohin man will, stößt in Deutschland auf wenig Gegenliebe. Familiäre Beziehungen können nicht wachsen und intensiviert werden, wenn man – fast wurzellos – ständig umgepflanzt wird.

Für gut ein Drittel der Bevölkerung (38%) sind die *Eltern in wenigen Minuten erreichbar*, weil sie entweder im selben Haus bzw. Haushalt (17%) oder am gleichen Ort (21%) wohnen. Dies trifft insbesondere für Bewohner auf dem Land zu, die auf eine höhere „In-wenigen-Minuten-Erreichbarkeit" (44%) verweisen können als Großstädter (37%). Bemerkenswert ist ebenso die Tatsache, dass deutlich mehr Männer (43%) als Frauen (34%) ihre Eltern in erreichbarer Nähe haben (vgl. Opaschowski 2004, S. 136).

Auch und gerade in räumlicher Hinsicht hat die ältere Generation für ihre Zukunft gut vorgesorgt:

■ 59 Prozent der 50- bis 64-Jährigen,

■ 54 Prozent der 65- bis 79-Jährigen und

■ 41 Prozent der über 80-Jährigen

haben ihre (erwachsenen) Kinder in erreichbarer Nähe. Fast jeder vierte Ältere über 50 Jahre (24%) wohnt im gleichen Haus bzw. mit mindestens einem der Kinder unter einem Dach. Die Alternsforschung spricht in diesem Zusammenhang von einer *„Beinahe-Koresidenz"* (Kohli u.a. 2000, S.186). Gemeint ist das Zusammenwohnen im gleichen Haus, aber in getrennten Haushalten. Für die Sozial- und Familienpolitik überaus bedeutsam ist die Tatsache, dass *81 Prozent der 50plus-Generation ihre Kinder in erreichbarer Nähe haben,* also jederzeit innerhalb von zwei Stunden erreichen können. Bei Hilfe- oder Pflegebedürftigkeit kann die Familie schnell zur Stelle sein.

Gelebte Kontakte: Auf diesen Nenner lässt sich das familiäre Beziehungsnetz bringen – auch unabhängig von der räumlichen Entfernung. Das Telefonnetz bildet dabei die wichtigste Kontaktbrücke.

Nur sechs Prozent der Bevölkerung telefonieren „nie" mit ihren Kindern, Eltern, Großeltern oder Enkeln. Zu den Befragten ohne jeglichen familiären Telefonkontakt zählen mehr Singles (11%) als Familien mit Kindern (3%). In besonderer Weise sind davon auch die Hochaltrigen über 80 Jahre betroffen, vor allem die Frauen, die aufgrund ihrer hohen Lebenserwartung viele Familienmitglieder überleben. Jede siebte bis achte Frau über 80 Jahre (13%) hat keinen telefonischen Kontakt zu ihrer Familie mehr (Männer: 2%).

Ansonsten steht das Telefon in den Familien selten still: Zwei Drittel der Bevölkerung telefonieren mehrmals im Monat oder in der Woche mit ihrer Familie (mehrmals im Monat: 26% – mehrmals in der Woche: 40%). Den intensiveren telefonischen Kontakt in der Woche pflegen die Frauen. Insbesondere die 50plus-Generation legt auf regelmäßige Telefongespräche während der Woche großen Wert. Das Telefon wird zur Nabelschnur und lässt die Familienbeziehungen nicht abreißen.

Über den fernmündlichen Kontakt hinaus sorgen *regelmäßige Besuche* für eine Intensivierung der Familienbeziehungen. Mehr als drei Viertel der Bevölkerung (78%) wissen von solchen Familienbesuchen zu berichten (mehrmals im Jahr: 19% – mehrmals im Monat: 27% – mehrmals in der Woche: 30%). Unter ihnen sind überraschenderweise mehr junge Leute im Alter von 14 bis 29 Jahren (33%), die ihre Eltern oder Großeltern regelmäßig in der Woche besuchen. Dabei sind sogar die männlichen Besucher stärker vertreten als die Mädchen oder jungen Frauen.

Große Unterschiede sind zwischen Stadt- und Landbevölkerung feststellbar. Der Anteil der wöchentlichen Familienbesucher ist auf dem Lande fast dop-

Stadtwohnung oder Eigenheim mit Garten
Wohnwünsche von Singles und Familien im Vergleich

Von je 100 Befragten antworten auf die Frage: „Wie wollen Sie selbst in 20 Jahren wohnen?":

	Singles	Familien	Singles (mehr in Prozentpunkten)
Stadtwohnung mit Balkon/ Terrasse	26	15	+11
Single-Wohnung mit Freizeit-/ Kultureinrichtungen in der Nähe	7	4	+3
Service-Wohnung mit Dienstleistungen im Haus	5	2	+3
Wohnung mit flexiblen Wänden	5	2	+3

	Singles	Familien	Familien (mehr in Prozentpunkten)
Eigenheim mit Garten	16	46	+30
Wohnen auf dem Lande	28	32	+4
Reihenhaus in Stadtrandlage	14	19	+5
Generationenhaus mit Großeltern/Eltern/Kindern unter einem Dach	3	15	+12

pelt so hoch (41%) wie in der Großstadt (23%). Dies alles deutet auf enge Familienbeziehungen hin, auch wenn Eltern und erwachsene Kinder nicht mehr im selben Haushalt leben. Sie fühlen sich dennoch „eng miteinander verbunden", wie die Generationenforschung nachweist (Kohli u.a. 2000, S. 189). Generationenbeziehungen sind auch ein Ausdruck von Generationengemeinsamkeiten.

Die innerstädtische Wohnlage wird wieder attraktiver. Die Nähe zu den Freizeit- und Kulturangeboten und der persönliche Zeitgewinn durch den Wegfall der Pendelzeiten machen das Alltagsleben einfacher und bequemer. Die Bequemlichkeit bei der Wahrnehmung der Einkaufs-, Kultur- und Freizeitmöglichkeiten werden als wichtiger eingeschätzt als mögliche Nachteile durch Lärm und Abgase sowie höhere Preise bei Mieten oder Eigentumserwerb.

Vieles deutet darauf hin, dass sich der *Trend zum innerstädtischen Wohnen* in Zukunft verstärken wird (vgl. Hohn 2004, S. 181). Zeitersparnis und kurze Wege zwischen Wohnung und Arbeitsplatz sowie die Vielfalt und Qualität der Angebote wirken wie ein Magnet.

Wie wollen die Deutschen in zwanzig Jahren wohnen? Eine Frage, die die Vorstellungskraft vieler Menschen überfordert, weil sie heute noch nicht wissen, welche Wohnformen morgen möglich und bezahlbar sind. Andererseits sind die Bundesbürger auch Realisten. So werden die meisten Angehörigen der 50plus-Generation auch in Zukunft dort wohnen, wo sie heute schon wohnen. Ein Berufswechsel findet kaum noch statt, ein Wohnortwechsel auch nicht. *Bewegung bei den Immobilien* ist vor allem bei den *Singles* und den *Familien mit Kindern* zu erwarten.

Singles können eigenständiger und finanziell unabhängiger disponieren. Jeder vierte Single (26%) stellt sich daher als Wohnform der Zukunft eine Stadtwohnung mit Balkon oder Terrasse vor. Ansonsten halten sich die Wohnwünsche in bescheidenen Grenzen. Die in der Architekturszene vielfach diskutierte „Wohnung mit flexiblen Wänden" ist nur für fünf von hundert Singles interessant (bei Familien: 2%). Zur Geborgenheit im eigenen Heim gehören: Stabilität. Verlässlichkeit. Unverrückbarkeit. *Die räumliche Flexibilität stößt an Grenzen der Gewohnheit.* Nicht alles, was vorstellbar und möglich ist, ist auch praktisch und praktikabel.

Die Wohnwünsche von Familien bewegen sich ebenso im Konventionellen und Traditionellen: *Fast jede zweite Familie (46%) will auch in zwanzig Jahren im Eigenheim mit Garten wohnen.* Ob mit oder ohne Kinder – die Gewöhnung an das Eigene und Heimische wollen die Familien auch in Zukunft beibehalten. Die Gartenarbeit kann schließlich im Alter die Berufsarbeit teilweise ersetzen. Dies erklärt, warum ein weiteres Drittel (32%) das Wohnen auf dem Lande für die Zukunft favorisiert. Für beide Wohnformen gilt: *Es gibt immer genug zu tun.* Vor dem Hintergrund eines langen Lebens bekommen Wohnung und Eigenheim als Zentren der Beschäftigung und Eigenarbeit eine große Bedeutung.

So kühn und flexibel manche Architekturentwürfe des 21. Jahrhunderts auch aussehen mögen – gekauft wird am Ende meist doch nur das Einfamilienhaus mit Satteldach und Wintergarten: mehr Heidi-Stil als Future-Design. Der so genannte innovative Wohnungsbau erweist sich als Legende.

Nur noch 17 der insgesamt 117 kreisfreien Städte in Deutschland haben ein natürliches Bevölkerungswachstum. Alle anderen verzeichnen teilweise starke Bevölkerungsverluste. Das hat u.a. zur Folge, dass sich das Mietpreisgefälle zwischen Stadt und Umland abflacht und inner*städtische Mietwohnungen und Eigentumsobjekte wieder attraktiver* werden. Urbane Lebensformen (und weniger Wohnformen außerhalb der Städte) sind wieder gefragt. Eine neue *Phase der Reurbanisierung* (Siedentop 2004, S.243) beginnt.

Deutschland zieht um
Wohnortwechsel als Zukunftstrend

Von je 100 Befragten wollen in Zukunft gerne leben:

	auf dem Lande (bis 4.999 Einwohner)	in einer Kleinstadt (5.000 bis 19.999 Einwohner)	in einer Mittelstadt (20.000 bis 99.999 Einwohner)	in einer Großstadt (100.000 Einwohner und mehr)	in einem Vorort am Rand einer Großstadt
Landbewohner	59	19	17	3	2
Kleinstädter	47	36	7	3	5
Mittelstädter	20	22	45	9	5
Großstädter	8	12	11	40	28

Das Wohneigentum erfährt eine bedeutsame Aufwertung. Es stellt das verlässlichste Fundament einer persönlichen Zukunftsvorsorge dar. Ein Leben lang wird im eigenen Interesse die Wohnsubstanz erhalten und verbessert. Die eigene Wohnung und das eigene Haus stellen die einzige Form der *Zukunftsvorsorge* dar, von der man schon *in jungen Jahren profitiert* – von der eigenen Nutzung bis zur Wertsteigerung (vgl. Kramer 2005).

Wohneigentum als Alterswohnsitz entlastet den Staatshaushalt und entlastet langfristig auch kommende Generationen. Die Förderung von Wohneigentum ist – ökonomisch und psychologisch – eine der wirksamsten Formen der Alters- und Zukunftsvorsorgepolitik.

Das eigene Beharrungsvermögen und der Wunsch nach Beständigkeit stellen die größte Barriere für Wohnortwechsel dar. Die Frage, welcher Zukunftstrend sich auf Dauer durchsetzt – *„Raus aufs Land"* oder *„Zurück in die Stadt"* – beantwortet die Bevölkerung mit einem „Sowohl-als-auch":
Die meisten Landbewohner (59%) wollen in Zukunft weiter auf dem Lande leben. Lediglich knapp jeden fünften Landbewohner zieht es in die nächste Kleinstadt (19%) oder Mittelstadt (17%).
Großstädter zeigen sich in ihren Wohnwünschen für die Zukunft variantenreicher. Vier von zehn Großstädtern wollen in der Großstadt bleiben (40%). Mehr als jeder vierte Großstädter träumt von einem Leben in einem Vorort „am Rande einer Großstadt". Das Leben im so genannten „Speckgürtel" behält seine Faszination: Weit genug vom Großstadtlärm entfernt, aber nah genug, um in einer halben oder knappen Stunde „Stadtluft" zu genießen und Großstadtleben zu erleben. Andererseits: Beachtlich ist der Anteil der Großstädter, die sich in Zukunft ein Alternativleben in einer Kleinstadt (12%) oder gar auf dem Lande (8%) vorstellen können.

Die große Flucht aus der Stadt findet nicht statt. Aber auch das Landleben bleibt nur für eine Minderheit der Bevölkerung interessant. Gefragt sind individuelle Unabhängigkeit und Selbstständigkeit der Lebensführung – wo auch immer.

Ansonsten weiß die Bevölkerung um die knappen Haushalte der Gemeinden und um die Notwendigkeit, *Prioritäten zu setzen*. Für aufwendige Neubauten ist kaum noch Geld da. Es kann also nur darum gehen, vorhandene Gebäude zu verbessern und aufzuwerten (44%) sowie die Lebensqualität in den Innenstädten zu erhalten – z. B. durch Umgehungsstraßen, die die Innenstädte entlasten (38%), oder durch Erneuerung historischer Stadtkerne (28%). Auch das „Grün vor der Haustür" gehört dazu, also die Anlage und Pflege von Grünflächen in Wohngebieten (42%).

Jeder vierte Bundesbürger (26%) spricht sich zudem dafür aus, das *Mehrgenerationenwohnen* bzw. *Wohngemeinschaften mit Selbsthilfecharakter* vorrangig zu fördern. Überraschenderweise signalisieren hierfür Familien mit Jugendlichen im Haushalt das größte Interesse (30%), die 25- bis 49-jährigen Singles das geringste (19%). Offensichtlich leben viele Singles mehr im Hier und Jetzt und machen sich relativ wenig Gedanken um soziale Kontakte und stabile Beziehungen im Alter.

3. Wachsende Stadt. Ein offensives Leitbild

Jede Stadt braucht Visionen und Leitbilder für die Zukunft: Leitbilder „bündeln die Ziele, Träume, Visionen und Hoffnungen von Menschen" (Haan 1996, S. 293). Ein *Unternehmen Stadt* kann sich für viele Leitbilder entscheiden – z. B. für die

- lebenswerte Stadt
- soziale Stadt
- sichere Stadt
- saubere Stadt
- kulturelle Stadt
- wachsende Stadt
- weltoffene Stadt
- tolerante Stadt

u. a.

Stadt wird dabei nicht nur einseitig als Wirtschaftsstandort verstanden, sondern *als Gemeinwesen*, in dem Bürger gefördert und gefordert werden. Ein Umdenken findet deshalb in der modernen Stadtforschung statt: Die „Soziale Stadt" (Krings-Heckemeier 2001 wird propagiert.

Die Stadt der Zukunft soll wieder zum Lebens- und Erlebnisraum werden. Ein Paradigmenwechsel im Verhältnis zu den Bürgern kündigt sich an: Von der Betreuung zur Befähigung ("empowerment"), vom Nachbarschaftsbüro bis zur Bürgergruppe. Das Leitbild einer lebenswerten Stadt ist keine Utopie mehr.

Hamburg hat sich beispielsweise als Stadtstaat ein ehrgeiziges Ziel gesetzt: Das *Leitbild der "Wachsenden Stadt"* soll bei Institutionen und Bewohnern der Stadt geradezu *einen Entwicklungsschub auslösen* und dadurch gezielt die Wohn-, Arbeits- und Lebensqualität erhöhen. So genannte "weiche Standortfaktoren" (Wohnen/Freizeit/Kultur) rücken dabei zunehmend in den Vordergrund.

Weil sich heute und in Zukunft Unternehmen nahezu überall in der Welt und an jedem Ort niederlassen können, also hochmobil sind, wird eine entsprechende Mobilität auch bei den Leistungsträgern erwartet. Infolgedessen gleicht eine Strategie der wachsenden Stadt einer *Strategie der besten Köpfe*: Im Konkurrenzkampf um kreative Menschen und innovative Investitionen werden die weichen Standortfaktoren zu wesentlichen Wettbewerbsparametern – wohlwissend, dass Investitionsentscheidungen "in der Regel auch mit Wohnstandortentscheidungen der beteiligten Manager oder Eigentümer eng verknüpft sind" (FHH 2002, S. 8).

Die Zukunft gehört der bipolaren Stadt mit den zwei Gesichtern: Schrumpfung und Wachstum. Glücklich können sich die Städte schätzen, die sich dem demografischen Trend widersetzen und zum *Lager der wachsenden Städte* gehören. Bevölkerungsprognosen lassen bis zum Jahre 2020 unterschiedliche Wachstumsraten erwarten. Davon profitieren

- *historisch und touristisch bedeutsame Städte* wie Heidelberg (+0,6%), Potsdam (+0,9%), Trier (+2,3%), Ulm (+6,0%), Freiburg i. Br. (+6,7%) und Regensburg (+11,3%) sowie
- *wirtschaftlich starke Metropolen* wie Stuttgart (+1,8%), München (+1,9%), Köln (+2,1%), Hamburg (+2,2%), Frankfurt a. M. (+2,5%) und Wiesbaden (+4,1%).

Für die einen liegt die Zukunft in der Erhaltung und Steigerung der touristischen Attraktivität, für die anderen in der Erhaltung und Steigerung der Wirtschaftskraft. Beide Stadtformen *ziehen Menschen an*: Mal die Touristen und die Bewohner, die nicht mehr wegziehen wollen, und mal die Zuzügler und Zuwanderer, die sich eine neue berufliche Zukunft und Existenzgrundlage aufbauen wollen.

Dafür müssen die Städte aber auch etwas tun. Beispielhaft hierfür sind die Bemühungen der Stadt Hamburg: Hamburg schrumpfte von 1,9 Mio. Einwohnern Mitte der sechziger Jahre auf 1,57 Mio. zwanzig Jahre später. Die jährlichen Wanderungsverluste liegen seither bei 6000 bis 9000 Menschen –

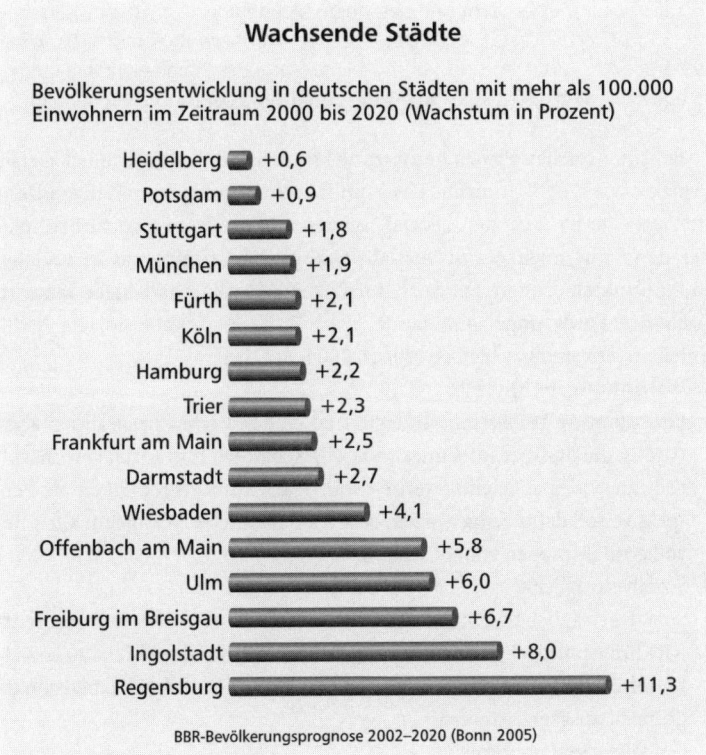

Wachsende Städte

Bevölkerungsentwicklung in deutschen Städten mit mehr als 100.000
Einwohnern im Zeitraum 2000 bis 2020 (Wachstum in Prozent)

Heidelberg	+0,6
Potsdam	+0,9
Stuttgart	+1,8
München	+1,9
Fürth	+2,1
Köln	+2,1
Hamburg	+2,2
Trier	+2,3
Frankfurt am Main	+2,5
Darmstadt	+2,7
Wiesbaden	+4,1
Offenbach am Main	+5,8
Ulm	+6,0
Freiburg im Breisgau	+6,7
Ingolstadt	+8,0
Regensburg	+11,3

BBR-Bevölkerungsprognose 2002–2020 (Bonn 2005)

vor allem junge Familien mit Kindern und mittleren bis höheren Einkommen. Die Folge: Die Finanzkraft der Stadt wird geschwächt und auch die Sozialstruktur verschlechtert sich. Mit dem von der Politik deklarierten Leitbild „Metropole Hamburg – Wachsende Stadt" *stemmt sich die Stadt gegen den Abwärtstrend –* mit ersten Erfolgen (Ende 2002: 1,73 Mio. Einwohner – der höchste Stand seit 1974). „Diesen Trend müssen wir verstärken" (von Beust 2004, S. 26) – durch quantitatives und qualitatives Wachstum. Wachstum und Sicherung der Lebensqualität sollen dabei kein Widerspruch sein, weil Zukunftsfähigkeit ökonomische Aspekte ebenso einschließt wie die Bereiche Bildung, Ökologie und Soziales.

Die politische Botschaft ist klar: Die Stadt will sich mit diesem Leitbild *offensiv positionieren,* um Unternehmen anzuziehen und unternehmerische Initiativen zu fördern. Andererseits: Wachstum einer Stadt heißt üblicherweise „Wachstum der Bevölkerung, Erhöhung der Einwohnerzahl – und nicht unbedingt Wirtschaftswachstum" (Menzel 2004, S. 259).

Für die Zukunft einer Stadt sind besondere Maßnahmen zur Attraktivitätssteigerung unverzichtbar. Der Reiz städtischen Wohnens muss auch als Wirtschaftsfaktor wiederentdeckt und die Förderung des Pendlerverkehrs eingeschränkt werden, weil sie zur weiteren Zersiedelung der Landschaft beiträgt.

Bei einer solchen Prioritätensetzung können andererseits schnell soziale Projekte wie z. B. öffentliche Schwimmbäder, Bibliotheken und Jugendzentren aus dem Blick geraten. „Sozial" agieren und reagieren manche Stadtplaner dann nur noch, wenn Verwahrlosung und Kriminalität in sozialen Brennpunkten drohen. Die Sozialforscherin Monika Alisch stellt daher zu Recht drei Forderungen auf, damit „Wachsende Stadt" und „Soziale Stadt" miteinander vereinbar bleiben (Alisch 2004, S. 72 ff.):

1. Wachstumsgerechtigkeit

   Eine offensive Wachstumsstrategie setzt eine kritische Sozialraumanalyse voraus, die darüber informiert, was wirtschaftlich und sozial gewünscht, geduldet oder abgelehnt werden soll. Wachstumsgerechtigkeit als Perspektive soll dafür Sorge tragen, dass wirtschaftliches Wachstum allen Bevölkerungsgruppen zugute kommt.

2. Sozialverträglichkeit

   Sozialverträglichkeit muss zu einem wesentlichen Kriterium stadtentwicklungspolitischer Entscheidungen werden, damit es nicht zu sozialräumlichen Spaltungen kommt und von Armut bedrohte Bevölkerungsgruppen ausgegrenzt werden.

3. Gemeinwesenökonomie

   Eine globalorientierte Standortpolitik darf die Bedeutung lokal ansässiger Betriebe und die Stadtteil- und Quartiersebene nicht aus den Augen verlieren. Eine Gemeinwesenökonomie muss sich um Beschäftigungs- und Existenzgründungsförderungen auf lokaler und regionaler Ebene sorgen, wozu insbesondere die Unterstützung kleiner Unternehmen in benachteiligten Stadtteilen gehört.

4. Intelligentes Wachstum.
Zwischen Identität und Attraktivität

Die Städte sollten sich in Zukunft mehr *auf intelligentes Wachstum konzentrieren,* wofür London ein Beispiel ist. Hier ist „smart growth" angesagt, der Spagat zwischen wirtschaftlichem Wachstum und besseren Lebensbedingungen (vgl. Schubert 2004, S. 106). Dieser Spagat gelingt nur im Zusammenwirken von „Urban Government" und „Urban Governance". Die

Fördern. Entlasten. Auslagern.
Stadtentwicklungspolitik der Zukunft

Wo nach Meinung der Bevölkerung *„die Politiker auf keinen Fall sparen sollten"*:

Anlage von Freizeit- und Kultureinrichtungen für Jung und Alt	54
Verbesserung und Aufwertung vorhandener Gebäude statt neuer Geschäfts- und Bürobauten	44
Verkehrsberuhigung und Anlage von Grünflächen in Wohngebieten	42
Ansiedlung neuer Industrie- und Gewerbegebiete	40
Entlastung der Innenstädte durch Umgehungsstraßen	38
Auslagerung störender Betriebe aus Wohngebieten	30
Erneuerung historischer Stadtkerne	28
Förderung von Mehrgenerationenwohnen, Wohngemeinschaften mit Selbsthilfecharakter	26
Bau von Bürgerhäusern oder Mehrzweckhallen	15
Bau öffentlicher Parkhäuser und Tiefgaragen	13

smart-growth-Idee ist in den USA entstanden und bezieht sich vornehmlich auf die intelligente Nutzungsmischung eines vielfältigen und preislich differenzierten Wohnungsangebots. Die dominante Abhängigkeit vom Auto wird aufgehoben und mehr Wert auf „Sense of place", auf die Betonung der lokalen Identität gelegt.

Smart bedeutet: „Clever". „Verständig". „Einsichtsvoll". Die Übersetzung von Smart Growth in intelligentes Wachstum ist also nachvollziehbar und gleicht dem ökologischen Begriff der Nachhaltigkeit. Eine intelligent wachsende Stadt muss den Bedürfnissen der heutigen Generation entsprechen, ohne die Möglichkeiten künftiger Generationen zu gefährden, ihre eigenen Bedürfnisse zu befriedigen.

Zur wachsenden Stadt gehören mitwachsende Wohngebäude. In einer Gesellschaft des langen Lebens werden Wohnformen benötigt, die sich immer wie-

der neuen Lebensumständen anpassen – sozusagen Häuser für alle Lebenslagen. Die Grundrisse sollten nicht steinern für die Ewigkeit gebaut sein, sondern je nach Lebensphase wachsen oder schrumpfen können.

Außen stabil, innen flexibel: Die Immobilie wird mobil. Das Wohngebäude wächst mit, „wenn der Bewohner heiratet, Kinder bekommt oder zu
Hause eine Ich-AG aufbauen muss" (Ziegert 2004, S. IM1). Heute Kinder-
zimmer, morgen Büro und übermorgen Einliegerwohnung mit Dachterras-
se. Das wäre das mitwachsende Haus, das sich flexibel den *lebenszyklischen
Veränderungen* seiner Bewohner anpasst.

Die Bevölkerung setzt Zeichen und weist der Stadtentwicklungspolitik
Wege in die Zukunft. Die Strategie soll lauten: Fördern. Entlasten. Auslagern.
Gewünscht werden im Wesentlichen infrastrukturelle Maßnahmen, die Vor-
handenes verbessern und nicht Neues schaffen sollen. Es geht um die

■ Verbesserung und Aufwertung vorhandener Gebäude und nicht um neue
  Geschäfts- und Bürobauten,
■ Entlastung der Innenstädte durch Umgehungsstraßen sowie
■ Erneuerung historischer Stadtkerne.

Neue Investitionen sollen fast nur noch zur *Verbesserung der sozialen Lebensqualität* der Stadt getätigt werden: Das können neue Freizeit- und Kultureinrichtungen für Jung und Alt (54%), Bürgerhäuser und Mehrzweck-
hallen (15%) oder neuartige Wohngemeinschaften mit Selbsthilfecharakter
(26%) sein. Die Verwirklichung dieser Stadtträume steht und fällt mit ihrer
Finanzierung. Daher sollen sich die Kommunalpolitiker weiterhin um die
Ansiedlung neuer Industrie- und Gewerbegebiete (40%) bemühen. In den
genannten Bereichen sollten die Politiker aber „auf keinen Fall sparen". In
der Kommunalpolitik der Zukunft geht es nur noch um die Frage, was *vorrangig gefördert werden muss* und nicht mehr darum, was alles wünschbar
oder möglich ist.

In einer Stadt der Zukunft muss die Kommunalpolitik neue Steuerungs-
leistungen vollbringen (vgl. KGSt 1993, S. 5), also auf Verwaltungsvereinfachung
fachung und die Schaffung flexibler Gelegenheitsstrukturen für die Eigeninitiative der Bürger achten. Dazu zählen:

Legitimität. Es muss der Nachweis erbracht werden, dass die Leistungen
der öffentlichen Verwaltung auch wirklich gebraucht werden.

Effizienz. Es bedarf eines sparsamen Mitteleinsatzes.

Strategie. Mindestens mittelfristige Entwicklungsziele und Leitlinien
(Prioritäten) müssen vorgelegt werden.

Management. Die Qualität der öffentlichen Leistungen muss verbessert
und an die veränderten Umfeldbedingungen angepasst werden.

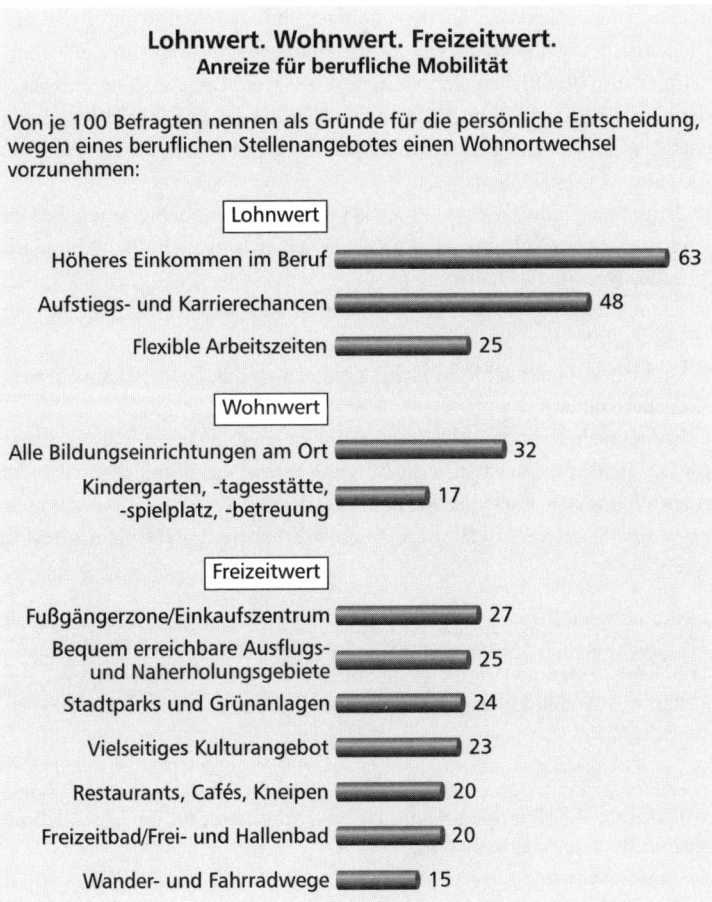

Lohnwert. Wohnwert. Freizeitwert.
Anreize für berufliche Mobilität

Von je 100 Befragten nennen als Gründe für die persönliche Entscheidung,
wegen eines beruflichen Stellenangebotes einen Wohnortwechsel
vorzunehmen:

Lohnwert

Höheres Einkommen im Beruf — 63
Aufstiegs- und Karrierechancen — 48
Flexible Arbeitszeiten — 25

Wohnwert

Alle Bildungseinrichtungen am Ort — 32
Kindergarten, -tagesstätte, -spielplatz, -betreuung — 17

Freizeitwert

Fußgängerzone/Einkaufszentrum — 27
Bequem erreichbare Ausflugs- und Naherholungsgebiete — 25
Stadtparks und Grünanlagen — 24
Vielseitiges Kulturangebot — 23
Restaurants, Cafés, Kneipen — 20
Freizeitbad/Frei- und Hallenbad — 20
Wander- und Fahrradwege — 15

Attraktivität. Engagement und Kreativität der Bürger müssen mehr gefördert und honoriert werden.

Lohnwert, Wohnwert und Freizeitwert entscheiden darüber, ob die Menschen am Ort wohnen bleiben oder permanent mobil sein wollen. Es ist kein
Zufall, dass die wenigsten Umzüge in Stuttgart und München registriert
werden, während ostdeutsche Städte (z. B. Magdeburg, Erfurt, Leipzig,
Schwerin) hohe Fluktuationsraten aufweisen.

Kommunalpolitiker werden in Zukunft erfolgreicher als bisher *Wirtschaftsförderer* sein müssen, wenn sie Stadtflucht, Wirtschaftskrise oder
Überschuldung vermeiden wollen. Unternehmer wie Arbeitnehmer wird
man dauerhaft nur durch *Bleibeanreize* (Schanz 1991, S. 9) in der Region

halten können. Geld und Karriere, höheres Einkommen und berufliche Aufstiegschancen bleiben nach wie vor die Hauptmotivatoren, um z. B. Arbeitnehmer zum beruflichen Ortswechsel zu bewegen. Daneben aber entwickelt sich eine *Vielfalt von Anreizfaktoren,* die über die persönliche Lebensqualität entscheiden. Dabei setzen einzelne Berufsgruppen ganz unterschiedliche Akzente:

- *Selbständige und Freiberufler* wollen in ihrer knapp bemessenen Zeit auf ein vielseitiges Kulturangebot nicht verzichten und auch alle Bildungseinrichtungen am Ort haben.
- *Beamte und Angestellte* legen besonderen Wert auf flexible Arbeitszeiten sowie auf Einkaufszentren und -passagen.
- Und für *Arbeiter* zählt zunächst einmal nur das Geld. Alles andere ist nachgeordnet.

In einem sind sich fast alle Berufsgruppen einig: Wenn die *Lebensqualität vor Ort* nicht stimmt, ist auch die Neigung gering, aus beruflichen Gründen einen Wohnortwechsel vorzunehmen. Nachwuchskräfte beißen nicht mehr bei jedem Karriere-Angebot an, wenn das Arbeitsumfeld nicht attraktiv genug ist.

> Eine Stadt oder Region, die heute noch die Verbesserung der Lebensqualität als nebensächlich ansieht, investiert mit Sicherheit an der Zukunft vorbei. Lohnwert, Wohnwert und Freizeitwert steigern die Zukunftschancen von Unternehmen, fördern das Standortimage und stützen die Fremdenverkehrswirtschaft.

Die lokale Lebensqualität als Wachstumsfaktor für die Wirtschaft, Standortfaktor für die Unternehmen und Motivationsfaktor für die Arbeitnehmer bekommt wachsende Bedeutung.

Unternehmer und Kommunalpolitiker müssen umdenken: Wer die Attraktivität einer Stadt oder Region im Bereich von Freizeit, Kultur und Bildung, also der so genannten „weichen Standortfaktoren" steigert, betreibt erfolgreiche Neuansiedlungspolitik und hilft, neue Betriebe zu gewinnen und neue Beschäftigte anzuziehen. Neben dem Lohn- und Wohnwert eines Standortes entwickelt sich der Freizeitwert zum größten Anreiz für die berufliche Mobilität der hoch qualifizierten und vielbeschäftigten Fulltime-Jobber. Zum Freizeitwert einer Stadt oder Region gehören Ausflugs- und Naherholungsgebiete, Stadtparks und Grünanlagen, Fußgängerzonen, Einkaufszentren und Ladenpassagen, Restaurants, Cafés und Kneipen.

> Eine Region muss also viele Attraktivitäten bieten, um Vollzeitbeschäftigte halten oder junge Führungskräfte gewinnen zu können. Wo man gern leben will, will man auch gern arbeiten.

Zwischen Karrieresprung und Kinderbetreuung
Was Berufstätige zum Wohnortwechsel motiviert

Von je 100 Befragten nennen als Entscheidungsgründe für berufliche Mobilität:

	Berufstätige ... Männer	Frauen	Männer (mehr in Prozentpunkten)
Aufstiegs- und Karrierechancen	58	52	+6
Höheres Einkommen im Beruf	73	69	+4
Ausflugs- und Naherholungsgebiete	28	24	+4

			Frauen (mehr in Prozentpunkten)
Flexible Arbeitszeiten	27	33	+6
Fußgängerzone/ Einkaufszentrum	22	28	+6
Kinderbetreuung	18	20	+2

Die hohe Attraktivität bestimmter Regionen wird den Wunsch von Nachwuchskräften nach beruflicher Mobilität verstärken.

Berufstätige Frauen und berufstätige Männer melden unterschiedliche Wünsche an.

■ Für *Frauen* haben flexible Arbeitszeiten (33% – Männer: 27%) sowie Möglichkeiten zur Kinderbetreuung (20% – Männer: 18%) eine größere Bedeutung. Männer denken mehr an Geld (73% – Frauen: 69%) und Aufstiegschancen (58% – Frauen: 52%).

■ *Männer* halten nach Feierabend und an Wochenenden bequem erreichbare Ausflugsgebiete für wichtig (28% – Frauen: 24%), Frauen finden Einkaufszentren (28% – Männer: 22%) attraktiver.

Ansonsten gilt für beide: Wer Berufstätige zum Umzug in eine andere Stadt motivieren will, muss Vieles bieten: Vom Karrieresprung über die Kinderbetreuung bis zum Kulturangebot. Und ohne Geld geht gar nichts. Lohnwert. Wohnwert. Freizeitwert: Das sind die bestimmenden Indikatoren für die urbane Lebensqualität von morgen.

5. Einen Lebensstil mieten.
Wohnformen der Zukunft

Rund ein Drittel des Haushaltseinkommens kostet derzeit das Wohnen in Deutschland. Die Wohnung gilt nach der Kleidung als *die dritte Haut des Menschen*: Status, Selbstbild, Lebensphase – alles spiegelt sich in Stil und Ausstattung der eigenen vier Wände wider. Wohnen ist gebaute soziale Wirklichkeit – als Nestbau oder Holzhaus, Familienhaus im Grünen oder Single-Loft in der City. In Zukunft wohnen „immer weniger Menschen auf immer mehr Quadratmetern – jede Menge Platz für Inszenierung" (Süßebach 2004, S. 114): Die Eigentümerquote stieg in den letzten Jahrzehnten von 34 Prozent (1961) auf 45 Prozent (2005). Der Bevölkerungsrückgang lässt immer mehr Frei-Raum zur *Ausstellung der eigenen Person* zwischen Wellness und Cocooning. Aber es gibt auch andere Wohnungswirklichkeiten zwischen Armut und Enge, Ausgrenzung und sozialer Isolation.

Vor über vierzig Jahren definierte der Soziologe H.P. Bahrdt, was eigentlich das Spezifische eines Stadtcharakters ausmacht. Er meinte, das alltägliche Stadtleben spiele sich im *Wechselverhältnis von öffentlicher und privater Sphäre* ab, ohne dass dabei die Polarität verloren gehe: „Je stärker Polarität und Wechselbeziehung zwischen öffentlicher und privater Sphäre sich ausprägen, desto städtischer ist das Leben" (Bahrdt 1961, S. 38).

> Im Bild des Marktes spiegelt sich die Wechselbeziehung zwischen Öffentlichem und Privatem am anschaulichsten wider. Flüchtige soziale Kontakte zwischen einander unbekannten Menschen: Begegnungen sind möglich, Bindungen nicht nötig. Und das alles in der gebauten Umwelt des Stadtraumes, der sich durch uneingeschränkte Zugänglichkeit auszeichnet.

Diesen Gedanken der Zugänglichkeit griff vierzig Jahre später der Amerikaner Jeremy Rifkin wieder auf. Seiner Ansicht nach treten in Zukunft *Netzwerke an die Stelle der Märkte* und *aus dem Streben nach Eigentum wird ein Streben nach Zugang ("access")*, der rasche Zugriff auf Kontakte und Ideen, Güter und Dienstleistungen. Die *Verfügbarkeit* wird den Menschen wichtiger als das Eigentum an einer Sache.

Ein solches Umdenken kann einen radikalen sozialen Wandel auslösen und den Blick des Menschen auf sich selbst und seine sozialen Beziehungen nachhaltig verändern: „Sehr wahrscheinlich wird eine Welt, die durch ‚Access'-Beziehungen geprägt ist, eine andere Art Menschen hervorbringen" (Rifkin 2000, S. 14). Gemeinschaftserlebnisse und persönliche Unterhaltung in Themenstädten und -parks, Wellness- und Entertainmentcentern, Mode und Essen, Glücksspiel und Musik lassen eine neue Erlebnisökonomie entstehen, in der *„lifetime values"* im Mittelpunkt stehen. „Access" bedeutet dann *Zugang zu persönlicher Lebenserfüllung.*

Die Idee des Zugangs – auf das Leben in der Stadt der Zukunft übertragen – kann aber auch zum Kriterium der Ausgrenzung werden, wenn – wie in den USA – immer mehr *spezielle Wohnsiedlungen mit gemeinsamen Interessen* („Common-Interest-Developments"/CIDs) gebaut werden. Für Außenstehende wird der Zugang geradezu erschwert – durch umgebende Mauern oder Zäune sowie Sicherheitsleute, die als „Torwächter" agieren. Über 30 Millionen Amerikaner, das sind zwölf Prozent der Bevölkerung in den USA, wohnen derzeit in etwa 150 000 CIDs (vgl. Mc Kenzie 1996, S. 12). Und jedes Jahr entstehen etwa 4000 bis 5000 neue umfriedete Wohnsiedlungen. So entsteht eine Art *Privatopia, in dem die Menschen Lebensstile und nicht nur Wohnhäuser kaufen.* Oder handelt es sich nur um ein Ticket für den Zugang zu einem konfektionierten Lebensstil?

Privatopia
Vermarktung eines nostalgischen Lebensstils
„Es gab einmal einen Ort, in dem Nachbarn einander in der Stille des Sommerzwielichts gegrüßt haben. Wo Kinder Glühwürmchen gefangen haben. Und wo man den Sorgen des Tages im Schaukelstuhl auf der Veranda entfliehen konnte. Das Kino zeigte am Samstag Zeichentrickfilme. Der Kaufmann lieferte ins Haus. Und da war immer dieser eine Lehrer, der wusste, dass du das gewisse Etwas besitzt. Können Sie sich an diesen Ort erinnern? Vielleicht aus Ihrer Kindheit. Oder nur aus Geschichten. Er besaß einen eigenen Zauber. Den besonderen Zauber einer amerikanischen Heimatstadt ..."
Werbe- und Verkaufsbroschüre. In: Rymer 1996, S. 66

Gibt es in Zukunft jeweils eigene Städte und Wohnquartiere für
- Singles,
- Paare,
- Familien,
- Rentner und
- Zuwanderer,

die jeweils auf die individuellen Bedürfnisse der Zielgruppe zugeschnitten sind und in denen ein *Leben unter Gleichgesinnten und Gleichgestellten* *(„Communities")* garantiert werden kann? In solchen Gemeinsamen-Interessen-Wohnanlagen werden geradezu *Lebensstile in Beton gegossen,* also sowohl persönliche Freiheiten als auch soziale Verpflichtungen gleich mitgeliefert. Aus Regeln können schnell Reglements werden.

Andererseits werden die Gemeinsamen-Interessen-Wohnanlagen (GIWs) individuell und gesellschaftlich geradezu lebensnotwendig. Die neuen GIWs

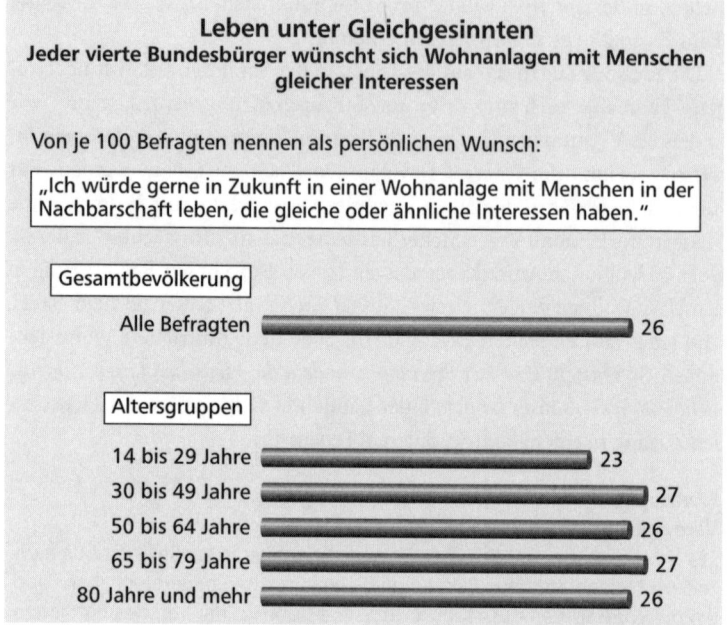

Leben unter Gleichgesinnten
Jeder vierte Bundesbürger wünscht sich Wohnanlagen mit Menschen
gleicher Interessen

Von je 100 Befragten nennen als persönlichen Wunsch:

„Ich würde gerne in Zukunft in einer Wohnanlage mit Menschen in der
Nachbarschaft leben, die gleiche oder ähnliche Interessen haben."

Gesamtbevölkerung

Alle Befragten — 26

Altersgruppen

14 bis 29 Jahre — 23
30 bis 49 Jahre — 27
50 bis 64 Jahre — 26
65 bis 79 Jahre — 27
80 Jahre und mehr — 26

sind nicht etwa nur eine Frage von Wohlstand, Komfort oder Entbehrlich-
keit, woran man möglicherweise bei Luxus-Lofts für Singles denken mag.

Neue Wohnkonzepte geben eher konkrete Antworten auf die *Folgen einer
Gesellschaft des langen Lebens*. Dabei geht es auch um Alternativen zu den
traditionellen Pflegeheimen. Denn die Zahl der Hochaltrigen über 80 Jahre
wird allein bis zum Jahr 2009 um eine halbe Million zunehmen (von 3,0 auf
3,5 Mio.). Jeder Vierte wird dann pflegebedürftig sein.

Möglich sind in Zukunft neue Hausgemeinschaften für Senioren, bei denen ein
hoher Pflegestandard garantiert wird und in denen Bewohner eigenständiger
und selbstbestimmter als in Heimen leben können. Sie wohnen in eigenen
Räumen, werden aber zugleich aktiviert durch einen Gemeinschaftsbereich, in
dem gekocht, gegessen, gebügelt und geredet wird.

In diese Richtung zielen Konzepte des Kuratoriums Deutsche Altershilfe
(KDA) mit Förderung des Bundesfamilienministeriums und der Bertels-
mann-Stiftung.

Als Zukunftstrend zeichnet sich das *Wohnkonzept einer Zwischenstadt* ab,
die weder Stadt noch Land ist, sondern irgendwo dazwischenliegt. Die Stadtforschung definiert die Zwischenstadt als Wohnform zwischen

- Ort und Welt,
- Raum und Zeit,
- Stadt und Land.

Nach Sieverts lebt bereits heute *fast ein Drittel der Deutschen in einer Zwischenstadt* (Sieverts 1997), obwohl es dafür bisher kein städtebauliches Leitbild gibt. Die Zwischenstadt war und ist planerisch eigentlich gar nicht vorgesehen.

Gefragt sind in Zukunft vor allem generationsübergreifende Wohnkonzepte: Wie im Dorf und doch in der Stadt. Ganze Großfamilien – Enkel, Kinder, Eltern, Großeltern – könnten so in unmittelbar räumlicher Nähe zusammenleben.

Immer öfter stellt sich dann die Frage: *„Welches Wohnquartier passt zu mir?"* Jede(r) hat andere Interessen. Die ideale Stadt für alle kann es gar nicht geben. Wo und wie können in Zukunft

- Hilfsbereite und Hilfesuchende,
- Kontaktfreudige und Einsame,
- Freiheitsliebende und Familientypen,
- Aktive und Passive,
- Macher und Mitmacher

mit- und nebeneinander wohnen und leben?

Eine Variante des Lebens und Wohnens in der Stadt der Zukunft lautet: Einen Lebensstil mieten. Weil sich das Eigentumsdenken verändert, wird das Wohnerleben neu definiert: Wohnen wie im eigenen Haus – aber sich nicht wie ein Eigentümer um alles kümmern müssen.

Im Unterschied zu den traditionellen Mietern, die sich zwar ein eigenes Haus wünschen, es sich aber nicht leisten können, breitet sich eine „nach oben mobile Gruppe" aus, die *Miete statt Eigentum* wählt und in den USA etwa ein Drittel der Haushalte ausmacht. Dabei handelt es sich um so genannte „Lifestyler" (Rifkin 2000, S. 168), die nur das Gefühl haben wollen, wie im eigenen Haus zu wohnen – ohne die lästigen Verpflichtungen, die mit Eigentum verbunden sind. Concierge, Morgenzeitung und kontinentales Frühstück können gemietet werden.

Die Unsicherheit auf dem Arbeitsmarkt, fehlende Beschäftigungsgarantien und immer höhere Mobilitätsanforderungen werden dazu führen, dass sich in Zukunft mehr Menschen für die Miete als für den Kauf entscheiden.

Schließlich kommen als weitere Wohnform der Zukunft „Time-Sharing-Gemeinschaften" (TSGs) hinzu. Dabei handelt es sich um *Zeit- und Mietwohnangebote* anstelle des Kaufs von Zweitwohnungen oder Ferienhäusern.

Hier werden Zeitanteile verkauft und vermietet bzw. Immobilien „verzeit-licht". Das können auch *Lebensabschnittshäuser* oder *-wohnungen* oder *-wohngemeinschaften* sein: für Singles, Alleinerziehende oder Senioren.

> Lebensabschnitte und Lebensstile entscheiden über die Wohnformen der Zu-kunft. Die Menschen wollen beruflich offen, räumlich mobil und sozial dispo-nibel bleiben. Flexibles Wohnen ist angesagt. Wer seine Arbeit oder seinen Partner wechselt, zieht woanders hin. Und wer neue Gleichgesinnte sucht, wählt eine Interessen-WG auf Zeit.

Die moderne Stadtforschung prognostiziert: Im 21. Jahrhundert werden interessenbezogene Wohnanlagen „die Hauptform von Hauseigentum dar-stellen" (Lichtenberger 2002, S. 124). Die Einfriedung von Wohnsiedlungen (in den USA „gating" genannt) erweist sich als neue Vermarktungschance. Sie garantiert *Sicherheit und Exklusivität*, erhöht den Eigentumswert und lässt zugleich die Immobilienpreise in Nicht-Gating-Regionen fallen.

Solche Interessen-Wohngemeinschaften können kommunalpolitische Folgen haben, weil es sich um weitgehend autarke Wohneinheiten handelt – vom eigenen Bussystem bis zu privaten Sicherheitsbeamten, Sicherheits-kameras und Identifizierungskarten. *Aus Suburbia wird Privatopia*, in dem Appartement- und Reihenhäuser freistehende Einfamilienhäuser verdrän-gen. Die Folge kann eine „auf den Raum und den Lebensstil atomisierte" (Lichtenberger 2002, S. 128) Gesellschaft sein.

Im Lebenszyklus stellt *jeder Lebensabschnitt eine eigene kleine Sinnwelt mit spezifischen Wohn- und Lebensstilen* dar. In einer Gesellschaft des langen Le-bens werden die Wohnformen wesentlich von solchen wechselnden Lebens-phasen bestimmt und sind immer weniger nur eine Frage des Milieus (so-ziale Herkunft, Bildung u. a.), des Geldes oder des Anspruchsniveaus. Wenn sich die Formen des Zusammenlebens wandeln, verändern sich auch die *Wohn- und Haushaltsformen* (z. B. Familienhaushalte, Singlehaushalte).

Die Alternativ-These „Die Menschen suchen nach neuen Lebensformen" und wollen „anders wohnen" ist fragwürdig. Veränderte Lebensformen sind in der Regel *kein Protest* gegen Traditionelles: Mit jeder Lebensphase (Ju-gendliche/Junge Erwachsene/Singles/Familien mit Kindern/Familien mit Jugendlichen/Jungsenioren/Pensionäre) ändern sich die Lebensstile – aber nicht die Menschen.

Bereits 1989 konnte der Autor in der Studie „Freizeitalltag von Frauen" folgenden Wandel der Lebensstile und -gefühle in einzelnen Lebensphasen aus der Sicht von Frauen nachweisen:

1. „*Rücksicht nehmen müssen*"
   Leben in der Partnerschaft

2. *„Nur für die Kinder da sein"*
   Leben in der Familie
3. *„Endlich für sich ganz allein"*
   Leben in der nachelterlichen Phase
4. *„Wieder gebunden sein"*
5. Leben im Ruhestand
6. *„Dann sitzt man da"*
   Leben bei Partnerverlust
   Also: Mit dem Wandel der Lebensphase ändern sich die Wohn- und Lebensstile. Das hat mit „alternativ" oder „partizipativ" wenig zu tun. Es geht mehr um Flexibilisierung statt um Normierung. So gesehen gibt es in Zukunft *keine Normalwohnung* mehr:

- Mit dem demografischen Wandel hört die Familie bzw. Zwei-Generationenfamilie auf, Idealtypus der Gesellschaft zu sein. *Der Trend geht zur Mehrgenerationenfamilie – aber nicht immer unter einem Dach* (= multilokale Generationenbeziehungen).

- Mit der Zunahme der Lebenserwartung muss jede(r) viele und vielfältige Lebensphasen (und damit Wohnformen) durchlaufen. Idealiter müsste mit jeder neuen Lebensphase das Haus bzw. die Wohnung *umgebaut und neu eingerichtet* werden.

- Das Wohnangebot muss in Zukunft für den *Zusammenhalt* mehrerer Generationen sowie für nichtfamiliale Netzwerke (einschließlich Nachbarschaften) förderlich sein. Das wird mehr „Co-living" als „Co-cooning" sein.

- „Alle unter einem Dach – aber jede(r) für sich": Das muss in zukünftigen Mehrgenerationenhäusern möglich sein. *„Mehrgenerationenwohnen"* wird, wie auch *„Lebensgemeinschaft"*, in Zukunft neu definiert werden müssen.

- Gemeinschaftliches Älter- und Altwerden wird zur großen Herausforderung für die Wohnungspolitik. *„Soziale Konvois"* und *„Wahlverwandtschaften"* werden als Lebensbegleiter immer wichtiger.

- *Solidarität* verliert in Zukunft ihr Opferpathos und wird pragmatischer verstanden. Bis ins hohe Alter Verantwortung für das eigene Befinden tragen und sich weitgehend selber helfen können, um anderen nicht zur Last zu fallen: Das wird die „neue Solidarität" im 21. Jahrhundert sein. Sie ermöglicht *Altwerden mit Familie und Freunden statt Einweisung ins Heim*.

- In Zukunft ist mehr *bescheideneres Wohnen mit sozialer Lebensqualität* als komfortableres Wohnen mit sozialer Isolation gefragt. Und das heißt: Selbständigkeit, Sicherheit und soziale Geborgenheit. *Wohnen wird zur Heimat mit Nestwärme*.

Hinzu kommt: Eigentum an Wohnung oder Haus bekommt im *Vorsorge-mix für das Alter* eine immer größere Bedeutung. Denn, so weist der Wirt-schaftswissenschaftler Helmut Kramer nach: „Die eingesparte Miete wirkt wie ein Zusatzeinkommen" (Kramer 2005, S. 11). Das Wohneigentum gleicht einer Zukunfts- und Altersvorsorge zum Anfassen.

Die Bildung von Eigentum stellt die sicherste Form der Altersvorsorge dar, weil sie auch unabhängig von Börsenbewertungen ist. Der Nutzungswert ist genauso wichtig wie der Marktwert. Außerdem schafft Wohneigentum Vermögen für künftige Generationen, lässt keinen Interessenkonflikt zwischen Jung und Alt aufkommen und entspricht am ehesten dem Gedanken der Generationenvorsorge.

6. Urbane Lebens- und Erlebniswelten

Von der Imitation zur Simulation

Die Kulturkritik wendet sich seit Jahren vehement gegen ein Stadtbild als einer Art disneyfiziertes Babylon, dessen verkleidete Altstadtfassaden eher an „städtebauliches Facelifting" (Boettner 1989, S. 105) erinnern. Nicht selten soll sich hinter solchen austauschbaren Kulissen eine so genannte *Zitadellen-ökonomie* (Lindner 2002, S. 222) verbergen, die auf dem 3-S-*Altar (Sauber-keit/Service/Sicherheit)* alles ausgrenzt, was Kunden, Besucher und Touristen auch nur im Ansatz stören könnte: Lärmende Kinder, Skateboard fahrende Jugendliche, fliegende Händler oder auch nur Menschen, die wie Bettler, Trinker oder Drogenabhängige aussehen. Eine eigens erstellte „Gefahren-abwehrverordnung" (z. B. in Krefeld) sorgt für eine entsprechend sterile Sicherheitskultur in der Stadt. Es gibt zu Recht Vermutungen, manche Stadt mutiere „zu einem *verhüllten Erlebnispark*, einem Museum, einem Histo-rienfilm" (Rötzer 1995, S. 29 f.), was man genauso gut in einer Disneyworld vorfinden könnte. Wird dann Attraktivität zum Synonym für Attrappe?

Eine lebendige Stadt lädt mehr zum Verweilen und nicht nur zum Durch-queren von Supermärkten, Fast-Food-Ketten und zum Abstecher beim Bankautomaten ein. Neue urbane Lebens- und Erlebniswelten – als Gegen-bewegung zu den tristen autofreundlichen Vororten („suburbs") in einer Mischung aus Highways, Büroparks, Einkaufszentren und gleichförmigen Wohnbauten – wollen die Lebensqualität der Menschen verbessern. Fußgän-gergerechtigkeit soll wieder wichtiger als Autogerechtigkeit sein. Die Garten-stadtidee soll wiederbelebt und gewachsene historische Strukturen stärker berücksichtigt werden sowie *soziale Vielfältigkeit* wieder erlebbar sein.

Doch manche Anregungen für neue urbane Lebenswelten erinnern eher an Disney-Themenparks: Eine *„Disneyfizierung der Städte"* (Roost, 2000) kann die Folge sein. Gemeint sind amerikanische Verhältnisse. Disney erobert den Broadway. So prägt heute die Walt Disney Company das Quartier rund um den New Yorker Times Square – vom Fernsehstudio, mehreren Musicaltheatern und Themenrestaurants bis zu merchandising stores. Eine Form von *Instant-Stadtkultur.* Ganze Innenstädte werden zu Erlebnislandschaften und Tourismusattraktionen umgebaut oder als *„festival market-places"* konzipiert, um Investoren, Touristen und zahlungskräftige Bewohner anzulocken (vgl. Sonnenberg 2005, S. 165). Der Marktplatz wird zum Schauplatz inszenierter Urbanität.

Exemplarisch hierfür ist die Disney-Siedlung „Celebration" in Orlando, eine künstliche Kleinstadt aus dem Baukasten mit historisierenden Baustilen, die die Vielfalt einer älteren Stadt simulieren sollen – von der „main street" bis zur „town hall", einer Art Rathaus, obwohl die Stadt gar keinen Stadtrat oder Bürgermeister hat, dafür aber ein umfangreiches Regelwerk (vgl. Roost 2000, S. 88):

- Die Vorhänge im Fenster müssen weiß sein.
- Im Vorgarten darf keine Wäsche aufgehängt werden.
- Art und Anzahl verschiedener Pflanzen im Vorgarten sind vorgeschrieben.

Disney-Kontrolleure achten wie eine Art Veranda-Polizei auf die Einhaltung der Vorschriften. Damit ein *„neighbourhood"-* und *„community"-Gefühl* aufkommen kann, sorgt ein Glasfaserkabel dafür, dass alle miteinander vernetzt sind – die Wohnungen mit den Schulen, den Arbeitsplätzen, den Restaurants, Geschäften und öffentlichen Einrichtungen. Und schließlich werden umfangreiche Freizeit- und Gesundheitsprogramme angeboten, die den Bewohnern ein *„totales Wohlgefühl"* vermitteln sollen. Das aber ist nur eine *symbolische Demokratie* – mehr simuliert als gelebt.

Celebration mutet wie ein bewohnbares Abziehbild des amerikanischen Traums an: Alles ist möglich. Ehemals urbane Qualitäten werden hier systematisch vermarktet. Eine künstliche Urbanität wird produziert. Andererseits gibt es auch gegenläufige Tendenzen.

Die Sehnsucht der Menschen nach der durch Krieg und Nachkriegszeit verlorenen Individualität der Stadt wird größer. Subjektiv empfunden wird mitunter die Zerstörungsbilanz mancher Nachkriegsbauten als genauso gravierend eingeschätzt wie die massiven Bauschäden durch den Krieg. Um sich über diesen urbanen Identitätsverlust hinwegzutrösten, wächst das Interesse der Bürger an historisch begründeter Simulationsarchitektur.

So hat beispielsweise der Frankfurter Architekt Christoph Mäckler „nur" die Fassade bzw. die Gebäudehülle der Leipziger Marktgalerie gestaltet – für den Innenausbau waren andere verantwortlich. Um der Harmonie des Leipziger Alten Markts willen simulierte er drei Häuser, die sich der historischen Umgebung anpassen, obwohl sich hinter dieser *Fassadenkunst* ein einziger Großbau für Konsum, Büro und Wohnen verbirgt. Im Innern jedoch sind die Gebäude teils miteinander verbunden.

Man mag dieses Vorgehen als billigen Historismus oder nostalgische Maskerade brandmarken. Die Leipziger Bürger sehen diesen Entwurf jedoch eher als „Glücksfall" an, der der monotonen „Investorenarchitektur von der Stange" (Bartetzky 2005, S. 35) erfolgreich den Kampf ansagt. Mäckler schuf keine plumpe Imitation (das wäre bloße Disneyfizierung), sondern nahm charakteristische Formen der Leipziger Bautradition auf. Selbst vorkriegszeitliche Knicke und Krümmungen in den Baufluchten wurden nachempfunden. Hier deutet sich eine gelungene *Wiederbelebung früherer Baukultur* an.

Perfektion und Professionalismus

Urbane Erlebniswelten gelten heute als Oberbegriff für eine Vielfalt von Themenwelten und Shoppingcentern. Selbst traditionelle Einrichtungen wie Kino und Gaststätte wandeln sich zusehends zu Erlebniswelten: „Planet Hollywood", „Hard Rock Café", „Multiplex-, Omnimax- und Cinemaxx"-Kinos. Aus Zoologischen Gärten werden Naturerlebnisparks und „Animal Kingdoms". Zu den urbanen Erlebniswelten gehören beispielsweise

- *Themenwelten*
  (Erlebnisparks, Virtual Worlds, Museumsausstellungen, Science Centers/Wissenschaftsparks)
- *Erlebnisbadelandschaften*
  (Spaß-, Freizeit-, Tropenbäder, Wasserparks)
- *Einkaufserlebniscenter*
  (Urban Entertainment Center/UEC)
- *Musicals*
- *Großkinos/Multiplexe*
- *Tierparks/Zoos*
  (Tiergärten, Erlebnistierparks, Aquarien)
- *Open-air-Events*
  (Inszenierte Sport-, Kultur- und Unterhaltungsveranstaltungen im Freien).
  Diese Themenwelten stellen Erlebniswelten dar, die „durch ihre Geschlossenheit (Geborgenheit) und durch ihre detaillierte Gestaltung einen positi-

ven emotionalen Effekt beim Besucher auslösen" (Scherrieb 1998, S. 7). In Zeiten gesättigter Märkte verlangen die anspruchsvollen Konsumenten nach einem *emotionalen und/oder realen Zusatznutzen*: Wie z. B. Animation + Event + Geselligkeit + Kulturangebot + Gesprächsstoff (vgl. Steinecke 2000) und nach einem Ereigniswert („flashlike").

Perfektion und Professionalismus gelten als Gütezeichen für Erlebniswelten – basierend auf Walt-Disney-Ideen wie z. B.:

- überdurchschnittlich freundliches Dienstleistungspersonal und intensive Schulung des Personals,
- eine saubere, „fast hundertprozentig" hygienische Umwelt,
- problem- und konfliktfreie Unterhaltungsangebote für die ganze Familie sowie
- eine fast zwanghafte Tendenz zum Null-Fehler-Prinzip.

Erlebniswelten wollen und sollen bewusst eine andere Welt schaffen. Ihre Attraktivität gewinnen sie aus der thematischen Geschlossenheit des Angebots.

Eine sich in den letzten Jahren ausbreitende *urbane Eventkultur* führt zu immer differenzierteren Angebotsformen. Zu solchen neuartigen Erlebniskonzepten/-welten gehören *sights* (z. B. Reichstagsverhüllung Berlin), *attractions* (z. B. Swarovski-Kristallwelten) und *corporate lands* (z. B. VW-Erlebnisstadt). Vor allem die USA und Japan (vgl. Hennig 1998) setzen Zeichen für die Zukunft:

- In Las Vegas wurde die Verbindung von Hotel-, Glücksspiel- und Erlebnis- bzw. Themenangebot am meisten perfektioniert: Seeschlachten im *Treasure Island*, Vulkanausbrüche im *Mirage Hotel* sowie Flanieren im alten Rom unter künstlichem Himmel in *Caesar's Palace*. Alles ist möglich in der synthetischen Erlebniswelt.
- In Japan finden in *Seagaia Ocean Dome* zehntausend Menschen Platz am größten künstlichen Strand der Welt. Im Skizentrum *Tsudanuma* bei Tokio gehen zweitausend Skifahrer auf einer 490 m langen Piste ihrem Sportvergnügen nach.

Trendimmobilien der Zukunft

Die Wirtschaft entdeckt, dass die erlebnisorientierte Inszenierung von *Markenwelten („brand lands")* und *Unternehmenswelten („corporate lands")* die Unternehmenskommunikation sinnlicher und emotionaler erfahrbar macht – beispielsweise als Nike Town oder World of Coca-Cola. Diese Erlebniswelten sollen den Markenaufbau und die unternehmenskulturelle Identität stützen helfen. Das Unternehmen wandelt sich „von einem grauen Erzeuger zu einem bunten Erzähler" (Braun 1999, S. 30), der um die Gunst der Konsumenten buhlt.

„Feel and buy" lautet die Erfolgsformel von urbanen Shoppingcentern, die bewusst Emotionen von Konsumenten ansprechen. Dazu werden auch Düfte eingesetzt, die das Einkaufserlebnis intensivieren. Mittlerweile setzen sogar öffentliche Einrichtungen die beeinflussende Wirkung von Düften ein. Um z. B. das Stress- und Aggressionspotential der Fahrgäste zu reduzieren, umweht die Besucher der U-Bahn-Stationen der Pariser Metro ein zarter Maiglöckchenhauch (vgl. Storp 1999, S. 29). Bekommt der Erlebniskonsum der Zukunft eine eigene Duftnote, so dass die Besucher gar nicht mehr zwischen Erlebniswelt und Einkaufswelt unterscheiden können?

Ein moderner Zoo kann und darf sich heute *keine Langeweile* mehr leisten. Der Zoo von Hannover hat seit 1994 100 Millionen Mark in neue Anlagen investiert, darunter einen Palast für Elefanten, den so genannten „Dschungelpalast", sowie den Nachbau einer afrikanischen Flusslandschaft.

Erlebniswelt Zoo
Ein Hauch von Indiana Jones
„Selbst wenn Indiana Jones aus dem umgestürzten Jeep am Fuße des Gorillaberges klettern würde, kaum ein Besucher des Hannoverschen Zoos wäre irritiert. Zu perfekt ist inzwischen die Kulisse. Auch die Fortsetzung des Kolossalfilms Ghandi würde ideal in den indischen Dschungelpalast passen, wo im Garten Elefanten über umgestürzte Säulen steigen oder unter einem geborstenen Aquädukt eine Dusche nehmen. Ein Hauch von Exotik und Abenteuer durchweht den Erlebnispark ..."
S. Nobel-Sagolla (1998), S. 27

Auch andere Zoos stellen sich um: In Duisburg jagen afrikanische Wildhunde hinter einem hölzernen Zebra her, das mit einem Fleischbatzen an einer Seilbahn aufgehängt durch das Zoogelände prescht. Und in Antwerpen werden mit einem Heuschreckengewehr lebende Insekten in das Gehege der Wüstenfüchse katapultiert.

Räumlich kombinierbare, aber in sich abgeschlossene Themenbereiche werden – durchaus in Anlehnung an Filmgestaltung und Filmkulissenbau – als attraktive Erlebniswelten geschaffen, ständig erweitert und erneuert. Neben perfekten Kulissen, sorgfältigen landschaftsgärtnerischen Gestaltungen und aufwendigen Inszenierungen wird dabei auf zwei Prinzipien besonderen Wert gelegt: *Sauberkeit der Anlage und Freundlichkeit des Personals.*

Die Erlebnisweltkonzepte knüpfen – unter Einbeziehung moderner Technologien – durchaus an traditionelle Parkideen an. Der 1856 geschaffene

Central Park in New York beispielsweise oder der Luna Park in Coney Island (New York) von 1903 waren von Anfang an als *dream world"* konzipiert. Auch in Deutschland wurde z. B. schon in den dreißiger Jahren ein öffentlicher Stadtpark („Planten un Blomen" in Hamburg) als *Park der tausend Freuden* gestaltet, der teilweise Besucherzahlen von über 200 000 Menschen an einem Tage aufwies.

Die Investition in erlebnisorientierte Großanlagen wird in der Wirtschaftsbranche bereits als *Immobilie der Zukunft* gehandelt. Internationale Touristikkonzerne investieren zunehmend in themenbezogene Erlebniswelten wie z. B. Warner Bros. Movie World in Bottrop, Sea Life Center Timmendorf oder Wonderpark im CentrO Oberhausen. Statt neuer Bürohalden werden Themenparks als Konsumtempel und Trendimmobilie gebaut.

C.A.M.P.U.S. als Erfolgsformel

Die urbane Lebenswelt von morgen wird auch eine *„Brave New Shopping World"* sein. Shoppingcenter hatten schon immer Pionierfunktion. Die von Vittorio Emanuele 1877 geschaffenen Mailänder Passagen sind Warenwelten und Erlebniswelten wie die heutigen Erlebniseinkaufscenter auch: Inszenierte Architektur in einer künstlichen Klimahülle zum Zwecke des Konsums. Handel wurde und wird als *Einkaufen mit Erlebniskomponente* inszeniert (vgl. Hennings/Müller 1998). Emile Zola hat in seinem Roman „Paradies der Damen" („Au bonheur des dames") schon frühzeitig die Konsumpaläste und „magazins de nouveauté" als *Kathedralen der modernen Welt* beschrieben, ja als Verwirklichung eines Traumschlosses oder eines modernen Babel.

C.A.M.P.U.S.
Die Erfolgsformel für urbane Erlebniswelten

C = Cinema, Café, Cocktailbar, Catering, Cola, Champagner, Computer, Cash ...
A = Arena, Attraktionen, Atmosphäre, Ambiente, Aura des Authentischen ...
M = Marktplatz, Mehrzweckhalle, Musical, Musiktheater, Management, Multifunktionalität ...
P = Parkhaus, Parkplätze, Passagen, Promenaden, Palmen, Pubs, Pinten, Prominente ...
U = Unvergessliches, Unvorstellbares, Unverwechselbares, Utopisches ...
S = Shopping-Mall, Supermarkt, Superlative, Showprogramme, Szenerien, Service, Security ...

Macher, Anbieter und Betreiber schaffen nach den Grundsätzen der modernen Marketingforschung (vgl. Bruhn 1997; Nickel 1998)

■ *inszenierte* Ereignisse und Veranstaltungen, die

■ *multisensitiv*, also mit starken emotionalen und physischen Reizen dargeboten werden und

■ den Teilnehmern besondere und nicht alltägliche, vielfach spannende oder gar *einmalige* Erlebnisse vermitteln.

Kritisch zu bewerten ist allerdings auch der *Trend zur Gigantomanie:* Anstelle von „Small is beautiful" heißt es „Big is beautiful". Großanlagen haben erhebliche Verdrängungseffekte. Es ist kein Zufall, dass der Kulturkritiker Neil Postman in den *Papp-Attrappen von Las Vegas das neue „Sinnbild" unserer Zeit* sieht – mit der Gefahr, dass sich die Menschen ganz und gar der Unterhaltung unterwerfen und das Stadtleben immer mehr die Form des Entertainments annimmt.

Urbane Erlebniswelten fordern zu kultur- und gesellschaftskritischen Diskussionen geradezu heraus. Denn sie haben ja mit dem Lebens-Notwendigen wenig zu tun, verkörpern eher das Überflüssige des Lebens, ja fördern eine Konsumhaltung des Immer-Mehr/Immer-Höher/Immer-Weiter. Die Grenzen zwischen Zusatznutzen und Nutzlosigkeit sind durchaus fließend.

Wenn das öffentliche Leben nur noch einer endlosen Reihe von Unterhaltungsveranstaltungen gleicht, dann könnte dies mehr Bedrohung als Bereicherung für den Einzelnen und die Gesellschaft sein. Doch davon sind wir in Deutschland noch weit entfernt: *Zwei Drittel der Bevölkerung sind noch nie in einem Erlebnispark gewesen* und 81 Prozent kennen Openair-Events nur vom Hörensagen oder vom Fernsehen. Größer als die Gefahr, „sich zu Tode zu amüsieren" (Postman 1985), ist in Deutschland immer noch das Risiko, arbeitslos oder arm zu werden und von den Möglichkeiten der weitgehend kommerzialisierten Eventkultur ausgeschlossen zu sein.

Wohlfühlmanagement

Die Anbieter von Erlebniswelten entwickeln ein eigenes Wohlfühlmanagement, in dem das *Personal die Rolle des Gastgebers* spielt. Aus Besucherbefragungen (vgl. Scherrieb 1997, S. 29) geht hervor, dass die Gäste beim Kontakt mit dem Personal sehr viel Persönliches, Atmosphärisches und Nonverbales im Blick haben wie z. B. Haltung, Gesten, Erscheinung, Gesicht und Augenkontakt (55%), Ton und Tonlage (38%), Worte und Wortwahl (7%). So wird für *positive Stimmung und emotionale Erlebnisse* gesorgt, während gleichzei-

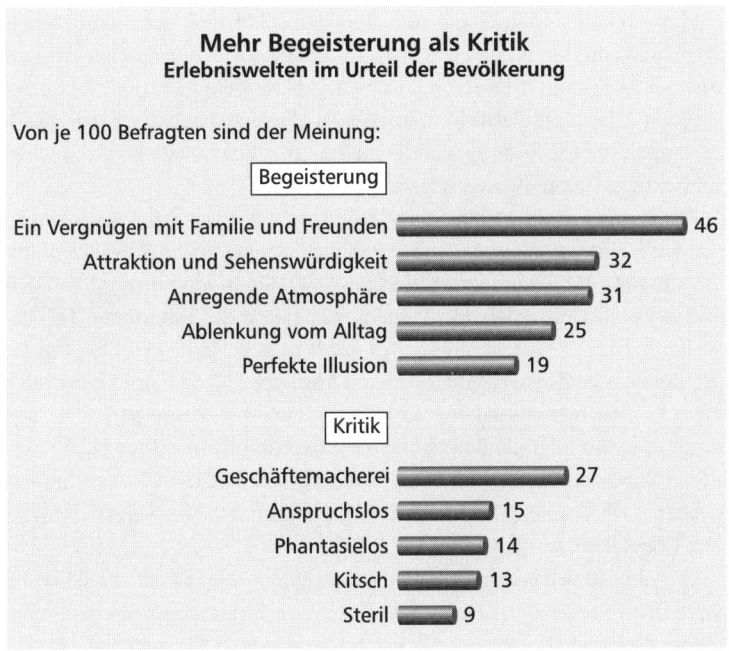

Mehr Begeisterung als Kritik
Erlebniswelten im Urteil der Bevölkerung

Von je 100 Befragten sind der Meinung:

Begeisterung

Ein Vergnügen mit Familie und Freunden	46
Attraktion und Sehenswürdigkeit	32
Anregende Atmosphäre	31
Ablenkung vom Alltag	25
Perfekte Illusion	19

Kritik

Geschäftemacherei	27
Anspruchslos	15
Phantasielos	14
Kitsch	13
Steril	9

tig die Erlebniswelten Geschichten erzählen. Wie im Film oder Theater wird eine Szenenfolge arrangiert, die dem Besucher das Gefühl einer Reise geben.

Die Abstimmung findet mit den Füßen statt: *Filmkulissen weisen mitunter mehr Besucher auf als echte Ruinen.* Dennoch: Nur etwa jeder siebte Besucher (15%) sieht in den Erlebniswelten eine *Kitschinszenierung,* dreimal so vielen (46%) aber bereitet der Besuch ein echtes Vergnügen für die ganze Familie und für das gemeinsame Erleben mit Freunden. Es wächst offensichtlich eine Mediengeneration heran, die ganz selbstverständlich mit künstlichen und virtuellen Welten zu leben weiß. Jeder zweite Jugendliche im Alter von 14 bis 17 Jahren (50%) bewundert die künstlichen Attraktionen als „erlebbare Sehenswürdigkeiten" und fühlt sich in der „anregenden Atmosphäre" ausgesprochen wohl.

So unterschiedlich in der öffentlichen Diskussion die Urteile über die Erlebniswelten auch ausfallen mögen, das Votum der Bevölkerung ist relativ eindeutig: *Auf einen Kritiker kommen zwei begeisterte Besucher.* Jeder vierte Bundesbürger lobt die gelungene *Ablenkung vom Alltag,* die man hier wie sonst kaum irgendwo finden kann. Und etwa jeder fünfte Befragte ist von der *perfekten Illusion* geradezu begeistert: „Man ist verzaubert und losgelöst."

Andererseits sind Besucher auch Realisten. 27 Prozent der Befragten entlarven das Angebot als das, was es auch ist: *Geschäftemacherei*. Den Vorwurf der totalen Kommerzialisierung machen insbesondere Befragte mit höherer Bildung (Hauptschulabsolventen: 19% – Universitätsabsolventen: 38%). Aber auch höhere Bildung hält die meisten nicht davon ab, sich in solchen Einrichtungen unterhalten zu lassen.

Ob Zeittotschlagmaschine oder Trendimmobilie: Der Streit der Meinungen wirkt sich kaum auf das Urteil und die Entscheidung der Besucher aus: Traumnoten für Traumwelten sind angesagt. Open-air-Konzerte von den Rolling Stones bis zu den drei Tenören werden mit der Traumnote „1,5" bewertet, wobei „1" die Meinung *„Ich bin begeistert"* bedeutet. Überdurchschnittlich gute Noten erhalten auch das Musical (1,6), das Großkino/Multiplex (1,7), die Erlebnisbadelandschaft (1,8) sowie der Erlebnispark (1,9). Mit etwas Abstand folgt die Bewertung der Erlebniseinkaufscenter (2,2) – von der erlebnisorientierten Einkaufspassage bis zum Urban Entertainment Center (UEC), einer Mischung aus Erlebnishandel, Themengastronomie und besonderen Attraktionen.

Einzelne Bevölkerungsgruppen setzen ganz unterschiedliche Akzente: Großkinos werden von den 14- bis 17-jährigen Jugendlichen am besten bewertet, Open-air-Events von den jungen Leuten im Alter von 18 bis 24 Jahren. Von Musicals sind kinderlose Paare am meisten begeistert. Und die Einkaufserlebniscenter werden besonders von den Ruheständlern als abwechslungsreiche Kommunikationszentren geschätzt.

> Urbane Erlebniswelten sind auch Fluchtburgen für Menschen, die der Langeweile und Einsamkeit zu Hause entfliehen wollen. Hier finden sie nicht selten das, was im Großstadtleben zunehmend vermisst wird: Sauberkeit, Sicherheit und Freundlichkeit des Personals.

Erlebniswelten sprechen die Besucher in erster Linie als Konsumenten an. Ergänzende soziale Dienstleistungen sind dabei nur ein Vehikel, um die Zufriedenheit und das Wohlgefühl der Besucher zu erhöhen. Dies erklärt auch die relative *Hilflosigkeit kommunaler Behörden gegenüber kommerziellen Erlebniswelten*, weil sie ein Tabu brechen: Ihre Angebote sind nicht etwa für alle da, sondern „nur für die, die Geld ausgeben können" (Romeiß-Stracke 2000, S. 77). Das klingt nicht gerade nach Sozialfürsorge oder sozialer Gerechtigkeit.

> Urbane Erlebniswelten sind für die Unterhaltung und den Erlebniskonsum da und können kein Ersatz für fehlende soziale Einrichtungen oder soziale Dienstleistungen in der Stadt sein.

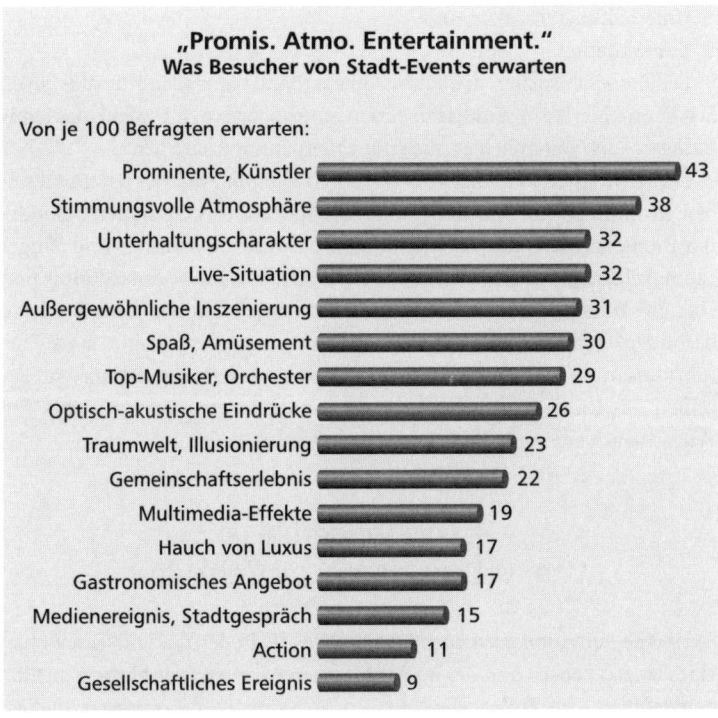

„Promis. Atmo. Entertainment."
Was Besucher von Stadt-Events erwarten

Von je 100 Befragten erwarten:

Prominente, Künstler	43
Stimmungsvolle Atmosphäre	38
Unterhaltungscharakter	32
Live-Situation	32
Außergewöhnliche Inszenierung	31
Spaß, Amüsement	30
Top-Musiker, Orchester	29
Optisch-akustische Eindrücke	26
Traumwelt, Illusionierung	23
Gemeinschaftserlebnis	22
Multimedia-Effekte	19
Hauch von Luxus	17
Gastronomisches Angebot	17
Medienereignis, Stadtgespräch	15
Action	11
Gesellschaftliches Ereignis	9

Auf repräsentativer Basis wurden 3000 Personen ab 14 Jahren mit folgender Fragestellung konfrontiert: „Viele *Städte und Gemeinden* bieten zur Sommerzeit oder zu speziellen Anlässen *besondere kulturelle Veranstaltungen und inszenierte Ereignisse* an, also so genannte ‚Events' vom Festival bis zum Open-air-Konzert. Was erwarten Sie von einem solchen Ereignis, so dass auch Sie bereit wären, dort hinzugehen?"

Das Ergebnis: Interesse und Bereitschaft zu einem Besuch signalisieren über drei Viertel der Bevölkerung. Innerhalb der einzelnen Lebensphasen zeigen sich vor allem Singles (83%) sowie Familien mit Kindern (83%) an einem Besuch interessiert, während sich Ruheständler, also Rentner und Pensionäre (68%) deutlich zurückhaltender äußern. Das größte Interesse melden leitende Angestellte/Manager (91%) an. Keine andere Bevölkerungsgruppe zeigt mehr Besuchsbereitschaft als sie.

Promis. Atmo. Entertainment: Auf diesen Nenner lässt sich verkürzt das Besucherinteresse bringen. Erwartet werden in erster Linie

■ prominente Künstler,

■ stimmungsvolle Atmosphäre,

▓ Unterhaltungscharakter und
▓ Live-Situation.

Die Besucher suchen den Einmaligkeitscharakter, wollen Künstler „live", fast hautnah erleben und das in einem atmosphärischen Umfeld, das stimmungsvoll ist. Wesentlich ist auch der Unterhaltungscharakter.

Die wichtigsten Besucherwünsche lassen sich mit zwei Worten umschreiben: Prominenz und Stimmung oder: Stars&Flair. Das macht den besonderen Eventcharakter aus. Hier kann man prominente Künstler und Sänger „zum Anfassen" aus unmittelbarere Nähe erleben. Das ist Anfasskultur pur. Dies gilt insbesondere für Familien mit Kindern, deren Besucherwünsche in besonders starkem Maße auf Stars und Stimmung ausgerichtet sind. Entführt uns in ein anderes Leben: So lässt sich die Erwartungshaltung von Familien mit Kindern umschreiben, die mit dem Besuch eines Events den Wunsch nach ein wenig Illusionierung verbinden.

7. Wohngefühl.
Vom Lebenstempo zur Zeitkultur

Steht eine *Renaissance urbanen Wohnens* bevor? In der Zukunftsgesellschaft eines langen Lebens und des immer längeren Arbeitens wird Lebensqualität neu definiert – als *Einheit von Lohnwert, Wohnwert und Freizeitwert*. In diese Richtung zielen Konzepte städtischen Wohnens, die z. B. der Hamburger Architekt Hadi Teherani unter dem Namen „Home 4" entwickelt und realisiert. Bei „Home 4" steht die Vier für die *vierte Dimension, die Zeit*, die der Eigentümer täglich sparen kann, wenn er nicht mehr an den Stadtrand pendeln muss. Mit „Home 4" soll eine Art Quadratur des Kreises gelingen: Attraktive Architektur, optimale Raumaufteilung (Module), günstige Kosten, die städtisches Wohnen wieder ermöglichen und ein positives Image wie beim „Mini" im Automobilbau. Während sich die Kosten urbanen Wohnens in erträglichen Grenzen halten, gewinnen die Bewohner durch den *Zeitgewinn* eine neue Lebensqualität.

Der amerikanische Psychologe Robert Levine ging in den neunziger Jahren in 31 verschiedenen Ländern auf der ganzen Welt der Frage nach, wie gesellschaftliche Kulturen mit Zeit umgehen. Dabei untersuchte er das *Lebenstempo* in den einzelnen Regionen (Levine 1998). Als Maßstab für das Lebenstempo dienten ihm drei Indikatoren: Erstens die *Genauigkeit öffentlicher Uhren*, zweitens die *Gehgeschwindigkeit* (also die Geschwindigkeit, mit der Fußgänger im Bereich der Innenstadt eine Strecke von 20 Metern zurücklegen) und drittens die *Arbeitsgeschwindigkeit* (wie lange z. B. Post-

angestellte brauchen, um jemand eine Standardbriefmarke zu verkaufen).
Das Ergebnis: Acht der neun schnellsten Länder sind in Westeuropa zu fin-
den. An vierter Stelle liegt lediglich Japan – unmittelbar nach Deutschland.
Die letzten acht Ränge wurden ausschließlich von nichtindustrialisierten
Ländern in Afrika, Asien, dem Nahen Osten und Lateinamerika belegt.
Am langsamsten waren die Länder, in denen die beiden Qualitätsbegriffe
amanhâ und a mañana zu Hause sind: Brasilien, Indonesien und Mexiko.

Die Schnelligkeit, die Geschwindigkeit und das Lebenstempo durchdringen
das städtische Leben bis ins Mark. Hier leben deutlich mehr Menschen nach
der Uhr (und tragen auch mehr eine Uhr). Im 21. Jahrhundert entwickelt sich
das Tempo zum auffälligsten Merkmal urbanen Lebens. Zeitverkaufen wird ein
neuer Dienstleistungsmarkt.

„At Your Service"/„Zu Ihren Diensten" übernimmt fast jede Aufgabe, die
Vielbeschäftigten Zeit sparen hilft: Vom Schlangestehen über die Haushaltsführung bis zum Einkauf und zu Kurierdiensten. Denn: Die Zeit eines Ge-
schäftsmanns zu verschwenden ist „ebenso schlimm, wie ihm die Brieftasche
zu rauben" (Levine 1998, S. 165).
   Steht uns eine Ära der Zeitkriege („Time Wars") bevor? Aus internationa-
len Vergleichsstudien (vgl. Levine 1998) lassen sich einige zentrale Thesen
und Aussagen ableiten:
- Je urbaner ein Lebensumfeld ist, desto schneller bewegen sich die Menschen vor Ort.
- Je produktiver die Wirtschaft ist, desto höher ist das Lebenstempo der
  Menschen.
- Je mehr zeitsparende Maschinen es gibt, desto mehr stehen die Menschen
  unter Zeitdruck.
In Gesellschaften mit stark ausgeprägtem Individualismus dominieren
Zeit-ist-Geld-Einstellungen. Hier ist der Zwang überdurchschnittlich groß,
jeden Augenblick irgendwie zu nutzen. Individualisierte Kulturen legen
mehr Wert auf Leistung als auf Zusammengehörigkeit. Das Phänomen der
Zeitknappheit breitet sich weltweit aus. Wenn dies so bleibt, dann könnte die
Zeit in naher Zukunft das werden, was das Geld in den achtziger und neunziger Jahren gewesen ist. Wie wird dann das zunehmende Lebenstempo die
Lebensqualität der Menschen beeinflussen?
   Der von Zeitnot und Eile geprägte Lebensrhythmus wirkt sich insbesondere auf das soziale Wohlbefinden der Menschen aus. Nachweislich gibt es
einen Zusammenhang zwischen Zeit und Sozialverhalten. Das rasche Lebens-
tempo in den Städten führt beispielsweise dazu, dass die Menschen mit mehr
Sinneseindrücken überhäuft werden, als sie persönlich verarbeiten können.

Die Folge ist eine Art „psychische Überlastung" (Milgram 1970), weshalb die Überlasteten bzw. Überforderten dazu neigen, alles auszublenden, was für ihre persönlichen Ziele nicht von Bedeutung ist. Konkret: Sie nehmen sich weniger Zeit und haben auch nicht die Geduld dazu, sich um Menschen zu kümmern, die in ihrem Leben nur eine marginale Rolle spielen. So sollen z. B. New Yorker überwiegend nur dann zu Hilfeleistungen bereit sein, wenn von vornherein geklärt ist, dass daraus keine weitere Verpflichtung entsteht: „Ich erfülle meine soziale Pflicht – aber damit wir uns nicht falsch verstehen: Weiter geht es auf keinen Fall" (Levine 1998, S. 221).

Mit der zunehmenden *Doppelerwerbstätigkeit von Mann und Frau* steigt auch die Wahrscheinlichkeit, dass bei einem berufstätigen Paar zumindest einer der Partner am Wochenende tätig ist, auf „fast 90 Prozent" (vgl. Vaskovics/Gross 1994, S. 10). Da sich bisher die familiären Aktivitäten auf das Wochenende konzentrierten und der Sonntag als gemeinsamer Ausflugs- und Besuchstag galt, kommt es bei zunehmender Wochenendarbeit zwangsläufig zu Einschränkungen in den familiären und sozialen Kontakten. Unter der wachsenden Desynchronisation der Zeit werden die Familie und die Kinder am meisten zu leiden haben. Das kann die Politik nicht gleichgültig lassen: Eine *neue Zeitpolitik* ist geradezu gefordert.

Eine neue Zeitpolitik muss wieder für eine Synchronisierung der Lebensbereiche Sorge tragen. In Zukunft wird ein immer größerer Teil der Berufstätigen nicht mehr in der Normalarbeitszeit arbeiten, auf die doch bisher die meisten Freizeit-, Kultur- und Bildungsangebote zugeschnitten sind. Konkret: Kindergärten und Kindertagesstätten müssen zukünftig schon um 6.00 Uhr geöffnet sein, eine Theatervorstellung auch vormittags oder nachmittags beginnen und eine Jugendfreizeitstätte nach 22.00 Uhr noch zugänglich sein.

Was schon vor dreißig Jahren von der Forschung gefordert wurde, nämlich für eine „synchrone Neuordnung von Raum und Zeit" Sorge zu tragen und sich über die „Neuordnung der Arbeitszeit und die alternative Verteilung der Freien Zeit" Gedanken zu machen (Opaschowski 1974, S. 32), hat heute noch mehr an Relevanz gewonnen. Die Probleme der *Zeitsynchronisation* (z. B. Öffnungszeiten) und *Raumsynchronisation* (z. B. Infrastruktur-, Verkehrsplanung) verschärfen sich.

Daraus ergeben sich neue Fragestellungen für die Zukunft:

- Welche Folgen haben die neuen Arbeitszeitmodelle für den Kommunikationsstil in den Betrieben und für die sozialen Beziehungen im Alltag?
- Gerät nicht auch das gesamte gesellschaftliche Zeitgefüge im Dienstleistungsbereich (z. B. Öffnungszeiten von Läden, Behörden, Praxen und sozialen Einrichtungen) ins Wanken?

Wir entwickeln uns zu einer *24-Stunden- bzw. 7-Tage-Gesellschaft* mit versetzten Arbeits- und Freizeiten: „Die Schulzeiten der Kinder kollidieren mit den Arbeitszeiten der Eltern und den Betreuungszeiten in Krippen und Horten. Pakete werden geliefert, wenn niemand zu Hause ist. Und Behördengänge und Arztbesuche müssen während der Betriebs- und Arbeitszeiten erledigt werden" (Baeriswyl 2000, S. 192).

In einer *Rund-um-die-Uhr-Gesellschaft* spielen die Arbeitgeber auch die Rolle von Zeitgebern.

- Stehen natürliche Auszeiten wie z. B. die Nacht oder das Wochenende zur Disposition?
- Droht eine schleichende Erosion des Sonntags, die Außerkraftsetzung eines sozial und kulturell geprägten Rhythmus?

Das kann kurzfristige Vorteile für die Wirtschaft, aber langfristige Nachteile für das soziale Zusammenleben bedeuten – vor allem für Menschen, die relativ weit entfernt von dem Ort leben, an dem sie arbeiten.

Stößt die Pendlergesellschaft bald an ihre zeitlichen Grenzen? Bei verlängerten Arbeitszeiten gewinnt die Wohnlage im Stadt- und Innenstadtbereich wieder an Bedeutung. Die zentrale Lage „erspart" den Beschäftigten zeit- und geldaufwendige Fahrten zur Arbeitsstätte.

Viele Beschäftigte werden eine *persönliche Kosten-Nutzen-Rechnung* vornehmen und sich die Frage stellen, ob sich die Überwindung der Entfernung zwischen Wohnort und Arbeitsstätte überhaupt noch „rechnet" – von den sozialen Folgekosten ganz zu schweigen (z. B. weniger Zeit für Nachbarschaftskontakte und für die kontinuierliche Pflege von Freundeskreis und sozialen Netzwerken). Der *Verlust an Zeitwohlstand* schmälert den Lebenswert von Familie, Freunden und Nachbarn und kann durch die bisherige Steigerung des Lebensstandards nicht ausgeglichen werden.

Für die Zukunft deutet sich in der Einstellung zu Arbeit und Leben bei jedem sechsten bis siebten Bundesbürger (16%) eine Akzentverschiebung an – eine Art Güterabwägung zwischen Geld und Zeit. Manche wollen „lieber einen höheren Mietpreis zahlen als immer nur zwischen Arbeitsstätte und Wohnort pendeln". Das ist mit einem *Mehr an Zeit und persönlicher Lebensqualität* verbunden, hat aber auch seinen Preis. Einen solchen Zeit- und Lebensqualitätsluxus können sich die meisten nicht leisten. In dieser Beziehung werden in Zukunft Wunsch und Wirklichkeit weit auseinander klaffen.

In der Entwicklung einer neuen Zeitkultur, die Rücksicht nimmt auf individuelle Eigenzeiten und natürliche Lebensrhythmen, stehen wir erst am Anfang. Keine Gesellschaft kommt ohne Rituale, religiöse Feiertage und gesetzlich geregelte Ruhepausen aus. Für die Zukunft gilt: Auch die Non-

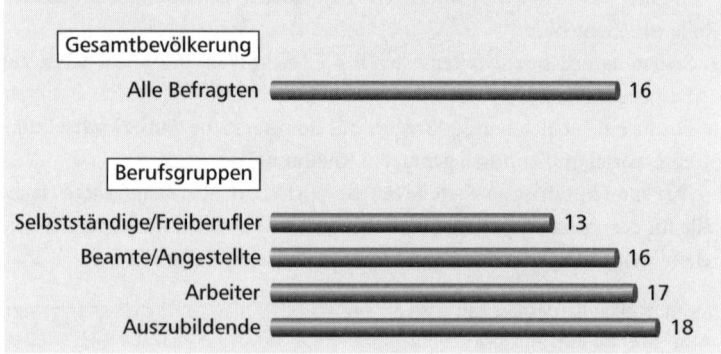

Wohnortnähe statt Pendlerpauschale
Doch Gewinn an Zeit und Lebensqualität hat seinen Preis

Von je 100 Befragten nennen als persönlichen Wunsch:

„Ich möchte in Zukunft wohnortnah arbeiten: Lieber einen höheren Mietpreis zahlen als immer nur zwischen Arbeitsstätte und Wohnort pendeln."

Gesamtbevölkerung
Alle Befragten — 16

Berufsgruppen
Selbstständige/Freiberufler — 13
Beamte/Angestellte — 16
Arbeiter — 17
Auszubildende — 18

Stopp-Gesellschaft braucht Zeitinseln zwischen Ruhe und Ritualen, zwischen „teatime" und „mañana".

Eine weitere Ursache beschleunigter Zeitwahrnehmung von heute ist die
tägliche Routine, die die Zeit immer schneller vergehen lässt: Der immer gleiche Büroalltag, die sich ständig wiederholenden Feierabendrituale, das gemeinsame Sonntagsfrühstück oder die eingefahrenen Urlaubsgewohnheiten.
Solche Regelmäßigkeiten mit gleichen Zeitabläufen werden am Ende eines
Tages oder einer Woche fast wie Untätigkeiten empfunden. *Das Gehirn
schaltet auf Autopilot*, so dass man sich kaum noch erinnern kann, was man
wann und wie lange getan hat. Ein Tag vergeht wie der andere. Und schließlich fragt man sich, wo eigentlich die Zeit geblieben ist.

Wer die Zeit bewusst dehnen und verlangsamen will, muss Lust auf Neues
haben und Neues entdecken oder hinzulernen wollen. Neues und Unbekann-
tes bleibt in der Erinnerung besser haften.

Wie aber stehen die Zukunftschancen für eine Wiederentdeckung der
Langsamkeit, für eine Entschleunigung, ein *Leitbild des Zeitlassens* und eine
neue Zeitpolitik? Müsste nicht eine solche Zeitpolitik als Daseinsvorsorge
für den Bürger Sorge tragen, dass die Schnelleren immer auf die Langsame-
ren warten? In der Entwicklung solcher „Strategien der Entschleunigung"
(Reheis 1999, S. 36) stehen wir erst am Anfang. Wer also nicht sein ganzes

Leben auf der Überholspur verbringen und ebenso pausen- wie atemlos die
Hetzjagd mit Höchstgeschwindigkeiten mitmachen will, muss lernen und
trainieren, „die Zeit von Zeit zu Zeit zu vergessen" (Baeriswyl 2000, S. 217).
Das ist persönlich gelebte Zeitkultur.

Früher galt der Grundsatz „Eine Sache zu einer Zeit". Daraus ist heute für
die Städter die Gewohnheit „Mehr tun in gleicher Zeit" geworden. Diese
Probleme sind weitgehend hausgemacht; also können wir auch selbst dagegen etwas tun und sich aus der Beschleunigungsfalle „Alles hat seine Zeit –
nur ich habe keine" befreien.

Wenn es nach den persönlichen Wünschen der Bevölkerung geht, dann
könnte bzw. sollte die nächste Zeit eigentlich von einem neuen Lebensstil geprägt sein: Mehr Ruhe für sich und weniger Aktionismus mit anderen, mehr
Zeit für kulturelle Interessen und weniger Jagd durch die Fernsehkanäle.
Hier deuten sich psychologisch verständliche Reaktionen auf den Erlebnis-
stress der vergangenen Jahre an. Der Fernsehkonsum sowie Unternehmungen mit Freunden sollen reduziert werden. Der Eindruck entsteht: Das Fernsehen raubt und die anderen verhindern eine freie Lebensgestaltung. Gesucht werden Rückzugsmöglichkeiten und weniger Kontaktstress. Man will
seine Ruhe wiederhaben. Als Reaktion auf die zurückliegenden unruhigen
Jahre entsteht ein *Wunschbild von Ruhe und Geborgenheit*, beinahe eine neue
Spießigkeit oder neue Bürgerlichkeit mit *Zügen einer Biedermeier-Kultur.*
Werden wir immer bürgerlicher?

Seit den Zeiten des Wandervogels, der Jugend- und der Hippiebewegung
kehren solche antizivilisatorischen Stimmungen und Strömungen in regelmäßigen Abständen wieder. Derzeit ist eine solche Flucht in das Privatleben
wieder erkennbar. Werden also die nächsten Jahre einem „neuen Kleinbür-
gertum" (Pierre Bourdieu) gehören – verbunden mit der Pflicht zum privaten Glück und Genuss: *„To have fun"* – man muss genießen und glücklich
sein? Genuss ist nicht nur erlaubt, sondern geradezu vorgeschrieben. Genießen statt Anstrengen, Selbstfindung statt Disziplin, Ruhe statt Betriebsamkeit – so könnte die Devise lauten. *Die Menschen auf der Suche nach dem inneren Frieden.* Dieser Weg zu sich selbst darf nicht einfach als Rückzug in die
eigenen vier Wände missverstanden werden. Die Menschen haben bisher *zu
sehr nach außen gelebt.* Wollen sie jetzt wieder in sich selbst hineinhören?
Was will ich eigentlich?

Vordergründig werden mitunter Vergleiche zu amerikanischen Couch-
Potatoes hergestellt, die mit Cola und Kartoffelchip-Tüte in der Hand auf
dem Sofa liegen und dauerfernsehen. In Wirklichkeit ist die Couch-Potatoe-
Gemeinde so alt wie das Fernsehen und so faul wie die Kartoffel – einfach
träge und bequem. Es ist schon immer so gewesen: Wer mit sich und der

Welt ins Reine kommen will, neigt schon mal zum selbstgewählten *Rückzug auf Zeit.*

Die Unlust an der Oberflächlichkeit vieler Beschäftigungen und Angebote wird Bewegung in das private Leben bringen. Der Wunsch nach neuen Wegen zu sich selbst ist eine Antwort auf die Kurzlebigkeit und Unsinnigkeit vieler Trends und Moden. Die Selbstbesinnung auf das Beständige, was dem Leben einen Sinn gibt, wird zwangsläufig immer wichtiger.

Gerade in Zeiten globaler gesellschaftlicher Veränderungen wird den Menschen zunehmend bewusst, dass es nicht nur darauf ankommt, die Welt zu verändern, sondern auch sich selbst.

Vielleicht erfährt in Zukunft das *Leitbild des innengeleiteten Menschen* Wiederauferstehung. Der amerikanische Soziologe David Riesman hatte diesen Typus ja schon vor über vierzig Jahren in seinem Buch „Die einsame Masse" beschrieben. Im innengeleiteten Typus lebt der *Renaissancemensch* wieder auf. Er hält nichts von oberflächlichen geselligen Beziehungen, ist nicht auf die Signale von anderen angewiesen und lässt sein Verhalten nicht von außen steuern. Der innengeleitete Mensch hat seine eigenen Lebensprinzipien so verinnerlicht, dass er auch dann nicht ins Wanken gerät, wenn die Anerkennung durch die anderen oder die Gesellschaft ausbleibt. Er ist imstande, die Flut und Vielfalt der Einflüsse und Angebote „wie in einem Brennglas zu vereinen und dann moralisch zu verarbeiten" (Riesman 1950/1965, S. 37). Hier ist der Lebensunternehmer mit Selbständigkeit, Souveränität und hoher persönlicher Verantwortung gefordert, der ständig über sich und seine Lebensziele nachdenkt.

Dies alles ist aber bisher noch mehr Wunsch als Wirklichkeit. Wollen, Können und tatsächliches Tun sind nicht dasselbe. Auch in Zukunft wird es diese Kluft zwischen Wunsch und Wirklichkeit geben, wobei weniger ökonomische, familiäre oder gesundheitsbedingte Einschränkungen die Diskrepanz herbeiführen als vielmehr ganz persönliche Hemmnisse. Konkret: *Phlegma und Trägheit, Gewohnheit und Bequemlichkeit* stellen – psychologisch gesehen – die größte Aktivitätsbremse dar. Viele warten lieber auf den Anstoß von außen oder durch andere, statt sich selber einen Ruck zu geben und ihr Verhalten zu ändern. Die Erfahrung lehrt: Die Menschen lieben das Regelmäßige, Beständige, die Kontinuität im Alltagsleben. So werden viele Menschen auch versuchen, den neuen Herausforderungen der Zukunft – erst einmal mit alten Gewohnheiten zu begegnen.

Nicht die außergewöhnlich großen Gedanken und Lebenspläne, eher die alltäglich kleinen Gewohnheiten werden das Leben der Menschen in den nächsten Jahren bestimmen. Generationen wandeln sich, Gewohnheiten kaum. Wertewandel besteht nicht darin, dass sich die Menschen plötzlich verändern, sondern darin, dass die jüngere Generation die ältere Zug um Zug ablöst.

Vieles spricht dafür, dass die selbstverständliche Steigerungslogik des Erlebnisbereichs an ihre Grenzen stößt. Vor dem Hintergrund der wirtschaftlichen Probleme (Arbeitslosigkeit, Sparmaßnahmen, Gesundheitsreform u. a.) stehen Events und Erlebnisangebote immer öfter unter Rechtfertigungszwängen. Steigerungen – mögen sie noch so innovativ oder revolutionär sein – müssen relativiert und in ihrer Bedeutung zurückgenommen werden.

Es wird immer fraglicher, ob man die ständigen Erlebnisangebote „tatsächlich auch brauchen kann" (Schulze 2003, S. 332). Ohne Gespür und Einfühlungsvermögen für das, was gerade angebracht ist oder opportun erscheint, lassen sich Erlebnissteigerungen kaum mehr rechtfertigen.

8. So wollen wir leben.
Zuhausesein im Vertrauten

Zurzeit vollzieht sich ein Wandel von der Faszination des Ungewöhnlichen zum Reiz des Normalen. Das Interesse am Außergewöhnlichen sinkt, während gleichzeitig eine andere Art von Neugier herausgefordert wird: Man muss wieder *lernen, die Normalität des Alltags faszinierend zu finden*. In dem Normalen plötzlich das Besondere zu sehen, fällt sicher nicht ganz leicht. Es heißt dann nämlich, Abschied zu nehmen von der Schnelllebigkeit der „Erlebe-dein-Leben"-Philosophie und sich wieder Zeit zu nehmen für Langsames oder Langatmiges. Ganz im Sinne von Marcel Prousts Hauptwerk „Auf der Suche nach der verlorenen Zeit", was nur eine Umschreibung für die *Suche nach sich selbst* ist.

Für die nähere Zukunft ist absehbar: Die Bürger richten sich auf ein Zuhausesein im Vertrauten ein. Immer mehr besinnen sich auf die *Familie* als Hort der Stabilität: „Sich mit der Familie beschäftigen" rückt in den Mittelpunkt des Alltagslebens (2004: 77%). Die Menschen wollen mit der Welt ins Reine kommen und gehen auf die *Suche nach dem inneren Frieden*. Das kann ein Rückzug in die eigenen vier Wände und auch eine Neubesinnung auf das Beständige sein, auf das, was dem Leben einen Sinn gibt.

Neben innerhäuslichen Aktivitäten nimmt die Neigung zu, im privaten Kreis „über wichtige Dinge zu reden" (2004: 74%). An dieser ernsthaften Auseinandersetzung über wichtige Fragen des Lebens zeigt sich die junge Generation der 14- bis 29-Jährigen mindestens genauso interessiert (73%) wie die Generation der über 50-Jährigen (71%).

Mehr Ernsthaftigkeit als Oberflächlichkeit, mehr Ruhe als Betriebsamkeit – das Privatleben wird wieder wichtiger. Zur Ruhe kommen, in Ruhe gelassen werden und sich in Ruhe pflegen deuten auf einen Einstellungswandel hin, der Wohnen und Wohnumfeld stärker in das Zentrum der persönlichen Lebensqualität rückt.

Wie könnte der Wunsch nach mehr Familienorientierung den Alltag und das Leben in Stadt und Wohnung verändern, wenn sich dieser Einstellungswandel stabilisiert?

- Die *Familie* wird dann wieder mehr zum sozialen Lebensmittelpunkt. Zusammensein und Zusammenleben in und mit der Familie werden bewusst gesucht. Man nimmt sich mehr Zeit füreinander. Private Einladungen und Besuche nehmen zu.
- Die Familienorientierung in den eigenen vier Wänden ersetzt zunehmend konsumintensive Unternehmungen nach draußen. Im Zentrum steht mehr das eigene *Wohlgefühl* zwischen Wellness und Wohlbefinden, Entspannungswochenenden und Wohlfühlprogrammen.
- Es wird *nicht weniger, sondern anders konsumiert*: E-Commerce-Hoffnungen, wonach die Menschen auf den Einkaufsbummel mit Familie und Freunden verzichten und stattdessen lieber online bestellen, erfüllen sich nicht. Denn die Sinne und die Kontakte konsumieren weiter mit. Ausgaben für Wohnen, Essen, Trinken und Gemütlichkeit werden keineswegs eingeschränkt.
- Die *Wohnung* vermittelt ein neues Nähe-, Nest- und Heimatgefühl: „Hier bin ich zu Hause" und „Hier fühle ich mich geborgen". Es wird Wert auf Gemütlichkeit und behagliche Atmosphäre gelegt – durchaus als Gegenbewegung und Kontrast zu Lifestyle, Mainstream und Postmoderne. Die Wohnung kann Boxenstopp und Rückzugsnische zugleich werden, die den Alltagsstress und -lärm von draußen abschirmt.
- Der Rückzug ins Private hat allerdings auch seine *sozialen Schattenseiten*. Wenn die Wohnung als Ankerplatz für das Ich und als Naherholungsgebiet für die Familie das Rückzugs- und Separierungsbedürfnis zu sehr betont und zur Isolierzelle wird, kommt die Kommunikation nach draußen und im sozialen Umfeld zu kurz.

Die gesamte westliche Welt macht derzeit diesen *Wandel von der Erlebnisgesellschaft zur Wohlfühlgesellschaft* durch. Um glücklich und zufrieden zu sein, genügt vielen schon ein Fernseher (68%), ein Radio (40%), eine Zeitung (46%) und ein gutes Essen zu Hause (47%). Selbst der eigene Garten (40%) macht der traditionellen Erlebnisreise (41%) noch Konkurrenz (B·A·T Freizeit-Forschungsinstitut 2004). Die Bürger erwarten vom Leben nicht mehr das ganz große Glück. Es sind eher die kleinen *Glücksmomente*

Wohngefühl als Wohlgefühl
Medien und Menschen im Mittelpunkt des Lebens

Von je 100 Befragten geben an, was für ihr persönliches Wohlgefühl
„am wichtigsten" ist:

Fernseher	68
Partner	52
Kinder/Familie	48
Gutes Essen und Trinken	47
Zeitungen, Zeitschriften	46
Hobby	42
Urlaubsreise	41
Garten	40
Badewanne, Dusche	40
Radio	40
Bücher	38
Schöne Wohnung	37
Auto	37
Nette Nachbarn	33
Telefon	30

des Lebens in einer entspannten, störungsfreien Atmosphäre: Stimmung, Harmonie, Geborgenheit. Garanten dafür, dass man unbeschwert leben und sich über manche schönen Augenblicke einfach freuen kann. Partner (52%), Kinder und Familie (48%) sowie nette Nachbarn (33%) gehören dazu. Bemerkenswert ist allerdings, dass der Fernseher im Leben höher eingeschätzt wird (68%) als der Partner (52%). Dies trifft für Paare und Familien genauso zu wie für Singles.

Wenn es um das ganze persönliche Wohlbefinden geht, hat mittlerweile auch die Emanzipation ihre natürlichen Grenzen. Männer und Frauen leben in zwei verschiedenen Alltagswelten:

■ Bei Frauen steht nach wie vor die häusliche Atmosphäre mit dem entsprechenden Ambiente ganz obenan. Im Vergleich zu den Männern legen sie deutlich mehr Wert auf eine schöne Wohnung (+8 Prozentpunkte): Von der Badewanne (+15) bis zur Gartenpflege (+6), vom Telefon (+8) bis zu netten Nachbarn (+9).

■ Im Vergleich zu den Frauen fühlen sich Männer erst richtig wohl, wenn

sie von technischem Spielzeug umgeben sind und sich ganz auf das Auto
(+14) und die Stereoanlage (+9) konzentrieren können.

Dabei zeigt sich: Der „Neue Mann" ist selbst im 21. Jahrhundert noch eine
Legende, die „Neue Frau" offensichtlich auch. Wenn es um das ganz persönliche Wohlfühlen geht, stoßen zwei Gefühlswelten aufeinander. Lediglich
beim Radiohören (w: 40% – m: 39%) und Zeitunglesen (w: 47% – m: 45%)
gleichen sich die Geschlechter in ihrer Lebensweise weitgehend an. Aber
schon beim Bücherlesen driften sie wieder auseinander (w: 45% – m: 31%).
Wen mag wohl vor über einhundert Jahren der Schriftsteller Theodor Fon-
tane im Blick gehabt haben, als er auf die Frage „Was braucht der Mensch
zum Glücklichsein?" die Antwort gab: „Ein gutes Buch, ein paar Freunde,
eine Schlafstelle – und keine Zahnschmerzen."

Selbst in kritischen Lebenssituationen breitet sich derzeit der Wohlfühlfaktor aus – bis hin zum Trend *„Schöner wohnen im Krankheitsfall"* (Kiosz
2005, S. 50). So entstehen – beispielsweise in Kiel und Lübeck – „Patienten-
hotels": komfortable Herbergen, die Kosten sparen und Patienten zufriede-
ner machen sollen. Gedacht sind diese Sanatorien für Patienten, die schon
zu gesund sind, um im spartanischen Krankenzimmer zu liegen, aber noch
nicht gesund genug, um schon entlassen zu werden. *Der Wohlfühlfaktor wird
zum Wirtschaftsfaktor:* Hotelpersonal ist schließlich günstiger als Pflegeper-
sonal. Reduzierte Pflege in angenehmer Umgebung.

Bis zur Jahrtausendwende und dem 11. September 2001 lebten die Erleb-
nismacher von der suggerierten Einzigartigkeit ihrer Inszenierung. Doch
seither wird der Standardisierungs- und Multiplizierungscharakter solcher
Events immer mehr durchschaut. Denn aus einer Generation von Sinnbast-
lern wird eine *Generation von Sinnsuchenden*, für die nachhaltige Lebens-
und Zukunftsperspektiven wichtiger als das flüchtige Erleben von Augen-
blicken sind. Der Individualismus der achtziger und neunziger Jahre wird
zunehmend durch den *Wunsch nach Identitätsbildung* abgelöst.

Mit der Abnabelung von der Erlebnisgesellschaft werden auch die Kontu-
ren einer neuen *Zwei-Klassen-Gesellschaft* immer sichtbarer: Zwischen den
Lebensstilen bildungsnaher und bildungsferner Schichten liegen geradezu
Welten. Das soziodemografische Merkmal *Bildung* wird zum *Türöffner für
vielfältige Lebenschancen.* Fernsehen und Handarbeiten, Gartenarbeit und
Gottesdienstbesuche – das sind die einzigen Tätigkeitsbereiche, in denen bildungsferne Schichten heute noch dominieren können. Gegen die Dominanz
der bildungsnahen Schichten in den Bereichen von Medien, Kultur und
Sport haben sie dagegen kaum eine Chance.

Dieses Phänomen ist alles andere als neu. Nur: Nach der 68er Bewegung
hatten wir eigentlich geglaubt, die Klassengesellschaft und die gravierenden

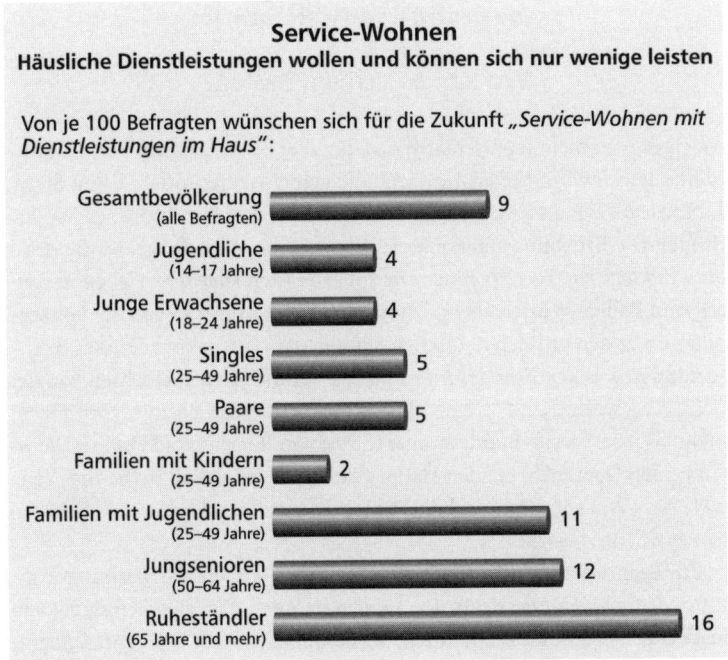

Service-Wohnen
Häusliche Dienstleistungen wollen und können sich nur wenige leisten

Von je 100 Befragten wünschen sich für die Zukunft *„Service-Wohnen mit Dienstleistungen im Haus"*:

Gesamtbevölkerung (alle Befragten)	9
Jugendliche (14–17 Jahre)	4
Junge Erwachsene (18–24 Jahre)	4
Singles (25–49 Jahre)	5
Paare (25–49 Jahre)	5
Familien mit Kindern (25–49 Jahre)	2
Familien mit Jugendlichen (25–49 Jahre)	11
Jungsenioren (50–64 Jahre)	12
Ruheständler (65 Jahre und mehr)	16

sozialen Unterschiede und Benachteiligungen seien überwunden. Mit dem allgemeinen Wohlstandsverlust in Deutschland werden jetzt die *sozialen Ungleichheiten* wieder sichtbar. Die „Multioptionsgesellschaft" findet ihr Ende. Und auch die Verheißung einer Inflation des Sinns im so genannten „Konsumismus" (Bolz 2002, S. 10), bei dem Ultra Consumers das Shopping zum Lifestyle erklärten, überlebt sich. Demonstrative Erlebnissteigerungen wollen sich schon bald in *sinnhafte Erlebnisintensivierungen* verwandeln. Immer mehr Menschen werden sich vom Luxus des Überflüssigen verabschieden und wieder *nach dem Notwendigen des Lebens streben.*

Es ist daher fraglich, ob es in Zukunft einen Trend zum Service-Wohnen gibt. Für junge Leute sind zusätzliche Dienstleistungen im Haus weitgehend entbehrlich und für Familien mit Kindern unbezahlbar. Anders sieht es bei den 50plus-Generationen aus: Die *jungen Senioren* unter 65 Jahren (12%) und die *Ruheständler* (16%) „wünschen" sich für die Zukunft durchaus solche Service-Leistungen, sofern sie sie sich leisten können. Daraus folgt: Service-Wohnen wird ein attraktiver *Nischen-, aber kein Massenmarkt* werden.

9. Zukunft findet Stadt

Wo lebt es sich am besten?

An einer zwar nicht repräsentativen, dafür aber bisher größten gesellschaftspolitischen *Online-Befragung* durch die gemeinsame Initiative von Stern,
McKinsey, ZDF und AOL beteiligten sich im Frühjahr 2005 über 500 000
Bürger. Die Erhebung gab konkrete Antworten auf die Frage, *wo Deutschland Zukunft hat*. Das Ergebnis: Die zufriedensten Deutschen leben in Bayern und Baden-Württemberg. München und Stuttgart stellen die Spitzen-
reiter unter den größten deutschen Städten dar (Perspektive D 2005, S. 5) –
zumindest *aus der Sicht der Info-Elite*, da bildungsferne Schichten von der
Befragung weitgehend ausgeschlossen wurden. Denn nachweislich macht
mehr als jeder zweite Bundesbürger (53%) von Internet und Online-Diens-
ten keinen Gebrauch. Bei den Hauptschulabsolventen sind es fast drei Viertel (72%). Wie zufrieden sind die Deutschen mit ihren Städten wirklich? Wo
lebt es sich am besten?

Zur Beantwortung dieser Frage führte das B·A·T Freizeit-Forschungsinstitut *in den zehn größten deutschen Städten im April 2005* eine Befragung von
insgesamt 1 000 Bewohnern durch, bei der in jeder Stadt eine repräsentative
Auswahl von 100 Bewohnern nach dem Wohnwert und der Lebensqualität
ihrer Stadt befragt wurden.

Die größten Städte Deutschlands
Einwohnerzahl im Überblick

1. Berlin	3,39 Mio.	6. Dortmund	0,59 Mio.
2. Hamburg	1,73 Mio.	7. Essen	0,59 Mio.
3. München	1,25 Mio.	8. Stuttgart	0,59 Mio.
4. Köln	0,97 Mio.	9. Düsseldorf	0,57 Mio.
5. Frankfurt a. M.	0,64 Mio.	10. Bremen	0,54 Mio.

Quelle: Statistisches Bundesamt 2005

Dabei wurden ihnen zur Einschätzung jeweils 20 Qualitätsmerkmale vorgelegt – von „schön" und „atmosphärisch" über „sicher" und „sauber" bis zu
„tolerant" und „umweltfreundlich". In einem stimmen alle Bewohner über-
ein: 85 Prozent der Bundesbürger halten ihre Stadt für lebenswert – allerdings
mit großen Schwankungsbreiten von 70 Prozent (Dortmund) bis zu 91 Prozent (Hamburg). Die Deutschen wissen zudem den Abwechslungsreichtum
(82%) und die Weltoffenheit (81%) des Lebens in der Stadt zu schätzen.

Wo lebt es sich am besten?
Ranking-Liste der 10 größten Städte Deutschlands

Von je 100 befragten Bewohnern der jeweiligen Stadt sind der Auffassung:

	ist lebenswert	ist reich an abwechslungs-	ist weltoffen	hat viele Grün-flächen	hat ein gutes Kulturangebot	hat ein gutes Ver-kehrs- u. Straßennetz	hat Atmosphäre	ist gastfreundlich	hat ein gutes Freizeitangebot	ist schön	ist tolerant	ist eine wachsende Stadt	ist wirtschaftskräftig	ist sicher	ist seniorenfreundlich	ist sauber	ist wohl-habend	ist familienfreundlich	ist kinderfreundlich	ist umweltfreundlich
Gesamt	85	82	81	81	81	79	79	78	77	74	70	62	57	51	49	49	48	46	45	43
Berlin	0	+4	0	+5	+3	+4	+1	-3	-3	-6	-2	+3	-25	-10	-1	-17	-5	-3	-15	-23
Hamburg	+6	+1	+2	+5	+1	+2	+6	+4	+7	+13	+6	+4	+24	-3	+12	+8	-6	0	+12	+30
München	+3	+5	+1	+5	+3	-1	+8	+11	+12	+7	-3	+10	+25	+23	+5	+20	+9	+7	+9	+26
Köln	+1	+3	+7	-7	-2	-7	+4	+7	+4	-2	+17	+6	+7	-7	-10	-16	+11	-1	-5	-11
Frankfurt	-2	-5	+7	-11	-3	+2	-16	-7	-6	-5	+9	+13	+26	-2	-14	-4	-10	-10	+6	+5
Essen	-5	-18	-2	-11	-2	-3	-22	-10	-10	-15	-14	-37	-7	+13	-3	+6	+5	-8	+8	-14
Dortmund	-15	-12	-15	-5	-16	+4	-17	-16	-15	-17	-8	-16	-23	-10	-5	+2	-8	-5	+2	-16
Stuttgart	+4	-9	-9	-3	+1	-10	-4	0	+6	+7	-9	-2	+29	+27	-2	+32	+14	+9	+15	+41
Düsse dorf	-3	-2	+2	-8	0	-6	+4	+8	-7	+4	-12	-1	+17	+4	-5	+17	+4	+3	0	+26
Bremen	+2	-1	+8	-3	-3	-1	+10	+9	-9	+12	+10	-19	-26	+2	+10	+9	+18	+18	+20	-26

Befragungsbasis: Jeweils 100 Bewohner in jeder Stadt

Zugleich decken sie schonungslos die *sozialen Defizite* des Stadtlebens auf: Für Kinderfreundlichkeit (46%), Familienfreundlichkeit (49%) und Seniorenfreundlichkeit (49%) finden sich in der Bevölkerung keine Mehrheiten mehr. Dies sind offensichtlich die *größten Herausforderungen für das Leben in der Stadt der Zukunft.* Die Kommunalpolitiker haben für viele Grünflächen (81%), ein vielfältiges Kulturangebot (81%) und ein abwechslungsreiches Freizeitangebot (77%) gesorgt, aber die Menschen zu wenig zum freundlichen Umgang miteinander motiviert und aktiviert. In der Stadt „ist immer etwas los" und „kommen auch alle auf ihre Kosten". Nur: Der soziale Kitt wird dabei vergessen.

Viele Stadtbewohner leben offensichtlich für sich und vor sich hin. Bei Stadtfesten und Mega-Events werden Weltoffenheit und touristische Attraktivität demonstriert, ohne gleichzeitig mitmenschliche Nähe oder nachbarschaftliche Verbundenheit mit anzuregen. Das Feuerwerk brennt ab – und die Menschen driften in sozialer Gleichgültigkeit wieder auseinander. Eine Stadt ohne kinderfreundliches Klima kann keine nachhaltige Zukunft vor sich haben.

Nicht alle Städte agieren und reagieren gleich. Die B·A·T Ranking-Liste der zehn größten Städte Deutschlands lässt erkennen: Hinsichtlich der subjektiv wahrgenommenen Lebensqualität liegen geradezu Welten zwischen einzelnen Städten.

In der *Einschätzung der Bewohner* ist – jeweils im Vergleich der zehn Großstädte –

■ Hamburg die schönste und lebenswerteste Stadt,

■ Bremen die weltoffenste und atmosphärischste Stadt,

■ München die gastfreundlichste und freizeitattraktivste Stadt,

■ Berlin die kulturvielfältigste Stadt,

■ Köln die toleranteste Stadt und

■ Stuttgart die wirtschaftskräftigste, wohlhabendste und sicherste Stadt.

Außerordentlich hohe Sympathiewerte erhält Bremen von den Stadtbewohnern für die urbane Atmosphäre sowie die Kinder-, Familien- und Umweltfreundlichkeit und zwar mit Spitzenwerten, die sonst keine andere Großstadt erreicht. Andererseits fällt auf, dass die westdeutschen Städte Düsseldorf, Essen und Dortmund nach Einschätzung der Bewohner wenig Eigenprofil besitzen. Insbesondere Dortmund rangiert fast durchweg am unteren Ende der Wohn- und Lebensqualitätsskala. Die Dortmunder bescheinigen ihrer Stadt lediglich ein überdurchschnittlich gutes Verkehrs- und Straßennetz.

Die Hauptstadt Berlin mag in Sachen Kultur und Politik meinungsführend sein. In einer Beziehung stellen die Berliner ihrer Stadt ein vernichtendes Zeugnis aus: Berlin ist im Vergleich zu den anderen Großstädten die schmutzigste Stadt.

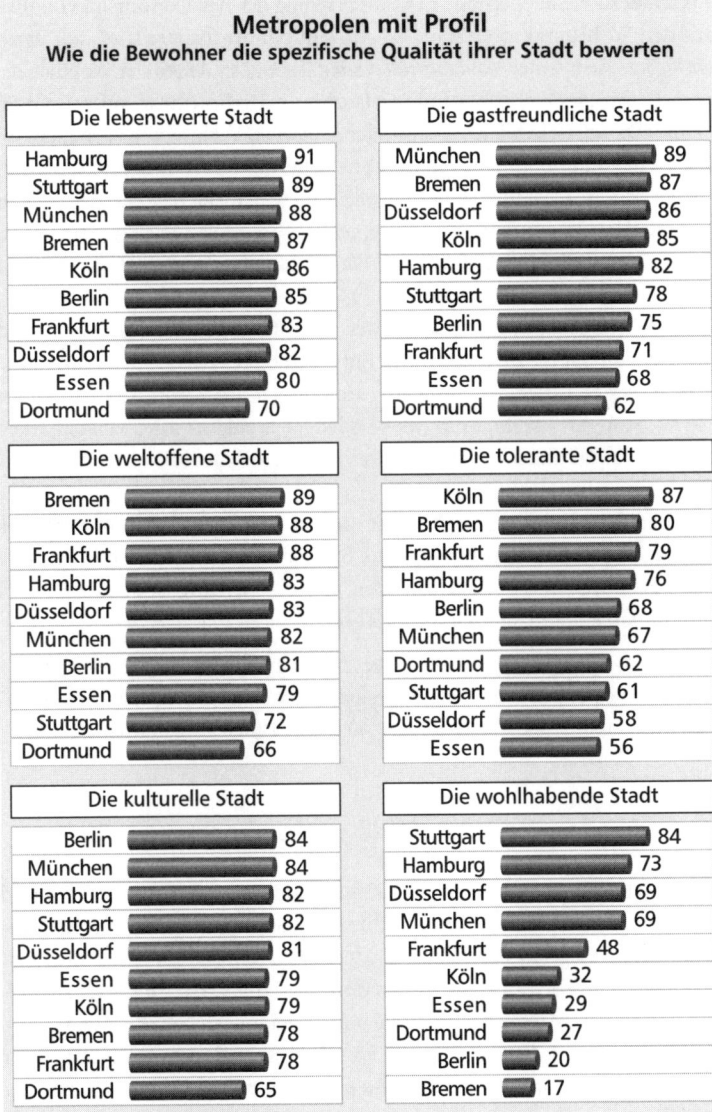

Metropolen mit Profil
Wie die Bewohner die spezifische Qualität ihrer Stadt bewerten

Die lebenswerte Stadt

Hamburg	91
Stuttgart	89
München	88
Bremen	87
Köln	86
Berlin	85
Frankfurt	83
Düsseldorf	82
Essen	80
Dortmund	70

Die gastfreundliche Stadt

München	89
Bremen	87
Düsseldorf	86
Köln	85
Hamburg	82
Stuttgart	78
Berlin	75
Frankfurt	71
Essen	68
Dortmund	62

Die weltoffene Stadt

Bremen	89
Köln	88
Frankfurt	88
Hamburg	83
Düsseldorf	83
München	82
Berlin	81
Essen	79
Stuttgart	72
Dortmund	66

Die tolerante Stadt

Köln	87
Bremen	80
Frankfurt	79
Hamburg	76
Berlin	68
München	67
Dortmund	62
Stuttgart	61
Düsseldorf	58
Essen	56

Die kulturelle Stadt

Berlin	84
München	84
Hamburg	82
Stuttgart	82
Düsseldorf	81
Essen	79
Köln	79
Bremen	78
Frankfurt	78
Dortmund	65

Die wohlhabende Stadt

Stuttgart	84
Hamburg	73
Düsseldorf	69
München	69
Frankfurt	48
Köln	32
Essen	29
Dortmund	27
Berlin	20
Bremen	17

Aus der Sicht der Münchener wird in der bayerischen Hauptstadt die *Gastfreundschaft* großgeschrieben (89%). Die Berliner stellen ihrer Stadt ein deutlich geringeres gastfreundliches Zeugnis aus (75%). Schlusslicht bilden auch hier wieder die Ruhrgebietszentren Essen (68%) und Dortmund (62%).

Geradezu Welten liegen in der Einschätzung der Bevölkerung im Hinblick auf den Wohlstand ihrer Stadt. 84 Prozent der Stuttgarter sind sich darin einig, dass sie in einer *wohlhabenden Stadt* leben. Der Anteil der Wohlhabenden ist um ein Vielfaches höher als etwa in Berlin (20%) oder Bremen (17%). Die wirtschaftlichen Folgen der deutschen Vereinigung (vor allem im Ostteil der Stadt Berlin) sowie die hohe Arbeitslosigkeit in Bremen spiegeln sich in den Einschätzungen der Bevölkerung wider. Die Bevölkerung hat ein realistisches Gespür: Berlin und Bremen weisen im Vergleich der einzelnen Bundesländer die höchste Pro-Kopf-Verschuldung in Deutschland auf. Diese Städte leben über ihre Verhältnisse.

Auffallend ist auch dies: Die meisten Großstädte haben bisher noch nicht hinreichend auf die demografische Entwicklung reagiert: „Seniorenfreundlich" bewertet nur eine Mehrheit der Hamburger ihre Stadt (61%). In Berlin (48%), Stuttgart (47%), Köln (39%) oder gar Frankfurt a.M. (35%) hat die Kommunalpolitik bisher noch zu wenig auf die Bedürfnisse der älter werdenden Bevölkerung reagiert.

Wenn Städte eine Zukunft haben wollen, können sie sich nicht nur als Wirtschaftsstandort profilieren. Die Stadt der Zukunft bietet schließlich mehr als Büros und Industrieanlagen. Genauso wichtig ist es daher, *durch Binnenmarketing ein positives Selbstbild der Bevölkerung zu erzeugen.*

Gastfreundlich. Weltoffen. Tolerant. Was im Hinblick auf die Fußball WM 2006 erst durch aufwendige Werbekampagnen auf nationaler Ebene erreicht werden soll, ist in Städten wie München, Bremen und Köln bereits heute Wirklichkeit.

Vision 2030

Zur Jahrtausendwende schrieb das Bundesministerium für Bildung und Forschung (BMBF) einen Ideenwettbewerb „Stadt 2030" aus. Die Kommunen wurden eingeladen, Zukunftskonzeptionen und Leitbilder für ihre Stadt zu entwickeln. Die Konzepte sollten durchaus *visionären Charakter* aufweisen und als Zielsysteme bei politischen Entscheidungen behilflich sein.

Ziel des vom BMBF geförderten Forschungsverbundes „Stadt 2030" war es, *präventiv und vorausschauend* (also über Wahlperioden hinaus) Leitbilder und Szenarien für die Stadtentwicklungspolitik zu entwickeln. Gewünscht waren prognostische Aussagen über die Zukunft der Stadt, nicht unbedingt umfassende Lösungen. Vor allem sollten die vorherrschenden Zweifel

- ▪ an positiver Zukunft,
- ▪ an Verlässlichkeit von Wissenschaft und
- ▪ an Steuerungsfähigkeit von Politik

kritisch und realistisch reflektiert werden (Göschel 2003, S. 10 f.). Nur so hat
die Zukunft der Stadt eine Zukunft.

Leben und Wohnen in der Stadt der Zukunft
Eine Idealvorstellung

„Die *idealtypische Familie* besteht aus einem berufstätigen Ehemann mit stabi-
lem mittlerem Einkommen und festem Arbeitsplatz, der Ehefrau, die zwar zuständig für Haushalt und Kinder ist, aber auch in wohnungsnahen Betrieben
zumindest *halbtags berufstätig* sein kann, und zwei bis drei Kindern, die je
nach Bedarf und Alter in Kindergärten, Kindertagesstätten, Gesamtschulen,
Jugendzentren usw. *ganztägig betreut* werden können.

Die Wohnung selbst soll der Familie den von äußeren Anforderungen unge-
störten Rückzug ins Private erlauben, die einzelnen Familienmitglieder, insbesondere die Frau, von zusätzlicher Arbeit entlasten, damit hinreichend Zeit für
Erholung und Entspannung und Kräfte für Kultur, Sport oder politisches Engagement frei bleiben. Beitragen sollen dazu *moderner Wohnungskomfort* von
der Zentralheizung bis zum Müllschlucker, *kurze und schnelle Wege* vom
U-Bahn- oder Autobahnanschluss über Tiefgarage und Fahrstuhl in die Wohnung, ein *pflegeleichtes Wohnumfeld*, ein breites privates und öffentliches
Angebot an Versorgungseinrichtungen vom Supermarkt bis zum Gesamtschul-
zentrum, von der Kindertagesstätte bis zum Bürgerhaus, und schließlich die
engbegrenzten Mieterrechte und -pflichten bezüglich Unterhaltung und Gestaltung der eigenen Wohnumgebung.

Der positive Kern dieses stark idealisierten *Wohnmodells in den Großsiedlungen* hat zum Ziel, das Wohnen von überflüssiger Arbeit zu befreien, so Gelegenheit für individuelle und gesellschaftlich wichtige Tätigkeiten in Beruf, Kultur, Freizeit und Politik zu schaffen und schließlich Schutz und Intimität zu
gewähren."

Quelle: J. Jessen: Aus den Großsiedlungen lernen? (1989), S. 570 f.

Der Autor arbeitete selbst als wissenschaftlicher Berater am Projekt „Zukunft Kiel 2030" mit. Seine Aufgabe war es, den Planungsprozess mit Daten,
Prognosen und Ideen zu fördern und einen Bewertungsrahmen für aktuelle
politische Entscheidungen zu entwickeln – ausgehend von den zwei Pla-
nungsgrundsätzen:

1. Die Schwächen der Stadt ausgleichen.
2. Die Stärken der Stadt ausbauen.

Die *Schwächen Kiels* lassen sich stichpunktartig so auf den Punkt bringen:
Im subjektiven Empfinden der Bevölkerung wirkt Kiel wie eine laute Hafen-
stadt, ein Hochschulstandort (aber keine Studentenstadt), eine ungeliebte
Hauptstadt mit Politikern (die sich wie Gäste auf Zeit verhalten), eine beina-
he unwirtliche Stadt ohne Profil, ohne Identität und ohne Selbstbewusstsein.
Und auch Klima und Wetter machen den Bewohnern zu schaffen. Also gilt

Quelle: Opaschowski/Lehmbecker (KMF) 2003

es, mehr wetterunabhängige Angebote und Einrichtungen zu schaffen – von der gläsernen Werft bis zu künstlichen Erlebnisinseln, vom Waterworld Science-Center bis zum Water-Lift-Park, vom Großaquarium bis zur Seebühne, vom Indoor-Segel- und Surf-Center bis zur überdachten Strand- und Shoppingpromenade. *Die Stadt braucht eine Neue Urbanität.*

Die *Stärken Kiels* liegen zwischen Wassersportmetropole und Kieler Woche, zwischen Reizklima und qualifizierten Gesundheitskliniken. Kiel ist eine maritime Erlebnismetropole mit internationalem Flair – eine Großstadt mit Erholungsgarantie: 10 Minuten zum Strand. In welcher Großstadt Deutschlands gibt es das schon? Allerdings muss die Qualität der Erlebnismobilität noch verbessert werden: Von der besseren regionalen Anbindung bis zu möglichen Amphibienfahrzeugen zu Wasser und zu Land. Was die Gondeln in Venedig sind, könnten neuartige Amphibienbusse in der Kieler Förde sein. Kiel kann in Zukunft ein Kompetenzzentrum für Leben und Wohnen, für Erleben und Entspannen werden. *www. Kiel* heißt dann: *Wind. Wasser. Wohlfühlen.* Also: *Arbeiten, wo andere Urlaub machen.*

Im Konzept „Stadt 2030" wird ein *Leitbild Lebensqualität* formuliert, dessen Perspektive weit über Legislaturperioden hinausreicht. So visionär der Charakter dieses Leitbilds auf den ersten Blick auch sein mag – mit der Zu-

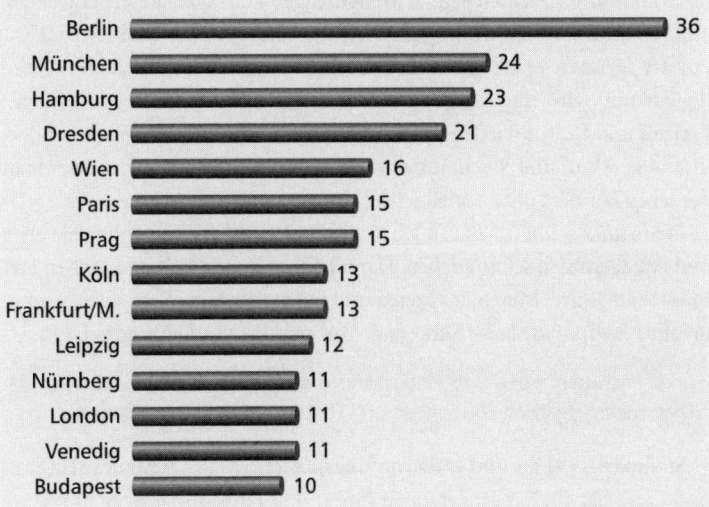

Die meistbesuchten Städte
Deutsche Metropolen gefragter als Paris und Venedig

Von je 100 Befragten haben *„in den letzten Jahren eine Städtereise unternommen"* nach:

Berlin	36
München	24
Hamburg	23
Dresden	21
Wien	16
Paris	15
Prag	15
Köln	13
Frankfurt/M.	13
Leipzig	12
Nürnberg	11
London	11
Venedig	11
Budapest	10

kunftsarbeit müsste heute schon begonnen werden, damit aus der Frage „Besser leben, schöner wohnen?" ein konkretes Angebot werden kann.

Sieht man einmal von der unbestrittenen Spitzenposition der Hauptstadt Berlin ab, so deutet sich für die nächsten Jahre ein harter *Wettkampf der drei Städte München/Hamburg/Dresden um die größte touristische Attraktivität* ab. Jeder vierte bis fünfte Bundesbürger hat in den letzten Jahren eine Städtereise nach München (24%), Hamburg (23%) oder Dresden (21%) unternommen. Für die Deutschen sind diese drei Metropolen sogar gefragter als etwa Wien (16%), Paris (15%) oder Prag (15%). Und selbst Köln (13%), Frankfurt (13%) und Leipzig (12%) haben in den letzten Jahren mehr deutsche Städtebesucher angezogen als etwa London (11%) oder Venedig (11%).

Der Städtetourismus in Deutschland wird sich nicht auf seinen Lorbeeren ausruhen können. Städte müssen als urbane Erlebnisräume für Bewohner genauso wie für Touristen Erlebnisvielfalt garantieren können und Anziehungspunkte schaffen – wo sich etwas ereignet, das man gesehen und erlebt haben muss. Die Zukunftsstadt muss auch eine Erlebnisstadt sein: Von Langeweile keine Spur.

10. Der Mensch braucht die Stadt.
Zwischen Sinnstiftung und Lebensfreude

Die Zukunft gehört auch einer *Stadtentwicklung nach innen,* in der vorhandene Frei- und Brachflächen (z. B. ehemalige Bahn- oder Kasernengelände) zur Verbesserung der Wohnqualität genutzt werden. Die Stadtentwicklung auf der „grünen Wiese" hat keine große Zukunft mehr. Die „ideale" Stadt der Zukunft wird eine europäische Stadt sein, in der Arbeiten und Wohnen, Freizeit und Kultur wieder eine räumliche und funktionelle Einheit bilden und in der Arm und Reich, Jung und Alt problemlos mit- und nebeneinander leben können, ohne voneinander ab- oder ausgegrenzt zu werden.

Wenn alles getan ist – dann leben die Städter auf. Dann wollen sie etwas und vor allem sich selbst erleben. Dann haben sie freie Zeit und suchen Freizeitorte auf – im Grünen, im Freien und in frischer Luft. Aber auch kommunikative Treffpunkte beim Shopping, Aus- und Essengehen sind gefragt.

Parks, Passagen, Pubs und Pinten sind die attraktivsten Freizeitorte in der Stadt. Sie ermöglichen Entspannen und Erleben, Kontakt und Konsum.

Stadtparks (91%) und Naherholungsgebiete (87%), Restaurants (87%) und Cafés (84%), Fußgängerzonen (86%) und Einkaufspassagen (83%) stehen in der Gunst der Städter ganz oben. Inmitten von städtischem Grün wollen die Menschen *Kommunikation und Kulinarik genießen,* die unverbindlichen Kontakte, die zwanglose Zerstreuung, Unterhaltung und Geselligkeit sowie die Freude am guten Essen und Trinken. Auch traditionelle Kultureinrichtungen wie Theater (67%) und Museen (65%), Konzertsäle (60%) und Kunstgalerien (53%) gehören dazu, wenn sie auch deutlich weniger favorisiert werden. Unter 40 attraktiven Freizeitorten in der Stadt rangiert beispielsweise die Oper an letzter Stelle (43%). Sehr viel höher schätzen die Bürger das Hallenbad (81%), den Spielplatz oder die Sportanlage (je 78%) ein. Hier kann man sich erholen, frei und zwanglos sein. Niemand will etwas, niemand muss etwas tun.

Der erfahrene Städteplaner Gerkan stellte unlängst die Sinnfrage: Hat die Stadt noch einen Sinn? Die Stadt sei doch für das reibungslose Funktionieren der Wirtschaft eher ein Handicap. Aber: „Der Mensch braucht die Stadt" (Gerkan 2004, S. 185). Die Stadt ist der Organismus, der erst die Voraussetzungen für die *Sinnstiftung unseres Lebens* schafft: Vom alltäglichen Umgang mit Menschen bis hin zur gemeinsamen Lebensfreude auf

■ Straßen und Plätzen, in

■ Parks und Gärten,

Natur. Kultur. Kulinarik.
Freizeitleben in der Stadt der Zukunft

Von je 100 Bürgern finden attraktiv:

Stadtparks, Grünanlagen	91	
Restaurants	87	Naherholungsgebiete
Fußgängerzonen	86	
Stadt-, Straßenfeste	84	Cafés
	83	Einkaufszentren, -passagen
Fahrradwege	82	Freibad
	81	Hallenbad
Wanderwege	80	
	79	Kombi-Bad
Badesee	78	Spielplätze, Sportanlagen
Freizeitparks, Sportvereine	75	Kirmes/Volksfeste, Tierpark/Zoo
Mehrzweckhallen	74	
Kino	73	Kindertagesstätten
Sportveranstaltungen	72	
	70	Jugendzentren
Volkshochschulen	69	
	68	Bücherhallen
Flohmärkte	67	Theater
Altentagesstätte	65	Museen
Kneipen	62	
	60	Konzertsäle
Fitness-Studio	57	
	56	Kirche, Gemeindehaus
Kommerzielle Sportzentren	55	
	53	Kunstgalerien
Tanzschulen	49	
	47	Diskotheken
Videotheken	46	
	43	Oper

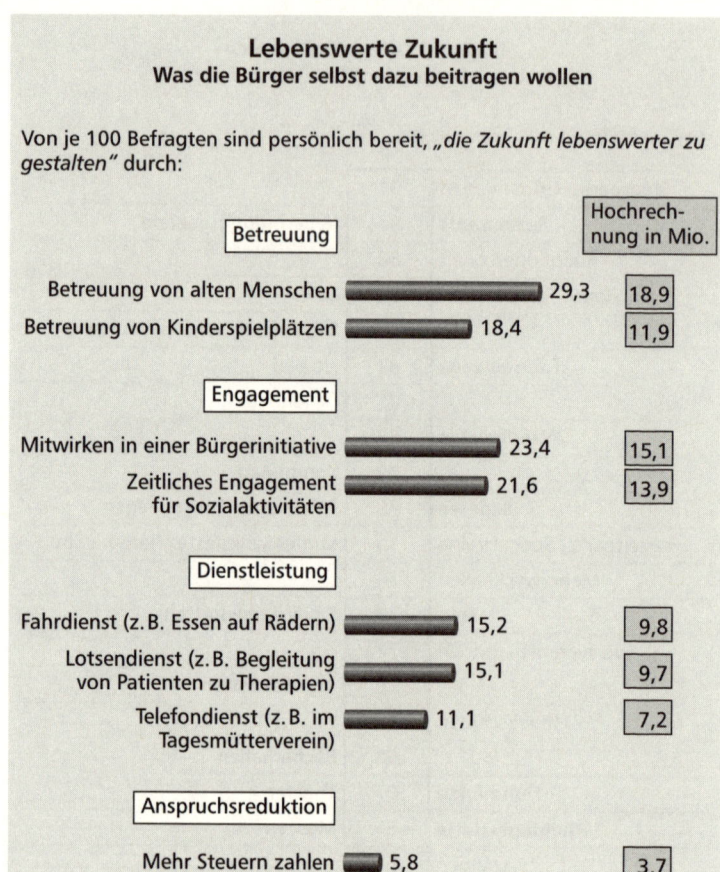

Lebenswerte Zukunft
Was die Bürger selbst dazu beitragen wollen

Von je 100 Befragten sind persönlich bereit, *„die Zukunft lebenswerter zu gestalten"* durch:

		Hochrechnung in Mio.
Betreuung		
Betreuung von alten Menschen	29,3	18,9
Betreuung von Kinderspielplätzen	18,4	11,9
Engagement		
Mitwirken in einer Bürgerinitiative	23,4	15,1
Zeitliches Engagement für Sozialaktivitäten	21,6	13,9
Dienstleistung		
Fahrdienst (z. B. Essen auf Rädern)	15,2	9,8
Lotsendienst (z. B. Begleitung von Patienten zu Therapien)	15,1	9,7
Telefondienst (z. B. im Tagesmütterverein)	11,1	7,2
Anspruchsreduktion		
Mehr Steuern zahlen	5,8	3,7
Auf Kindergeld verzichten	4,1	2,6

- Kirchen und Konzerthäusern,
- Bahnhöfen und Markthallen.

So könnte, so sollte es sein. Das Problem ist nur, dass fast alle grundlegend neuen Theorien und Konzepte des Städtebaus aus dem 20. Jahrhundert ihr Ziel verfehlt haben oder mehr oder minder gescheitert sind: Brasilia, Canberra, Los Angeles, Houston, Miami … nicht zu vergleichen mit Paris, London, Mailand oder Madrid. Die tradierten europäischen Städte zeichnen sich durch *Nutzungsmischung* und nicht durch Monokultur aus. Investoren hingegen „wollen weitgehende Nutzungstrennungen" (Gerkan 2004, S. 187), die sich besser rechnen, aber urbanitätsfeindlich sind.

Mit dem Wandel von der Industrie- zur Dienstleistungsgesellschaft verändern sich auch die Prioritäten für den Einzelnen und die Gesellschaft. Immaterielle Aspekte des Lebens erfahren eine Bedeutungsaufwertung. Im Zuge dieses Wertewandels wächst bei den Menschen auch die Bereitschaft, an der Schaffung und Gestaltung einer lebenswerten Zukunft selbst mitzuwirken.

Für die Zukunft zeichnet sich ein vielfältiges Spektrum von Hilfsdiensten auf freiwilliger Basis ab – auch ohne Profis und ohne Bezahlung. Ein Millionenheer von Freiwilligen will motiviert, aktiviert und engagiert werden.

Die Bereitschaft in der Bevölkerung ist so groß, weil sich bei den Bürgern die Erkenntnis durchsetzt, dass weder der Staat noch die Wirtschaft die sozialen Probleme der Zukunft allein meistern können. Die *Mithilfe der Bürger auf Gegenseitigkeit* ist immer mehr gefordert. In absoluten Zahlen deutet sich eine erfreuliche Bilanz für die Zukunft an:

- Etwa 19 Millionen Bundesbürger wollen bei der *Betreuung alter Menschen* und 12 Millionen bei der Beaufsichtigung und *Betreuung von Kinderspielplätzen* mitmachen.
- Für *soziale Fahrdienste* (z. B. Essen auf Rädern) stehen 10 Millionen Helfer bereit – wenn sie darum gebeten werden. Ebenso viele wollen sich für *Lotsendienste* (z. B. Begleitung von Patienten zu Therapien) zur Verfügung stellen.
- Und 7 Millionen Bundesbürger würden gerne Telefondienste (z. B. im Tagesmütterverein) übernehmen, um jungen Eltern die Organisation der Kinderbetreuung zu erleichtern.

Dies alles sind Aufgaben für eine aktivierende Kommunalpolitik, die die dafür notwendigen Rahmenbedingungen schaffen muss, damit aus der bekundeten Hilfsbereitschaft eine tatsächliche Helfertätigkeit wird. Nur so können die Menschen ihre Suche nach Sinn und Lebensfreude bis ins hohe Alter dauerhaft realisieren.

Städte und Gemeinden müssen in Zukunft mehr als bisher *offen für individuelle Lebenszyklusstrategien* sein und dabei die sich im Laufe eines Lebens *mehrfach verändernden Lebens-, Einkommens- und Vermögensverhältnisse* im Blick haben. Einziehen. Ausziehen. Umziehen. Diese Unstetigkeit im Wohnverhalten gehört zum Leben wie der Wechsel des Arbeitsplatzes oder des Berufes auch.

Deutschland zieht um: Zurück in die Stadt. Raus aufs Land. Und wieder zurück. Viele und vielfältige Wohnformen sind in Zukunft möglich und gefragt. In einer Gesellschaft des langen Lebens ist nichts beständiger als der Orts-, Tapeten- oder Rollenwechsel. Die Wohlfühl-Gemeinde der Zukunft wird den Rückzug in die eigenen vier Wände genauso respektieren müssen, wie sie Gelegenheiten für soziale Kontakte schafft und für ein gesundes Umfeld sorgt.

Die Erholung im nahe gelegenen Stadtpark muss ebenso möglich sein wie die problemlose Erreichbarkeit von Familie und Freunden. Die Menschen wünschen sich für das Leben in der Zukunft ein städtisches Umfeld, in dem sie sich wohlfühlen und Freude haben, aber auch gebraucht und gefordert werden können. Zukunftsweisend ist für sie ein *Werthaltigkeits-Dreieck* von beruflicher Leistung, persönlicher Lebensfreude und gemeinschaftlichem Bürgersinn. Mit einem Wort: Lebenswert. Wissen, wofür man lebt.

Wir sollten daher *Abschied nehmen vom urbanen Pessimismus* der letzten dreißig Jahre. Anstelle des vielfach beklagten und prognostizierten Niedergangs der Städte zeichnet sich für die Zukunft eine Renaissance urbanen Lebens ab. Die Stadt der Zukunft bietet kurze Wege, mehr Wahlmöglichkeiten und höhere Lebens- und Erlebnisqualitäten. Die *neuen Urbanisten* von morgen wollen wieder „mittendrin" und „mitten im Leben" wohnen und offen für neue Lebensformen und Wohngemeinschaften sein. Gemeinsam machen sie sich selbst zu Architekten, Planern und Gestaltern ihrer Häuser und Wohnungen. Durch Selbst- und Nachbarschaftshilfe sorgen sie für stabile soziale Beziehungen im Wohnquartier („civic life").

Vielleicht lebt – wie in früheren Jahrhunderten – der *Gedanke des „ganzen Hauses"* wieder auf, weil die Menschen aufeinander angewiesen bleiben und sich mehr selbst helfen müssen. Was der Kulturhistoriker Wilhelm Heinrich von Riehl (1823–1898) vor einhundertfünfzig Jahren in seinem Grundlagenwerk über „Die Familie" (1855) als Zukunftsidee prognostizierte, könnte bald Wirklichkeit werden: In wirtschaftlich und gesellschaftlich schwierigen Zeiten wird die *Genossenschaftsidee* wiederbelebt. Gleichzeitig wird der Familienbegriff um den Gedanken des „ganzen Hauses" erweitert. Im „ganzen Haus" haben in Zukunft nicht nur natürliche Familienmitglieder Platz. Auch Enkel-, Kinder- und Familienlose werden im Riehl'schen Sinne „*wie durch Adoption"* in die Haus- und Wohngemeinschaft aufgenommen und bilden eine neue *Wahlfamilie*. So könnten alle ein selbstbestimmtes Leben führen – aber nicht allein. *Gemeinsam statt einsam* heißt das Wohn- und Lebenskonzept in der Stadt der Zukunft: Mehr Generationenhaus und Senioren-WG als Heimplatz und betreutes Wohnen.

Grundlagenliteratur

Alisch, M. (Hrsg.): Stadtteilmanagement. Voraussetzungen und Chancen für die soziale Stadt, 2. Aufl., Wiesbaden 2001.

Alisch, M.: Soziale Stadtentwicklung. Widersprüche, Kausalitäten und Lösungen, Opladen 2002.

Alisch, M.: Wachsende Stadt und soziale Stadt. In: U. Altrock/D. Schubert (Hrsg.): Wachsende Stadt, Wiesbaden 2004, S. 67–76.

Allensbach, Institut für Demoskopie (Hrsg.): Am schlimmsten wäre es, pflegebedürftig zu werden. In: Allensbacher Berichte Nr. 24 (1999), S. 1–6.

Allensbach, Institut für Demoskopie (Hrsg.): Politik-Umfrage, Allensbach 2003.

Altrock, U./D. Schubart (Hrsg.): Wachsende Stadt. Leitbild – Utopie – Vision?, Wiesbaden 2004.

Améry, J.: Stadtluft macht frei: Urbanität heute? In: Améry, J. (u.a.): Über die Tugend der Urbanität, Wuppertal 1969, S. 5–15.

Articus, St.: Die kommunale Selbstverwaltung verkommt mehr und mehr zur reinen Leerformel. In: Das Parlament Jg. 55, Nr. 1/2 (3./10. Januar 2005), S. 5.

B·A·T Freizeit-Forschungsinstitut (Hrsg.): Forschung aktuell (13. Juli 2004).

Bachmann, R.: Singles. Zum Selbstverständnis und zum Selbsterleben von 30- bis 40-jährigen partnerlos alleinlebenden Männern und Frauen, Frankfurt a. M. 1992.

Bacon, F.: Neu-Atlantis (1624). Hrsg. v. William Rawley, Stuttgart 2003.

Bade, K. J. (Hrsg.): Das Manifest der 60. Deutschland und die Einwanderung, München 1994.

Baeriswyl, M.: Chillout. Wege in eine neue Zeitkultur, München 2000.

Bahrdt, H. P.: Die moderne Großstadt. Soziologische Überlegungen zum Städtebau, Reinbek b. Hamburg 1961.

Bakas, A.: Die Muslime versuchen, die Niederlande zu kolonisieren. In: Die Welt vom 9. Dezember 2004, S. 6.

Baltes, P. B./M. M. Baltes: Gerontologie: Begriff, Herausforderung und Brennpunkte. In: Baltes/Mittelstraß (1992), S. 1–34.

Bartetzky, A.: Mit diesen Steinen können Sie bauen. In: FAZ vom 15. April 2005, S. 35.

Barth, H. J./K. Eckerle: Prognos-Studie. Ein Szenario. In: DIA/Dt. Institut für Altersvorsorge (Hrsg.): Lebenswelten 2020, Köln 2000, S. 17–54.

Beck, U. (Hrsg.): Die Zukunft von Arbeit und Demokratie, Frankfurt a. M. 2000.

Beck, U. (Hrsg.): Kinder der Freiheit. Edition Zweite Moderne, Frankfurt a. M. 1997.

Beck, U.: Jugendliche wollen in Projekten mitarbeiten (Interview). In: das baugerüst 1 (2005), S. XIV–XV.

Beck, U.: Risikogesellschaft. Auf dem Weg in eine andere Moderne, Frankfurt a. M. 1986.

Berger, Chr. (u.a.): Die Stadt der Zukunft. Leben im prekären Wohnquartier, Wiesbaden 2002.

Berghaus, M.: Familie gestern, Familie heute – Im Wandel, aber krisenfest. In: Familie & Co (Hrsg.): Zielgruppe Familie, o. O., o. J., S. 18–48.

Berz, G.: Rechnen mit der Katastrophe (Interview). In: Die Zeit Nr. 2 vom 5. Januar 2005, S. 26.

Beust, O. von: Das Leitbild „Metropole Hamburg – wachsende Stadt". In: U. Altrock/D. Schubert (Hrsg.): Wachsende Stadt und soziale Stadt, Wiesbaden 2004, S. 23–37.

Birg, H.: Die demographische Zeitenwende. Der Bevölkerungsrückgang in Deutschland und Europa, München 2001.

Birg, H.: In den Großstädten werden sich die Deutschen integrieren müssen (Interview). In: Die Welt vom 2. Januar 2002.

Birg, H.: Standortfaktor Bevölkerung. In: FAZ vom 1. März 2005.

Birg, H.: Wann werden die Deutschen aussterben? (Interview). In: Welt am Sonntag Nr. 46 vom 12. November 2000.

Bliersbach, G.: Oft vergessen: psychologische Momente des Autofahrens. In: Ökologische Briefe Nr. 42 vom 14. Oktober 1992.

BM/BDI/Bundesministerium für Familie/Institut der deutschen Wirtschaft (Hrsg.): Bevölkerungsorientierte Familienpolitik – ein Wachstumsfaktor, Berlin–Köln 2004.

BM/BS/Bundesministerium für Familie/Bertelsmann Stiftung (Hrsg.): Eine neue Generation von Dienstleistungen, Berlin–Gütersloh 2005.

BMF/Bundesministerium für Familie (Hrsg.): Führungskräfte und Familie, Berlin 2004.

BMFSFJ/Bundesministerium für Familie, Senioren, Frauen und Jugend (Hrsg.): Monitor Familiendemographie, Berlin April 2005.

BMU/Bundesministerium für Umwelt, Naturschutz und Reaktorsicherheit (Hrsg.): Was Sie schon immer über Auto und Umwelt wissen wollten, 4. Aufl., Stuttgart–Berlin–Köln–Mainz 1987.

Bock, S./B. Reimann: Die Erschließung der Zukunft. Kommunale Krisenlösungen durch den Forschungsverbund „Stadt 2030". In: Vorgänge. Zeitschrift für Bürgerrechte und Gesellschaftspolitik, 43/1 (2004), S. 79–88.

Boettner, J.: Himmlisches Babylon. Zur Kultur der verstädterten Gesellschaft, Berlin 1989.

Bogai, D.: Das Modell arbeitsmarktbezogener Zuwanderung der Zuwanderungskommission (Manuskript der Geschäftsstelle), Berlin 2001.

Böhme, H.: Thesen zur europäischen Stadt aus historischer Sicht. In: D. Hassenpflug (Hrsg.): Die Europäische Stadt, 2. Aufl., Münster 2002, S. 49–102.

Bölsche, J. (u. a.): Die Rückseite der Republik. In: Der Spiegel 10 (2002), S. 36–56.

Bolz, N.: Das konsumistische Manifest, München 2002.

Bonß, W.: Was wird aus der Erwerbsgesellschaft? In: U. Beck (Hrsg.): Die Zukunft von Arbeit und Demokratie, Frankfurt a. M. 2000, S. 327–415.

Borchert, J.: Schlag gegen die Familie. In: Die Zeit vom 17. Dezember 1993.

Borowski, A.: Solisten suchen Nähe. In: N. Copray (Hrsg.): Lieber allein? München 1991, S. 26–30.

Börsch-Supan, A. (u. a.): Demographie und Kapitalmärkte. Hrsg. v. Deutschen Institut für Altersvorsorge, Köln 2003.

Bourdieu, P.: Forms of Capital. In: J.G. Richardson (Hrsg.): Handbook of Theory and Research for the Sociology of Education, New York 1983, S. 241–258.

Bozkurt, A.: Wertevermittlung und Ethik in der Freizeit von Migranten-Jugendlichen? In: Spektrum Freizeit 11 (2001), S. 25–40.

BR/Bundesregierung (Hrsg.): Lebenslagen in Deutschland. Der erste Armuts- und Reichtumsbericht der Bundesregierung, Berlin 2005.

Brauer, K.: Bowling together, Wiesbaden 2005.

Brauer, K.: Ein Blick zurück nach vorn, Opladen 2002.

Braun, A.: Als Unternehmer vom grauen Erzeuger zum bunten Erzähler ... In: Integra 4 (1999), S. 30–31.

Bronger, D.: Metropolen. Megastädte. Global Cities. Die Metropolisierung der Erde, Darmstadt 2004.

Bruhn, M.: Kommunikationspolitik, München 1997.

Bugari, A./M. Dupuis: Singlefrauen. In: F. Höpflinger/D. Erni-Schneuwly (Hrsg.): Weichenstellungen, Bern–Stuttgart 1989, S. 201–228.

Bukow, W.-D. (u. a., Hrsg.): Auf dem Weg zur Stadtgesellschaft. Die multikulturelle Stadt zwischen globaler Neuorientierung und Restauration, Wiesbaden 2001.

Bukow, W.-D./E. Yildiz (Hrsg.): Der Umgang mit der Stadtgesellschaft, Wiesbaden 2003.

Bukow, W.-D.: Zur Dynamik der metropolitanen Stadtgesellschaft. In: W.-D. Bukow/E. Yíldiz (Hrsg.): Der Umgang mit der Stadtgesellschaft, Opladen 2002, S. 25–46.

BUND/Misereor (Hrsg.): Zukunftsfähiges Deutschland. Ein Beitrag zu einer global nachhaltigen Entwicklung, Basel–Boston–Berlin 1996.

Burgers, J. (u. a., Hrsg.): Anleitung für ein erfolgreiches Stadtentwicklungsprogramm, Wiesbaden 2003.

Bürklin, W./Chr. Jung: Deutschland im Wandel. Ergebnisse einer repräsentativen Meinungsumfrage. In: K.-R. Korte/W. Weidenfeld (Hrsg.): Deutschland-Trend-Buch, Opladen 2001, S. 675–711.

Coleman, J. S.: Social Capital in the Creation of Human Capital. In: American Journal of Sociology 94 (1988), S. S. 95–S. 120.

Copray, N.: Lieber allein? Im Sog der Single-Gesellschaft, München 1991.

Dahrendorf, R.: Schmelztigel und Salatschüssel. In: Die Welt vom 11. September 2004.

Dengel, B.: Das Geschäft mit der Liebe blüht. In: Welt am Sonntag Nr. 7 vom 13. Februar 2005.

Dettling, W.: Wirtschafts-Kummerland? Wege aus der Globalisierungsfalle, München 1998.

Deufel, K./M. Wolf (Hrsg.): Ende der Solidarität? Die Zukunft des Sozialstaats, Freiburg/Br. 2003.

DGFP/Deutsche Gesellschaft für Personalführung (Hrsg.): „Alterslast-Verwundbarkeits-Index". In: Personalführung 7 (2003), S. 14–15.

Ehrenstein, C.: Deutsche leiden besonders unter Feinstaub. In: Die Welt vom 15. April 2005, S. 4.

Eichener, V.: Soziales Management und Revitalisierung von Nachbarschaft als Herausforderung sozial verantwortlicher Wohnungswirtschaft. In: R. G. Heinze/ Th. Olk (Hrsg.): Bürgerengagement in Deutschland, Opladen 2001, S. 421–436.

Emnid (Hrsg.): Generation Bravo, München 1997.

Emnid/K.-P. Schöppner: Die Zuwanderung möge begrenzt werden. In: Die Welt vom 19. März 2002.

Engstler, H./S. Menning: Die Familie im Spiegel der amtlichen Statistik. Hrsg. v. Bundesministerium für Familie, Senioren, Frauen und Jugend, Berlin 2003.

Enquête-Kommission „Schutz der Erdatmosphäre" des 12. Deutschen Bundestages (Hrsg.): Mobilität und Klima. Wege zu einer klimaverträglichen Verkehrspolitik, Bonn 1994.

Enquête-Kommission des Deutschen Bundestags: „Demografischer Wandel – Herausforderungen unserer älter werdenden Gesellschaft an den Einzelnen und die Politik" (Schlussbericht), Berlin: Drucksache 14/8800 vom 28. März 2002.

Esch, K. (u.a.): Der aktivierende Staat. In: R. G. Heinze/Th. Olk (Hrsg.): Bürgerengagement in Deutschland, Opladen 2001, S. 519–547.

Etzioni, A.: Die Verantwortungsgesellschaft. Individualismus und Moral in der heutigen Demokratie („The New Golden Rule", 1996), Berlin 1999.

Etzioni, A.: Jenseits des Egoismus-Prinzips. Ein neues Bild von Wirtschaft, Politik und Gesellschaft („The Moral Dimension. Toward A New Economics", 1988), Stuttgart 1994.

EU (Hrsg.): Eurobarometer 2001/European Social Survey (2002).

EU/Europäische Gemeinschaften (Hrsg.): Wie viele Stunden arbeiten Sie in der Woche? In: Sozial Agenda Nr. 8, S. 14 (April 2004).

FHH/Freie und Hansestadt Hamburg – Staatliche Pressestelle (Hrsg.): Leitbild Metropole Hamburg – Wachsende Stadt, Hamburg 2002.

Fleisch, H.: Der Süden gewinnt, der Osten verliert. In: Rotary 12 (2004), S. 25–28.

Forum Familie Rheinland-Pfalz (Hrsg.): Von Kindern profitiert, wer keine hat. Dokumentation der Tagung vom 9. 11. 1996, 2. Aufl., Trier 1998.

Frey, R./Chr. Brake: Von A wie Abfallbeseitigung bis Z wie Zoo. In: Das Parlament, Jg. 55, Nr. 1/2(2005), S. 4.

Fuhrer, U. (u.a.): Automobile Freizeit. Ursachen und Auswege aus der Sicht der Wohnpsychologie. In: Ders. (Hrsg.): Wohnen mit dem Auto, Zürich 1993, S. 77–93.

Fukuyama, F.: Schöner neuer Mensch (Interview). In: Der Spiegel Nr. 21 vom 18. Mai 2002.

Galbraith, J. K.: Die Zukunft der Städte in modernen Industriesystemen. In: Deutscher Städtetag (Hrsg.): Rettet unsere Städte jetzt!, Stuttgart 1971, S. 13–15.

Gallup International 1999: „Millennium Survey", New York März 2002.

Geißler, R.: Sozialstruktur und gesellschaftlicher Wandel. In: K.-R. Korte/W. Weidenfeld (Hrsg.): Deutschland-TrendBuch, Opladen 2001, S. 97–135.

Gerkan, M. von: Wachsende Städte in China. Das Beispiel Luchao Harbour City. In:

U. Altrock/D. Schubert (Hrsg.): Wachsende Stadt, Wiesbaden 2004, S. 185–195.

Giddens, A.: Jenseits von Links und Rechts. Die Zukunft radikaler Demokratie („Beyond Left and Right", 1994), 2. Aufl., Frankfurt a. M. 1997.

Gilbert, N. und G.: The Enabling State. Modern Welfare Capitalism in America, New York–Oxford 1989.

Goddar, J.: Ortsbesuch. In: Das Parlament, Jg. 55, Nr. 1/2 (3./10. Januar 2005), S. 8.

Göschel, A.: Der Forschungsverbund „Stadt 2030". In: Aus Politik und Zeitgeschichte B 28 (2003), S. 9–15.

Göschel, A.: Neue Utopien braucht die Stadt. Zukunft Bürgerregion? In: SRL Vereinigung für Stadt-, Regional- und Landesplanung, Stadtregion 2030 +. Visionen und der Traum vom Miteinander, 52 (2004), Berlin S. 78–93.

Göschel, A.: Städtebau und demographischer Wandel – Status quo und Perspektiven. In: BauWohnberatung Karlsruhe (BWK), Schader-Stiftung Darmstadt (Hrsg.): Neues Wohnen fürs Alter. Was geht und wie es geht, Frankfurt a. M. 2003, S. 18–37.

Göschel, A.: Stadtschrumpfung, Bedingung punktuellen Stadtwachstums. In: U. Altrock/D. Schubert(Hrsg.): Wachsende Stadt, Wiesbaden 2004, S. 239–249.

Göschel, A.: Stadtschrumpfung, Bedingung punktuellen Stadtwachstums. In: U. Altrock/D. Schubert (Hrsg.): Wachsende Stadt, Wiesbaden 2004, S. 239–249.

Göschel, A.: Stadtumbau – Zur Zukunft schrumpfender Städte vor allem in den neuen Bundesländern. In: Informationen zur Raumentwicklung, H. 10/11 (2003), S. 605–616.

Graßl, H./R. Klingholz: Wir Klimamacher, Frankfurt a. M. 1990.

Gratz, R. B./N. Mintz: Vom Stadtrand zurück. In: StadtBauwelt 145 (2000), S. 66–67.

Guggenberger, B.: Das digitale Nirwana, Hamburg 1997.

Guillemard, A.-M.: Europäische Perspektiven der Alternspolitik. In: Baltes P .B./ J. Mittelstrass (Hrsg.): Zukunft des Alterns und gesellschaftliche Entwicklung, Berlin–New York 1992.

Haan, G. de (Hrsg.): Ökologie – Gesundheit – Risiko, Berlin 1996.

Haarder, B.: Wir passen uns nur der Asylpolitik der EU an. In: Süddeutsche Zeitung vom 18. Februar 2002.

Handy, Ch.: Die anständige Gesellschaft („The Hungry Spirit. Beyond Capitalism – The Quest for Purpose in the Modern World", 1997), München 1998.

Hanifan, L. J.: The rural school community center. In: Annals of the American Academy of Political and Social Science 67 (1916), S. 130–138.

Hannemann, Chr.: Schrumpfende Städte in Ostdeutschland – Ursachen und Folgen einer Stadtentwicklung ohne Wirtschaftswachstum. In: Aus Politik und Zeitgeschichte B 28 (2003), S. 16–23.

Hassenpflug, D. (Hrsg.): Die Europäische Stadt. Mythos und Wirklichkeit, 2. Aufl., Münster 2002.

Hassenpflug, D.: Die europäische Stadt als Erinnerung, Leitbild und Fiktion. In: Ders.: (Hrsg.): Die Europäische Stadt, 2. Aufl., Münster 2002, S. 11–48.

Hauser, R./G. Wagner: Altern und Soziale Sicherung. In: Baltes/Mittelstraß 1992, S. 581–613.

Häußermann, H./I. Oswald (Hrsg.): Zuwanderung und Stadtentwicklung (Leviathan 17), Opladen 1997.

Häußermann, H./W. Siebel: Urbanität. In: Magistrat der Stadt Wien/Abt. 18 (Hrsg.): Beiträge zur Stadtforschung, Stadtentwicklung, Stadtgestaltung 37 (1992), S. 5–49.

Häußermann, H.: Zuwanderung und die Zukunft der Stadt. In: W. Heitmeyer (Hrsg., u. a.): Die Krise der Städte, Frankfurt a. M. 1998, S. 145–175.

Heinze, R. G./Th. Olk (Hrsg.): Bürgerengagement in Deutschland. Bestandsaufnahmen und Perspektiven, Opladen 2001.

Heitmeyer, W. (Hrsg., u. a.): Die Krise der Städte, Frankfurt a. M. 1998.

Hengsbach, F.: Arbeit. In: K. Deufel/M. Wolf (Hrsg.): Ende der Solidarität? Freiburg/Br. 2003, S. 46–52.

Hennig, Chr.: Inszenierte Freizeitparadiese – Beispiele einer neuen Welt. In: Erlebnisurlaub ja oder nein? Freizeitwelten pro und contra! Hrsg. v. Messe München/CBR, München 1998, S. 16–20.

Hennings, G./S. Müller (Hrsg.): Kunstwelten. Künstliche Erlebniswelten und Planung (Dortmunder Beiträge zur Raumplanung 85), Dortmund 1998.

Hesse, M.: Pensionslasten drücken deutsche Unternehmen. In: Süddeutsche Zeitung Nr. 142 vom 24. Juni 2003, S. 24.

Höhler, G.: Die Anspruchsgesellschaft, Düsseldorf-Wien 1979.

Hohn, U.: Wachstum, Reurbanisierung und selektives Schrumpfen in Tôkyô. In: U. Altrock/D. Schubert (Hrsg.): Wachsende Stadt, Wiesbaden 2004, S. 165–184.

Hölder, E.: Im Zug der Zeit (Dokumentation des Statistischen Bundesamtes durch vier Jahrzehnte), Wiesbaden/Stuttgart 1989.

Horx, M.: Auf der Suche nach Familie. In: Die Welt vom 20. April 2002, S. 9.

Hradil, S.: Die „Single-Gesellschaft", München 1995.

Huntington, S. P.: Kulturen zählen. In: S. P. Huntington/L. Harrison (Hrsg.): Streit der Werte, Hamburg–Wien 2002, S. 7–11.

IfD Allensbach (Hrsg.): Einflussfaktoren auf die Geburtenrate, Allensbach 2004.

ifmo/Institut für Mobilitätsforschung (Hrsg.): Zukunft der Mobilität. Szenarien für das Jahr 2020, 4. Aufl., Berlin 2004.

Ingehoven, Chr.: Überall zementharte Gegnerschaft (Interview). In: Der Spiegel 49 (2004), S. 200–204.

Inglehart, R.: Kultur und Demokratie. In: S. P. Huntington/L. E. Harrison (Hrsg.): Streit um Werte, Hamburg–Wien 2002, S. 123–144.

IOM/International Organization for Migration (Hrsg.): World Migration Report, New York 2000.

ISO/Institut zur Erforschung sozialer Chancen (Hrsg.): Arbeitszeit 2003. Arbeitszeitgestaltung, Arbeitsorganisation und Tätigkeitsprofile (Ergebnisbericht), Köln 2004.

Jackson, K. T.: The Encyclopedia of New York City, New Haven-London 1995.

Jaeggi, E.: Ich sag' mir selber Guten Morgen. Singles – eine moderne Lebensform, München 1992.

Jessen, J.: Amerikanische Stadt – Europäische Stadt. In: D. Hassenpflug (Hrsg.): Die Europäische Stadt, 2. Aufl., Münster 2002, S. 205–224.

Jessen, J.: Aus den Großsiedlungen lernen? Das Scheitern eines Modells. In: Die alte Stadt 4 (1989), S. 568–581.

Jonas, H.: Das Prinzip Verantwortung, Frankfurt a.M. 1979.

Kegler, H.: Mehr als Sehnsucht nach der alten Stadt. New Urbanism in der USA. In: Die alte Stadt 4 (1998), S. 335–446.

Keim, K.-D.: Regenerierung schrumpfender Städte – zur Umbaudebatte in Ostdeutschland, Erkner 2001.

Keim, R.: Empowerment gegen Ausgrenzung: Die Politik der sozialen Stadt entdeckt das Quartier. In: W.-D. Bukow/E.Yíldiz (Hrsg.): Der Umgang mit der Stadtgesellschaft, Opladen 2002, S. 165–178.

Keupp, H. (u.a.): Civic matters: Motive, Hemmnisse und Fördermöglichkeiten bürgerschaftlichen Engagements. In: U. Beck (Hrsg.): Die Zukunft von Arbeit und Demokratie, Frankfurt a.M. 2000, S. 217–268.

Keupp, H.: Eine Gesellschaft der Ichlinge? Hrsg. v. Sozialpädagogischen Institut im SOS-Kinderdorf e.V., München 2000.

Keupp, H.: Eine neue Kultur der Freiwilligkeit braucht neue Gelegenheitsstrukturen. In: das baugerüst 1 (2005), S. VII–XII.

KGSt/Kommunale Gemeinschaftsstelle (Hrsg.): Das neue Steuerungsmodell. In: KGSt-Bericht 5, Köln 1993.

Kil, W. (u.a.): Zukunft der Städte und Stadtquartiere Ostdeutschlands. In: Aus Politik und Zeitgeschichte B 28 (2003), S. 25–31.

Kiosz, K.: Schöner wohnen im Krankheitsfall. In: Die Welt vom 26. April 2005, S. 50.

Klages, H.: Der blockierte Mensch. Zukunftsaufgaben gesellschaftlicher und organisatorischer Gestaltung, Frankfurt a.M. 2002.

Klages, H.: Engagement und Engagementpotential in Deutschland. In: U. Beck (Hrsg.): Die Zukunft von Arbeit und Demokratie, Frankfurt a.M. 2000, S. 151–170.

Knebel, H.-J.: Soziologische Strukturwandlungen im modernen Tourismus, Stuttgart 1960.

Knoll, M./R. Kreibich (Hrsg.): „Sustainable City". Zukunftsfähige Städte, Weinheim–Basel 1997.

Köcher, R.: Einflussfaktoren auf die Geburtenrate. In: D. Siems: Angst vor dem Kinderkriegen. In: Die Welt vom 5. Oktober 2004, S. 3.

Köhler, H.: Was gehen uns andere an? In: Die Welt vom 2. Dezember 2004, S. 9.

Kohli, M. (u.a.): Generationenbeziehungen. In: M. Kohli/H. Künemund (Hrsg.): Die zweite Lebenshälfte, Opladen 2000, S. 176–211.

Kohli, M.: Altern in soziologischer Perspektive. In: P. B. Baltes/J. Mittelstrass (Hrsg.): Zukunft des Alterns und gesellschaftliche Entwicklung, Berlin–New York 1992, S. 231–259.

Kohli, M.: Der Alters-Survey als Instrument. In: M. Kohli/H. Künemund (Hrsg.): Die zweite Lebenshälfte, Opladen 2000, S. 10–32.

Kohli, M.: New patterns of transitions to retirement in West Germany (International Exchange Center of Gerontology), Tampa 1988.

König, R.: Jugendlichkeit als Ideal moderner Gesellschaften. In: Universitas 15/12 (1960), S. 1289–1296.

Kramer, H.: Wohnen als Altersvorsorge. In: Raiffeisen Bausparkassen Gesellschaft (Hrsg.): Wohnforum Nr. 20 (Februar 2005), S. 10–12.

Krings-Heckemeier, M.-Th.: Soziale Stadt. In: W. Schuster/W. Dettling (Hrsg.): Zukunft Stadt, Stuttgart–Leipzig 2001, S. 159–173.

Kummer, J.: Ausländer in deutschen Gefängnissen. In: Welt am Sonntag vom 27. März 2002.

Lachmann, G.: Tödliche Toleranz. Die Muslime und unsere offene Gesellschaft, München–Zürich 2005.

Landesfrauenrat Hamburg e.V. (Hrsg.): Metropole Hamburg – Wachsende Stadt aus Frauensicht, Hamburg 2004.

Landsberg, G.: Alter. Der Generationenvertrag ist aufgekündigt. In: K. Deufel/ M. Wolf (Hrsg.): Ende der Solidarität?, Freiburg/Br. 2003, S. 39–45.

Landsberg, G.: Grandioser Irrtum über Gastarbeiter (Interview). In: Hamburger Abendblatt vom 26. November 2004, S. 3.

Leicht, R.: Angsthasen und Panikmacher. In: Die Zeit vom 27. März 2002, S. 4.

Leipprand, E.: Lebensmodell Stadt. Über den verlorenen Zusammenhang von Stadtleben, Stadtgesellschaft und Städtebau, Berlin 2000.

Leitner, H.: Zeithorizont und Lebensführung in ehelicher und nichtehelicher Lebensgemeinschaft. In: Loccumer Protokolle 3/1980, S. 93–104.

Leitschuh-Fecht, H.: Die lebenswerte Stadt ist möglich. Attraktive (Mobilitäts-) Konzepte für die Innenstädte. In: Aus Politik und Zeitgeschichte B 28 (2003), S. 40–46.

Levine, R.: Eine Landkarte der Zeit. Wie Kulturen mit Zeit umgehen („A Geography of Time", New York 1997), München 1998.

Lévi-Strauss, C.: Interview. In: Frankfurter Allgemeine Zeitung vom 3. Januar 1992, S. 55.

Lichtenberger, E.: Die Stadt. Von der Polis zur Metropolis. Darmstadt 2002.

Limbach, J.: Deutsche Kultur braucht keine neuen Etiketten. In: Frankfurter Allgemeine Zeitung Nr. 115 vom 21. Mai 2002, S. 52.

Lindner, W.: Jugendliche in der Stadt.: Im Spannungsfeld von Devianz(-Phantasien) und urbaner Kompetenz. In: W.-D. Bukow/E. Yíldiz (Hrsg,): Der Umgang mit der Stadtgesellschaft, Opladen 2002, S. 217–239.

Luft, St.: Mechanismen. Manipulation. Missbrauch. Ausländerpolitik und Ausländerintegration in Deutschland, Köln 2002.

Luft, St.: Nichts gelernt. Einwanderung nach dem Gesetz des augenblicklichen Vorteils. In: FAZ vom 20. März 2002, S. 9.

Lutz, M.: In Hannover ist die Belastung durch Rußpartikel am höchsten. In: Die Welt vom 5. Januar 2005.

Mäding, M.: Drohen uns Unruhen wie in England? In: Welt am Sonntag vom 3. Juni 2001, S. 6.

Markstein, B.: Artenschutz im Hinterhof. In: Garten und Landschaft 97/1 (1986), S. 39–41.

McKenzie, E.: Privatopia: Homeowner Associations and the Rise of Residential Private Governments, New Haven 1996.

Mehrabian, A.: Räume des Alltags oder wie die Umwelt unser Verhalten bestimmt, Frankfurt a. M.–New York 1978.

Meisner, J.: Der Kirche ist das Mysterium verlorengegangen (Interview). In: Die Welt v. 5. Juli 1999, S. 6.

Menzel, H.-J.: Wachsende Stadt – Nachhaltige Stadt, Wiesbaden 2004.

Meyer, S./E. Schulze: Balancen des Glücks. Neue Lebensformen: Paare ohne Trauschein, Alleinerziehende und Singles, München 1989.

Meyer, Th.: Der Monopolverlust der Familie. In: Kölner Zeitschrift für Soziologie und Sozialpsychologie 45/1 (1993), S. 23–40.

Meyer, Th.: Sozialdemokratie und Kommunitarismus. In: U. von Alemann (Hrsg., u. a.): Bürgergesellschaft und Gemeinwohl, Opladen 1999, S. 25–45.

Miegel, M.: Die deformierte Gesellschaft, Berlin–München 2002.

Milgram, S.: The experience of living in cities. In: Science 167 (1970), S. 1461–1468.

Mitscherlich, A.: Die Unwirtlichkeit unserer Städte. Anstiftung zum Unfrieden, Frankfurt a. M. 1976.

Möhle, M./W. Glatzer: Alterungsprozesse von Gesellschaften. In: G. M. Backes (Hrsg.): Soziologie und Alter(n), Opladen 2000, S. 63–77.

Moths, E.: Deutschland, einig Altenland. In: Merkur 3 (2002), S. 1–6.

Naegele, G.: Vom Dreieck zum Pilz. Der demographische Wandel. In: Argumente zur Verbraucherpolitik 3 (1999), S. 4–15.

Nave-Herz, R.: Die These über den „Zerfall der Familie". In: J. Friedrichs (Hrsg., u. a.): Die Diagnosefähigkeit der Soziologie, Opladen 1998, S. 286–315.

Nave-Herz, R.: Familie heute. Wandel der Familienstrukturen und Folgen für die Erziehung, 2. Aufl., Darmstadt 2002.

Neumann, C. (u. a.): Straßensperren und City-Maut. In: Spiegel Nr. 50 vom 6. Dezember 2004, S. 54–56.

Nickel, O. (Hrsg.): Eventmarketing. Grundlagen und Erfolgsbeispiele, München 1998.

Nink, Chr.: Jubiläum einer Utopie. In: Welt am Sonntag Nr. 14 vom 3. April 2005, S. 60–61.

Nissen, S.: Die regierbare Stadt. Metropolenpolitik als Konstruktion lösbarer Probleme, Wiesbaden 2002.

Nobel-Sagolla, S.: Der Zoo Hannover wurde zum Erlebnispark. In: Süddeutsche Zeitung vom 14. April 1998, S. 27.

Noelle, E.: Der Kampf der Kulturen. In: FAZ vom 15. September 2004, S. 5.

Nolte, P.: Generation Reform. Jenseits der blockierten Republik, München 2004.

Ochs, B.: Die soziale Durchmischung von Wohnanlagen ist gefährdet. In: FAZ vom 25. Februar 2005, S. 51.

Offe, C./R. G. Heinze: Organisierte Eigenarbeit. Das Modell Kooperationsring, Frankfurt a. M.–New York 1990.

Offe, C./S. Fuchs: Schwund des Sozialkapitals? Der Fall Deutschland. In: R. D. Putnam (Hrsg.): Gesellschaft und Gemeinsinn, Gütersloh 2001, S. 417–514.

Opaschowski, H. W./G. Raddatz: Freizeit im Wertewandel. Die neue Einstellung zu Arbeit und Freizeit (Bd. 4 der B·A·T Schriftenreihe zur Freizeitforschung), Hamburg 1982.

Opaschowski, H. W.: Allianz für Werte. Der soziale Kitt von morgen. In: das baugerüst 1 (2005), S. 48–52.

Opaschowski, H. W.: Der Generationenpakt. Das soziale Netz der Zukunft, Darmstadt 2003.

Opaschowski, H. W.: Deutschland 2020. Wie wir morgen leben – Prognosen der Wissenschaft, Wiesbaden 2004.

Opaschowski, H. W.: Freie Zeit ist Bürgerrecht. Plädoyer für eine Neubewertung von „Arbeit" und „Freizeit". In: Aus Politik und Zeitgeschichte (Beilage zur Wochenzeitung Das Parlament B 40/74), Bonn 5. Okt. 1974, S. 18–38.

Opaschowski, H. W.: Freizeit im Ruhestand, Hamburg: B·A·T Freizeit-Forschungsinstitut 1984.

Opaschowski, H. W.: Freizeitökonomie – Marketing von Erlebniswelten, 2. Aufl., Hamburg 1995.

Opaschowski, H. W.: Freizeitprobleme in der zweiten Hälfte der 80-er Jahre. In: B·A·T Freizeit-Forschungsinstitut (Hrsg.): Quo vadis, Freizeit?, Hamburg 1987, S. 10–18.

Opaschowski, H. W.: Schöne, neue Freizeitwelt? Wege zur Neuorientierung (B·A·T Projektstudie zur Freizeitforschung), Hamburg 1994.

Opaschowski, H. W.: Soziale Netze und soziale Konvois. Was die Menschen im 21. Jahrhundert zusammenhält. In: Blätter der Wohlfahrtspflege 1 (2005), S. 8–10.

Opaschowski, H. W.: Work Life Balance: Mehr Wunsch als Wirklichkeit. In: M. Kastner (Hrsg.): Die Zukunft der Work Life Balance, Kröning 2004, S. 437–448.

Opaschowski, H. W.: Zukunftsfaktor Freizeit. Dokumentation des B·A·T Freizeit-Forschungsinstituts, Hamburg 1986.

Oppermann, Chr.: Der virtuelle Autofahrer. In: Die Woche vom 22. Dezember 2000, S. 15.

Ortega y Gasset, J.: Aufstand der Massen („La rebelion de las masas", 1930), Reinbek 1984.

Otte, R.: Null Toleranz für die Freunde der offenen Gesellschaft. In: Welt am Sonntag Nr. 47 vom 21. November 2004, S. 13.

Ottersbach, M.: Die Marginalisierung städtischer Quartiere in Deutschland als theoretische und praktische Herausforderung. In: Aus Politik und Zeitgeschichte B 28 (2003), S. 32–39.

Packard, V.: Die ruhelose Gesellschaft („A nation of strangers", 1972), München 1973.

Perspektive D.: Wo Deutschland Zukunft hat. Hrsg. v. Stern/McKinsey/ZDF/AOL, Hamburg 2005.

Peuckert, R.: Familienformen im sozialen Wandel, Opladen 1991.

Peymann, K.: „Hier herrscht der Kannibalismus". In: Der Spiegel vom 25. Februar 2002, S. 210–212.

Pilgrim, V. E.: Trautes Glück allein? In: N. Copray (Hrsg.): Lieber allein?, München 1991, S. 47–55.

Popp, R.: Sozialkapital Freizeit: Eine Investition in die Zukunft? In: Spektrum Freizeit 11 (2002), S. 15–30.

Porter, M. E.: Einstellungen, Werte, Überzeugungen und die Mikroökonomie des Wohlstands. In: S. P. Huntington/L. E. Harrison (Hrsg.): Streit um Werte, Hamburg–Wien 2002, S. 37–55.

Postman, N.: Wir amüsieren uns zu Tode. Urteilsbildung im Zeitalter der Unterhaltungsindustrie („Amusing Ourselves to Death. Public Discourse in the Age of Show Business", 1985), Frankfurt a. M. 1985.

Pross, H.: Familie und Frauen in Emanzipation. In: H. Pross (Hrsg., u. a.): Familie und Frauen in Emanzipation (Niedersächsische Landeszentrale für politische Bildung), Hannover 1981, S. 7–29.

Putnam, R. D. (Hrsg.): Gesellschaft und Gemeinsinn. Sozialkapital im internationalen Vergleich, Gütersloh 2001.

Putnam, R. D./K. A. Goss: Einleitung. In: R.D. Putnam (Hrsg.): Gesellschaft und Gemeinsinn, Gütersloh 2001, S. 15–43.

Putnam, R. D.: Bowling Alone: Collapse and Revival of American Community, New York 2000.

Putnam, R. D.: Symptome der Krise. In: W. Weidenfeld (Hrsg.): Demokratie am Wendepunkt (1996), S. 52–80.

Reheis, F.: Zeit lassen. Ein Plädoyer für eine neue Zeitpolitik. In: Aus Politik und Zeitgeschichte B 31/99 vom 30. Juli 1999, S. 32–38.

Ribhegge, W.: Europäische Urbanität 1500–1800. In: Die Alte Stadt (1988), S. 53–67.

Riesman, D.: Die einsame Masse („The Lonely Crowd", 1950), Reinbek b. Hamburg 1965.

Rifkin, J.: Access. Das Verschwinden des Eigentums („The Age of Access", 2000), Frankfurt a. M. 2000.

Rifkin, J.: Das Ende der Arbeit und ihre Zukunft („The End of Work", 1995), 2. Aufl., Frankfurt a. M. 1996.

Romeiß-Stracke, F.: Erlebnis- und Konsumwelten: Herausforderungen für die Innenstädte. In: A. Steinecke (Hrsg.): Erlebnis- und Konsumwelten, München–Wien 2000, S. 76–83.

Romeiß-Stracke, F.: Zukunftsperspektiven für den Tourismus. In: Tourismus in der Gesamtwirtschaft (Bd. 17 der Schriftenreihe Forum der Bundesstatistik), Stuttgart 1991, S. 26–34.

Roost, F.: Die Disneyfizierung der Städte. Großprojekte der Entertainmentindustrie, Wiesbaden 2000.

Rötzer, F.: Die Telepolis. Urbanität im digitalen Zeitalter, Mannheim 1995.

Rubinstein, C. (u. a.): Einsamkeit. In: psychologie heute 7/2 (1980), S. 27–33.

Runge, B./F. Vilmar (Hrsg.): Handbuch Selbsthilfe, Essen 1986.

Rymer, R.: Back to the Future. Disney Reinvents the Company Town. In: Harper's Magazine 293/Nr. 1757 (Oktober 1996), S. 65–69.

Sassen, S.: Migranten, Siedler, Flüchtlinge, Frankfurt a.M. 1996.

Sattler, K.-O.: Blick in einen Mikrokosmos der Demokratie. In: Das Parlament, Jg. 55, Nr. 1/2 (3./10. Januar 2005), S. 3.

Schanz, G. (Hrsg.): Handbuch Anreizsysteme in Wirtschaft und Verwaltung, Stuttgart 1991.

Scheidt, J. v./R. Zenhäusern: Alleinsein als Chance. Wege aus der Einsamkeit, München 1990.

Schelsky, H.: Auf der Suche nach Wirklichkeit, Düsseldorf 1965.

Scherrieb, H. R.: Der Gast im Mittelpunkt der Unternehmenspolitik. In: Amusement T & M 4 (1997), S. 25–30.

Scherrieb, H. R.: Freizeit- und Erlebnisparks in Deutschland. Geschichte – Betriebsarten – Rahmendaten, 4. Fassung des VDFU, Würzburg 1998.

Schmalstieg, H.: Der Umbau des Sozialstaates und die Funktionen der Städte. In: Aus Politik und Zeitgeschichte B 28 (2003), S. 7–8.

Schmidt, R.: S.O.S. Familie. Ohne Kinder sehen wir alt aus, Berlin 2002.

Schnabel, E./K. Wingenfeld: Pflegebedarf und Leistungsstruktur in vollstationären Pflegeeinrichtungen. In: FfG Impulse 1 (Februar 2002), S. 1–2.

Schneider, N.: Familie und private Lebensführung in West- und Ostdeutschland, Stuttgart 1994.

Schneider, N. F.: Warum noch Ehe? Betrachtungen aus austauschtheoretischer Perspektive. In: Zeitschrift für Familienforschung 3 (1991), S. 49–72.

Schneider, R.: Die Deutschen Stadttheater – unverzichtbar oder unbezahlbar? In: Jahrbuch für Kulturpolitik 2004, Bonn 2004, S. 51–59.

Schröder, G.: Kindermangel ist kein Weiberthema (Grundsatzrede im Bundestag). In: Frankfurter Rundschau Nr. 87/Dokumentation vom 15. April 2005, S. 7.

Schroeter, K. R.: Altersstrukturwandel als „ungeplanter Prozess". In: G. M. Backes (Hrsg.): Soziologie und Alter(n), Opladen 2000, S. 79–108.

Schubert, D.: Die wachsende Metropole London. In: U. Altrock/D. Schubert (Hrsg.): Wachsende Stadt, Wiesbaden 2004, S. 97–115.

Schüle, K.: Paris: Die kulturelle Konstruktion der französischen Metropole, Wiesbaden 2003.

Schulze, G.: Die Beste aller Welten. Wohin bewegt sich die Gesellschaft im 21. Jahrhundert? München–Wien 2003.

Schümer-Strucksberg, M.: Wir sind ein Einwanderungsland. In: Welt am Sonntag Nr. 47 vom 21. November 2004, S. 6.

Schuster, W./W. Dettling (Hrsg.): Zukunft Stadt – die Stunde der Bürger in Zeiten der Globalisierung, Stuttgart–Leipzig 2001.

Schütz, E.: Zwischen Nervenkitzel und Verkehrsberuhigung. Mutmaßungen über Unregierbarkeit, Urbanität und gebaute Poetik der Städte. In: der städtetag 5/1993, S. 238–341.

Schwedler, W.: Lauern aufs Stichwort. In: Die Zeit Nr. 50 v. 7. Dez. 1984.

Sennett, R.: Verfall und Ende des öffentlichen Lebens. Die Tyrannei der Intimität, Frankfurt a.M. 1993.

Siebel, W.: Ist Urbanität eine Utopie? In: Geographische Zeitschrift 2 (1999), S. 116–124.

Siebert, H.: Die fehlende Vision. In: Handelsblatt Nr. 111 vom 11./12./13. Juni 2004.

Siedentop, S.: Anforderungen an einen qualifizierten Stadtumbau in schrumpfenden Städten. In: U. Altrock/D. Schubert (Hrsg.): Wachsende Stadt, Wiesbaden 2004, S. 252–263.

Sieverts, T.: Zwischenstadt. Zwischen Ort und Welt, Raum und Zeit, Stadt und Land, Braunschweig–Wiesbaden 1997.

Simson, W.: Faktor Mensch in der Globalisierung. In: Süddeutsche Zeitung Nr. 119 vom 25./26. Mai 2002, S. 27.

Sinn, H.-W.: Migration und die Grenzen des Sozialstaats (Thesen). In: Die Welt vom 28. April 2005, S. 3.

Sloterdijk, P.: Im selben Boot. Versuch über die Hyperpolitik, Frankfurt a. M. 1993.

Soldt, R.: Jenseits des Jammertals. In: Das Parlament, Jg. 55, Nr. 1/2 (2005), S. 1.

Soltau, H.: Pfeifen aufs Duett. Von Singles, Alleinlebenden und anderen Solisten, Köln 1993.

Song-U Chon: Für eine interkulturelle Kompetenz. In: J. Rüsen (Hrsg., u. a.): Zukunftsentwürfe, Frankfurt–New York 2000, S. 23–74.

Sonnenberg, G.: Gentrifizierte Stadtviertel: gewachsene oder konstruierte Erlebniswelten? In: K. Wöhler (Hrsg.): Erlebniswelten, Münster 2005, S. 165–176.

Späth, L.: Die Stunde der Politik. In: W. Schuster/W. Dettling (Hrsg.): Zukunft Stadt, Stuttgart–Leipzig 2001, S. 274–295.

Speer, A.: Arabien entdeckt ökologisches Bauen (Interview). In: Die Welt vom 29. April 2005, S. 28.

Spengler, O.: Der Untergang des Abendlandes (1. Aufl. 1923), München 2003.

Statistisches Bundesamt (Hrsg.): Datenreport 2004, Berlin 2004.

Steinecke, A. (Hrsg.): Erlebnis- und Konsumwelten, München–Wien 2000.

Stiller, S.: Bevölkerungswandel und Konsumwende, Baden-Baden 2000.

Storp, F.: The Smell of Cyberspace oder wie riecht die Zukunft. In: Integra 4 (1999), S. 27–29.

Stroebe, W./M. Stroebe: Bereavement and Health: The psychological and physical consequences of partner loss, New York 1987.

Stroebe, W./M. Stroebe: Partnerschaft, Familie und Wohlbefinden. In: A. Abele/ P. Becker (Hrsg.): Wohlbefinden, Weinheim–München 1991, S. 155–174.

Süßebach, H.: Wie man in Deutschland wohnt und sich einrichtet. In: Th. Sommer (Hrsg.): Leben in Deutschland, Köln 2004, S. 114–125.

Tartler, R.: Das Alter in der modernen Gesellschaft, Stuttgart 1961.

Tibi, B.: Islamische Zuwanderung. Die gescheiterte Integration, München 2002.

Tichy, R. u. A.: Die Pyramide steht kopf. Die Wirtschaft in der Altersfalle, München 2001.

Tiefensee, W.: Stadtentwicklung zwischen Schrumpfung und Wachstum. In: Aus Politik und Zeitgeschichte B 28 (2003), S. 3–6.

Troge, A.: Alte Diesel aus Städten verbannen (Interview). In: Die Welt vom 5. Januar 2005.

Turek, J.: Technologiegesellschaft. In: Deutschland-TrendBuch, Opladen 2001, S. 212–244.

UK Zuwanderung/Unabhängige Kommission „Zuwanderung" (Hrsg.): Zuwanderung gestalten – Integration fördern, Berlin 2001.

UNDP/UNO-Entwicklungsprogramm: Bericht über die menschliche Entwicklung 2002. Stärkung der Demokratie in unserer fragmentierten Welt. Hrsg. v. d. Dt. Gesellschaft für die Vereinten Nationen e.V., Bonn 2002.

Vaskovics, L. (u.a.): Die Partnerschaft in nichtehelichen Lebensgemeinschaften. In: Forschungsforum/Universität Bamberg 3 (1991), S. 36–42.

Vaskovics, L. S./P. Gross: Auswirkungen der Flexibilisierung von gesellschaftlichen Zeitstrukturen und Möglichkeiten zur Gewinnung von Zeitsouveränität (Forschungsbericht i. A. des Bundesministeriums für Forschung und Technologie), Bonn 1994.

Vester, F.: Phänomen Streß, Stuttgart 1976/1978.

Waltz, V.: Migration und Stadt: best practice Beispiele in Nordrhein-Westfalen. In: W.-D. Bukow/E. Yíldiz (Hrsg.): Der Umgang mit der Stadtgesellschaft, Opladen 2002, S. 147–164.

Warren, S.: Disneyfication of the Metropolis. In: Journal of Urban Affairs Vol. 16, No. 2 (1994).

Weber, S./C. Gaedemann: Singles. Report über das Alleinleben, München 1980.

Wefing, H.: Die neue Sehnsucht nach der Alten Stadt oder Was ist Urbanität? In: Neue Rundschau 2 (1998), S. 82–98.

Wehrheim, J.: Die überwachte Stadt. Sicherheit, Segregation und Ausgrenzung, Wiesbaden 2002.

Weymann, A.: Sozialer Wandel, Generationenverhältnisse und Technikgenerationen. In: M. Kohli/M. Szydlik (Hrsg.): Generationen in Familie und Gesellschaft, Opladen 2000, S. 36–58.

Wiegel, M.: Geschlossene Gesellschaft. In: FAZ vom 30. April 2002.

Wieland, L.: Hastige Legalisierung. In: FAZ Nr. 101 vom 2. Mai 2005, S. 3.

Wilkinson, H.: Kinder der Freiheit. In: U. Beck (Hrsg.): Kinder der Freiheit, Frankfurt a. M. 1997, S. 85–123.

Wimmex AG (Hrsg.): Sechs Monate Greencard in Deutschland. Eine Zwischenbilanz, München 2001.

Wolf, R.: Urbanität als politische Option. In: Leviathan 4 (1990), S. 551–578.

Wulf-Mathies, M.: Für eine städtische Agenda in der Europäischen Union, Brüssel 1997.

Wüst, Th.: Urbanität. Ein Mythos und sein Potential, Wiesbaden 2004.

Wuthnow, R.: Der Wandel des Sozialkapitals in den USA. In: R. D. Putnam (Hrsg.): Gesellschaft und Gemeinsinn, Gütersloh 2001, S. 655–749.

Zellmann, P./H. W. Opaschowski: Die Zukunftsgesellschaft, Wien 2005.

Ziegert, S.: Wohnen im wandelbaren Würfel. In: Welt am Sonntag, Ausg. 43 v. 24. Oktober 2004, S. IM1.

Zwerenz, G.: Bericht aus dem Landesinneren. City Strecke Siedlung, Frankfurt a. M. 1972.

Zydra, M.: Die fetten Jahre sind vorbei. In: Süddeutsche Zeitung vom 21./22. Juni 2003.

Verzeichnis der Grafiken

Quellenangaben:
Erste Zahl in der Klammer: Anzahl der Befragten
Zweite Zahl in der Klammer: Jahr der Repräsentativerhebung des B·A·T
Freizeit-Forschungsinstituts (oder andere Quellenangabe)

Kapitel I: Zukunftsaussichten

Kapitel II: Leben im Nebeneinander?

Kapitel III: Stadt in der Krise

Kapitel IV: Ein neuer Bürgersinn

Kapitel V: Lebenswerte Leitbilder

Anlage und Methode der Untersuchung

Der vorliegenden Studie liegen Repräsentativerhebungen zugrunde, die vom B·A·T Freizeit-Forschungsinstitut (Hamburg) in Zusammenarbeit mit Ipsos (Mölln) und Forsa (Berlin) durchgeführt wurden. Dabei handelte es sich um persönliche Befragungen. Befragt wurden deutschsprachige Personen ab 14 Jahren, die in Privathaushalten leben. Die repräsentative Stichprobe wurde nach den Stimmbezirken der Bundestagswahl vom 22. September 2002 zusammengestellt. Die Haushaltauswahl erfolgte nach dem so genannten Random-Route-Verfahren: Von einem zufällig ausgewählten Startpunkt ausgehend ermittelte der Interviewer nach festgelegten Begehungsregeln die Befragungshaushalte. Jeder dritte Haushalt – vom Startpunkt her gezählt – wurde für die Befragung ausgewählt. Im Haushalt wurden zunächst alle dort lebenden Personen ab 14 Jahren aufgelistet. Daraus wurde durch ein Zufallsverfahren die Zielperson für die Befragung ausgewählt („Geburtstagsschlüssel", d. h. es wurde diejenige Person befragt, die als nächste Geburtstag hatte). Um ein Interview mit der Zielperson zu erhalten, wurde der Zielhaushalt bis zu dreimal kontaktiert. Die Stichprobenstruktur spiegelt also die amtliche Statistik wider.

Die Ipsos-Interviews wurden vom 26. Oktober 2004 bis zum 11. April 2005 durchgeführt: Die erste Befragungswelle (508 Interviewer) fand vom 26. Oktober bis 8. November 2004, die zweite (421 Interviewer) vom 30. März bis 11. April 2005 statt. Dabei wurden jeweils 2000 Personen ab 14 Jahren in Deutschland befragt.

Für die Erstellung der Ranking-Liste der zehn größten Städte in Deutschland wurden von Forsa je Großstadt 100 Bewohner in der Zeit vom 12. bis 29. April 2005 von Interviewern befragt (insgesamt 1000 Personen). Interviewer und Interviews wurden jeweils auf korrekte Durchführung kontrolliert.

Danksagung

Wer unentwegt forscht und publiziert, muss ein einsamer Workaholiker rund um die Uhr sein – oder einen Lebenspartner zur Seite haben, der ihn tatkräftig unterstützt. Letzteres trifft auf mich zu. Seit mehr als drei Jahrzehnten schreibt und ‚layoutet' meine Frau als kritische Begleiterin meine handschriftlichen Manuskripte. Sie hat einen Namen: Elke. Ihr schulde ich aufrichtigen Dank. Sie ist die wichtigste Quelle meiner Kraft, Inspiration und Schreibfreude in meinem Leben.

Danken möchte ich auch dem B·A·T Freizeit-Forschungsinstitut, das seit 1979 meine Forschungsarbeiten fördert und finanziert und in der Fach- und Medienwelt für Publizität und Verbreitung sorgt. Allen voran Dipl. Volkswirt Rainer Stubenvoll, ein ruhender Pol und verlässlicher Partner und Promoter meiner wissenschaftlichen Ideen. Und unterstützt von einem hochmotivierten Team: Dr. Ulrich Reinhardt, Dr. Michael Pries und Julia Rombach sowie Kristina Rothaug, die mir bei der Erstellung der Grafiken behilflich war.

Schließlich möchte ich der Wissenschaftlichen Buchgesellschaft (WBG) und dem Primus Verlag dafür danken, dass sie sich zum dritten Mal nach „Wir werden es erleben" (2002) und „Der Generationenpakt" (2004) auf ein neues Buchabenteuer einlassen.

Das Buch ist meinen erwachsenen Kindern Alexander und Irina gewidmet, die mit ihren Familien heute schon begeisterte (Groß-)Städter sind und das urbane Leben zu schätzen und zu leben wissen.

Horst W. Opaschowski

Sachregister